Windhundgeschichten

Unsere Reise durch vier Kontinente

Fesselnde Erfahrungsberichte nehmen uns in Band II der Anthologie *Windhundgeschichten* mit auf eine spannende und außergewöhnliche Reise durch Europa, Asien, Australien und die USA.

Für dieses einzigartige Buch haben sich bekannte Tierschützer aus vielen Ländern dieser Erde zusammengefunden, um auf das Leid der Windhunde aufmerksam zu machen und zu dokumentieren, welches Leid und Unrecht diesen wundervollen Hunden angetan wird.

Der Leser erhält Hintergrundinformationen und bewegende Einblicke hinter die Kulissen, auch aus erster Hand von Menschen, die seit Jahren Großartiges im Tierschutz leisten.

Wir laden Sie herzlich ein, unsere mitreißenden Kurzgeschichten zu lesen und die herrlichen Illustrationen zu bewundern, die diesem Buch eine ganz persönliche Note verleihen. Freuen Sie sich auf eine Fülle und Vielfalt an Emotionen – es darf wieder gelacht und geweint werden.

Herausgeberin

Myriam Wälde-Behning ist Übersetzerin, die Gründerin von JOIN MY PIX und widmet sich seit über 13 Jahren passioniert der Fotografie und professionellen Bildbearbeitung. Als Selbstverlegerin und Autorin tritt sie seit 2020 an die Öffentlichkeit. Band I, *Windhundgeschichten – von Anmut, Liebe und Sprachlosigkeit*, erschien 2021 als Erstauflage.

Begleiten Sie uns auf:
www.facebook.com/MyriamWaeldeBehning
www.windhundgeschichten.com

Myriam Wälde-Behning (Hrsg.)

Windhundgeschichten
Unsere Reise
durch vier Kontinente

JOIN MY PIX

Dieses Buch ist auch als e-Book erhältlich.

Die Deutsche Nationalbibliothek verzeichnet diese Publikation
in der Deutschen Nationalbibliografie;
detaillierte bibliografische Daten sind im Internet
unter http://dnb.d-nb.de abrufbar.

1. Auflage

Taschenbuchausgabe Oktober 2022

Herausgeberin: Myriam Wälde-Behning

Copyright © 2022 JOIN MY PIX
Myriam Wälde-Behning
Auricher Straße 181, D-26427 Dunum
Verlag: Selbstverleger

Lektorat der deutschen Texte sowie Übersetzung der englischen Texte:
Myriam Wälde-Behning
Umschlaggestaltung: JOIN MY PIX
Urheberhinweise:
Leinwand (Umschlag): olegdudko / www.123rf.com
Windhundmotiv (Umschlag): Susanne Stolle
Illustrationen zu den Texten: Irena Schendera
Satz und Layout: JOIN MY PIX
ISBN 979-8-35342-069-9

www.joinmypix.com

Alle Rechte vorbehalten.
Das Werk, einschließlich seiner Teile, ist urheberrechtlich geschützt.
Jede Verwertung ist ohne Zustimmung der Herausgeberin
unzulässig. Dies gilt insbesondere für die elektronische oder sonstige
Vervielfältigung, Übersetzung, Verbreitung und öffentliche Zugänglichmachung.

Für den Text, dessen Inhalt und die darin getroffenen Aussagen ist alleine der/die
genannte Autor(in) verantwortlich. Die Texte stellen die Meinung des jeweiligen
Autors/der jeweiligen Autorin dar und spiegeln nicht grundsätzlich die Meinung
der Herausgeberin wider.

Besuchen Sie JOIN MY PIX:
www.facebook.com/MyriamWaeldeBehning

"It is not the critic who counts; not the man who points out how the strong man stumbles, or where the doer of deeds could have done them better. The credit belongs to the man who is actually in the arena, whose face is marred by dust and sweat and blood; who strives valiantly; who errs, who comes short again and again, because there is no effort without error and shortcoming; but who does actually strive to do the deeds; who knows great enthusiasms, the great devotions; who spends himself in a worthy cause; who at the best knows in the end the triumph of high achievement, and who at the worst, if he fails, at least fails while daring greatly, so that his place shall never be with those cold and timid souls who neither know victory nor defeat."

(Theodore Roosevelt)

„Es ist nicht der Kritiker, der zählt; nicht der Mann, der darauf hinweist, wie der Starke strauchelt, oder wo der Handelnde es hätte besser machen können. Das Lob gehört dem Mann, der tatsächlich in der Arena steht, dessen Gesicht von Staub und Schweiß und Blut gezeichnet ist; der sich tapfer bemüht; der sich irrt, der immer wieder zu kurz kommt, weil es keine Anstrengung ohne Fehler und Unzulänglichkeiten gibt; aber der sich tatsächlich bemüht, etwas zu tun; der die große Begeisterung, die große Hingabe kennt; der sich für eine würdige Sache verausgabt; der im besten Falle am Ende um den Triumph der großen Leistung weiß, und der im schlimmsten Falle, sollte er scheitern, wenigstens scheitert, während er Großes wagt, so dass sein Platz niemals bei jenen kalten und ängstlichen Seelen sein wird, die weder Sieg noch Niederlage kennen."

(Theodore Roosevelt)

Übersetzung: Myriam Wälde-Behning

für

Laila

Welt

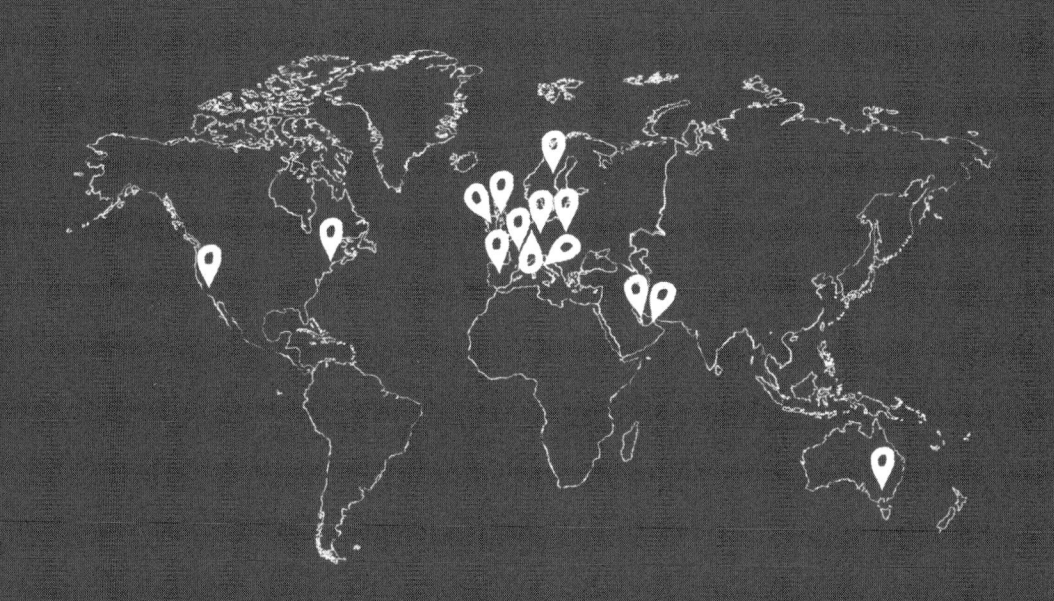

Urheber: mondih / 123rf.com

USA

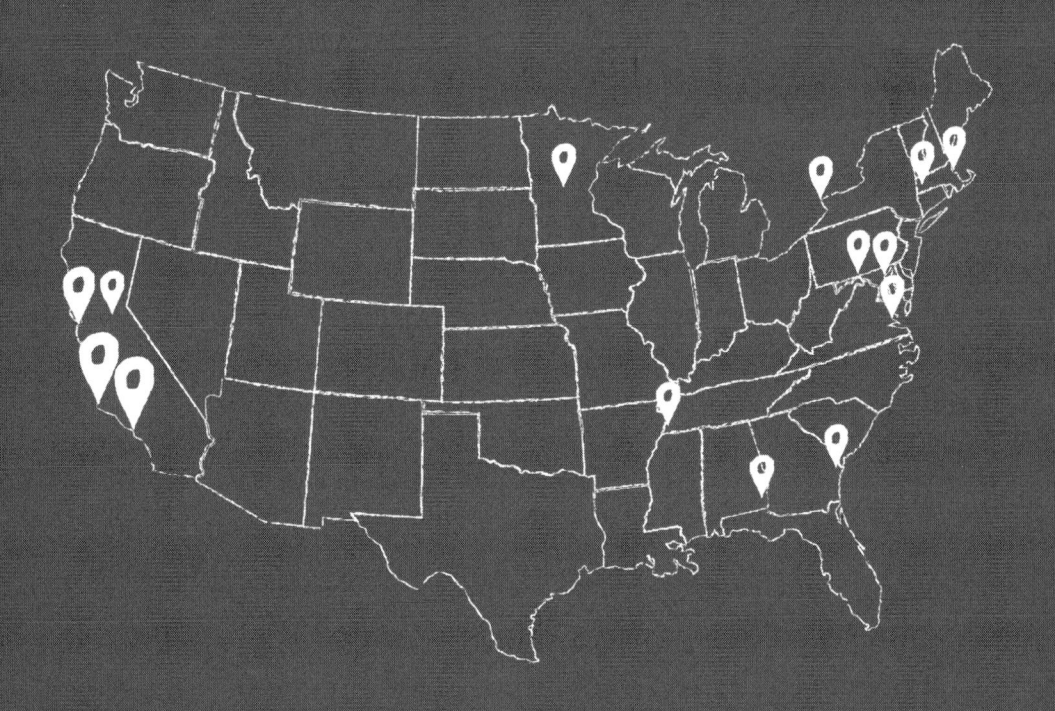

Europa

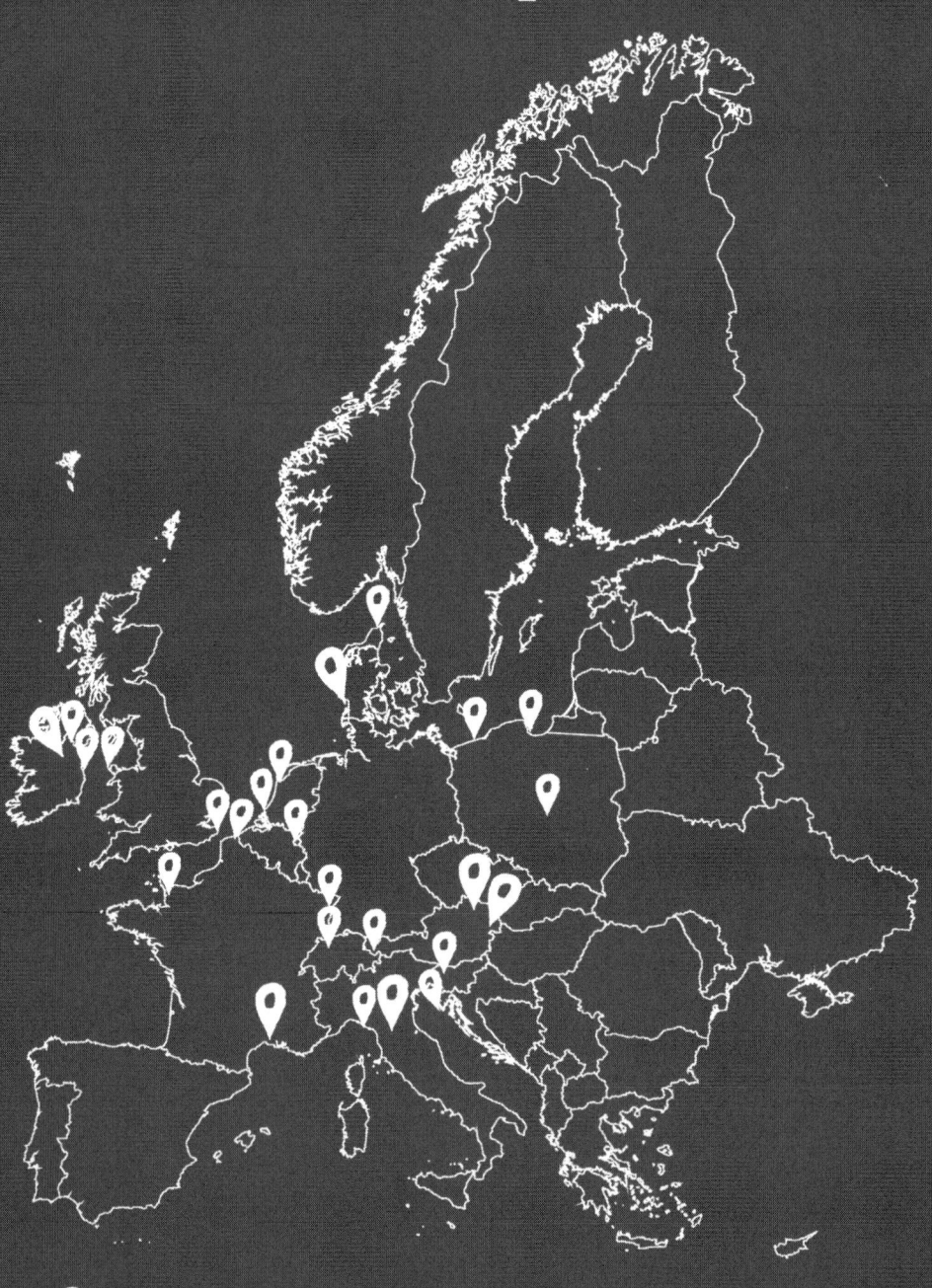

Landkarten 11

Schweden

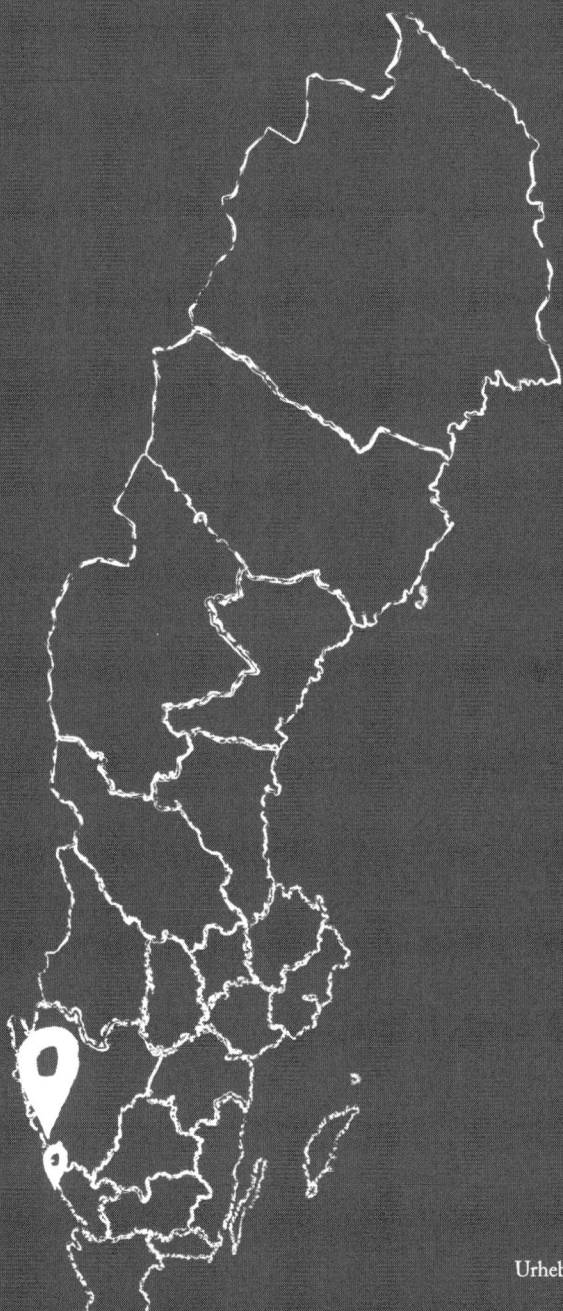

Urheber: mondih / 123rf.com

12 Windhundgeschichten - Unsere Reise durch vier Kontinente

Deutschland

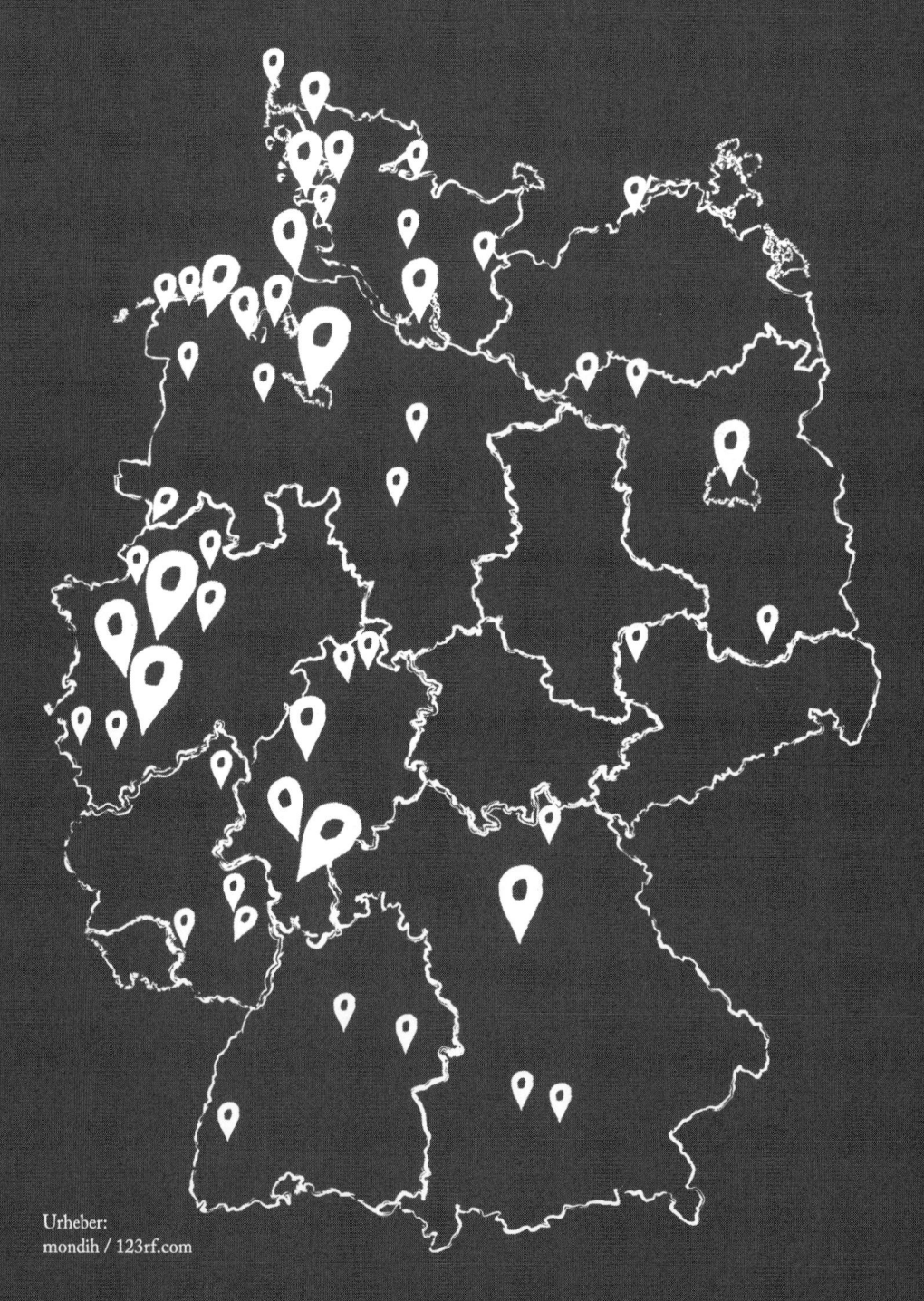

Urheber:
mondih / 123rf.com

Spanien

14 Windhundgeschichten - Unsere Reise durch vier Kontinente

Katar

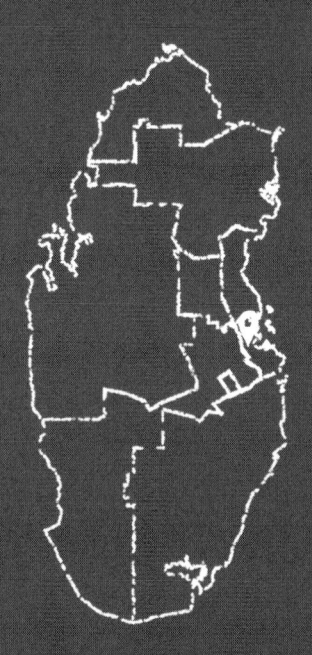

VAE

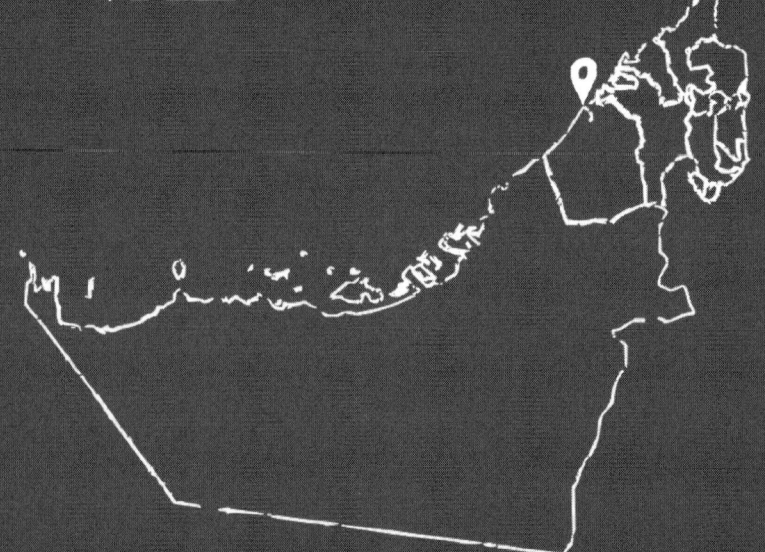

Urheber:
mondih / 123rf.com

Landkarten **15**

Australien

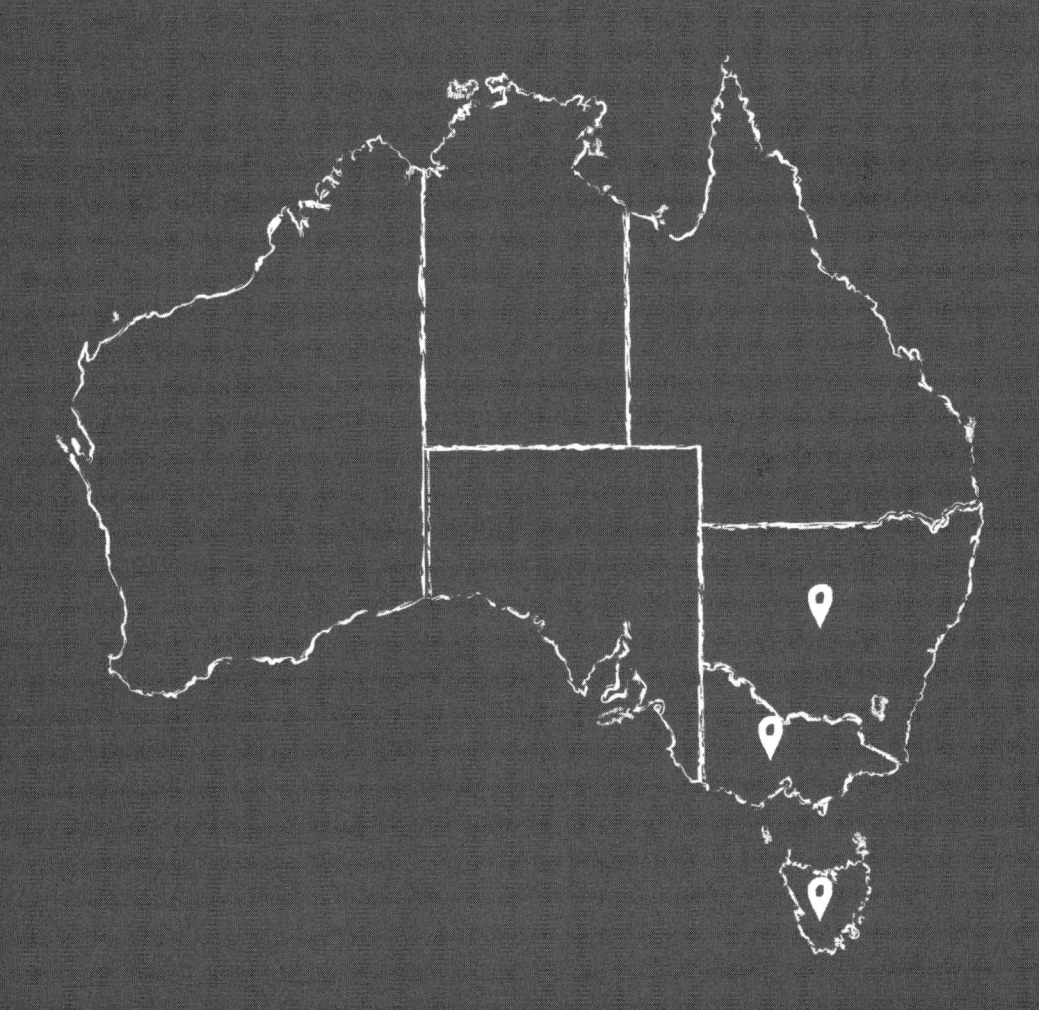

Urheber: mondih / 123rf.com

16 Windhundgeschichten - Unsere Reise durch vier Kontinente

Inhalt

Landkarten	8
Welt, USA, Europa, Schweden, Deutschland, Spanien, Katar, VAE, Australien	
Inhalt	17
Vorwort	20
Mary Jane O'Connor, USA	
Zum Buch	24
Myriam Wälde-Behning, Deutschland	
Die zweite Chance	29
Eva Quirbach, Schweden	
Meine Hunde und der Tierschutz	39
Liliana Flormann, Deutschland	
Als ich Spaniens schändliches Geheimnis entdeckte	57
Tina Solera, Spanien	
Ein neues Leben mit alten Ängsten	67
Manuela Schneider, Deutschland	
Filippas Berufung	81
Linda Baumeister, USA	
Die glorreichen Sieben	103
Rolf Katzorowski, Deutschland	

Grete, die Wüstenprinzessin aus Katar   113
Gerlind Rose, Deutschland

Honigseelen   125
Tanja Bräuning, Deutschland

Volle Kraft voraus – Es gibt nichts Halbes   151
Gudrun Sauter, Deutschland

Drei Jahre, drei Langnasen –   163
Sind wir galgoinfiziert?
Sandra Sachse, Deutschland

Leena – Unsere Inspiration zur Rettung   181
vieler Galgos
Travis und Amanda Patenaude, USA

Salida del Sol – Am Ende bleibt die Liebe   191
Susanne Stolle, Deutschland

Wahre Liebe kennt kein Alter   203
Adriana Pricken, Deutschland

Aufbruch in ein Abenteuer   223
Gisela Mehnert, Spanien

Chilli   235
Sandra Lenski, Deutschland

Minnie – Und andere zweite Chancen in Dubai   245
Yvette Maciolek, Dubai

Die Entscheidung für einen Angsthund   253
Bettina Baumgärtner, Deutschland

Seid ihr völlig verrückt Marina Scheinhart, Österreich	271
Alles kommt so, wie es soll Jana Huth, Deutschland	309
Sie rennen um ihr Leben Madeline Burton, Australien	317
Wie die Jungfrau zum Kinde Nicole Köster, Deutschland	331
Aus Liebe zu einem älteren Galgo Michelle A. Sanchez, USA	345
Die Chance auf ein neues liebevolles Leben Katja Bieber, Deutschland	353
Frani – Von den Feldern in unsere Herzen Mary Jane O'Connor, USA	381
Tayo – Geboren, um glücklich zu sein Myriam Wälde-Behning, Deutschland	397
Laila Myriam Wälde-Behning, Deutschland	431
Epilog	436
Danke	442
Informationen	447

Vorwort

Mary Jane O'Connor

Illinois, USA

Originaltitel: *Foreword*

Die Welt der Galgos ist den meisten Menschen unbekannt, selbst jenen, die sich zwar für den Tierschutz interessieren, jedoch nichts über das Leid der Galgos wissen. Die Texte in diesem Buch geben denjenigen eine Stimme, die nicht für sich selbst sprechen können, und sie gewähren Einblicke in eine faszinierende und alte Hunderasse. Die mitwirkenden Co-Autoren der einzelnen Kapitel, die beiden Illustratorinnen sowie alle weiteren Beteiligten haben ihre Geschichten, ihre Kunst und ihr Lektorat zur Verfügung gestellt, ohne dafür eine finanzielle Vergütung erhalten zu haben. Dieses Werk ist das Ergebnis eines tief empfundenen Engagements und der Liebe zu diesen wunderbaren Windhunden, die das Leben der Autoren so sehr bereichern.

Der Entstehungsprozess des Buches bestand in dem gemeinsamen Lektorieren von Texten, die in einer Vielzahl von Ländern verfasst wurden. Ein großer Teil davon wurde in Form von Videokonferenzen realisiert, wobei der erhebliche Zeitunterschied zwischen Deutschland und den Vereinigten Staaten bei der Terminplanung stets berücksichtigt wurde. Diskussionen, Überarbeitungen und Anpassungen waren der *Modus Operandi* zwischen der Autorin/Herausgeberin und der Lektorin der englischen Texte und Übersetzungen, wobei letztere durch einige Tassen starken vietnamesischen Instantkaffee gestärkt wurde. Von Zeit zu Zeit mischte(n) sich eine Katze oder Hunde in die Besprechung ein, indem sie unaufgefordert einen kurzen Auftritt auf dem Computerbildschirm hatten.

Es ging bei unseren Meetings um die Arbeit rund um dieses Buch, doch die Gespräche zwischen mir und der sehr talentierten und überaus engagierten Autorin des Buches, Myriam Wälde-Behning, schienen unweigerlich auch unser Privatleben zu berühren. So entwickelte sich eine wunderbare Freundschaft, und das war ein unvorhergesehener Segen des Projektes.

Als Anthologie von Hundegeschichten ist dieses Buch sowohl in Bezug auf seinen Inhalt – die Windhundrassen Galgo, Greyhound und Saluki – als auch auf seine Entstehungsorte einzigartig. Die Gesamtheit der Co-Autoren repräsentiert eine Vielzahl von Nationalitäten, darunter mehrere im Ausland lebende Personen. Die Beteiligung vieler Länder rund um den Globus ist inspirierend.

Über die Windhundrasse Galgo gibt es nach wie vor nur wenige Informationen; diese Texte tragen zu einem besseren Verständnis aus persönlicher Sicht bei. Einige der Co-Autoren wurden durch Mundpropaganda entdeckt, andere sind für ihre langjährige Arbeit auf dem Gebiet der Rettung und Rehabilitation von Galgos bekannt. Sie alle eint die Sorge um die überaus traurige und schreckliche Notlage dieser Rasse, die sie so sehr lieben. Alle haben ihre Komfortzone verlassen, um mehr über den Missbrauch von Galgos zu lernen und etwas zu bewirken.

Greyhound-Rennen finden in Australien weiterhin in großem Umfange statt, und die Grausamkeiten, die diesen sanften Windhunden angetan werden, sind in der gesamten Branche weit verbreitet. Der aktuelle Schwerpunkt liegt darauf, dafür zu sorgen, dass die Hunde nicht länger Opfer sind und die Öffentlichkeit zu sensibilisieren, um eine Änderung der Regierungspolitik zu erreichen.

Landkarten, die die internationale Reichweite der Manuskripte verdeutlichen, helfen dem Leser, sich an den geografischen Standorten der Hunde zu orientieren.

Grausamkeit gegenüber Tieren wird oft als Vorläufer gewalttätigen Verhaltens gegenüber Menschen angesehen. In der Welt des Galgos werden kleine Kinder mit der brutalen Behandlung der Hunde konfrontiert. Die Kinder werden desensibilisiert, woraus folgt, dass sie Hunde nicht als fühlende Wesen betrachten, die Respekt und Freundlichkeit verdienen. Ein Ziel der Galgo-Rettung ist die Minimierung des psychischen Schadens, der entsteht, wenn junge Menschen Misshandlungen ausgesetzt sind.

Das Buch sieht vor, den Namen jedes Hundes in Großbuchstaben zu schreiben. Dies hilft, Verwechslungen mit Namen von Menschen zu vermeiden. Es ist auch ein Symbol für die Vorgehensweise einiger außergewöhnlicher Rettungseinrichtungen in Spanien, die in unserem Buch erwähnt werden. Jedem Hund, der die Schwelle dieser Einrichtungen überschreitet, wird ein Name – und nicht nur eine Nummer – zur Identifizierung gegeben. Einige dieser Hunde werden womöglich aufgrund ihrer Verletzungen oder ihres extrem geschwächten Zustandes nicht überleben. Ihr Leben wurde jedoch – wenn auch nur kurz – geschätzt und in elementarer liebevoller Weise gewürdigt.

Die Autorin hat dieses Buch ihrer geliebten Galga LAILA gewidmet, ohne die das ganze Projekt nicht möglich gewesen wäre. Es ist ebenso eine *Hommage* an ihre anderen geliebten Tiere, die alle einen schweren Start ins Leben hatten und von spanischen Tierschutzorganisationen gerettet wurden. Dies sind: LAILA, JOSHUA und TAYO (Galgos), SHANI (Mischling) und die Katzen NOEL, BANÚ, ENIE und LUCA. LAILA und JOSHUA zieren jede Seite des Buches mit einer Silhouette in der oberen Ecke. Sie sind auf dem Buchcover in verspielter Ausgelassenheit als Illustration abgebildet.

Dieses Buch enthält viele Informationen und Botschaften für die Leser. Doch eine einzigartige Botschaft durchdringt alles. Es ist ein Bekenntnis zur Liebe und Fürsorge für alle Lebewesen. Um die wunderbare Autorin des Buches zu zitieren – *fühlen Sie sich umarmt* – und genießen Sie diese Geschichten.

Mary Jane O'Connor

Zum Buch

Myriam Wälde-Behning

Deutschland

Wer hätte gedacht, dass noch vor Ablauf eines Jahres nach Erstveröffentlichung der *Windhundgeschichten* Band II geschrieben würde?

Im Mai 2021 musste ich meine geliebte Galga LAILA gehen lassen. Auch das Nachfolgewerk widme ich diesem bezaubernden Wesen. Wie sollte es auch anders sein, gab sie mir doch den Impuls, auf diese unglaubliche Entdeckungsreise des Schreibens zu gehen.

Schon kurz nach Erscheinen des ersten Buches kamen vermehrt Anfragen, ob es eine Fortsetzung, sogar Übersetzungen ins Englische und Spanische geben würde. Die Resonanz war durchweg überaus positiv.

Was ich damit sagen möchte: Wir berühren die Menschen mit unseren Geschichten. Und somit war die Entscheidung für ein zweites Buch rasch gefallen.

Übersetzungen? Wow! Ok, ich bin Übersetzerin, aber Deutsch ist meine Muttersprache, und eine Buchveröffentlichung stellt eine riesige Herausforderung dar. So schob ich das Thema vorerst zur Seite, bis ich eines Tages eine Nachricht von Linda aus den USA erhielt, die mir anbot, den Kontakt zu einer Freundin aus ihrer Nachbarschaft herzustellen, die vielleicht meine englischen Übersetzungen lektorieren würde. Um es kurz zu machen: Mary Jane sagte sofort zu. Wir hatten den ersten Video-Call, um uns kennenzulernen und abzustimmen. Sieben Stunden Zeitdifferenz liegen zwischen uns, aber das war auch die einzige Hürde. Wir verstanden uns auf Anhieb prächtig, und es entwickelte sich eine herzliche Freundschaft. Ich freue mich auf jeden Call und bin sehr dankbar für die ganze Zeit, die sie sich nimmt, um die *Sighthound*

Stories (Band I und II) professionell zu lektorieren und in zahlreichen Videokonferenzen mit mir zu besprechen.

Es entstanden immer mehr internationale Kontakte, und das macht Band II in vielerlei Hinsicht außerordentlich spannend. Zu Europa gesellte sich ergo zuerst Amerika, anschließend Australien, dicht gefolgt von Asien. Die Protagonisten dieses Buches waren mit ihren Windhunden in Dubai, Katar, Australien, den USA, Italien, Spanien, Portugal, Frankreich, Irland, England, Schweden, Dänemark, Polen, Slowenien, der Schweiz, Österreich und Deutschland.

So viele tolle Menschen habe ich auch jetzt wieder kennengelernt, Mails und Sprachnachrichten werden ausgetauscht, Video-Calls geplant: Manchmal geht es sieben Stunden zurück, ein anderes Mal acht Stunden vor. Herausfordernd, faszinierend – einfach ein unbeschreibliches Gefühl, mit all diesen Menschen, die eine Botschaft zu teilen haben, zu kommunizieren und an einem gemeinsamen Strang zu ziehen. Was uns eint, ist die Liebe zu Windhunden und das Engagement für den Tierschutz.

Worüber ich mich auch sehr freue, ist, dass uns zwei unfassbar talentierte Künstlerinnen ganz wunderbar unterstützt haben.

Erneut liegt unser Fokus auf den Galgos, an deren Leid man schlichtweg nicht vorbeikommt. Wir sind nach wie vor erschüttert über die grauenhaften Nachrichten und Fotos, die in den letzten Wochen den Weg in alle Welt gefunden haben. Wie viel Gutes eine starke *Community* im Rahmen von Hilfsaktionen – auch kurzfristig – bewirken konnte, ist atemberaubend. An dieser Stelle ein großes Dankeschön an die engagierten Vereine, die weit über ihre Kapazitäten und Kräfte hinaus den geschundenen Seelen geholfen haben.

Wir lernen, dass es sich immer lohnt, um das Leben und Wohlergehen eines jeden einzelnen Tieres zu kämpfen. Und dass dies nur funktionieren kann, wenn man im Team arbeitet – transparent, ehrlich, die Hand reichend und immer das Tierwohl vor Augen – ohne Ellbogenmentalität, dafür mit Rückgrat, Kameradschaft, Ideenreichtum sowie dem Mut, etwas zu wagen. Wenn man etwas nicht versucht, wird man auch nie erfahren, ob man es geschafft hätte.

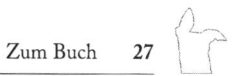

Das Leid der Windhunde zu lindern, es – noch besser – von allen Landkarten der Welt zu löschen, dafür setzen wir uns ein. Diese wundervollen Geschöpfe haben ein Anrecht auf Liebe, Respekt, Unversehrtheit und ein würdevolles Leben.

Liebe Leser, Sie erwartet ein breit gefächertes *Repertoire* an Texten: anschaulich, bewegend, persönlich, informativ, ehrlich, ausdrucksstark, poetisch, authentisch. Sie erhalten spektakuläre Hintergrundinformationen und tiefe Einblicke in unsere Leben. Sie unternehmen Kurzreisen mit uns und reisen ebenso in ferne Länder. Sie finden sich womöglich selbst in unseren Geschichten wieder, und so manches Mal stockt Ihnen der Atem.

Wir laden Sie herzlich ein, unsere Texte mit offenen Herzen zu lesen, sich von unserer Begeisterung für diese ganz besonderen Hunde anstecken zu lassen – und sich unserem *Engagement* anzuschließen.

Und auch das Ende dieses Buches wird der Anfang unseres nächsten Abenteuers werden.

Myriam Wölde-Behning

28　Windhundgeschichten - Unsere Reise durch vier Kontinente

Havana

Die zweite Chance

Eva Quirbach

Schweden

Originaltitel: *The Second Chance*

Mein Name ist Eva Quirbach. Schon solange ich denken kann, bin ich ein Windhund-Fan. Angefangen habe ich 2001 mit Salukis, aber 2012 bin ich auf das Schicksal der Galgos in Spanien aufmerksam geworden und habe angefangen, zu adoptieren.

Als ich auf die Galgos traf, fand ich in ihnen auch meinen Lebensinhalt, indem ich versuchte, zumindest einige von ihnen zu retten. Ich wollte sie vor der Grausamkeit und den Schmerzen bewahren – vor dem, was ihre Jäger, die sogenannten Galgueros, ihnen an Leid zufügen.

Diese Seelen,
die so achtlos zerstört werden, wenn sie nicht mehr Ihren Wünschen entsprechen.
Herr Galguero, wissen Sie, wie lange es dauert, wieder zusammenzusetzen, was Sie zerbrochen haben.

Sie tarnen Ihre Taten mit Ausreden.
Eine von vielen ist:
Die Galgos sind wilde Jäger, nicht als Haustiere geeignet.

So seltsam es auch klingen mag – ich hoffe, es ist
die Unwissenheit, die aus Ihnen spricht. Ich hoffe, es ist,
was Sie tatsächlich glauben.

Denn was wäre, wenn ich Ihnen eine andere Geschichte erzählen könnte. Was wäre, wenn Sie durch meine Augen sehen könnten. Würden Sie es bedauern und bereuen, wenn Sie die Wahrheit wüssten.

Ich nehme Sie mit zu den Schären an der Westküste Schwedens. Wir suchen uns einen sonnigen Frühlingstag aus, so dass wir über den Horizont blicken können. Zu dieser Jahreszeit steht alles in voller Blüte. Überall verstecken sich bunte Blumen vor dem Wind.

Wilde Stiefmütterchen, Leimkraut, Strand-Grasnelken. Sogar die Flechten, die die Klippen bedecken, funkeln gelb. Der Himmel ist ein knackig blauer Riese, der sein eigenes Spiegelbild im Meer bewundert.

Lassen Sie die Galgos vorauslaufen, und wir machen uns auf den Weg zum Leuchtturm. Lassen Sie uns eine Weile hierbleiben. Ich habe etwas zu essen mitgebracht, das wir uns teilen können.

Setzen Sie sich, und FIFFI wird sich zu Ihnen setzen, sich vertrauensvoll an Sie lehnen und die Schönheit des Augenblickes mit Ihnen teilen. Streicheln Sie sanft ihre Wange und schauen Sie sich ihr Lächeln an, wenn sie den Möwen zusieht, wie sie sich gen Himmel erheben.

Die Insel wird heute uns gehören. Keine Menschenseele ist hier draußen – außer Ihnen und mir und den Galgos.

Treten wir den langen Rückweg an und erlauben der Sonne, nun unterzugehen, und dem *Vinga Fyr*, uns zuzuzwinkern. Ich möchte, dass Sie die Amsel singen hören, wenn es letztlich Abend wird.

Wenn uns dann der Sommer mit einer Hitzewelle trifft, können wir Sie nirgendwo anders mit hinnehmen als an unseren Lieblingsstrand. Nehmen wir uns eine Decke, Kaffee und Kuchen, und wir können den ganzen Tag bleiben.

Lassen Sie Ihre Schuhe im Schilf stehen, wir gehen von hier an barfuß weiter. Atmen Sie die salzige Luft ein und beobachten Sie, wie die Galgos vor Lebensfreude sprühen. Jagt einander durch das seichte Wasser – frei und sorglos. Lassen Sie uns auch unsere Füße befeuchten, das Wasser ist kalt und klar.

Drüben am Süßwasserlauf, der in das Meer Kattegat mündet, werden Sie Austernfischer mit ihren leuchtend orangefarbenen Schnäbeln sehen, die mit dem Kopf nicken, während sie am Ufer entlangspazieren.

Breiten Sie die Decke in den Dünen aus, es ist Zeit für ein Nickerchen in der Sonne.

Rutschen Sie rüber und laden Sie SUKI ein, zu kommen. Sie wird sich neben Sie legen und ihre Augen schließen. Ihr Fell riecht nach Salz und Sonnenschein. Es wird unmöglich sein, ihr sommersprossiges Bäuchlein nicht zu liebkosen.

Machen Sie sich bereit für den Sonnenuntergang. Wenn wir es riskieren, werden wir den Duft des Geißblattes und der wilden Rosen einfangen und die Schwalben Sturzflüge im Himmel machen sehen, bevor die Mücken uns zum Auto zurückrennen lassen.

Dieser schmerzhaft schöne Moment, wenn der Sommer schließlich dem Herbst weicht, ist für lange Spaziergänge durch den Wald gedacht.

Wir können stundenlang am See sitzen. Beobachten, wie sich die Wasseroberfläche in Rauch verwandelt, wenn die Sonnenstrahlen beginnen, die Welt aufzuwärmen. Wir nennen es den *Tanz der Feen*.

Das Licht hat sich verändert, es ist satter und wärmer geworden, die Tage sind kürzer. Die Luft ist gesättigt mit Brombeeren, Hagebutten und Heidekraut.

Nehmen Sie meine Hand, und ich ziehe Sie hoch auf Ihre Füße – es ist Zeit, auf Entdeckungsreise zu gehen.

MILOU wird Sie über schmale Pfade und entlang rauschender Bäche führen. Sie kennt alle geheimen Abkürzungen.

Das Moos wird jedes Geräusch dämpfen, während wir durch diese märchenhaften Wälder laufen.

Die Zeit verrinnt langsamer. Schläfrige Hummeln machen ihren letzten Flug; die Natur ist im Begriff, sich auszuruhen.

Unsere Anwesenheit stört weder die Natur noch die Wildtiere; unsere Herzen schlagen im gleichen Rhythmus.

Lasst uns auf dem Heimweg ein paar Steinpilze und Pfifferlinge sammeln. Wenn wir zurückkommen, zünde ich einige Kerzen an und koche Ihnen eine Mahlzeit. Sie können am Feuer sitzen und den zufriedenen Seufzern der Galgos lauschen.

Wenn die Temperaturen unter den Gefrierpunkt sinken, ist es Zeit, sich warm anzuziehen. Ziehen Sie Ihre besten Schuhe und Ihre wärmste Jacke an. In der Nacht gab es starken Schneefall, und wir müssen einen Ausflug ins Winterwunderland machen.

Die Galgos werden Sie vor Neid erblassen lassen, wenn sie sich mit ihren langen Beinen mühelos fortbewegen. Sie und ich werden schließlich rückwärts in einen Schneeengel fallen und vor Erschöpfung lachen.

Lassen Sie uns stattdessen über den zugefrorenen See weiterlaufen. Die schneebedeckten Kiefer- und Tannenbäume neigen sich schwer über das Ufer. Können Sie sehen, wie alles um uns herum glitzert.

Eisfischer und Kinder, die Schlittschuh laufen, lächeln uns im Vorbeigehen zu.

Die schmerzhaft kurzen Tage werden uns dazu bringen, jede Sekunde des Lichtes wertzuschätzen, während die Sonne darum kämpft, sich über den Horizont zu erheben. Können Sie die langen Schatten sehen, die HAVANA wirft. Wie in einem Gemälde von Dalí.

Sagen Sie mir Bescheid, wenn Ihre Zehen kalt werden. Dann ist es Zeit, nach Hause zu gehen, um eine heiße Schokolade zu trinken und ein ernsthaftes Gespräch zu führen.

Schauen Sie sich HAVANA an, die jetzt tief und fest in ihrem Bett schläft. Eines der Mädchen, die Sie in ihrer Angst fast zerstört haben. Wissen Sie, wie viele Jahre an Abenteuern sie gebraucht hat, um ihre Vergangenheit langsam loszulassen? Wissen Sie, dass sie nach all dieser Zeit, nunmehr beinahe am Ende ihres Lebens, immer noch zusammenzuckt, wenn ich auf sie zugehe, um sie zu streicheln.

Nachdem ich ihr zehneinhalb Jahre lang gesagt habe, dass sie ein braves Mädchen ist und ihr nichts als Liebe und Freundlichkeit entgegengebracht habe.

Egal, wie sehr sie mir vertraut – sie erwartet immer noch, geschlagen zu werden.

Sehen Sie sich meinen Sohn an, wie er neben FIFFI liegt, langsam ihren Hals streichelt und in seinen eigenen Gedanken versunken ist. Sie ist an seiner Seite, seit er geboren wurde. Er nennt sie seine Schwester.

Bevor er sein erstes Wort sprach, bevor er seine ersten Schritte machte, lehrte sie ihn alles, was er über bedingungslose Liebe weiß.

Wenn sie stirbt, wird er Jahre damit verbringen, auf ihren Stern am Himmel zu zeigen, in der Schule Herzen für sie zu malen und mir zu sagen, wie sehr er sie vermisst.

Stellen Sie sich die Galgos vor, die Sie gequält und getötet haben, weil sie als Jäger nicht gut genug waren.

Diejenigen, die Sie für wertlos hielten. Diejenigen, von denen Sie behaupten, sie hätten keine Gefühle.

Stellen Sie sich diese Galgos stattdessen alle in diesem Leben vor.

Herr Galguero, Sie haben Blut an Ihren Händen.

Für meine Mädchen HAVANA und FIFFI, die beide über die Regenbogenbrücke gegangen sind. Für MILOU, SUKI und TINTIN, die heute ihr Leben mit mir teilen. Ich werde Euch weiterhin das Paradies auf Erden schenken.

Für all die namenlosen Galgos, die jedes Jahr in Spanien sterben, ohne sich jemals sicher oder geliebt zu fühlen. Ich werde weiterhin meine Stimme erheben.

Free the Galgo.

Eva Quirbach

Holger

Meine Hunde und der Tierschutz

Liliana Flormann

Deutschland

Wir haben April 2022, und ich bin, während ich diesen Text schreibe, genau drei Wochen aus Spanien zurück. Es war mein zweiter Besuch in der *Fundación Benjamín Mehnert* (*FBM*) in Sevilla, einem der größten Tierheime in Spanien. Und es fühlte sich genauso an wie vor vier Jahren, als ich das erste Mal dort war. Um zu erzählen, wie es dazu kam, muss ich sechs Jahre zurückblicken, als alles begann …

Im April 2016 haben mein Mann Christoph und ich unseren ersten Hund adoptiert. Diese Entscheidung fiel einen Monat vorher im Urlaub auf Fuerteventura, da ich bald endlich Zeit für den langersehnten Hund haben würde. Die spanischen Jagdhunde kannten wir und fanden sie wunderschön. Und so machten wir uns auf die Suche nach einem Galgo oder Podenco, der bereits auf einer Pflegestelle in Deutschland war. Die erste Entscheidung fiel auf BELA – eine zimtfarbene Podenca aus Madeira, der wunderschönen Blumeninsel aus meiner Heimat Portugal. Am nächsten Tag erfuhren wir, dass die Maus bereits zwei Tage vorher reserviert worden war. Obwohl wir etwas traurig waren, weckte LISSY, ein Podenco Andaluz aus Gandía, unsere Aufmerksamkeit. So lernten wir eine Woche nach dem Urlaub die vorsichtige LISSY bei ihrer Pflegestelle in Düren kennen. Bis heute kann ich es nicht fassen, dass wir die einzigen Interessenten für sie waren.

Ich werde diesen Augenblick nie vergessen, als sie uns mit großen Augen anschaute – als ob sie fragen würde, wer wir denn seien. Sie war sehr misstrauisch, aber nach einigen Scheiben Fleischwurst, einem tollen Spaziergang (zum Teil mit ihr alleine) und dem Flitzen im Auslauf stand schnell fest, dass wir sie adoptieren möchten. Eine Woche später wurde aus LISSY unsere LOU.

Unser erster Hund – es war wundervoll, aufregend und ganz schön anstrengend, zum Teil nervenaufreibend. Wir hatten uns im Vorfeld sehr gut über Podencos informiert, aber die ersten Monate mit LOU waren für uns zwei Hundeanfänger nicht einfach. Ein reiner Podenco Andaluz mit einem Jagdtrieb vom Feinsten, auch noch sehr vorsichtig sowie manchmal etwas ängstlich gegenüber Menschen und anderen Hunden ... Sie war eine große Herausforderung für uns, dennoch stellten wir uns dieser Aufgabe und haben LOU nie zu etwas gezwungen. Ich denke, dass wir aus Unsicherheit und Unwissenheit sicherlich viel falsch gemacht haben – aber auch viel richtig, denn aus ihr ist ein toller lebenslustiger Hund geworden.

Irgendwann besuchten wir regelmäßig einen Auslauf in Mülheim an der Ruhr, was LOU sichtlich genoss. Ab dann wurde alles einfacher mit ihr. Sie wurde selbstbewusster und freute sich auf Begegnungen mit anderen Hunden. Das Leben mit ihr wurde immer schöner.

Ja, und ich fing immer mehr an, mich für den Tierschutz zu interessieren. Ich informierte mich weiter, vor allem via „Facebook", über das Schicksal der Podencos und Galgos und engagierte mich. So lernte ich viele Gleichgesinnte kennen, die mir mit guten Tipps sehr geholfen haben.

Im Oktober 2016 lernte ich bei einem Besuch des Auslaufes eine Pflegefamilie für Galgos kennen, und ganz schnell war es um mich geschehen. Da war sie – PALMIRA – eine schwarze Galga, die seit Ende September in Deutschland lebte und einfach nur das liebste Wesen auf der Welt war. In den kommenden Wochen habe ich die schwarze Schönheit regelrecht gestalkt und suchte mir immer Zeiten für das Flitzen mit LOU aus, wenn ich dachte, dass PALMIRA wahrscheinlich auch da sein könnte. Jedes Mal freute ich mich so sehr, diese wundervolle Maus zu sehen. Denn ehrlich gesagt, ich konnte an nichts anderes denken.

LOU hatte keine Probleme mit ihr, sie ignorierten sich eher. Immer mehr merkte ich, dass ich mich unsterblich in diese Hündin verliebte. Sie kannte uns bereits und freute sich ebenso, uns zu sehen. Aber Christoph war zu Recht sehr vernünftig. Wir hatten vor gerade mal sechs Monaten unseren ersten Hund adoptiert und jetzt noch einen? Könnten wir einen zweiten Hund adoptieren und diesem gerecht werden? Als blutige Hundeanfänger wohl nicht – das dachten wir, obwohl ihre Pflegestelle uns für ihre Wunschfamilie hielt.

Da allerdings eine meiner ausgeprägten Eigenschaften die Hartnäckigkeit ist, habe ich meinen Mann so sehr genervt, bis er endlich „Ja" sagte. Ich konnte es kaum erwarten, PALMIRAs Pflegestelle anzurufen, um ihr die wundervolle Nachricht zu überbringen.

Leider waren wir einen Tag zu spät. Ja, PALMIRA war reserviert. Zu der Zeit war dies eine der schlimmsten Nachrichten meines Lebens. Mein Herz war in tausend Stückchen zerbrochen. Diese wundervolle Maus hatte nur das Beste verdient. Ich wünschte ihr das tollste Leben auf Erden, und auch wenn ich unendlich traurig war, habe ich mich sehr für sie gefreut. Es folgte eine fast schlaflose und tränenreiche Nacht, aber der Morgen danach hatte es in sich. Am nächsten Tag stellte sich heraus, dass ihre Pflegestelle kein so gutes Gefühl hatte, und was soll ich sagen … Am *Black Friday* zog die schwarze Galga PALMIRA bei uns ein. Es war von Anfang an so, als ob sie schon immer bei uns gewesen wäre. Sie eroberte die Couch, wo vorher LOU nur ein kleines Plätzchen hatte, komplett. So habe ich die Liebe der Galgos zum Sofa kennengelernt.

Was für ein Gefühl der Glückseligkeit. PALMIRA war ein Teil unserer Familie, und Christoph und ich waren überglücklich. LOU fand es am Anfang gar nicht gut, aber PALMIRA hat alles so hingenommen, wie es war. Sie war unsagbar lieb, ausgeglichen und hat uns nie das Leben schwer gemacht. Wir wuchsen als Familie, und das Leben mit den beiden war unbeschreiblich und wunderschön!

Was auch stetig wuchs, war der Wunsch, mich mehr für die Galgos und Podencos in Spanien zu engagieren. So tauchte ich mehr in die Galgo-Szene ein und lernte viele „Galgo-Leute" kennen, die auch zu Freunden wurden.

Ende 2017 stand fest, dass auch ich bald aktiver sein kann. Ich lernte Marina durch Facebook kennen. Wir freundeten uns an, und durch sie erfuhr ich über die Möglichkeit des Volontariates in der *FBM*, wo sie bereits einige Male gewesen war. Wir planten, im März 2018 zusammen mit Jana dorthin zu fliegen. Jana und ich kannten uns damals nur über Facebook, konnten uns dann kurz vorher persönlich auf dem „Galgo-Marsch" in Köln im Januar 2018 kennenlernen.

Plötzlich hatten wir den Abend des 12. März 2018. Ich war so aufgeregt und konnte es kaum glauben, dass ich am nächsten Tag endlich nach Spanien fliegen würde. Plötzlich kam eine Nachricht von Marina, die mich in Schockstarre verfallen ließ – „ich bin mit Blaulicht auf den Weg ins Hospital" …

Schnell stand fest, dass Marina leider notoperiert werden musste und nicht nach Spanien fliegen konnte. Wie? Es geht doch nicht ohne sie. Jana und ich kannten uns dort nicht aus; Marina war schon mehrmals dort gewesen und … Wir überlegten, ob es nicht besser wäre, die Reise abzusagen, aber Christian, Marinas Mann, konnte uns überzeugen, diese doch zu unternehmen. Und so flogen Jana und ich am 13. März 2018 zu zweit nach Sevilla. Sie kam aus Berlin, ich aus Düsseldorf, und wir trafen uns am Frankfurter Flughafen. Sofort hatte ich das Gefühl, dass wir uns schon ewig kennen. Die Begrüßung war sehr herzlich, und es gab eine derartige Verbundenheit, die ich bis dato kaum kannte. Der Flug war zum Glück problemlos, denn ich fliege nicht besonders gerne.

Dort angekommen, holten wir den Mietwagen und fuhren noch kurz zum Einkaufen, bevor wir in der *Fundación* ankamen.

Und dann waren wir dort – vor den großen Toren der *FBM*. Wir konnten es kaum glauben, dass wir es doch zu zweit gewagt hatten. Wir bezogen zunächst unser Zimmer, und danach drehten wir unsere erste Runde. Ich gestehe, dass wir wie verloren waren und nicht genau wussten, was wir machen sollten – und was wir machen durften. Zwar kann ich mich gut auf Spanisch verständigen, aber es war furchtbar, ohne Marina dort zu sein. Ich denke, wir waren beide noch etwas unter Schock. Am nächsten Tag erfuhren wir, dass Marina zum Glück das Schlimmste überstanden hatte. Während der gesamten Zeit vor Ort stand sie uns aus dem Krankenbett immer zur Seite. Wir schrieben über einen Nachrichtendienst und telefonierten auch oft. Wir alle haben versucht, das Beste aus dieser Situation zu machen und für die Hunde da zu sein.

Am zweiten Tag waren die anfänglichen Unsicherheiten weg, und wir erfuhren, dass wir selbständig arbeiten konnten. Wir starteten fast jeden Tag mit der Säuberung der *Granjas*, den Außengehegen in der *FBM*, die zu einer unseren Hauptaufgaben wurden. In den *Granjas* gab es neunzehn Zwinger, die uns den ganzen Vormittag beschäftigten. Wir reinigten diese Zwinger, sorgten für frisches Wasser und Futter, arbeiteten und schmusten mit den Hunden. Auch wenn das absurd klingen mag, empfand ich eine große Erfüllung in dieser Aufgabe, denn wir konnten die Zeit mit den Hunden sehr genießen. Auch die sechs Zwinger in der *Cachorrea*, der Welpenstation, haben wir oft gereinigt. Hier war besonders große Vorsicht mit der Hygiene geboten.

Frühmorgens durften wir an diesem Tag zum ersten Mal das Hospital besuchen. Ich gestehe, dass ich etwas Bedenken hatte, denn ich wusste nicht, ob ich mit dem, was mich dort erwarten würde, umgehen konnte. Als die Tür aufging, wurde mir zunächst etwas schlecht, aber schnell wandelte sich meine „Angst" in Freude, endlich die Lieblinge aus dem Hospital zu sehen. Ich kann mich noch an die kleine schwarze Galga ANE erinnern – an FRUCO, GALLEGO, BUDDHA, DAITURI. Oder LAUREN! Ich wagte es kaum, mich ihm zu nähern. Er war ein schwarzer Galgo, der im Januar 2017 mehr tot als lebendig in die *FBM* kam, gelähmt war und wie durch ein Wunder überlebte. Heute genießt er immer noch sehr glücklich sein Leben – auf vier Beinchen! Durch die aufopferungsvolle Arbeit der Mitarbeiter der *FBM* erlernte LAUREN das Laufen wieder. Im Hospital zu sein, war immer wieder ein Erlebnis – schön aber traurig zugleich. Und so viele schlimme Schicksale zu sehen, machte etwas mit einem. Wie das Schicksal von MINERVA ...

Als ich MINERVA erstmals sah, brach ich in Tränen aus. Eine weiße Galga, der man erst vor kurzem das linke Hinterbein amputiert hatte, lag auf einer Matratze in einem der Außenzwinger des Hospitales. Sie sah einfach so lieb aus und schaute mich mit ganz großen Augen an. Ich weinte fast kompulsiv, weil mir das Ganze so zusetzte. Sie sah sehr mitgenommen aus. Zu dieser Zeit wusste ich noch nicht, wie sehr mir diese Begegnung helfen würde, mit unserem eigenen Schicksal umzugehen. Meine Traurigkeit verwandelte sich jedoch schnell in Freude, denn kurze Zeit später hüpfte sie im Außenbereich des Hospitales herum und freute sich ihres Lebens. Heute lebt sie glücklich als Dreibeinchen in Frankreich. Ich habe immer noch Kontakt zu ihrem Frauchen und freue mich jedes Mal auf Fotos von ihr, einer glücklichen Galga.

Parallel zu der Arbeit in den *Granjas* kümmerten wir uns auch immer wieder um die Wäsche. Wir beschrifteten Halsbänder mit den Namen der Hunde und badeten Hunde für den Transport. Und natürlich verbrachten wir auch viel Zeit in der *Nave* und in den Außengehegen vor der *Nave*. Dies ist eine große Halle mit Trakt A und B, in der sich insgesamt 60 Zwinger befinden. Davor befindet sich der *Pasadillo*, der Korridor, mit den Gängen E/F und seinen 34 Außenzwingern.

Das erste Mal in der Halle macht einen sprachlos. Ehrlich gesagt, der Geräuschpegel ist kaum zu ertragen, und ich war froh, meine Ohrstöpsel mitgenommen zu haben. Wenn man bedenkt, dass sich zu Höchstzeiten etwa sechs Hunde in jedem Zwinger befinden können, kann man sich vorstellen, wie es klingt, wenn die Hunde zu bellen beginnen. Und das tun sie Tag und Nacht.

Nachmittags verbrachten wir oft mit den Hunden in der *Nave*, trugen Pipetten mit *Spot On* auf, machten viele Fotos für Facebook, nahmen Hunde mit in den Auslauf und bereiteten ihnen eine schöne Zeit.

In jedem einzelnen Zwinger hätte man sich immer wieder neu verlieben können. Überall sind so tolle Hunde, die nach Aufmerksamkeit und Streicheleinheiten betteln und sich nach Liebe sehnen.

Ich glaube, ab dem dritten Tag haben wir viel geweint, aber auch viel gelacht. Das schlechte, kalte und sehr regnerische Wetter erledigte den Rest. Es war ein Wechselbad der Gefühle. Man war so traurig, zu sehen, dass sich so viele Hunde dort befanden. Aber es machte einen einfach glücklich, sich mit ihnen zu beschäftigen – diese unglaubliche Zuneigung zu spüren. Es gab viele Podencos, einige Mischlinge, aber die meisten Hunde waren Galgos. Insgesamt waren ca. 700 Hunde dort. Und obwohl man ahnte, was einen dort erwarten würde, war es unvorstellbar. Das Schöne ist, dass durch unsere Fotos einige Hunde ein Zuhause finden konnten. Ich werde KIRO, den süßen und fast blinden schwarzen Galgo, der relativ schnell ein *forever home* finden konnte, noch bevor er erblindete, nie vergessen.

Wie ich vorhin erwähnte, man konnte sich immer wieder verlieben. Es gab zwei Hunde, die Jana und ich am ersten Tag kennenlernten: VIERI und SATON. VIERI war ein süßer weißer Galgo, der ganz schön mitgenommen aussah, der alte Opi. Er entpuppte sich schnell als einjähriger ruhiger Bub und eroberte Janas Herz. Einige

Tage später lag er mit uns auf der Couch, schlief zwischen uns und schnarchte zufrieden. Solche Momente der Glückseligkeit werde ich nie vergessen. Und SATON ... Mit ihm beschäftigte ich mich täglich. Er war ein liebevoller Bub, aber irgendwie hatte ich das Gefühl, dass das mit unserer LOU nicht funktionieren würde. Es war aber für Christoph und mich eigentlich kein Thema, einen dritten Hund zu adoptieren. Bis ich einige Tage später HOLGER komplett verfallen war. SATON wurde einige Monate später adoptiert und lebt in Belgien. Ich habe ihn bis heute nicht vergessen.

Zurück zu HOLGER – er war ein großer gestromter Galgo-Bub, der in der ersten *Granja* war und sich immer nach Aufmerksamkeit sehnte. Mit einer Schulterhöhe von 74 cm konnte man ihn tatsächlich nicht übersehen. Er war einfach den Menschen sehr zugetan, sprang wie ein lustiges Känguru herum und nahm mich komplett in Beschlag, als ich die *Granja* säubern wollte. Ich weiß noch, dass er sich an einem dieser Tage, als ich in der *Granja* das Futter frisch auffüllen wollte, auf einmal so sehr an mich ankuschelte und auf meinem Schoß lag, dass ich einfach in Tränen ausbrach. In diesem Augenblick spürte ich ein unbeschreibliches Gefühl der Liebe, welches ich bis heute nicht beschreiben kann. Und so beschäftigte ich mich die restlichen Tage mit HOLGER. Wir waren zusammen im Auslauf, genossen das Zusammensein, und ich musste leider immer im Hinterkopf haben, dass ein dritter Hund nicht geplant war.

Und dann kam er, der Tag des Abschiedes. Für Jana stand fest, dass VIERI bald ein Teil ihrer Familie sein würde. Ich hingegen war unendlich traurig, denn ich würde diesen Traumhund nie wiedersehen und doch besuchte ich ihn ein letztes Mal, um mich zu verabschieden. Ich weiß noch genau, wie er Freudensprünge machte, als er mich sah, und das hat mich noch fertiger gemacht.

Wir fuhren los zum Flughafen, mich begleitete sofort ein Gefühl der Sehnsucht. Dann waren wir wieder zuhause, und meine

Gedanken kreisen nur um diese intensiven Erlebnisse. Ich fragte mich, wie ich weiter so leben könnte wie bisher – mit dem Wissen, dass so viele Hunde in der *FBM* auf ein Zuhause warteten. Man hat dort so viel zu tun, und man wird nie fertig. Hat man die Arbeit erledigt, kann man direkt wieder von vorne anfangen. Ich habe einen unheimlich großen Respekt vor dem, was die Mitarbeiter vor Ort tagtäglich leisten.

Er war schwer, mit all den Erlebnissen umzugehen. Ich konnte tatsächlich nicht mal meine dreckigen Klamotten waschen, weil mir sogar das zu nahe ging. Zurückblickend denke ich, dass ich tatsächlich Monate gebraucht habe, um all die Eindrücke verarbeiten zu können.

Zwei Tage nach meiner Rückkehr hatte ich Geburtstag, aber meine Stimmung war nicht gerade feierlich. Ich musste immer an HOLGER denken und weinte immer wieder, weil ich den süßen Schatz sehr vermisste. Und was soll ich sagen ... Unerwartet bekam ich HOLGER zum Geburtstag. Mein toller Mann hatte tatsächlich mit seiner Komplizin Marina die Adoption hinter meinem Rücken geplant, sogar als ich noch in Spanien war. Ich konnte mein Glück kaum fassen.

Ab diesem Tag wurde ich ganz schön schwanger und konnte an nichts anderes denken. Nur PALMIRA machte uns ein wenig Sorgen. Man hatte das Gefühl, dass sie nicht so gut gehen konnte und vermutete eine Zerrung, aber wir dachten uns nichts dabei. Dreieinhalb Wochen nach meiner Rückkehr aus Spanien durfte HOLGER einziehen, und ich weiß noch, wie aufgeregt ich war – er dann auch, als wir vom Trapo nach Hause fuhren. Irgendwann schlief er in meinen Armen ein.

Zuhause angekommen, war die Zusammenführung ok. LOU überraschte uns mit ihrem Interesse, PALMIRA mit ihrer Gleichgültigkeit. HOLGER war ein süßer Bub, extremst unruhig, und bis der Boden zuhause trocken blieb, vergingen leider einige

Monate. Heute denken wir, dass er eventuell Verlustängste hatte, denn vom ersten Moment an verliebte er sich in meinen Mann – bis heute sein Ein und Alles. Er konnte den Raum nicht verlassen, ohne dass HOLGER hinterherlief. Erst zwei Jahre nach seiner Adoption wurde unser Schatz ruhiger und gelassener. Mittlerweile ist er ein Langschläfer, der morgens kaum aus dem Bett zu bekommen ist.

Nur PALMIRA machte uns immer wieder Sorgen. Leider mussten wir erneut zum Tierarzt, weil ich das Gefühl hatte, dass sie ganz leicht lahmte und etwas nicht stimmte. Man konnte es zwar kaum sehen, aber nur sechs Tage nach HOLGERs Einzug erhielten wird die Hiobsbotschaft, dass sie wahrscheinlich an einem Osteosarkom (Knochenkrebs) am linken Hinterbein erkrankt war. Kurze Zeit später folgte die Biopsie, und nach einer Woche kam leider die Bestätigung, dass unsere wundervolle Maus Knochenkrebs hatte. Eine Welt brach für uns zusammen. Wie kann das möglich sein? Sie war erst drei Jahre alt! Wir hatten noch die Hoffnung, sie retten zu können, aber je mehr wir uns informierten, desto vernichtender wurden die Aussichten. Wir stimmten einer Amputation des linken Hinterbeines zu. Ich fühlte mich wie eine Verräterin, ihr dies anzutun, obwohl ich wusste, dass diese Möglichkeit ihr mehr Lebensqualität und -zeit schenken würde; auch uns, keine Frage, aber in erster Linie der lebensfrohen PALMIRA.

PALMIRA überlebte gerade mal so die Amputation und blieb zwei endlose Tage in der Tierklinik. Sie hatte große Komplikationen und Einblutungen nach der OP. Als wir sie dann endlich abholen konnten, hat man den Galgo in ihr kaum erkannt, so heftige Einblutungen hatte sie. Und in diesem Moment wusste ich, dass einige Begegnungen im Leben kein Zufall sind, und ich bin MINERVA, der dreibeinigen weißen Galga in der *FBM*, unglaublich dankbar. Dank ihr wusste ich, was mich ungefähr erwartete und konnte – für meine Verhältnisse – relativ gut mit dieser Situation umgehen.

Die Zeit nach PALMIRAs Amputation war hart. Die Genesung verlief zunächst langsam, und die arme Maus bekam noch eine Infektion, die sie aus der Tierklinik mitgenommen hatte. Aber diese Strapazen, der wenige Schlaf, viele Tränen und die Angst, die Maus zu verlieren, wandelten sich schnell in Freude, denn PALMIRA begann wieder, ihr Leben zu genießen. Sie hatte eine unglaubliche Statik und war ein Naturtalent auf drei Beinchen. Sie bekam jede zweite Woche Physiotherapie, und wir entschieden uns für eine „Horvi-Therapie" gegen den Krebs, bei der sie zweimal täglich gespritzt werden musste. Unser Alltag drehte sich fast 18 Monate lang nur um PALMIRA, wir pflegten sie wie ein krankes Kind. Sie genoss dennoch ihr Leben. Die Metastasen wuchsen langsam, und sie konnte fast ein normales Galgo-Leben führen, flitzen und ganz viel schmusen. Bis sich im Sommer 2019 ihre Situation verschlechterte.

Ihr Körper konnte irgendwann nicht mehr. Sie schaffte es noch, am Leipziger „Galgo-Marsch" Küsschen zu verteilen und dadurch Geld für die Galgos in Spanien zu sammeln, aber elf Tage später, am 25.09.2019, mussten wir unsere geliebte PALMIRA gehen lassen. Sie starb bei uns zuhause in meinen Armen. Noch heute kullern die Tränen, wenn ich diese Zeilen schreibe. Es hat mich zerrissen, obwohl ich in dem Moment so ruhig war wie noch nie. Wochenlang war ich wie gelähmt, ich nahm viel ab und verstand die Welt nicht mehr. Während dieser Zeit gaben uns HOLGER und LOU extrem viel Kraft, aber plötzlich verstanden sie sich nicht mehr so gut wie vorher. Eine Woche nach PALMIRAs Tod gingen sie sogar aufeinander los. Zum Glück verstanden sich die beiden bald besser, aber es wurde nie so harmonisch wie zu PALMIRAs Lebzeiten.

Ich ertappte mich dabei, dass ich wie eine Besessene nach Galgas schaute. Ich denke, ich wollte einfach das Gefühl haben, dass es möglich wäre, wieder so eine tolle Hündin zu haben. Aber wir hatten uns geeinigt, erst mal keinen neuen Hund zu adoptieren – so nah ging uns ihr Tod.

Bis ich dann von CANDYs Rettung erfuhr. Ein Monat vor PALMIRAs Tod versuchte ein deutscher Verein vergebens, Kontakt zu Adoptanten aufzunehmen, die im Sommer eine cremefarbene Galga namens CANDY adoptiert hatten. Zum Glück kam es doch zu einer Nachkontrolle, die zwar positiv lief, dem Verein jedoch keine Ruhe ließ. Und dafür bin ich bis heute dankbar. Denn vier Wochen nach PALMIRAs Tod wurde CANDY aus schlechter Haltung in Deutschland gerettet. Sie wog nicht mal zwölf Kilogramm, hatte Innen- und Außenparasiten und wäre wahrscheinlich ein paar Tage später gestorben.

Als ich das erste Foto von CANDY sah, fielen mir direkt diese unglaublichen Augen auf, und mir blieb fast der Atem weg. Ich war so froh, dass es der Maus endlich gut ging. Sie blieb zufälligerweise bei einer lieben Bekannten auf Pflege. Da ich noch ein extra Bettchen zuhause hatte, bot ich dieses für CANDY an, und so durfte ich sie das erste Mal besuchen.

Ich weiß noch, dass ich an der Haustür zunächst angebellt, aber direkt herzlich begrüßt wurde. Ich bekam von CANDY zwei Küsschen auf die Nase – wie PALMIRA es immer gemacht hatte. Und ich wusste, ich habe verloren ...

Ja, ich verliebte mich in CANDY und konnte sie nicht mehr vergessen. Obwohl ich wusste, dass sie einige Baustellen hatte und kein einfacher Hund war, konnte ich Christoph überzeugen, dass wir sie mit HOLGER und LOU besuchen. Die Chemie passte überraschenderweise. Und so kam dieses süße Wesen am Nikolaustag zu uns, obwohl es nicht geplant war, so schnell einen Hund zu adoptieren. Mit ihrer liebevollen Art hat sie uns mit unserem Verlust sehr geholfen, und ich bin froh, dass sie ein Teil unserer Familie ist. Das Leben mit ihr ist gewiss nicht einfach. Bisher sind viele Tränen geflossen, denn CANDY hat ein großes Problem mit Hundebegegnungen, aber Aufgeben war nie eine Option für uns. Dafür lieben wir sie viel zu sehr, und wir hatten uns bewusst für sie entschieden.

Während PALMIRAs Krankheit und nach ihrem Tod engagierte ich mich weiter für den Tierschutz und begann, Leinen zu erstellen und zu verkaufen, um die Einnahmen für die Galgos in Spanien zu spenden. Und immer hatte ich den Wunsch, erneut nach Spanien zu fliegen, um dort wieder als Volontärin zu helfen – entweder in der *FBM* oder in einem anderen Tierheim. Während PALMIRAs Erkrankung war es unmöglich, dann kam CANDY, und Corona hat uns auch einen Strich durch die Rechnung gemacht.

Jana und ich hatten geplant, im Oktober 2021 erneut zu der *FBM* zu fliegen, was leider für mich doch nicht klappte. Aber im März 2022 war es dann soweit. Jana und ich sind zur *FBM* geflogen, zufälligerweise auch am 13. März, so wie vor vier Jahren. Was soll ich sagen – vor Ort hatten wir das gleiche schlechte und kalte Wetter wie damals. Und direkt bei der Ankunft hat sich alles so vertraut angefühlt.

Vor Ort erwarteten uns 720 Hunde, es war ein überwältigendes Gefühl, das Tierheim wieder so überfüllt zu sehen. Gefühle der Hilflosigkeit wie vor vier Jahren übermannten einen. Man fühlte sich machtlos, und wieder stellte man sich die Frage, wie man all diese Hunde vermitteln soll. In jedem Zwinger fanden wir Hunde, die so dankbar für die Zuwendung und die Zeit waren, die man mit ihnen verbrachte. Wir haben dieses Mal auch wieder die *Granjas* gereinigt und Hunde fotografiert, die wir bei Facebook vorstellten. Einige haben bereits ein Zuhause gefunden, sind auf Pflegestelle oder werden bald ausreisen. Besonders in Erinnerung geblieben sind mir CALIFORNIA, YANAI, DANDY und SASO, HANSEL und GRETEL (zum Glück war sie bereits adoptiert!), GREGOIRE, BLANCO, PORSCHE, FELIPE. Bei ANUBI blieb ein Stück meines Herzens. Mittlerweile lebt die süße Maus in Brandenburg, und ich habe sogar Kontakt zu ihrem Frauchen. Geplant ist, ANUBI spätestens im Januar 2023 auf dem „Galgo-Marsch" in Berlin zu treffen.

Heute habe ich eine wundervolle Nachricht erhalten, die mich sehr glücklich gemacht hat. FELIPE wird im August nach Belgien ausreisen.

Es war eine wundervolle Woche im März – eine unvergessliche Zeit mit Jana, die nach dem einwöchigen Aufenthalt in der *FBM* vor vier Jahren eine meiner besten Freundinnen geworden ist. Besonders schön war es, Christian, Marinas Mann, zu treffen, der ebenso eine Woche dort verbrachte. Es war wieder eine intensive Zeit, die einem viel abverlangte. Oft gab es Gefühlschaos, und es tat gut, mit den beiden zu sprechen, um das Erlebte verarbeiten zu können. Ich gestehe, dass ich diesmal bewusst etwas Abstand zu den Hunden gehalten habe, denn einen weiteren Hund zu adoptieren, kommt leider nicht infrage. Ich musste zum Teil sehr mit mir kämpfen, und viele Seelen haben mein Herz zutiefst berührt.

Eine Woche verfliegt viel zu schnell. Es gibt so viel zu tun, und man hat tatsächlich den Eindruck, die Tiere im Stich zu lassen, wenn man nach Hause fliegt. Es tut einem in der Seele weh, sie zu verlassen. Zurück in Deutschland, hatte ich erneut das Gefühl, kaum meinen Alltag so wie vorher bestreiten zu können. Ich weiß nicht, ob man es nachvollziehen kann, empfehle aber jedem, vor Ort in einem spanischen Tierheim zu helfen. Diese Zeit prägt einen sehr.

Die Hoffnung, dass sich in Sachen Tierschutz und im Leben der Jagdhunde in Spanien endlich etwas ändert, stirbt nicht. Man kann einfach nur weitermachen. Denn sie brauchen uns – sie brauchen jeden von uns dort und auch im Ausland, um auf die Not dieser wundervollen Wesen aufmerksam zu machen. Das haben mir Hunderte von hoffnungsvollen Augen während dieser Woche in Spanien jeden Tag gesagt. Und ich werde sie nie vergessen.

Für PALMIRA, die mir zeigte, was es bedeutet, die bedingungslose Liebe eines Galgos zu erfahren.

Liliana Flormann

Teddy

Als ich Spaniens schändliches Geheimnis entdeckte

Tina Solera

Gründerin und Präsidentin von *Galgos del Sol*

Spanien

Originaltitel: *When I Discovered Spain's Shameful Secret*

Bevor meine Familie und ich von Großbritannien nach Spanien zogen, hatte ich noch nie vom *Galgo Español* gehört. Ich hatte keine Ahnung, dass diese edle Rasse mein Leben auf den Kopf stellen würde – und dass ich mir eine Welt ohne sie bald nicht mehr vorstellen könnte.

Als wir nach Spanien kamen, sah ich diese wunderschönen Hunde überall. Sie durchstöberten Mülltonnen nach Futter, sahen dünn, verschlissen und ausgemergelt aus. Selbst nachdem ich ein paar Monate in Spanien gelebt hatte, konnte ich nicht verstehen, was da vor sich ging. Warum half niemand diesen Hunden? Es war, als ob sie für alle unsichtbar wären, nur für mich nicht.

Ich war es nicht gewohnt, dass Hunde auf der Straße herumliefen, und so brauchte ich eine Weile, um das, was ich sah, zu verarbeiten. Aber jeden Tag ärgerte ich mich furchtbar darüber. Selbst wenn dies die übliche Art war, wie Hunde hier in Spanien behandelt wurden – ausgesetzt und ignoriert – fühlte es sich für mich alles andere als richtig an. Ich spreche nicht nur von einem oder zwei Hunden auf der Straße, sondern von einem scheinbar nicht enden wollenden Strom dieser Hunde, die aus allen Ecken kamen.

Es waren aber nicht nur die Galgos, deren Leben an einem seidenen Faden hing, die mir das Herz zerrissen. Es waren all die Hunde, die tot am Straßenrand lagen. Niemand schien sich um sie zu kümmern – nicht einmal genug, um ihre armen zerstörten Körper wegzubringen. Sie blieben einfach dort liegen, genau dort, wo sie gestorben waren, bis sie nur noch Skelette waren. Es war, als ob sie nie existiert hätten. Kümmerte sich denn niemand um sie?

Viele Leute kannte ich nicht, da ich gerade erst nach Spanien gezogen war, und so kam es mir vor, als ob niemand die verhungerten Hunde und ihre kaputten Körper sah. Natürlich gab es Leute, die das taten, ich hatte sie nur noch nicht kennengelernt.

So wusste ich, dass ich nicht in Spanien bleiben konnte, wenn ich nicht etwas tun würde, und so begann ich, mich mit den Hunden vertraut zu machen und etwas über sie zu lernen. Am schwierigsten war es, mich ihnen zu nähern. Streunende Galgos vertrauen Menschen selten, also konnte ich nicht einfach auf sie zugehen und sie einfangen. Als ich dann einen gerettet hatte, fühlte ich mich einfach nur großartig! Ich war im Begriff, alles für diesen Hund zu ändern, den ich gerettet hatte, bevor er zu einem Haufen Knochen am Straßenrand wurde.

Ich musste schnell lernen, wie man die Hunde einfängt. Sie sind extrem schnell. Sie zu jagen, würde niemals funktionieren und alles nur noch schlimmer machen. Also lernte ich, mich unauffällig zu verhalten, indem ich mich mit Futter an den Straßenrand setzte, leise sprach und geduldig war – sehr geduldig. Ich spreche nicht von stundenlangem Warten. Ich spreche von Wochen, Monaten, manchmal mehr als einem Jahr, um einen dieser Hunde zu fangen. Jetzt, zehn Jahre später, haben wir große Käfige, mit welchen wir Hunde einfangen und sichern können. Aber damals, am Anfang, war ich alleine mit einer Leine, in den Stunden zwischen dem Bringen und Abholen der Kinder zu und von der Schule.

Aus Kaffeekränzchen, Freundschaften schließen oder Kinderfesten machte ich mir nichts. Ich wollte nur die Hunde einfangen, die ich auf den Straßen sah. Das nahm mein Leben vollkommen ein; zusammen mit meiner Fitness, die mir schon immer wichtig war.

Die Leute haben mich kritisiert und sich laut gefragt, warum ich mir die Mühe machte, diesen Hunden zu helfen, aber diese verletzenden Worte haben mich nicht berührt. Ich kann nicht erklären, warum ich das so sehr wollte. Das ist so, als würde man zu erklären versuchen, warum man verliebt ist. Das kann man schlichtweg nicht! Es ist einfach das Gefühl, das einen überkommt, und man kann es nicht kontrollieren. Ich konnte an nichts anderes mehr denken, als diesen Hunden zu helfen.

Manchmal fing ich einen Galgo ein, kurz bevor ich die Kinder von der Schule abholte. Dieser Hund, übersät mit Flöhen, Zecken und oft auch mit Blut, musste mich dann zur Schule begleiten, damit ich nicht zu spät kam. So ziemlich jeder dachte, ich sei verrückt! Für die Kinder war es anfangs schwer, aber auch sie hatten bald das starke Bedürfnis, die Galgos zu retten und halfen mir, sie einzufangen. Oft fühlen sich die Galgos auf der Straße zu Kindern hingezogen und nicht zu Erwachsenen, also denjenigen, die sie verletzt haben.

Wohin kamen die Galgos, wenn wir einen gefangen hatten? Meistens zu uns nach Hause! Das war gar nicht so einfach. Ich habe hart daran gearbeitet, sichere Plätze für sie zu finden, denn natürlich konnten wir nicht alle Hunde, die wir retteten, behalten. Es gab nur meine Kinder, meinen Mann und mich, als wir unser neues Leben in Spanien begannen. Wir hatten zu dieser Zeit weder ein eigenes Rettungsprogramm noch ein Netzwerk von Menschen, das uns beim Einfangen der Hunde helfen konnte.

Viele Rettungsorganisationen nahmen einen oder zwei Hunde auf, und ich engagierte mich immer mehr für einige von ihnen. Mir fiel auf, dass die Galgos nur schwer vermittelt werden konnten, und manchmal wurden sie sogar direkt an die Jäger zurückgegeben. Ich begann, mich darauf zu konzentrieren, Galgos aus den *Perreras* herauszuholen und in *Protectoras* unterzubringen – in wirklichen Auffangstationen, die dafür sorgten, dass die Hunde nicht in ihr früheres Leben und zu den Menschen zurückkehrten, die sie ausgesetzt hatten.

Ich lernte die Galgueros kennen; die Leute, die mit den Galgos jagen – und die Hunde dann aussetzen. Ich begann, sie zu fragen, warum sie die Hunde einfach wegwarfen. Kein einziger Galguero hat jemals zugegeben, Galgos ausgesetzt zu haben. Sie sagten immer, „ihre Hunde seien gestohlen worden". Aber von wem gestohlen? Wer stiehlt Galgos und setzt dann so viele auf der Straße aus? Die Galgueros hatten keine Antworten.

Die Galgueros wollten damals nicht zugeben, was sie Schlimmes taten, und daran hat sich bis heute nichts geändert. Sie jagen eine Saison lang mit einem Rudel Hunde. Am Ende der Saison werden diejenigen, die als „nicht gut" gelten, weggeworfen – ohne Emotionen und Schuldgefühle, so als würden sie einen Sack Müll entsorgen. Manche Galgos haben nicht einmal die Chance, eine komplette Jagdsaison zu überleben. Manche werden sofort und auf der Stelle getötet. Viele Welpen erhalten keine Behandlung, wenn sie an Parvovirose oder etwas anderem erkranken.

Da dachte ich, dass ich vielleicht etwas freundlicher zu einigen Jägern sein könnte, um zu sehen, wo sie die Galgos halten. Es war wirklich entsetzlich. Unterernährte Galgos, die mit Zecken und Flöhen übersät waren, schliefen draußen auf felsigem Untergrund. Sie hatten nur schmutziges Wasser zu trinken.

Anfangs fragte ich die Galgueros, ob ich die wirklich krank aussehenden Hunde mitnehmen könnte. So fand ich heraus, dass viele der kranken Hunde in der Vergangenheit gute Jäger gewesen waren und jetzt noch zu Zuchtzwecken gehalten wurden, obwohl sie offensichtlich im Sterben lagen. Ich bestand darauf, dass die Galgueros mir erlaubten, die sterbenden Hunde mitzunehmen. Konnte ich beweisen, dass ein Hund bald sterben würde, mussten sie ihn mir überlassen.

Einige der Galgueros ließen mich die sterbenden Galgos mitnehmen. TEDDY war ein Galgo, den ich niemals vergessen werde. Er lag mit Leishmaniose im Sterben und hatte Löcher in seinem Körper. Sein Jäger wollte ihn nur zum Züchten. Der Tierarzt sagte, dass TEDDY nur noch etwa eine Woche zu leben hätte, wenn er nicht als Notfall behandelt würde, und der Galguero ließ mich ihn behalten. Wir konnten TEDDY tatsächlich retten, aber das war bei anderen nicht immer der Fall. Manchmal kam ich an, und der Galgo, den ich zu retten versucht hatte, lag tot da, oft gerade von den überlebenden Hunden gefressen.

Der Einblick in die dunkle Welt der Galgueros half mir dabei, zu begreifen, warum die Galgos den Menschen im Allgemeinen so misstrauisch gegenüberstehen. Wenn sie in diese Welt hineingeboren werden, gibt es für die Welpen weder Spiel noch Sozialisierung. Es gibt keine positive Verstärkung, keine Liebe, keine Fürsorge. Wenn ein Galgo einen Wettbewerb gewinnt, erhält er vielleicht etwas Zuneigung. Aber nicht jeder Hund kann ein Champion sein, also sind die meisten *nichts* in dieser Welt. Sie sind verängstigt, alleine und leben im Dreck – sie existieren einfach. Sobald sie auf die Straße geworfen werden, rennen die Galgos um ihr Überleben, und sie fürchten hauptsächlich uns Menschen.

In der Region Murcia, in der wir lebten, gab es so viel zu tun, und ich wusste einfach, dass wir die Galgos retten mussten. Also gründeten wir *Galgos del Sol* – und jetzt, zehn Jahre später, haben wir Tausende von Galgos gerettet, rehabilitiert und in ein neues Zuhause vermittelt.

Ich glaube nicht, dass es eine sanftmütigere Rasse gibt, und trotz allem, was sie in den Händen derer ertragen müssen, die sie missbrauchen, wollen Galgos niemals jemandem wehtun. Sobald sie bei liebevollen Adoptanten sind, verlieren die meisten Galgos ihre Angst und lassen sich auf Menschen ein. Wenn sie dann endlich zu den Hunden werden, die sie eigentlich von Geburt an hätten sein sollen, sind sie lustige kleine Clowns, die gerne wild rennen, andere zum Spielen auffordern und noch so viel mehr machen.

Eine Welt ohne Galgos kann ich mir nicht vorstellen, aber ich stelle mir eine andere Welt für sie vor. Ich weiß noch nicht, wie wir diese Vision realisieren können, solange die Behörden immer noch so wenig

Interesse zeigen, ihnen zu helfen. Nach wie vor retten wir so viele Galgos wie möglich. Wir unterrichten die nächste Generation, in der Hoffnung, dass sie nicht in die Fußstapfen ihres Vaters – oder sogar ihrer Mutter – treten werden. Es ist ein harter Kampf gegen tief verwurzelte Traditionen und Gleichgültigkeit.

Eines weiß ich mit Sicherheit – wir werden niemals aufgeben.

Tina Solera

Storm

Ein neues Leben mit alten Ängsten

Manuela Schneider

Deutschland

Mein Name ist Manuela. Ich lebe mit meinem Mann und unseren zwei Söhnen im schönen Westerwald. Zu uns gehörte unsere Galgo-Mix Dame FLORA, die in 2009, als unsere Galga STORM zu uns kam, vier Jahre alt war. FLORA zog im Alter von vier Monaten bei uns ein, und sie kam von einer Tierschutzorganisation. Für uns war sie der weltbeste liebste Hund.

Ich hatte immer mit dem Gedanken gespielt, einen zweiten Hund aus dem Tierschutz zu holen – eine Freundin für FLORA. Im Tierschutz habe ich mich schon immer gerne engagiert: Vorkontrollen gemacht, bei Fahrketten und Suchaktionen geholfen, wenn ein Hund verschwunden war.

Beim Durchstöbern von Tierschutzseiten sah ich sie plötzlich: STORM ... Der Name klang schon außergewöhnlich. Man hatte sie aus der Tötung geholt, und nun saß sie in einem kleinen Tierheim in Málaga. In das erste Bild hatte ich mich direkt verliebt. Sie musste es sein, so wie sie in mein Herz schaute. Ich war direkt hin und weg. Von ihrer Fellfarbe war ich entzückt – ganz hell gestromt – wunderschön. Ihr wollte ich ein neues Zuhause, ein neues Leben geben.

Es bedurfte einiger Überredungskünste bei meinem Mann, da er meinte, *ein* Hund würde reichen. „Reichen" – was heißt das? Es „reicht", wenn ich zu viel Schokolade esse, da ich sonst zunehme. Es „reicht", wenn ich zwei oder drei Wein trinke, da ich sonst betrunken bin. Und es „reicht", *einen* Hund zu haben? Nein, es „reicht" nicht, nur *einem* Hund ein neues Leben zu geben, wenn man die Möglichkeiten und den Wunsch hat, einen weiteren geschundenen Hund aus der Hölle zu holen und ihm zu zeigen, wie schön die Welt und ein Zuhause sein können.

Das wollte ich nicht so hinnehmen, ich musste ihn umstimmen! Gesagt, getan – ich habe es in Angriff genommen, meinen Mann davon zu überzeugen, dass es doch auch für unsere Hündin FLORA schön wäre, nicht länger ein Einzelhund zu sein, auch wenn wir ihr Rudel sind. FLORA war ja vier Jahre alt, STORM sollte so um die fünf sein, passte also.

Mein Mann sagte irgendwann „Ja". Es wurde eine Vorkontrolle gemacht, über die doppelte Sicherung geredet, das Zuhause angeschaut, der Garten gecheckt: alles prima. Es ist wichtig für die Tierschutzvereine, zu sehen, wo der Hund sein neues Zuhause bezieht, dass alles sicher ist! Wir bekamen das Okay, und STORM durfte zu uns kommen.

Nun hing es daran, einen Flugpaten zu finden, damit STORM endlich in ihr neues Zuhause reisen durfte. Es vergingen zwei oder drei Wochen, doch es fand sich niemand. Ich beschloss schon, selbst einen Flug zu buchen – morgens hin, abends mit STORM heim. Sie sollte doch endlich bei uns sein. Am Abend, an dem ich meinem Mann sagte, dass ich darüber nachdachte, selbst nach Spanien zu fliegen, bekam ich dann die erlösende Mail. Eine Flugpatin hatte sich gefunden, und STORM sollte ein paar Tage später nachts um 24 Uhr in Münster am Flughafen landen.

Es war Ende Mai, und endlich kam der Tag, an dem STORM fliegen sollte. Mein Mann und ich haben uns also auf die Reise nach Münster gemacht, um sie am Flughafen abzuholen. Oh je, was war ich nervös. Dort angekommen, warteten wir, bis der Flieger landete und hielten Ausschau nach der Dame, die uns STORM mitbringen sollte. Die Zeit zog sich, mir kam das alles so unheimlich lange vor. Dann endlich kam eine Frau mit einer Transportbox aus dem Terminal. Ich sprach sie an, und ja, sie war es – sie hatte STORM dabei. Ich bedankte mich bei ihr, überreichte ihr eine Flasche Sekt und eine Schachtel Pralinen als Dankeschön und schaute dann erst mal in der Box nach STORM. Da saß sie, ganz zusammengekauert. Die Dame sagte zu mir: „Ein hübscher Bursche ist das!" Bursche? Mein Mann und ich sahen uns an, es sollte doch ein Mädchen sein ... Wir schauten beide noch mal in die Box, und nein, es war kein Bursche, es war ein Mädchen. Die Flugpatin dachte, der Name STORM würde sich eher nach Junge als nach Mädchen anhören. Wir lachten zusammen, dann verabschiedete sie sich.

STORM war so schön. Ich war total entzückt. Wir mussten erneut darüber lachen, dass die Flugpatin meinte, sie sei ein Junge. Das wäre uns dann auch egal gewesen. Ob eine „Sie" oder ein „Er" – der Hund war nun da, und somit hätten wir auch das andere Geschlecht genommen. Aber STORM war ganz klar eine „Sie".

Nun standen wir da mit der Box, mit dem verängstigten zusammengekauerten Hund darin. Ich hatte alles dabei, Halsband, Geschirr, aber wie sollte ich es ihr anziehen, ohne dass sie uns auf dem riesigen Flughafengelände eventuell abhaut? Wir haben die Box genommen und sind mit ihr in das Behinderten-WC im Flughafen. Das war groß, abschließbar, und es war relativ leise. Das war für uns die sicherste Lösung. Dort hatten wir Platz und die nötige Ruhe, um STORM gefahrlos aus der Box zu holen. So öffneten wir die Box und versuchten, STORM herauszulocken. Nichts, sie wollte nicht raus. Egal, was wir machten, ob wir sie mit Worten lockten oder mit Leckerchen – nichts da, sie kam nicht raus. Also hob ich die Box hinten an, und siehe da, sie kam raus. Wir legten ihr Halsband und Geschirr an, gingen mit doppelter Sicherung aus dem Flughafen auf einen Grünstreifen, da ich dachte, sie müsse sich vielleicht mal lösen. Aber STORM machte nicht. Am Auto gaben wir ihr erst mal Wasser – auch da hat sie nur ein paar Schlückchen zu sich genommen. Wir probierten es erneut auf dem Grünstreifen, aber wieder nichts. Sie schien mir sehr mitgenommen oder müde, das konnte ich zu dem Zeitpunkt nicht genau sagen. Also ins Auto und ab nach Hause. Auf der ganzen Fahrt hörten wir nichts von ihr, sie war ganz ruhig und schlief.

Zuhause angekommen, fuhren wir das Auto in die Garage, die in das Haus integriert ist – Tor zu, und erst dann haben wir den Kofferraum geöffnet. FLORA kam direkt an, um zu schauen, wen wir ihr mitgebracht haben. Sie freute sich, als sie STORM sah. FLORA freute sich über jeden Hund, der zu uns zu Besuch kam. Daher hatte ich auch keine Bedenken, STORM zu adoptieren. Ich wusste einfach, dass sie sich verstehen würden. Auf meine FLORA konnte ich mich einfach verlassen. Wir sind dann in den Garten gegangen, um sie dort Pipi machen zu lassen – auch dort nichts.

Anschließend sind wir mit ihr nach oben in die Wohnung: Sie schnupperte mal an FLORA und FLORA wedelnd auch an ihr. Man merkte sofort, dass sie einander akzeptierten. Ja, und dann stellte sich STORM mitten ins Wohnzimmer und machte dort beide Geschäfte. Okay, Hauptsache, sie hat erst mal gemacht. Danach hat sie etwas gefressen und getrunken und sich dann direkt ins Körbchen gelegt und geschlafen. Es war ja auch schon gegen Morgen. Ich hingegen durfte putzen und lüften. Auch ich habe es mir im Wohnzimmer gemütlich gemacht, um sie nicht alleine zu lassen. Ebenso ist FLORA im Wohnzimmer geblieben. Schließlich waren Umgebung, Gerüche und Geräusche neu für STORM.

Am nächsten Morgen kam unser jüngster Sohn die Treppe runter und fragte: „Ist das STORM?" Sie hob sofort den Kopf, und die Rute bewegte sich ein wenig. Da war uns klar, dass wir es bei dem Namen belassen würden. Ich leinte STORM an, und wir gingen in den Garten, damit sie sich dort erleichtern konnte. Da habe ich dann das erste Mal gesehen, wie STORM bei Tageslicht aussah. Sie war immer noch geschafft vom Flug. Ihre Rutenspitze war nicht richtig verheilt, ganz krustig. Sie ist wohl mal etwas gekürzt worden, oder sie hatte sich verletzt. STORM hatte von der Kastration noch ein paar Fäden, die nicht entfernt worden waren. Das mussten wir demnächst in Angriff nehmen. Sie hatte einige Narben und Macken, die man aber wegen ihres gestromten Felles nur bei genauerem Hinsehen entdeckte. Mager war sie, sehr mager.

Aber nun war sie bei uns, und es sollte alles besser werden. Ihr neues Leben konnte beginnen.

Die ersten Tage vergingen, und uns ist aufgefallen, egal, wie lange ich mit ihr und FLORA in Wald und Wiesen spazieren ging, STORM machte ihr Geschäft immer erst, wenn wir wieder zuhause waren. Und es war nicht so schön, dass sie dieses dann auch direkt wieder fressen wollte. Da musste ich aufpassen, dass das nicht passierte. Aber ich dachte mir, mit anständigem Futter würde es nachlassen oder hoffentlich ganz aufhören. So mager wie sie war, konnte ich es auf der anderen Seite auch verstehen. Aber das sollte sich ja nun in ihrem neuen Zuhause ändern.

So vergingen die ersten Tage und Wochen, und ich war total begeistert von dieser schönen Hündin. Sie war so vorsichtig und lieb. Die Schwanzspitze heilte sehr schlecht, und wir mussten öfter neu renovieren, da sie sich den Schwanz immer wieder aufschlug, wenn sie sich freute. Sie schlug dann manchmal mit der Rute gegen die Wand oder den Türrahmen. Die Schwanzspitze ging wieder auf, und alles war voller Blut. Aber auch das bekamen wir in den Griff. Und ein wenig neue Farbe im Haus war auch ganz chic.

Wir durften STORM streicheln, aber wir konnten sie nie in den Arm nehmen, knuddeln oder lieb halten, dann sprang sie panisch weg. Bei dem Gedanken wurde mir ganz anders. Was musste sie erlebt haben, dass man sie nicht lieb halten durfte? Aber wir akzeptierten das und hofften, dass sie das noch ablegt. Aber leider hat sich diese Panik vor Enge nie gelegt. STORM wurde ca. 15 Jahre alt; nie konnte ich sie in den Arm nehmen und dabei knuddeln. Nur an Silvester, wenn die ganzen Raketen und Böller draußen flogen, suchte sie meine Nähe. Sie zitterte am ganzen Leib, drückte sich an mich, als suchte sie Schutz. Und das waren die Momente, in welchen ich sie ganz feste im Arm halten durfte. Da ließ sie es zu, sonst nie. So schlimm diese Böllerei für den Hund war und so leid sie mir wirklich tat, ich genoss diese Momente – sie einfach mal im Arm zu halten.

Es war manchmal nicht so einfach, STORM zu streicheln. Sie ließ es zu, aber es kam darauf an, welche Körperstellen man berührte. Ihr Po, ihre Rute und Hinterbeine, das wussten wir ja, aber manchmal schrie sie auf, wenn man ihre Ohren anfasste. Wir ließen natürlich vom Tierarzt abklären, ob alles in Ordnung war – natürlich mit Maulkorb, da wir nie wussten, wie STORM reagierte, wenn sie solch eine Panikattacke bekam. Wir mussten sie festhalten, damit er sie untersuchen konnte. Sicher ist sicher. Der Tierarzt konnte nichts feststellen, es war alles in Ordnung. Aber streichelte man manchmal die Rosenöhrchen, schrie sie auf und sprang weg. Sich mit FLORA auf die Couch oder auf das Bett zu legen, war kein Thema. „Nur bitte, berühre mich nicht!", meinte STORM. Wenn FLORA sich streckte und sie mit einer Pfote ganz zart berührte, sprang STORM direkt auf. Zusammen mit FLORA im großen Körbchen zu liegen, ging gar nicht: bitte jede einzeln in ihrem Körbchen!

Wenn wir spazieren gingen und die Schleppleine mal hinten ihre Beine oder die Rute auch nur ganz leicht berührte, sprang sie direkt weg und schrie manchmal, obwohl nichts Schlimmes passiert ist. Diese Panik legte sie aber im Laufe der Jahre ab. Es dauerte, aber mit Geduld und Liebe, gutem Zureden und vielem Üben verlor sie ziemlich die Angst vor der Leine.

Die Zeit verging. Wir und auch STORM lebten mit den Ängsten – den Ängsten, die sie aus ihrem vergangenen Leben mitgebracht hatte. Was blieb uns auch anderes übrig? Im Haus, wenn ich staubsaugte, bekam sie auch Angst. Aber nicht der Staubsauger selbst machte ihr Angst, auch nicht die Geräusche, die der Staubsauger machte, sondern das Kabel. STORM hatte wahnsinnige Angst vor dem Kabel. Als wenn es sie angreifen würde, lief sie vor dem Kabel weg in einen anderen Raum oder nach draußen in den Garten. Wir liebten und akzeptierten sie so, wie sie war, und es war uns ja auch nicht bekannt, was sie alles erlebt hatte in ihrem früheren Leben. Zum Knuddeln hatten die

Kinder ja immer noch FLORA, die echt alles mit sich machen ließ. FLORA hatte auch nie etwas Schlechtes erlebt.

Musste STORM raus, um ihr Geschäftchen zu erledigen, ging sie einfach die Treppe runter, wartete wohl einen Moment und schaute, ob jemand kam. Nicht? Okay, dann machte sie eben dorthin. Der erste Blick morgens, von meinem Mann oder mir, war die Treppe runter, ob unten im Flur Pipi oder Häufchen lag. Wenn ich das mal so überschlage: STORM kam mit ca. vier Jahren zu uns und wurde etwa 15 Jahre alt. Also elf Jahre à 365 Tage, das ergibt ungefähr 4000 mal Pipi und bestimmt 2000 Häufchen, die ich in den Jahren weggewischt, geschrubbt und aufgehoben habe. Sie wollte es nie lernen, oder war es Trotz? Oder „einfach nur so"? Keine Ahnung! Ich habe es wortlos jedes Mal weggemacht, und gut war es! FLORA hat nie ins Haus gemacht, sie hat es sich auch bei STORM nie abgeschaut.

Nach einem weiteren Jahr kam NAMIBIA, eine dunkel gestromte Galga, zu uns – auch aus Spanien, auch aus dem Tierschutz. STORM und FLORA freuten sich über den Neuzugang, aber sie war anders. NAMIBIA hatte Angst vor Menschen, STORM vor fremden, lauten, aufdringlichen oder im Wesen wilden Hunden.

Dennoch sind wir auf Ausläufe gefahren, alles war prima. Dort konnten sie wunderbar frei laufen. Dann kam es auf einem Auslauf zu einem Zwischenfall. Eine Podenco-Mix Hündin mochte wohl meine FLORA nicht, und es kam zu einem Gerangel zwischen den beiden Hunden. Andere Hunde standen drumherum und bellten. Durch die Schreierei der Leute und das ganze Hin und Her, bis FLORA bei mir und der andere Hund bei seinem Frauchen war und alles sich etwas beruhigt hatte, musste ich erst mal nach meinen beiden anderen Hunden schauen. NAMIBIA lief einige Meter entfernt hin und her, so laut und aufgebracht kannte sie mich nicht. Aber wo war STORM? Der Platz war hoch eingezäunt, da konnte sie nicht weg. Aber wo war sie?

Freunde und ich riefen sie und suchten den Platz ab. Da überall auch Bäume und Sträucher waren, konnte sie sich dort auch gut verstecken. Das Gelände hatte schließlich ca. 70 000 qm. Und so war es: Sie saß ganz zusammengekauert zwischen Sträuchern und hatte panische Angst, zu mir zu kommen. Sie ging immer wieder ein paar Schritte zurück, wenn ich auf sie zuging. Ich hockte mich hin und redete ihr gut zu. Es dauerte einige Zeit, dann kam sie ganz langsam auf mich zu, und ich nahm sie erst mal an die Leine. Dann haben wir etwas Ruhe und Abstand auf dem Platz gesucht, damit sich alle beruhigen konnten. Solche Situationen haben ihr so zugesetzt, dass sie einige Tage daran zu knabbern hatte.

Bei Hundebegegnungen war es so, dass sie, wenn ein Hund mal knurrte, Angst bekam, sich hinter mich stellte, an der Leine zog und weg wollte. So etwas war ihr immer sehr unangenehm. Man merkte, dass sie am liebsten flüchten würde. Es waren so viele kleine Dinge, vor welchen sie große Angst hatte.

Die Jahre vergingen, und bei STORM machte sich Alzheimer bemerkbar. Sie suchte dann oft ihr Körbchen im Schlafzimmer. Sie lief bis ins Schlafzimmer und wieder zurück – und das sehr oft, so dass man merkte, sie wollte etwas, suchte etwas. Wenn ich dann mit ihr ins Schlafzimmer ging und auf ihr Körbchen klopfte, ihr zeigte, wo es war, freute sie sich wie verrückt, als wäre das Körbchen vorher verschwunden gewesen. Dann sprang STORM rein und legte sich hin. Es schien wirklich, als hätte sie es gesucht und einfach nicht gefunden. So ging es mit mehreren kleinen Sachen: Man musste sie ihr zeigen, damit sie sich erinnerte oder neue Freude daran hatte. Sie wusste auch manchmal nicht, wohin mit sich selbst, wo sie sich hinlegen konnte. Klopfte man dann auf das Sofa, Körbchen etc., war sie total außer Rand und Band, freute sich und legte sich sofort dorthin. Ließ ich sie in den Garten zum Pipi machen, schnupperte sie draußen herum und vergaß, was sie eigentlich dort wollte, rannte wieder rein, schaute mich an und machte Pipi. Deshalb schloss ich dann immer die Tür zum Garten und musste sie ganz genau beobachten, ob sie nun gemacht hatte oder nicht, sonst landete das Pipi wieder drinnen. Da merkten wir, dass sie viel vergaß und irritiert war. Es war der Beginn von Alzheimer.

STORM wurde älter, wir liebten sie mit all ihren Macken und Ängsten. Bei den Spaziergängen hatte sie eine 20 Meter lange Schleppleine, so dass sie genügend Bewegungsfreiheit hatte. Einmal war es sehr neblig, ein Pärchen ging vor uns. STORM ist einfach mit ihnen gelaufen. Sie hat gar nicht gemerkt, dass es nicht ich war, neben der sie da trabt. 20 Meter sind ja auch eine ganz schöne Entfernung. Und ich wollte auch nicht an der Leine ziehen. Ich musste schon einige Male rufen, bis sie bemerkte, dass ich nicht neben ihr war. Sie war ganz erschrocken und wusste erst nicht, wohin. Ich rief und winkte mit den Armen, damit sie mich sah. Als hätte sie mich wochenlang nicht gesehen, kam sie zu mir gelaufen und freute sich total. Das Pärchen lachte nur.

Obwohl STORM keine Nähe zuließ, auch nicht die Nähe von FLORA oder NAMIBIA, konnte sie nicht alleine sein. Ich musste mit FLORA zum Tierarzt, und STORM sollte zuhause bleiben. Es dauerte nur ein paar Minuten, bis mich mein Mann anrief und sagte, ich sollte STORM abholen, da sie dabei war, das ganze Haus abzureißen. Also habe ich sie dann immer mitgenommen, wenn ich mit einem der anderen Hunde zum Tierarzt musste. Dort hatte sie zwar solche Angst, dass sie zitterte wie Espenlaub, aber sie wollte ja auch nicht zuhause bleiben.

Im hohen Alter bekam sie auch Probleme mit dem vestibulären System. Sie konnte von jetzt auf gleich nicht mehr laufen, kippte uns um. Ihre Augen bewegten sich ganz schnell hin und her, der Kopf wurde immer schiefer. Wir suchten direkt den Tierarzt auf. Trotz aller Medikamente dauerte es bei STORM doch sehr lange, bis sie wieder einigermaßen fit war. Ganz erholt hat sie sich davon nie. Sie hatte weiterhin Ausfälle beim Laufen, der Kopf blieb etwas schief. Aber egal, sie war noch bei uns und konnte wieder am Leben teilhaben. In der Zeit, als es ihr deswegen nicht so gut ging, habe ich die Nächte mit ihr auf dem Sofa verbracht. Dort wollte sie bleiben. Und damit nichts passierte, sie mir nicht runterfiel, blieb ich bei ihr. Das hat sie sichtlich genossen und sich sicher gefühlt.

Es waren so viele kleine Ängste und Unsicherheiten, die STORM nie ablegen konnte. Aber wir wussten, dass, wenn wir einen erwachsenen Hund aus dem Tierschutz holen, dieser schon ein Vorleben hatte. Wir wussten nicht, welches, sondern konnten nur erahnen, was dieser Hund mitgemacht hatte.

Unsere STORM hat nie begriffen, sich zu melden, wenn sie raus musste. Die Ängste vor Nähe und Enge – Unsicherheit, wenn unbekannte Hunde in der Nähe waren – Angst vor Leine, Kabel, Wasserschlauch, Besen und dergleichen – später Alzheimer und angehende Blindheit – ihre spätere Orientierungslosigkeit und vieles, vieles mehr ... Das alles haben wir gerne auf uns genommen, damit gelebt und Rücksicht genommen. Wenn es noch mehr gewesen wäre, hätten wir auch das geschafft.

Es gibt nichts Schöneres, als zu sehen, wie sie kleine Schritte in ein neues Leben machen oder einfach nur ihr neues glückliches Leben genießen. Manche Hunde wie STORM werden nie lernen, gewisse Ängste abzulegen – oder auch nicht ablegen können. Wir haben uns diesen Herausforderungen immer gestellt und würden es auch wieder tun. *Ein Hund mit Vorleben braucht Verständnis, Liebe, Zeit und Geduld.*

Mit etwa 15 Jahren ist STORM von uns gegangen. Sie konnte sich nicht mehr auf ihren Beinen halten, und der Krebs tat sein Übriges.

Nun darf sie mit FLORA und NAMIBIA über die Wiesen hinter dem Regenbogen laufen. STORM war schon was Besonderes, so anders als andere. Sie wird immer in unseren Herzen sein.

We love you, STORM!!!

Manuela Schneider

Filippa

Filippas Berufung

Linda Baumeister

Illinois, USA

Unsere wundervolle schwarze Galga FILIPPA kam am 1. April 2021 in unser Leben – mitten in der Corona-Pandemie und dank der Menschen, die nichts unversucht lassen, um Tieren zu helfen. Da es wegen der Reiseeinschränkungen keine Flugbegleiter mehr für die Hunde aus Spanien gab, wurden Transporte in die USA vorübergehend vollständig eingestellt. FILIPPA hatte Glück, denn sie und ein vierbeiniger Kollege durften trotzdem nach Chicago fliegen – als Cargo, ohne Flugbegleitung und zu einem wesentlich höheren Preis als normal. Der Flug wurde privat und durch Spenden möglich gemacht.

Bevor FILIPPA zu uns gebracht wurde, verbrachte sie ein paar Tage bei einer Pflegefamilie. Sie wurde auch tierärztlich untersucht, mit dem Ergebnis, dass sie kerngesund war; aber, oh mein Gott, ihre Zähne! Alle ihre vorderen Zähne inklusive der Reißzähne sollten gezogen werden, weil sie komplett runtergekaut waren und ihr wahrscheinlich sogar Schmerzen bereiteten. Es wurde vermutet, dass unser Mädchen lange Zeit hinter Gittern gehalten worden war und versucht hatte, sich aus ihrem Gefängnis zu befreien. Die Adoptionsgesellschaft wollte die Kosten der Extraktion mit Hilfe eines Spendenaufrufes decken. In meinem Kopf hieß es nur: nein, nein, nein! Ich recherchierte und fand einen hervorragenden Veterinärzahnarzt etwa 45 Minuten Autofahrt von uns entfernt. Wunderbar! Der Termin zum Ziehen der Zähne wurde auf unseren Wunsch hin abgesagt, und FILIPPA kam zu uns.

Da stand sie nun mit eingezogenem Schwanz, unsere schwarze Schönheit! Mein Mann, Martin, und ich waren beide hin und weg. Liebe auf den ersten Blick! Kater YONI kam auch gleich zum

Begrüßen. FILIPPA hatte zu dem Zeitpunkt ja noch keine Ahnung, dass sie hier nicht nur mal kurz zu Besuch war, also wurde höflich und zaghaft Hallo gesagt. Und auch unser damals siebzehnjähriger Border Terrier LUCKY wurde kurz beschnuppert und dann eher ignoriert. Zumindest roch der nach Hund.

Nachdem alle weg waren, ging es erst mal in unseren recht großen Garten, der auch sofort ausgiebigst erkundet wurde. Wir hatten diesen Bereich mit einem zwei Meter hohen Zaun galgosicher gemacht. Galgos sind Ausbüx-Könige, und dem wollten und mussten wir auch vorbeugen. Die Adoptionsgesellschaft hatte uns Wochen vorher einen Besuch abgestattet, um unter anderem diese Sicherheit für den Hund zu gewährleisten. Aber das hier war quasi Fort Knox, und FILIPPA genoss den Auslauf sichtlich. Die Ablenkung erleichterte zudem den Abschied von der Pflegefamilie ein wenig.

Später wurde dann das Haus erkundet, also erst mal das Erdgeschoss, denn dem offenen Treppenaufgang traute sie absolut nicht. Nachdem sie zur Ruhe gekommen war, dachte ich, es wäre eine gute Idee, mich ein wenig neben sie auf den Boden zu setzen und sie zu streicheln. Mein Allerwertester hatte noch nicht mal ganz den Boden neben ihrem Bett berührt, als sie, wie von der Tarantel gebissen (ja, ich weiß schon, dass es eigentlich „gestochen" heißt, aber Taranteln stechen halt nicht) mit der Geschwindigkeit einer Rakete hochschnellte und mich recht unsanft, wenn auch ungewollt, auf schon erwähnten Allerwertesten katapultierte – allerdings in einer nicht geplanten Position. „Was war das denn?" Diese Reaktion kam völlig unerwartet. Was für eine Schrecksekunde – für uns beide! Unsere arme FILIPPA hatte das Weite gesucht, und ich fühlte mich schuldig! Der erste Tag ging gerade quasi schon in die Hosen. Interessanterweise hatte FILIPPA nur mal schnell eine kleine Runde gedreht und stand schon wieder mit einem mitleidigen und etwas beurteilenden Blick vor mir. Okay, ich wollte in dieser Situation keine Schwäche zeigen und stand auch schon, mehr oder weniger sofort, wieder auf den

Beinen. Das hat also nicht so gut funktioniert. Dieses Szenario sollte sich in der Zukunft allerdings noch vielfach wiederholen – mit mir, anderen Familienangehörigen und Freunden, die es alle gut mit ihr meinten.

Nähe zu Menschen kannte FILIPPA offensichtlich hauptsächlich auf negative Art und Weise. Es wurde uns ziemlich schnell klar, dass sie nicht nur körperlich, sondern auch seelisch gezeichnet war, und das brauchte Zeit.

Wenn ich FILIPPAs Narben sehe, dann wage ich mir gar nicht vorzustellen, was ihr alles angetan wurde. Eine Narbe läuft quer über ihr ausdrucksstarkes Gesicht, eine große sehr ausgedehnt über ihr linkes Knie. Eine andere lange Narbe verläuft über die Beuge ihres rechten Vorderlaufes, und viele andere kleinere sind über ihren ganzen Körper verteilt. Wir kennen FILIPPAs ganze Geschichte nicht, aber ihre Narben und Zähne sprechen Bände.

Dazu eine kleine Einführung ins Leben eines Galgos in Spanien, dem Heimatland dieser Rasse. Der einzige Zweck, den Galgos erfüllen müssen und warum sie überhaupt gezüchtet werden, ist, ihren Besitzern, den Galgueros, bei Hasenjagd-Wettbewerben „Ehre" zu bereiten und Geld einzubringen. Die Hunde werden oft auf grausamste Art und Weise trainiert, teilweise indem sie zusammen mit anderen Galgos, hinter einem Auto angebunden, bis zur Erschöpfung rennen müssen. Dabei geht es um Geschwindigkeit und Ausdauer. Wer fällt, der überlebt es oft nicht. Die Galgos verbringen den Rest der Zeit meistens in dunklen, schlecht ventilierten, schmutzigen Schuppen, Bunkern, hinter Gittern – meistens mit gerade mal genug Futter, um sie am Leben zu erhalten. Angeblich macht sie das schärfer für die Hasenjagd.

Was passiert nun, wenn ein Galgo nicht schnell genug ist oder nicht den richtigen Kurs einschlägt und damit seinem Galguero „Schande" bereitet? Der Hund wird „entsorgt". Dafür gibt es wiederum mehrere Möglichkeiten. Die traditionelle Art hat sogar einen absurden Namen: *Tocar el piano* ist die Methode des Erhängens, wobei die Hinterläufe gerade so noch den Boden berühren. Je schlimmer die „Schande", desto weiter unten werden die Hunde an Bäumen aufgehängt und desto länger dauert der Todeskampf. Das panikerfüllte verzweifelte Trippeln der Pfoten wird dabei mit den Fingern eines Klavierspielers verglichen, die in die Tasten hauen. Diese Höllenqual kann Stunden oder manchmal sogar Tage dauern. Der Galguero ist davon überzeugt, er würde damit seine sehr fragwürdige „Ehre" retten. Die Galgos, die bei der Jagd erfolgreich waren – aber nicht mehr gebraucht werden – verdienen sich einen Platz weiter oben am Baum, wodurch der Tod „gnädigerweise" schneller eintritt.

Andere Methoden der Entsorgung sind: totschlagen, Knochen brechen, lebendig begraben, in unbenutzte Brunnen werfen, verbrennen, mit Säure übergießen und andere Perversitäten. Je qualvoller, desto mehr Glück bringt die nächste Jagdsaison, die Mitte Oktober wieder beginnt – so der wahnsinnige Irrglaube vieler Galgueros! Die meisten Hunde erleben die nächste Saison nicht. Beseitigt werden die Hunde auch, wenn sie verletzt oder älter als drei bis vier Jahre sind oder der 1. Februar das Ende der Jagdsaison einläutet. Denn es ist billiger, sich für die kommende Saison neue frische Hunde zu besorgen oder selbst zu züchten, als die alten durchzufüttern.

Viele Galgos werden auch einfach nur ausgesetzt und ihrem Schicksal überlassen. Ein Teil von ihnen wird eingefangen oder nach Autounfällen zu Rettungsstationen gebracht, wo sie wieder aufgepäppelt werden. Manche nicht mehr gewollten Galgos werden inzwischen auch von den etwas „zivilisierteren" Galgueros dorthin gebracht. Wenn alles gut geht, können die Hunde irgendwann von dort aus zur Adoption freigegeben werden und letztendlich zum ersten Mal Liebe und Geborgenheit in ihrer eigenen Familie erleben – so wie unsere FILIPPA.

Zum Beisammensitzen war es allerdings noch ein langer Weg und kurz nach der Adoption viel zu früh. Wir ließen FILIPPA also für den Rest des Tages an ihrem gewählten Platz entspannen, die Nähe zu uns selbst bestimmen, und das funktionierte hervorragend. Sie hatte offensichtlich kein Problem mit Nähe und damit, gestreichelt zu werden – nur mit dem Verletzen ihrer Privatsphäre.

Da uns von mehreren Seiten empfohlen worden war, einen großen Käfig zu besorgen, hatten wir uns erst mal einen von lieben Freunden ausgeliehen, um zu sehen, wie er angenommen werden würde. Ich war nicht wirklich ein Fan der Idee, aber angeblich fühlen sich die meisten Hunde darin sicher, geborgen und kommen nicht auf die Idee, irgendwas Dummes anzustellen. Wie auch! Ich hatte den Bodenbereich mit einem großen weichen Hundekissen ausgelegt, die Seiten und die Decke mit Tüchern abgedeckt und alles so gemütlich wie irgend möglich eingerichtet. Für mich war es immer noch ein Käfig und, wie wir dann feststellten, für FILIPPA auch. Sie machte einen Riesenbogen um das Ding, das ihr sehr offensichtlich sogar Angst machte. Ja, man kann die meisten Hunde wohl dazu trainieren … Aber was ist, wenn man selbst schon kein gutes Gefühl dabei hat? Vor allem hatte FILIPPA ja wahrscheinlich den Großteil ihres Lebens schon in Gefangenschaft verbracht. Ich ließ es bei „ist wohl nicht für jeden" und baute das Ding kurzerhand wieder ab.

Inzwischen war es Bettgehzeit, aber FILIPPA war ja nicht wirklich angetan von den Treppen, die nach oben führten. Ganz allein unten lassen wollte ich sie nicht, denn unser LUCKY schlief ja auch bei uns oben im Schlafzimmer. Also gut, die damals noch 20 kg konnte ich stemmen. Wie man einen großen Hund trägt, wusste ich – also los! FILIPPA ließ alles ohne Widerstand über sich ergehen, was mich sehr erstaunte. Aber sie ahnte wohl, dass die Alternative war, alleine zu sein. Unsere erste Nacht verlief störungsfrei, und unser Mädchen schlief in ihrem Bett direkt neben uns durch, bis der Wecker klingelte.

Der erste Spaziergang mit FILIPPA stand an. Ich war sehr gespannt, wie sie an der Leine und vor allem auch neben LUCKYs Hundewagen gehen würde. Aufgrund seines Alters konnte unser Border Terrier nicht mehr sehr weite Strecken gehen. Vielleicht schon mal einen Kilometer, aber den Rest des Spazierganges genoss er es auch sichtlich, in seiner Nobelkutsche geschoben zu werden und einfach dabei zu sein. Ich verließ das Haus also mit beiden Hunden, wobei FILIPPA doppelt gesichert war – an Geschirr und Halsband. Zudem hatte ich, wie ich es gelernt hatte, das Ende ihrer Leine als Schlinge um mein Handgelenk befestigt. Und los ging es. Ich merkte quasi gar nicht, dass da ein Hund am anderen Ende war. Unsere Galga schwebte neben LUCKYs Wagen dahin, als hätte sie ihr Leben lang nichts anderes gemacht. Sie hatte keine Angst davor, hielt den richtigen Abstand und passte sich hervorragend meinem Tempo an. Ein Traum auf vier Beinen, bis uns ein Eichhörnchen über den Weg lief! So schnell konnte ich gar nicht schauen, wie sich Hund, Leine und mein Arm mit Schwung Richtung Nager streckten. Was für ein Schreck! Ohne Schlinge um mein Handgelenk wäre FILIPPA jetzt erst mal weg gewesen – vor allem, weil ich auf sowas absolut nicht gefasst war. FILIPPA beruhigte sich recht schnell wieder, bei mir dauerte es etwas länger. Der Rest des Spazierganges verlief so hervorragend wie zuvor. Leute hielten an, um meinen braven gelassenen Hund zu streicheln oder zu bewundern, und auch andere Hunde waren kein Problem. Mit diesem guten Gefühl gingen wir dann nach Hause.

Auch im Hundetraining, das speziell für Vierbeiner mit vielen Ängsten, vor allem aus Tierheimen, zugeschnitten war, überraschte FILIPPA mich positiv. Sie lernte schnell – was sie lernen wollte – und zeigte auch keine große Nervosität. Eine Sache, die sie überhaupt nicht mochte, war auf Kommando „Platz" zu machen. Die besten Leckerlis konnten sie nicht davon überzeugen, dass es in Ordnung war, sich in Gegenwart eines Publikums dazu herabzulassen. Ich war allerdings sicher, dass das auch noch werden würde. Jeder liebte FILIPPA und ihre ruhige Art, und langsam verfestigte sich die Idee in meinem Kopf, sie als Therapiehund ausbilden zu können. Meine Freundin, die selbst zwei Therapiehunde hat, bestärkte mich darin, und meine Familie war auch sehr angetan von dem Gedanken.

Erst aber wollten wir unseren Fokus auf den 10. Mai legen. Das war der Tag, an dem über das Schicksal von FILIPPAs Zähnen entschieden werden sollte. Der Plan war, nach einem ausführlichen Gespräch und einigen Unterschriften FILIPPA unter Narkose zu röntgen. Das Ergebnis der Aufnahmen sollte darüber entscheiden, ob ihre Zähne tatsächlich gerettet werden konnten oder ob sie letztendlich doch gezogen werden mussten. Der Tag kam, und FILIPPA war an diesem Morgen die erste Patientin in der hochmodernen Klinik. Der erste Teil lief wie geplant. Dann kam das Warten auf das Ergebnis der Röntgenaufnahmen. 30 Minuten wurden zur Ewigkeit. Meine Hände waren klamm, und ich malte mir alle möglichen Horrorszenarien aus. Was, wenn sie die Narkose nicht verträgt? Was, wenn doch alle Zähne raus müssen? Was, wenn mein Mädchen auf dem Operationstisch verblutet? Was tue ich ihr eigentlich gerade an …?

„Frau Baumeister?" Hinter mir stand der Zahnveterinär mit einem Lächeln im Gesicht und beiden Daumen nach oben. Wie sich herausstellte, konnten alle vier Reißzähne gerettet werden. Gott sei Dank! Nur vier der unteren Schneidezähne mussten gezogen werden, aber sie konnte alle oberen sechs behalten. Der Veterinärzahnarzt erklärte noch mal kurz den Prozess und strahlte dabei eine unglaubliche Sicherheit aus, die meine Bedenken komplett vom Tisch fegte. Der Eingriff sollte ungefähr drei Stunden dauern. Wenn ich wollte, könnte ich durch ein großes Fenster bei der OP zuschauen. Natürlich wollte ich!

Ich fand den ganzen Vorgang absolut faszinierend. FILIPPA wurde unter Anästhesie auf den Behandlungstisch gelegt. Sie hatte Socken an und wurde mit einer angewärmten Decke zugedeckt. Es waren während dieser drei Stunden zu jedem Zeitpunkt zwischen zwei und fünf Personen mit ihr beschäftigt. Jeder Handgriff saß.

Meine Wartezeit war nicht von Angst dominiert, sondern von der Gewissheit, dass alles mit unserem Mädchen gut sein würde.

Während FILIPPA im Aufwachraum war und sich vom Eingriff erholte, gönnte ich mir einen langen Spaziergang an einem nahe gelegenen Fluss. Die Natur, Bewegung und positive Gedanken taten ihr Übriges zu dieser erfolgreichen Zahnrettungsaktion. Ich war unendlich dankbar für die Professionalität dieses Arztes und der ganzen Klinik. Ich kam genau rechtzeitig zurück. Nach etwa zehn Minuten brachte der operierende Tierarzt höchstpersönlich FILIPPA, die offensichtlich noch etwas *high* war, zu mir. Ein kurzes Gespräch über die Nachbehandlung und ein langes Gespräch über Tierschutz (er war offensichtlich ein starker Verfechter), die Situation der Galgos in Spanien und Wege, wie man helfen kann, folgten – und das alles in seiner halbstündigen Mittagspause um 15 Uhr. Ich bin dem Mann, der hier eine wohlbekannte Koryphäe auf seinem Gebiet ist, bis heute noch unendlich dankbar.

Nach einer gemütlichen und ruhigen Fahrt nach Hause verlief der Rest des Tages in genau dieser Stimmung. Oh ja, ich hatte ganz vergessen zu erwähnen, dass FILIPPA es nach drei Tagen bei uns satt hatte, die Treppe hinaufgetragen zu werden. Wie bei ihrem ersten Treppensteigen vor über einem Monat nahm sie auch heute langsam und vorsichtig Stufe für Stufe in Angriff und schaffte es ganz allein zu ihrem Bettchen in unserem Schlafzimmer.

Die nächsten Tage verliefen problemlos, und wir konnten – wie geplant – in unser erstes gemeinsames Abenteuer, eine Woche Urlaub in Savannah, Georgia, eintauchen. FILIPPA war eine angenehme und unproblematische Reisegefährtin. Sie genoss sichtlich die gemeinsame Zeit und die entspannte Atmosphäre. Wunderbar, denn wir lieben es, mit unseren Hunden zu reisen. Von unseren Wanderungen war sie ganz begeistert, und beim Erkunden neuer Städte verhielt sie sich wie ein Profi.

Erholt und glücklich, weil alles so problemlos gelaufen war, kamen wir wieder zuhause an. Unsere Energiereserven waren aufgefüllt, und wir waren bereit, unsere diversen Alltagsprojekte wieder in Angriff zu nehmen. Auch FILIPPA sprühte nur so vor Energie und neuen Ideen. Ihr erstes großes Projekt bestand darin, sich als Archäologin in unserem Garten zu betätigen. Erst mal arbeitete sie über mehrere Tage hinweg an einem Loch, oder eher einer Höhle, die bei Fertigstellung sehr wohl Platz für zwei Galgos gehabt hätte. Danach verlor sie zu meiner Freude das Interesse daran. Ich nutzte die Gelegenheit und setzte, nachdem die halbe Arbeit dank FILIPPA ja schon gemacht war, einen Strauch an besagte Stelle. Fertig! Denkste …! Die Ausgrabungen für ihr nächstes Projekt hatten schon begonnen. Also recherchierte ich, wie man einem Hund das Graben abgewöhnt. Man kann eine Sandbox aufstellen und das Interesse dorthin umleiten, man kann den Hund ablenken, und man kann sich einfach daran gewöhnen. Ablenkung funktionierte hervorragend – solange ich sie ablenkte. Das Interesse zu einem unbenutzten Teil des Gartens zu lenken, fand FILIPPA eher uninteressant. Da siehts ja keiner! Zum Ignorieren war ich noch nicht bereit, also würden wir weiterhin daran arbeiten, FILIPPA an ihren Löchern, ich am Ablenken.

Etwa zu dem Zeitpunkt, als FILIPPA ihr neues Hobby entdeckte, hatten wir auch den ersten Besuch einer anderen Hündin. Es wurde im Garten herumgetollt, gerannt und freudig sozialisiert. Alles verlief friedlich. Für FILIPPA war allerdings schlagartig der Spaß vorbei, als einer ihrer mindestens zehn Quietschbälle mit ins Spiel gebracht wurde. Sie legte sich auf einen Beobachtungsposten und verfolgte das Geschehen mit einem missbilligenden Blick, den ich mir nicht wirklich erklären konnte. Die andere Hündin hatte jedenfalls Spaß, und vielleicht hatte unser beleidigtes Leberwürstchen auch nur einfach genug von ihrem Besuch.

In den Tagen, nachdem FILIPPA ihre neue Freundin zu Besuch hatte, stellte ich fest, dass immer weniger Bälle im Garten herumlagen. Weil ja unser Garten nicht gerade der kleinste ist, gab ich die Suche im Gestrüpp irgendwann auf. Dass so viele Bälle, alle etwa gleichzeitig, verschwanden, fand ich sehr mysteriös. Ich schmiedete also einen Plan. Mein Vorrat an Hundespielzeug, angelegt für nächstes und übernächstes Weihnachten, wurde von mir höchstpersönlich geplündert. Ich überraschte FILIPPA also ohne besonderen Anlass mit einem herrlich lauten, neongelben Quietschball. Unsere Galga war begeistert. Wir spielten lange, sie drehte ihre irrsinnig schnellen Runden mit ihrer neuen Errungenschaft und ließ sich schließlich nieder, um das Geräusch des Quietschballes (auf ihren $$$$-Zähnen kauend) sichtlich zu genießen. Ich zog mich zurück und wartete im Sichtschutz eines großen Farns auf unserer Terrasse des oberen Stockwerkes auf ihren nächsten Zug. Sie genoss ihren Ball und ließ sich Zeit, viel Zeit. Dann kam Bewegung in das Szenario. FILIPPA trabte mit ihrem neuen Spielzeug in einen vermeintlich unbeobachteten Bereich des Gartens, buddelte ein für ihre Verhältnisse ärmliches Loch, schubste den Ball hinein und schob mit der Nase den Dreck zurück ins Loch. Ich war sprachlos. Konnte sie das wirklich durchdacht haben? Galgos sind intelligent, aber so intelligent? Es stellte sich auch in Zukunft heraus, dass alles, was FILIPPA als ihr Eigentum erklärte, mit Intelligenz und Ausdauer verteidigt wurde.

Ja, FILIPPA buddelte weiter! Aaaaber, nachdem Besuche ihrer Freundin weniger wurden, tauchten interessanterweise auch all ihre Bälle wieder Stück für Stück auf. Und was man vergräbt, das kann man auch ausbuddeln. Dieses Persönchen hatte wirklich Grips, und dementsprechend sollten wir auch handeln! Unabhängiges Denken ist definitiv eine Eigenschaft der Galgos.

Somit kam die nächste Herausforderung: unsere Therapiehund-Klasse und der alles entscheidende Test. Ich hatte FILIPPA und mich zu einer wöchentlichen Vorbereitungsklasse angemeldet. Viermal jeweils eine Stunde, und Ende Juli ging es dann los. Ich war sehr gespannt, wie sich FILIPPA in diesem neuen Umfeld mit all den anderen Hunden und Ablenkungen verhalten würde. Kommandos wie „Sitz", „Platz", einige andere Tricks sowie Rückruf funktionierten zuhause ja schon recht zuverlässig. Wir waren also beide bereit, in der Klasse zu strahlen.

Zuerst wurde geübt, an anderen Hunden vorbeizugehen, ohne zu ziehen und zu schnuppern. Was für ein braves Mädchen ich hatte. Hoch erhobenen Kopfes und mit einem Hauch von Arroganz marschierte sie, natürlich perfekt „bei Fuß", am gesamten vierbeinigen Gegenverkehr vorbei, ohne auch nur mit der Wimper zu zucken. Wunderbar! Großes Lob und Leckerlis!

Als nächstes sollte geschaut werden, wie lange unsere Hunde im „Platz" verweilen konnten, ohne aufzustehen. Ziel war es, bis Ende des Kurses bei einer Minute angelangt zu sein, den Hund dabei auch verlassen zu können, nachdem man ihm das Kommando „bleib" gegeben hatte – und ihn schließlich auch zurückrufen zu können. Der erste Schritt dazu war aber, den Hund „Platz" machen zu lassen. FILIPPA schaute mich an, als hätte sie das Wort noch nie gehört. Der Duft der Leckerlis in meiner Hand, mit der ich, am Boden vor ihr herumwedelnd, unser Zeichen „Platz" zusätzlich noch als Unterstützung gab, ließ sie kalt – eiskalt. Ein beschämender Blick durch den Raum bestätigte, dass wir die einzigen waren, die eines der einfachsten Kommandos offensichtlich noch nicht im Griff hatten. Die Stoppuhr tickte inzwischen. Jeder außer uns hatte mindestens 15 Sekunden geschafft. Ich drehte mich ein wenig verlegen zur Trainerin um und sah in Gedanken unsere Felle schon davonschwimmen. Sarah, unsere Trainerin, grinste und deutete mit ihrem Kopf hinter mich auf den Boden. Ich folgte ihrem Blick und – *voilà* – FILIPPA lag in edelster Galgo-Manier mit lang ausgestreckten Vorderbeinen, erhobenem Kopf und aufmerksamem Blick hinter mir wie eine Musterschülerin. Die Komik der Situation war keinem entgangen, und wir hatten alle Lacher auf unserer Seite. Na, zumindest hatten wir zur Aufheiterung des Tages beigetragen. Sarah meinte dann, dass wir eigentlich nur etwas an unserem Timing arbeiten müssten. Genau das hatte ich vor.

Zuhause hatte ich mehrere kurze Trainingseinheiten mit FILIPPA über jeden Tag verteilt. Sie lernte, ein paar Meter von der Eingangstür entfernt „Platz" zu machen und in dieser Position auf mich zu warten, bis ich mich für den Spaziergang bereit gemacht hatte. Sie konnte minutenlang in dieser Position verharren. Alles anstandslos – klar, war ja auch kein Publikum dabei! Ich trainierte mit ihr, wann und wo ich konnte. Beim Baumarkt zierte sie sich, zu viele Leute! Beim Spazierengehen kam es drauf an. Worauf, wusste ich nicht genau, aber bis zur nächsten Klasse waren wir zumindest bei fünfzig Prozent Erfolgsquote angelangt. Nicht hervorragend, aber es ließ zumindest Grund zur Hoffnung.

Die nächste Übungsstunde kam, und FILIPPA war der Star aller anderen Trainingseinheiten. Sie verweigerte nach einem eindeutigen „lass es" meinerseits, wie es erwartet wurde, die von einer fremden Person angebotenen Leckerlis. Sie hatte keine Angst vor einem quietschenden Rollstuhl, drehte nur mal eben den Kopf, als Krücken mit einem lauten Scheppern auf den Boden knallten und verfolgte das ganze Geschehen mit Gelassenheit. Mustergültig! Aber dann kamen „Platz und bleib". FILIPPA hatte es sich gerade auf dem Boden gemütlich gemacht. Freiwillig ging das ja auch mit Zuschauern. Können wir das nicht einfach gelten lassen und die Stoppuhr starten? Konnten wir nicht. FILIPPA stand also mit einem hörbaren Seufzer wieder auf, bedachte mich mit einem vorwurfsvollen Blick, als ich sie anflehte, „Platz" zu machen – und machte genau das: „Platz"! Die Stoppuhr tickte, und meine Hündin rührte sich nicht vom Fleck. Alles gut gelaufen. FILIPPA und ich waren bereit, zu gehen. Leider war die Klasse noch nicht vorbei. Alles sollte mindestens einmal wiederholt werden. Und das, als wir gerade auf Wolke 7 davonfliegen und es mit unseren jeweiligen Leckerlis im Auto krachen lassen wollten. Versuch zwei und drei gingen in die Hose. Unsere Leckerlis wurden trotzdem gegessen. Dreißig Prozent Erfolgsrate waren nicht hervorragend. Also weiter üben! Das machten wir.

Mit all den anderen Fähigkeiten, die ein Therapiehund meistern musste, hatte FILIPPA nicht das geringste Problem. Entweder meisterte sie die Anforderungen schon, oder sie lernte in „Windhundeile", was erwartet wurde. Am Ende der vierten und letzten Klasse waren wir immerhin bei einer Erfolgsquote von fünfzig Prozent angelangt. Wir übten fleißig weiter und ließen uns nicht von Zahlen beirren. Zumindest FILIPPA interessierten die Zahlen nicht.

Ich meldete uns zum Übungstest im September und zum alles entscheidenden Abschlusstest Anfang Oktober an. Beim Übungstest meisterte FILIPPA alle Einheiten, außer – genau – „Platz und bleib". Selbst die Chance, die Sache zu wiederholen, vermasselte sie – oder ich, weil ich nervös war. Keine Ahnung! Das Gute an diesem Vorbereitungstest war, dass nicht ein einziges der sechs Teams es geschafft hätte. Jeder hatte so seine Schwierigkeiten. Nerven, Umfang der erwarteten Fähigkeiten, alles spielte eine Rolle. Wir hatten noch etwas Zeit bis zur Abschlussprüfung, und ich war entschlossen, es mit FILIPPA zu schaffen.

Um etwas Aufschluss über die Anforderungen eines „*TDI*-Tests" zu geben, liste ich hier einfach mal die Punkte in abgekürzter Form auf. „*TDI*" steht für „*Therapy Dogs International*". Dazu sollte ich vielleicht auch erwähnen, dass während des gesamten Tests keine Leckerlis zur Belohnung gegeben werden dürfen.

1. Simulation am Empfang beim Betreten eines Krankenhauses. Der Hund muss ruhig neben dem Hundeführer stehen bleiben. Halsband, alle vier Pfoten, Krallen, Ohren, Rute werden angeschaut. Gute Pflege ist Voraussetzung.

2. Der Hund wird beobachtet, während der Hundeführer Formulare ausfüllt. Danach übergibt der Hundeführer einem Helfer die Leine und verschwindet für eine Minute aus dem

Sichtbereich des Hundes. Dieser muss in der Zeit ruhig auf die Rückkehr des Hundeführers warten.

3. Der Hund muss in der Lage sein, in einer Gruppe von Menschen ruhig zu bleiben und auch angefasst zu werden.

4. Eine Gruppe von Hunden bekommt von ihren Hundeführern das Kommando „Sitz und bleib". Die Hundeführer entfernen sich im Abstand einer 2-Meter-Leine von ihrem Hund und warten auf das Kommando des Prüfers, ihre Hunde zurückzurufen.

5. Siehe Nummer 4 mit „Platz und bleib".

6. Der Hundeführer bringt seinen Hund, der an einer 7-Meter-Leine ist, in die Position „Platz und bleib". Der Hundeführer wendet sich von seinem Hund ab, geht ans Ende dieser Leine und wendet sich wieder in Richtung des Hundes. Der Hund folgt dem Signal des Hundeführers, zu ihm zu kommen.

7. Der Hund zeigt die Bereitschaft, einen Patienten zu besuchen und gestreichelt zu werden.

8. Der Hund folgt dem Hundeführer „bei Fuß" an lockerer Leine in verschiedene vorgegebene Richtungen. Dabei wird die Reaktion auf ungewohnte Geräusche und Situationen getestet, wie z. B. Leute auf Krücken – Leute, die rufend und rennend umherlaufen – ein Gegenstand, der laut zu Boden fällt. Der Hund soll in jeder Situation ruhig bleiben.

9. Hund und Hundeführer begrüßen eine Person im Rollstuhl. Die Person interagiert mit dem Hund und bietet ihm mit offener Hand Leckerlis an. Der Hundeführer gibt das Kommando „lass es", und der Hund lehnt das Leckerli ab.

10. Der Hund geht an lockerer Leine „bei Fuß" und muss eine Schüssel mit Leckerlis und eine Schüssel mit Wasser passieren, nachdem er das Kommando „lass es" erhalten hat. Er darf weder die Schüsseln berühren noch daran schnuppern.

11. Ein Helfer mit Hund nähert sich und hat eine kurze Konversation mit dem Hundeführer. Der zu testende Hund darf nicht auf den anderen Hund reagieren.

12. Der Hund muss beim Betreten eines Raumes in der Lage sein, den Hundeführer vorausgehen zu lassen und wartet, bis er aufgefordert wird, zu folgen.

13. Die Reaktion auf schreiende, mit Bällen spielende Kinder wird getestet. Der Hund muss in der Lage sein, an ihnen vorbeizugehen, ohne zu reagieren. Der Hundeführer setzt sich dann auf einen Stuhl, simuliert das Lesen eines Buches, während der Hund mit dem Rücken zu den spielenden Kindern in der Position „Platz" vor ihm liegt.

Der Tag unseres großen Tests kam. Es waren nur vier zu testende Teams erschienen. Wahrscheinlich hatte der Übungstest ein paar Herrchen und Frauchen abgeschreckt. An unserer Erfolgsquote mit FILIPPAs „Lieblingsübung" hatte sich nicht viel geändert. Ihr „Platz und bleib" war immer noch reine Glückssache. Also war es genau das, was wir an diesem Abend brauchten: Glück!

Testpunkte 4, 5 und 6 wurden vorgezogen. Also gut, dann würde sich praktisch gleich am Anfang alles entscheiden. Wir waren bereit und auch gleich in der ersten Gruppe zweier Teams. Testpunkt 4 wurde gemeistert. Dann kamen „Platz und bleib" an einer 2-Meter-Leine. Ich gab FILIPPA das Kommando, „Platz" zu machen. Sie schaute mich mit ihren wunderschönen großen Augen fragend an, während erst mal nichts passierte. Der andere Hund war schon in Position und schien uns gerade mit heraushängender Zunge auszulachen. Langsam, aber gerade noch rechtzeitig, begann zuerst FILIPPAs Heck, dann ebenso langsam, aber sehr geschmeidig, ihr Bug sich Richtung Boden zu senken. Sie hatte „Platz" gemacht! Während ich mich zwei Meter von ihr entfernte, betete ich inständig, dass das Rückruf-Kommando gleich kommen würde.

„Drei, zwei, eins ... ruft eure Hunde zu euch!"

Mit all dem Schwung, den ein Galgo auf zwei Metern holen kann, sprang FILIPPA mir sofort entgegen.

Zwei von dreizehn Übungen waren schon geschafft. Jetzt kam die für uns schwierigste. Der gerade erlebte Glücksmoment ließ allerdings ein gutes Maß an Hoffnung bei mir aufflackern. Ich nahm FILIPPA an die unendlich lange 7-Meter-Leine und gab ihr wieder das Kommando „Platz". Ich konnte es kaum glauben, als, nach kurzem Zögern, Bug und Heck gleichzeitig der Erdanziehung nachgaben und sie brav in erwarteter Position lag. Okay, und jetzt meine Süße, „bleib" („...und bitte, bitte, bitte beweg dich nicht von der Stelle, bis ich dich rufe!"). Nach meinem Stoßgebet drehte ich mich tapfer um und begann meine Odyssee an das Ende der Leine. Jeden Moment erwartete ich das Trippeln von vier Galgopfoten, die sich mir in „Windhundeile" näherten. Es kam *nichts*. Am Leinenende angekommen, drehte ich mich um. Mein gutes Mädchen lag immer noch in der Position „Platz und bleib", wie ich sie verlassen hatte. Ich rief FILIPPA zu mir; sie kam ohne zu zögern, und ich wusste in diesem Moment, dass sie den Test bestehen würde. Sie lehnte alle Leckerlis ab, störte sich nicht an ungewohnten Geräuschen, anderen Hunden, Rollstühlen, Krücken, was auch immer getestet wurde. Sie drehte sogar in „Platz-Position" (sehr laut und intensiv) spielenden Kindern den Rücken zu, während ich ihr, auf einem Stuhl sitzend, aus einem imaginären Buch vorlas. Wir hatten das niemals geübt. Jeder stellt sich wohl in diesem Moment die Frage, warum sich FILIPPA hingelegt hat, obwohl ein Publikum da war. Wenn ich mich hinsetze oder auf einem Spaziergang anhalte, um mit jemandem zu reden, macht FILIPPA Folgendes: Sie legt sich in eine perfekte Position „Platz" und wartet, bis ich aufstehe oder weitergehe. Wir mussten das niemals trainieren. Sie macht das einfach aus eigenem Antrieb. Das war genau der Punkt! Wenn wir etwas aus eigenem Antrieb machen, dann ziehen wir es durch, auch wenn es nicht immer einfach ist. Wenn wir zu etwas gezwungen werden, zu dem wir nicht bereit sind, dann stehen wir unter Stress.

Tatsache ist, dass FILIPPA es geschafft hat. Wie? Keine Ahnung! Zwei von vier Hunden bestanden den Test. Sie war dabei. Tatsache ist auch, dass FILIPPA eine wunderbare Therapiehündin ist. Patienten in Rehabilitationszentren und Krankenhäusern fragen mich, ob wir bitte bald wiederkommen können. FILIPPA bringt Licht in den manchmal sehr trüben und eintönigen Alltag der Menschen. Wenn ich mit jemandem rede, legt FILIPPA sich sofort hin und wartet höflich und geduldig, bis das Gespräch beendet ist. Nebenbei kassiert sie natürlich ganz viele Streicheleinheiten. Sie fühlt Schmerz, sie fühlt Angst. Wahrscheinlich hat sie meine Versagensangst gefühlt, beim Test durchzufallen. Hunde fühlen uns! Sie spüren unsere Ängste, aber auch unsere Hoffnung. Wir sind alle miteinander verbunden, und FILIPPA war dazu bestimmt, ein Therapiehund zu sein. Wie hoch ist die Wahrscheinlichkeit, dass eine fast zahnlose, nicht mehr gewollte Hündin aus Spanien nach Amerika reist, ihre Zähne gerettet werden und sie dann das Leben so vieler Menschen in positiver Weise berührt, weil sie tatsächlich eine Therapiehündin geworden ist?

FILIPPA genießt ihr Leben. Sie hat inzwischen einen etwas jüngeren Galgo-Bruder, COSMO, der manchmal ein richtiger Clown ist. Er hat allerdings, wie FILIPPA, seine Ängste, die es zu überwinden gilt. Wir haben auch damit schon Fortschritte gemacht.

All unsere Hunde sind, wie ihre Menschenfamilie auch, Veganer. „Was, aber Hunde brauchen doch Fleisch!", denken sich hier wohl viele. Nicht wirklich, und unser Uropa LUCKY ist lebender Beweis dafür. Er hat die längste Zeit seines Lebens eine ausgewogene vegane Ernährung genossen. Der Schwerpunkt liegt hierbei vor allem auf „ausgewogen" – mit allen für Hunde lebenswichtigen Nährstoffen. Das geht auch ohne tierische Produkte. Unser Tierarzt unterstützt uns hierbei vollkommen. Was auch immer ich füttere, solle ich weiterhin füttern, meint er immer. Ein so gutes Blutbild sehe er bei einem so alten Hund praktisch nie. Gute gesunde Ernährung in Kombination mit viel Bewegung und geistiger Anregung hält unsere Hunde fit und widerstandsfähig.

Aber zurück zu unseren Galgos: FILIPPA und COSMO sind inzwischen unzertrennlich. Es ist wunderschön, die beiden im Garten um die Wette rennen zu sehen und zu beobachten, wie sie voller Lebenslust miteinander spielen. FILIPPA teilt übrigens anstandslos ihr Spielzeug mit COSMO. Wir finden das Pärchen oft eng aneinander gekuschelt in einem der Hundebetten oder auf ihrem Sofa, meistens mit einem Kuscheltier. *Dass es selten bei nur einem Galgo bleibt, hatten wir schon gehört. Jetzt wissen wir auch, warum. Das sanfte Wesen, die Fähigkeit, uns Menschen zu verzeihen und die Anmut dieser Tiere üben eine ganz besondere Faszination auf uns aus. Man fühlt sich magisch zu ihnen hingezogen.*

Border Terrier LUCKY wird demnächst 18 Jahre alt.

Auch COSMO wird hoffentlich bald ein Therapiehund sein.

Unser guter alter YONI ist immer noch ein Einzelkater und genießt das Leben mit seinen Hundekumpels.

Zu unserer großen Freude lässt FILIPPA es inzwischen zu (oder genießt es vielleicht sogar?), dass menschliche Wesen sich zu ihr setzen. Sie hat Präferenzen, aber ich bin sehr dankbar, dass sie meinen Mann und mich in ihren Vertrauenskreis eingeschlossen hat.

Sie buddelt immer noch!

Linda Baumeister

102 Windhundgeschichten - Unsere Reise durch vier Kontinente

Tony

*Die glorreichen Sieben*

Rolf Katzorowski

Deutschland

Windhunde machen süchtig!

Schon seit meiner Kindheit hatte ich Hunde, mit denen ich immer sehr eng verbunden war.

Da mein Vater in den 60er Jahren mehrere Schäferhunde hatte, diese aber die meiste Zeit ihres Lebens in Zwingern verbrachten, war es schon als Kind mein Ziel, Hunde niemals so zu halten.

Mein erster Hund war ein schwer kranker Rottweiler-Schäferhund Mischling, der leider nur neun Monate bei mir sein konnte. Nach vielen Tierarztbesuchen kam der Tag, an dem er über die Regenbogenbrücke ging. Danach kamen zwei große Schweizer Sennenhunde sowie einige Katzen aus dem Tierschutz.

Durch Zufall lernte ich eine Hundetrainerin mit einem Weimaraner kennen, der aber nicht jagdlich geführt wurde. LIROY war eine Granate – im Haus ein Lamm, draußen ein Killer. Obwohl er gut trainiert war und auf dem Hundeplatz jedes Kommando beherrschte, war sein Jagdtrieb brutal. Zwei Stunden Enten im Kanal zu jagen, waren keine Seltenheit. Jetzt war meine Leidenschaft für Jagdhunde geweckt.

Nach meiner Scheidung lernte ich Silvia, eine Frau mit viel Herz für Tierschutzhunde, kennen. In ihrem Haushalt lebten bereits zwei kleine „Fußhupen" aus Ungarn und Spanien: NINO und POLLY.

Nach kurzer Zeit war klar, ein weiterer, aber größerer Hund sollte unser Leben bereichern. Auf der Suche nach einem Weimaraner oder Magyar Vizsla aus dem Tierschutz wurden wir auf das

Schicksal der Galgos aufmerksam. Obwohl ich schon seit langer Zeit im Tierschutz tätig bin, hatte ich von Windhunden noch nicht viel gehört. Jetzt ging es los: „Google" fragen.

Die erste Begegnung mit Windhunden hatten wir auf einer Pflegestelle in Velen; dort kamen die Galgos DAISY oder BERT für uns in Frage. Leider blieb unser Adoptionsantrag einfach unbeantwortet.

Über einen deutschen Tierschutzverein wurden wir dann auf die Galga ASHA aufmerksam. Leider war ASHA nach einer Adoption traumatisiert zu ihrer Pflegestelle zurückgekehrt und war erst mal nicht in der Vermittlung. Im Rekener Windhundauslauf lernten wir dann unsere Galga BETTY kennen und lieben, und nach einigen Treffen war klar, dass sie in unseren Haushalt einziehen soll. Dies geschah dann auch im September 2020.

Über verschiedene „Facebook" Gruppen für Windhunde wurden wir erst auf das ganze Elend der Windhunde aufmerksam. Wir konnten gar nicht glauben, dass es Menschen gibt, die zu solch abartigen Taten fähig sind. Es gab viele schlaflose Nächte. Bis heute ist dieses Martyrium der Windhunde für mich unvorstellbar.

Silvia wollte einen Kalender eines Vereines bestellen, auf welchem es auch sehr viele Beschreibungen von Galgos gab. Es war Liebe auf den ersten Blick ... EUSTAQUIO, ein vierjähriger, großer und gestromter Galgo-Rüde, hatte sich in ihr Herz geschlichen. Ich hatte große Zweifel, ob wir das schaffen. Beide berufstätig und noch einen Hund? Nach einem Telefongespräch mit der Organisation und anschließender Vorkontrolle war klar, EUSTAQUIO, jetzt OLE, zieht ein. Ende Februar machte sich Silvia mit unserer POLLY bei Schnee, Eis und Nebel auf den Weg nach Bayern: 1200 km an einem Tag.

Nach einem kurzen Spaziergang mit POLLY und OLE ist OLE sofort ins Auto gesprungen und signalisierte „so, nun will ich nach Hause". Abends um 19 Uhr war er ein Dortmunder Jung.

Jetzt war es ein kleines Rudel: unser Sheriff NINO, ein kleiner Dackel-Terrier-Mix und bereits 15 Jahre alt sowie POLLY, ungarischer Pumi-Mischling, die so ziemlich alles mit den Galgos machen darf. Und dazu das Riesenbaby OLE – er ist der totale Macho und regelt alles mit Blicken. Im Auslauf eine Mimi; wenn er andere jagen kann, ist alles gut, aber wenn er gejagt wird, bleibt OLE mit eingezogener Rute stehen.

Gott sei Dank haben wir in unmittelbarer Nähe den Hundewald „Doghausen", dessen Vorstand ich auch angehöre. Den Hunden stehen 10 000 qm hocheingezäunte Freilauffläche, mitten im Wald gelegen, zur Verfügung. Bis dahin hatte es nie Probleme im Freilauf mit anderen Hunden gegeben. Wir dachten, mit den Galgos gehe alles klar. Aber es sollte anders kommen.

Silvia wurde über einen Verein auf eine alte Galga namens FAVORITA aufmerksam. Solch ein alter Hund ist sehr schwer zu vermitteln. Und wo vier sind, gehen auch fünf. Silvia fuhr im Mai also wieder nach Bayern, diesmal ohne Vorkontrolle. Als FAVORITA abgeholt, hieß sie dann FIONA in Dortmund. Wieder Glück gehabt, denn FIENCHEN hat sich nahtlos ins vorhandene Rudel eingefügt. Sie wurde vier Jahre lang zur Jagd und danach als Wurfmaschine eingesetzt – eine ganz tolle Seniorin. Großes Manko: FIONA ist eine Fressmaschine und ein Raptor. Es ist unmöglich, aus der Hand zu füttern, wenn man seine Finger behalten möchte. Am Anfang konnte sie nur zehn Minuten am Stück laufen, mittlerweile schafft sie problemlos eine Stunde. Auch mit ihr konnten wir den Auslauf ohne Probleme nutzen.

Samstagabend mal wieder auf Facebook bei Galgo-Freunden nachgeschaut – ein schwarzer Galgo-Rüde namens TOTEN wurde gepostet. Er saß schon seit zwei Jahren bei der *FBM* in

Spanien. Schwarze Rüden sind sehr schwer vermittelbar. Es gab ca. 300 Posts wegen des ungewöhnlichen Namens und sehr viele – wohl doch nicht ernst gemeinte – Adoptionsabsichten. In leichter Rotweinlaune habe ich dann geschrieben, „wenn alle Stricke reißen, dann nehme ich ihn halt".

Alle Stricke sind gerissen, ich stand im Wort. Nach mehreren Informationen über TONY, die ich von einer Frau erhalten habe, die TOTEN persönlich bei der *FBM* kennengelernt und ihn als unkomplizierten Galgo beschrieben hat, haben wir zugesagt, TOTEN in unser Rudel aufzunehmen. Liebe Grüße an diese bemerkenswerte Frau und Tierschützerin.

TONY kam am 12. September 2021 mit dem Trapo nach Deutschland. Wir mussten nach Köln zu einer Autobahnraststätte, um ihn abzuholen. Die Raststätte war klein und eng, nicht sehr angenehm. Es warteten schon einige Leute dort, um auch ihre Hunde abzuholen. Hier trafen wir auch auf die Vorsitzende des Vereines, über den TOTEN vermittelt wurde. Sie ist eine bewundernswerte Frau, zu der uns mittlerweile eine tiefe Freundschaft verbindet. Der Verein vermittelt überwiegend ältere Hunde und Langsitzer.

TOTEN, der nun also TONY heißt, wurde auch sofort von den anderen ins Rudel aufgenommen. Ja, und dann sollte alles anders werden. TONY entpuppte sich als Schmusehund in der Wohnung. Er schläft und kuschelt Kopf an Kopf mit einem, und wenn man Glück hat, wird man nur dreimal die Nacht abgeschleckt. Doch draußen ist er die absolute Rampensau. Bis dato hatten wir die Galgos immer ohne Maulkorb im (gesicherten) Freilauf rennen lassen. Es war nie etwas passiert.

Da wir mit unseren Hunden immer relativ früh am Morgen in die Ausläufe kommen, wenn wenig los ist und nur wenige Hunde da sind, ging erst alles gut. Doch dann wurde der Auslauf von zwei kleinen schwarzen Hunden besucht. TONY stürzte sich wie eine

Furie auf einen der Kleinen. Je lauter dieser quiekte, desto wilder wurde TONY. Und dann kam das, was wir bisher nicht kannten: Rudelbildung. BETTY, OLE und sogar das alte FIENCHEN stürzten sich auch auf den kleinen Hund. Abruf war Fehlanzeige. Dank unseres sofortigen Eingreifens ist dem Kleinen nichts passiert.

Lektion 1: Von da an nur noch mit Maulkorb im Auslauf; und es rennen nicht alle Galgos gleichzeitig, wenn andere Hunde auf dem Platz sind.

Abruf wurde mit Pfeife und Super-Leckerchen geübt – klappte gut. Aber nicht, wenn der Jagdtrieb eingeschaltet ist; da kann man pfeifen, bis der Arzt kommt. Null Reaktion.

Wir engagierten eine Windhund-Trainerin und arbeiteten mit der Reizangel. Die faire Trainerin meinte, ich sollte mir das Geld sparen, da sich bei TONY nicht viel ändern würde. Heute bin ich mit ihm zufrieden. Er versucht nur noch selten, kleine Hunde zu jagen. Dafür ist er zum Tiefbauarbeiter mutiert, seine Krater sind erwähnenswert.

Regelmäßig laufen wir dreimal täglich größere Runden mit den sechs Hunden und gehen dreimal die Woche in den (gesicherten) Freilauf. Bei unserer Abendrunde geht es oftmals um einen kleinen Friedhof hier vor Ort. Ich sagte noch, der TONY sei aber „voll auf Empfang" – Ohren hoch, Vorderpfote angewinkelt. Fünf Sekunden später war leider der erste Igel innerhalb von zwei Sekunden erlegt. Für mich als Tierschützer ein *No-Go*, also ab dem Zeitpunkt nur noch mit Maulkorb.

Lektion 2: FIONA lief gelegentlich im Wald frei und blieb immer bei uns. Bei einem Spaziergang im Winter, links der Kanal und rechts eingezäunt, habe ich es gewagt, sie frei laufen zu lassen ... Ente gesichtet und FIONA – wie von der Tarantel gestochen – die Böschung runter in den Kanal. Sie dachte wohl, man könne auf dem Wasser laufen. Sie war total erschrocken, und dank meines Spurts ins eiskalte Wasser konnten wir sie sofort sichern und trockenlegen.

Fazit – kein Windhund läuft mehr frei!!!

Wir sind dann im Januar zum ersten Mal mit den Hunden nach Köln zum „Galgo-Marsch" gefahren. Hier wird auf das Leid der spanischen Windhunde aufmerksam gemacht. Wir haben uns dazu entschieden, nur die kleine POLLY, BETTY, OLE und TONY mitzunehmen. NINO und FIONA waren schon zu alt für so eine Aktion. So viele Gleichgesinnte mit Hunden waren sehr beeindruckend. Unsere Hunde verhielten sich vorbildlich. Selbst TONY, der noch nicht allzu lange bei uns war, fügte sich nahtlos in die Hunderiege ein. Auch bei allen anderen Mitstreitern ging es sehr gesittet zu. Es gab keine Rangeleien. Die Ruhe war schon fast gespenstisch. Ich hatte den Eindruck, die Hunde spürten, worum es ging. Die Runde ging vom Trude-Herr-Platz zum Heumarkt, etwa sieben Kilometer. Am Heumarkt wurde eine beeindruckende Rede über das Leid der Windhunde in Spanien gehalten.

Februar 2022, Silvia war wieder auf Facebook – 53 Greyhounds wurden in Bad Kreuznach sichergestellt: *animal hoarding* der übelsten Art.

Auf Anfrage, wie hier geholfen werden könnte, wurde uns eine Grey-Hündin zur Kurzzeitpflege angeboten. Es gab aber nur einen Tag Bedenkzeit, da eine Vereinsmitarbeiterin am nächsten Tag dort vor Ort sein sollte, um mehrere Hunde nach Nordrhein-Westfalen zu bringen. Da musste man doch nicht lange überlegen, und am nächsten Morgen sagten wir zu.

Abends kam eine wunderschöne Grey zur Tür rein und wurde gleich von den anderen Hunden freudig begrüßt. MALINA lag eine halbe Stunde später mit den anderen Mäusen auf dem Sofa, als ob sie noch nie woanders gewohnt hätte. „Ein Grey ist wie ein

Galgo", dachten wir. MALINA übernahm schon nach zwei Tagen die Führung des Rudels. Es durften sich bei den Spaziergängen keine anderen Hunde dem Rudel nähern, dann gab es Randale. Alle mussten immer in unmittelbarer Nähe sein, sonst blieb sie stehen wie ein sturer Bock, bei zwei Metern Abstand ging es dann weiter.

Im Auslauf wurde es jetzt noch schwieriger. Alles, was sich dem Rudel näherte, wurde brutal attackiert.

Da wir Frühaufsteher sind, lassen wir unsere Hunde aus Rücksicht auf die anderen Hunde nur noch am frühen Morgen in den Freilauf.

TONY und BETTY sind ja schon Raketen, aber MALINA rennt trotz ihrer acht Jahre alle in Grund und Boden. OLE, unserer 72 cm großer Galgo-Rüde, zieht dann seine Rute ein und bleibt stehen. Wenn alle vorbei sind, macht er auch ein paar Meter – Macho und Mimi halt.

Ich denke, wir haben alles richtig gemacht. Wir möchten keinen der Hunde missen. Es gibt nichts Schöneres, als in diese treuen Augen zu schauen.

Ralf Katzorowski

Grete

Grete, die Wüstenprinzessin aus Katar

Gerlind Rose

Deutschland

Heute ist Freitag im Mittleren Osten, in Doha/Katar, ein Tag, so wie er genannt wird – ein freier Tag! Es ist der einzige arbeitsfreie Tag in der Woche für uns, meistens jedenfalls. Wir sind verabredet mit Kira und Jeff aus Pennsylvania und Andrew aus Kanada für eine Tour mit den Hunden in die Wüste und freuen uns auf ein kleines Abenteuer.

Andrew kennt sich besser aus im Land als wir. Er ist Hufschmied und arbeitet in verschiedenen Araber-Ställen, die meist weiter außerhalb von Doha im *Desert* liegen, daher kommt er weit herum im Land. Sein Arbeitsauto ist ein allradangetriebener Pick-up, was ihm auch bei Fahrten jenseits der befestigten Straßen zugutekommt. Auch wir anderen haben allradangetriebene Autos, sonst würden wir uns nicht trauen, mit den Hunden in die Wüste zu fahren. Andrew wird unsere Tour anführen, denn wir wollen an der Westküste Katars die Landschaft erkunden. Sein Co-Pilot ist sein kleiner Jack Russell Terrier WILSON.

Kira und Jeff haben unsere erste Hündin, die wir auf der Straße vor unserer Wohnanlage in Ain Khaleed gefunden hatten, adoptiert. Sie ist eine graue, sehr freundliche Saluki-Hündin (persischer Windhund), die offensichtlich ausgesetzt worden war. Niemand kannte sie oder hatte sie zuvor je gesehen. Eine liebe Frau, vor deren Mauer sie Schatten suchte, brachte ihr Wasser und Futter, konnte sie aber nicht aufnehmen, weil sie selbst eine sehr eifersüchtige Hündin im Haus hatte. Die Windhündin war bereits dehydriert und schlapp, als wir auf sie aufmerksam wurden. Sie hatte anscheinend Nachwuchs gehabt, ihr Gesäuge war noch geschwollen. Wir beschlossen, sie zu uns zu nehmen, damit sie sich erholen konnte. Es ging ihr schnell besser, und als wir sie mit Hilfe von *Dogs in Doha* zur Adoption inserierten, wurden Kira und Jeff schnell auf sie aufmerksam, und wir fanden in ihnen wunderbare Adoptanten für die „graue Maus".

So kam es, dass wir oft gemeinsame Spaziergänge am Freitagmorgen in aller Frühe zusammen unternahmen, bevor die gleißende Sonne das Land in glühende Hitze verwandelte. Sie hatten mittlerweile auch noch eine zweite Saluki-Hündin aufgenommen, die Andrew wiederum von der Straße aufgelesen hatte. So schließt sich der Kreis! Ein Saluki bleibt selten alleine – oder wenn einen der „Saluki-Virus" erfasst hat, kommt schnell ein zweiter dazu! Das gilt wohl für alle Windhundrassen.

Die „graue Maus" benötigte für die Suche nach Adoptanten natürlich auch einen Namen. Wir hatten zuvor wenig Kontakt zu Salukis und auch noch nie solch einen Artgenossen im Haus gehabt. Gegen unsere beiden aus Deutschland mitgebrachten Hunde, ein Labrador-Mix und eine Herdenschutzhündin, war die Saluki-Hündin, trotz fast gleicher Schulterhöhe, eine echte Gräte! Man konnte wirklich augenscheinlich ihre Rippen zählen, an den Beinen gegen die Sonne durch die Haut sehen sowie jede Ader verfolgen. Ihre Beine waren besonders lang und ihre Pfoten dagegen sehr klein.

Man kann diesen Körperbau als Anpassung an die klimatischen Bedingungen sehen. Die langen Beine erhöhen den Abstand des Körpers zur glühenden Erdoberfläche der Wüste, und die kleinen Pfoten verringern sinnvoll die Berührungsfläche. Wenn es mittags im Sommer auf dem Boden ca. 75 bis 80 °C sind – wir haben einmal versucht, auf unseren Terrassenfliesen ein Ei zu braten, was beinahe gelungen wäre – misst man in einem Meter Höhe bereits „nur" noch 50 °C und in zwei Metern Höhe „nur" noch 35 °C! Ähnliche Verschiebungen der Körperproportionen zu europäischen Artgenossen beobachtet man auch bei den Wüstenkatzen.

An den hageren Anblick mussten wir uns erst mal gewöhnen, und so rutschte uns immer wieder die Beschreibung „Gräte" heraus, wenn wir sie ansahen. Das war also schon einmal ihr Spitzname. Salontauglich tauften wir sie dann GRETE – nichtsahnend, dass sich der Name im Englischen nicht so einfach aussprechen lässt. Aber wir waren ja noch neu in Doha. Jeff rief sie später oft einfach nur GRAY statt GRETE, was ebenso gut zu ihrer Fellfarbe passte. Kiras Familie hat deutsche Wurzeln, sie mochte den etwas ungewöhnlichen Namen GRETE. Oft findet sich, was zueinander passt.

Wir treffen uns also um fünf Uhr früh am Stadtausgang von Doha. Von dort aus erreichen wir schnell die Autobahn, die – quer durch Katar – die Hauptstadt Doha an der Ostküste mit der Gas-Metropole Dukhan an der Westküste verbindet. Wir fahren 80 Kilometer quer durch das Land – breiter ist die Halbinsel Katar nicht – auf einer noch leeren dreispurigen Autobahn und frühstücken während der Fahrt. Dann setzt Andrew den Blinker, und wir biegen fünf Kilometer vor Dukhan von der Autobahn Richtung Norden ab. Zwei Kilometer weit ist die Straße noch asphaltiert, doch dann wird sie in dem kleinen Dorf Zekreet bereits zur Staubpiste. Die Bewohner des Dorfes wundern sich über uns und grüßen freundlich; vielleicht auch, weil wir langsam im Schritttempo passieren. Am Dorfausgang befindet sich eine große Karawanserei mit vielen Kamelen, dort herrscht bereits reges Treiben. Wir fahren vorsichtig, die Kamele haben Vorfahrt! Es ist spannend für uns zu beobachten, wie sie auf ihren weichen Sohlen – wie auf Luftkissen federnd – und durch den Passgang auch von einer Seite zur anderen schwankend, an uns vorbeischreiten. Die Hunde im Auto sind ebenfalls schwer beeindruckt.

Dann beginnt eine neue Erfahrung: Fahren auf einer Sandpiste. Nicht so einfach! Zum einen müssen wir aufpassen, dass wir die Piste nicht verlassen, was manchmal schwer zu erkennen ist – zum anderen müssen wir die Bodenwellen rechtzeitig erkennen, damit wir das Auto nicht ruinieren und uns allen, besonders den Hunden im Auto, nicht schlecht wird. Außerdem mutiert die Sandpiste an einigen Stellen zu einem knallharten Waschbrett, was uns heftig durchschüttelt; es sei denn, man findet eben die richtige Geschwindigkeit, mit der man die Rillen elegant überfliegt. Andrew kennt sich aus und gibt Gas. Wir vertrauen ihm und folgen in gleicher Geschwindigkeit mit ausreichend Abstand – schon alleine wegen der Staubwolke, die wir jeweils aufwirbeln. So preschen wir durch ein staubiges Nichts: eine ewige sandige Ebene, entstanden aus einem riesigen Korallenriff. Es gibt keinen Baum und kaum einen Strauch, soweit das Auge reicht, und wir fragen uns, ob sich die Anfahrt wirklich gelohnt hat.

Nach geschätzten zehn Kilometern Pistenfahrt erreichen wir plötzlich eine Art *Canyon*. Rechts und links bauen sich Steilhänge auf, wir fahren mitten hindurch. Es kommt mir ein wenig vor wie im Western. Nach einiger Zeit eröffnet sich ein Durchstich durch den Steilhang zur Linken. Andrew biegt ab und hält an. Wir blicken über eine große buchtähnliche Fläche auf den Persischen Golf. Eine Überraschung: Mitten auf dem Plateau steht ein bestimmt fünf Meter hoher Pilz aus Fels – sehr surreal. Die lange Fahrt hat sich gelohnt. Welch ein Naturphänomen!

Es geht nach kurzem Staunen weiter, vorbei an verschiedenen Felsformationen, die ebenfalls wie Pilze aussehen – größere und kleinere – wieder ein *Canyon* zwischen Steilhängen und schließlich freier Blick auf den Persischen Golf sowie einen traumhaften breiten Sandstrand. Hier haben die Hunde Platz zum Laufen und wir einen guten Überblick. So können wir einen gemeinsamen Spaziergang mit den Hunden wagen. Die Hunde verstehen endlich den Sinn der langen Reise und springen freudig aus den Autos. Es ist weit und breit niemand zu sehen, nur endlose Staubwüste und blaues Meer, wundervoll mit vereinzelten großen Steinbrocken aus Korallenriff dekoriert. Alle acht Hunde kennen sich bereits gut und verstehen sich trotz der verschiedenen Rassen, was, wie wir auch lernen mussten, nicht selbstverständlich ist. Besonders unsere Herdenschutzhündin hatte tatsächlich anfangs größere

Kommunikationsprobleme mit den Sichtjägern und fühlte sich von den fixierenden Blicken oft provoziert. Wir lassen alle Hunde von der Leine, und sie toben miteinander, laufen Schleifen durch das blaue Wasser und an Land und freuen sich, in der Gruppe zu sein. Wir laufen und quatschen, es ist noch angenehm warm und nicht zu heiß. Es ist ein wunderbarer Herbsttag.

Wir gehen ganz entspannt durch den Sand, die Hunde immer um uns herum, alle sind glücklich. Wir beobachten immer wieder die Ebene landeinwärts. Außer ein paar flachen Gräsern ist kein Baum, kein Strauch, kein anderes Lebewesen zu sehen – also kontrollierter Freilauf für alle. Der „Gruppenzwang" sorgt im Übrigen für Zusammenhalt. Was will man mehr? Wir machen eine kurze Pause und überlegen, ob wir umdrehen sollen. Wir sind schon über eine Stunde unterwegs, es wird langsam heißer, aber schon laufen die Hunde vor. Okay, sie sind also noch nicht müde, dann können wir ja noch eben bis zu einer kleinen vorgelagerten Landzunge laufen und dort dann umdrehen. Die Hunde sind mittlerweile bereits um einiges voran, wir haben sie im Blick. Irgendwann wird mir jedoch der Abstand etwas zu unübersichtlich, und ich rufe nach ihnen; die anderen sind wieder in ihr Gespräch vertieft. Es dauert etwas, bis auch die Hunde aus dem Rudeltrott heraus meine Stimme realisieren und sich zu mir drehen. Ich wiederhole meinen Rückruf, und die ersten drehen sich um, bis einer in meine Richtung läuft und den anderen die Entscheidung abnimmt. Ich bestätige die Entscheidung und greife in meine Bauchtasche, um dem Ruf Nachdruck zu verleihen. Das zeigt Wirkung, und alle kehren um und laufen in meine Richtung – bis auf GRETE. Sie scheint es irgendwie nicht gehört und bemerkt zu haben und läuft einfach weiter. Ich rufe noch einmal nach ihr, jedoch ohne Erfolg. Ich alarmiere Kira und Jeff, aber auch ihr Rufen zeigt keine Wirkung. GRETE trottet einfach weiter. Jeff wird schneller und beginnt, in ihre Richtung zu rennen. GRETE wird ebenfalls schneller und entfernt sich weiter. Wir sind sprachlos! Was nun? Sie ist eh schneller als wir. Das Auto steht eine Stunde entfernt in die andere Richtung, Kira und Jeff bekommen

Angst. Sie beginnen lauthals zu rufen und zu pfeifen, keine Reaktion von GRETE. Hilfe! Was jetzt?

Langsam verschwindet GRETE am Horizont. Dort gibt es eine kleine Anhöhe. Wir sehen, wie sie hinaufläuft – sie ist nur noch eine kleine graue Stecknadel im Wüstenstaub. Dann erkennen wir, wie sie oben auf der Anhöhe stehen bleibt. Ihre *Silhouette* ist wieder gut zu erkennen. Eigentlich ist es ein sehr majestätisches Bild, wie sie dort steht und schaut …

Blitzschnell schalte ich und rufe „umdrehen". Keiner versteht mich. Ich erkläre kurz, dass wir nur noch diese Chance haben. Wir müssen jetzt umdrehen, damit sie es auch tut und nicht weiterläuft und uns vollends aus dem Blick verschwindet. Niemand versteht mich direkt, aber alle drehen sich um, und wir laufen schnell und bestimmt zurück in die andere Richtung. Die übrigen Hunde machen mit. Wir laufen, als ob es um unser Leben ginge. Jeff dreht sich kurz um und kann GRETE nicht mehr sehen. Aber wir laufen, etwas verzweifelt bereits, weiter. Keine fünf Minuten später überholt uns eine Staubwolke von hinten – es ist GRETE! Es hat funktioniert! Sie laufen nur so weit weg, dass sie uns noch im Blick haben, hat mir eine Saluki-Kennerin einmal erzählt. Es stimmt, zumindest für diese Landschaft! Nur, dass sie bessere Augen haben als wir, und wir sie meistens nicht mehr sehen können … Schock, schwere Not, noch mal gut gegangen!

So hat uns GRETE etwas beigebracht: Sie wollte sich von der Anhöhe aus einen Überblick verschaffen. Sie hatte uns immer im Blick dabei. Sie folgte einfach nur ihrem Instinkt als Sichtjäger – von erhabener Position aus die Umgebung sichten und auf einen Bewegungsreiz überprüfen. Sie fixieren einen Reiz dann so lange, bis sie sicher sind, worum es sich handelt, und im „besten" Fall ist es Beute, die sie dann blitzschnell jagen. Das Jagen in der Wüste braucht einen Sichtjäger. Die endlosen Weiten mit nur niederem Strauchwerk lassen sich nur so erfassen. Wir hatten Glück, dass hinter der Anhöhe wohl weiter einfach nur *nichts* war! GRETE war erst einige Monate bei unseren Freunden, und sie war bereits eine tiefe Bindung eingegangen. Wahrscheinlich hätte sie sich nicht weiter entfernt, weil sie den Sichtkontakt zu uns hatte halten wollen. Darauf wollten wir uns aber nicht verlassen. Wir wussten nun aber auch, dass GRETE weiß, wohin sie gehört.

Jahre später, zurück in Deutschland, adoptieren auch wir einen zweiten Saluki. QAWI kommt aus Dubai und hat starke Knieprobleme, weswegen er von einem Einheimischen „ausgemustert" worden war. Man hatte ihn in die Klinik gebracht, wo er auch operiert worden war, aber er wurde einfach nicht wieder abgeholt. So landete er bei einer Tierschutzorganisation. Da er wahrscheinlich wegen dieses Handicaps über ein Jahr lang keine Adoptanten findet, denke ich schließlich, dass er bei mir als Hundephysiotherapeutin gut aufgehoben ist ... Ein Saluki kommt selten alleine!

Der erste größere Spaziergang in Deutschland ist sehr aufregend – die „enge" Landschaft, die unbekannte Vegetation, der Wind ... Er ist total unter Strom und weiß gar nicht, was er zuerst fixieren und erkunden muss! Alles bewegt sich, die Gräser im Wind, die vielen Vögel in der Luft, die hohen Bäume, die Wolken am Himmel. Er ist komplett überfordert!

Man macht sich als Europäer keine Gedanken darum. Er kennt nichts davon, nur staubige Wüste und Großstadtlärm. Und dann stehen da plötzlich drei Rehe aus der Wiese auf und rennen weg. Jetzt explodiert QAWI und dreht durch. Da legt sich blitzschnell der Schalter um, damit rechnet man normalerweise nicht. Er springt zwei Meter hoch an der Leine und versucht, sich irgendwie zu befreien, um seinem Jagdinstinkt zu folgen. Natürlich sind wir vorbereitet! Er trägt ein Sicherheitsgeschirr mit doppeltem Brustgurt, zusätzlich ein Zugstopp-Halsband, und an beidem ist jeweils eine Leine befestigt. Man kommt sich vor wie mit einem Lenkdrachen in der Hand, während man versucht, ihn mit seinen vier Pfoten wieder zu Boden zu bringen. Er schreit wie am Spieß, als ob er selbst verletzt sei. Diese Variante kennen wir noch nicht. Damit hat er auch uns einen echten Schrecken eingejagt. Kaum sind die Rehe außer Sicht, ist der Spuk vorbei, und wir können ihn beruhigen. Sein Adrenalin in den Adern pulsiert noch weitere zehn Minuten, bis sich auch sein Blick wieder normalisiert. Abenteuer „Sichtjäger an der Leine"!

Wir dürfen ihre Bestimmung nie vergessen. Jeder noch so kleine, aber plötzliche Reiz kann ihre Leidenschaft entfachen, und sie geraten sofort außer Kontrolle. Aber ihre Fähigkeit, sich zu binden – an Menschen und Artgenossen – ist genauso grenzenlos, und darum bewundern und lieben wir sie!

Daher zum Schluss meiner kleinen Geschichte noch einmal der dringende Appell, einen Sichtjäger bitte nicht ungesichert laufen zu lassen, es sei denn, man befindet sich weit ab jeder Zivilisation inmitten eines Nichts, so wie wir es im Desert von Katar waren!

In meiner Erinnerung bleibt das majestätische Bild von GRETE mit ihren langen Beinen auf der Anhöhe – wie sie mit hoch erhobenem Kopf über die endlose Weite der Wüste schaut ... Welch ein Kontrast zu unserer Welt in Europa!

Gerlind Rose

124 Windhundgeschichten - Unsere Reise durch vier Kontinente

Lucas

Honigseelen

Tanja Bräuning

Deutschland

Diese Geschichte wird von meinem Greyhound LUCAS (er wollte partout nicht auf LEGOLAS hören) und meinem Maine Coon Kater GANDI (GANDALF) handeln. Sie soll die erkämpfte Verbundenheit der beiden zueinander greifbar machen und meinen klebrig-salzigen Anteil daran aufzeigen, einen elf Monate jungen Greyhound direkt aus Irland auf mein Sofa geholt zu haben, welches bis dato der Kater für sein eigen gehalten hatte. Klebrig, weil mich Zweifel plagten, die mich schier bewegungslos machten und salzig, weil viele Tränen flossen.

Um der Vollständigkeit gerecht zu werden – und zum besseren Verständnis – möchte ich jedoch zunächst etwas ausholen. Die Entscheidung, einen Hund zu holen, wurde getroffen, als ich meine 100 % Stelle in der Klinik zugunsten eines berufsbegleitenden Studiums reduziert habe. Zu dem Zeitpunkt befand ich mich seit drei Jahren in einer Partnerschaft, und es war von Heirat die Rede. Nur knapp sechs Monate nach LUCAS' Einzug erfolgte jedoch die offizielle Trennung. Vier Monate davon wurden unehrenhaft darauf verwendet, lediglich um „Abstand auf Zeit" zu bitten. Und auf keinen Fall sollte dieser mit erloschenen Gefühlen für mich oder neuen Gefühlen für eine andere Person verbunden werden.

Es war demnach selbstverständlich für mich, dass die meisten gemeinschaftlich getroffenen Entscheidungen bezüglich LUCAS – für diesen Wunsch nach Selbstverwirklichung – auf mich alleine übertragen wurden. Diese Tragik (Himmel hilf, war das ein Possenspiel) soll hier jedoch nicht Thema sein. Es muss aber erwähnt werden, um zu verstehen, was LUCAS, GANDI und ich letztlich geschafft haben. *Wir, die wir Honigseelen waren.*

Los gehts

Es sollte auf jeden Fall ein Hund aus dem Tierschutz sein, so viel war klar. Zu meinen Gunsten möchte ich hier erwähnen, dass mein Wissen über die Plattform „Facebook" und die Verbindung der Tierschutzorganisationen dazu zu dem Zeitpunkt für mich noch keine Schnittstellen hatten. Ich schaute also – Asche auf mein Haupt – auf „Ebay", und eine Anzeige sprang mir besonders ins Auge. Es wurde für eine sechsjährige Greyhound-Hündin, eine Ex-Racerin, welche bereits in Darmstadt ihr neues Zuhause gefunden hatte, eine Pflegestelle für die kommenden Sommerferien gesucht. „Greyhound? Ex-Racerin? Was ist das denn?"

Heute würde ich mich eher fragen, wieso eine Familie nicht die Sommerferien nutzt, um mit dem neuen Familienmitglied zusammenzuwachsen. Aber gut ... Ich war eben noch sehr unbedarft mit den Überlegungen zum Thema „eigener Hund", obwohl ich mit Hunden aufgewachsen bin.

Ich ging also auf weitere Internetrecherche zum Thema „Greyhound". Bereits die ersten Informationen haben ausgereicht. Ich war sofort gepackt, gebannt und höchst fasziniert, und so meldete ich mich auf die Anzeige. Von da an ging alles zack zack. Ein persönliches Gespräch incl. Vorkontrolle und Austausch aller seriösen Daten war natürlich inbegriffen. Die einzigen Katersicherungen, neben dem Maulkorb für die Hündin, waren schnell zugängliche Plätze auf bzw. im Bücherregal (ein Lob auf die oft verteufelte Altbaudeckenhöhe) und ein wesentlich höherer Kratzbaum, der nun auch an der Wand befestigt wurde. „Ja, ja, naiv – aber gottlob!"

Obwohl sehr viele Rennen, zum Teil sogar sehr erfolgreich, von jener Ex-Racerin EVA absolviert wurden, hatte sie von Anfang an wenig, bis kein Interesse an GANDI. Die Momente, in denen sie GANDI fixierte, konnten sofort durch Ansprache umgelenkt werden. Situationen, in welchen der Kater durch die Wohnung flitzte, wurden von EVA ebenfalls zügig ignoriert, nachdem man sie nur wenige Male im Nachsetzen hatte ausbremsen müssen. Ein Traum.

In der Retrospektive kann ich an dieser Stelle ziemlich sicher sagen, dass es wahrlich *easy* mit ihr war. Sie konnte innerhalb einer Woche für locker zwei Stunden alleine bleiben (natürlich getrennt von GANDI in einem anderen Raum; so naiv war ich dann doch nicht), und sie war fast sofort stubenrein. Ihre wahre Gelassenheit bewies sie dann durch prompte Biergartentauglichkeit, Picknickchilligkeit und Luisencentersicherheit (ein Einkaufscenter in Darmstadt mit Steinboden und spiegelnden Zierleisten).

Meinen tieferen Einstieg in das Thema „Greyhound" fand ich demnach in diesen sechs Wochen, Seite an Seite mit dieser wundervollen Hündin. Ohne die Zeit mit EVA hätte ich mich nie so tief in die Thematik reingekniet, wäre nie auf den Gedanken gekommen, nach Irland zu reisen, um dort in einem Greyhound-*Kennel* zu arbeiten – und ich wäre LUCAS niemals begegnet. Und deshalb gehört EVA für mich genau hierhin.

Irland, Grüntöne und Greyhounds

Die Gelegenheit am Schopfe zu packen und nach Irland zu reisen, habe ich mit einem wahnsinnig aufgeregten Gefühl entschieden – und vor allem mit dem absoluten Vorhaben, keinen Greyhound mitzunehmen (EVA habe ich noch sehr vermisst). Aber wie heißt es so schön, „der Mensch macht Pläne, und der liebe Gott lächelt".

Ich kann von Glück sagen, dass ich eine deutschsprachige Freundin in Irland hatte, denn das, was die Iren sprechen, war für mich verwirrender als der Geruch eines rheinländischen Duftwassers. Die Menschen dort waren jedoch – unabhängig davon, dass ich sie kaum verstehen konnte – wunderbar. Ein schnuckeliges *B&B* in der Nähe des *Kennels*, mit viel zu niedrig hängendem Waschbecken im eigenen Badezimmer, gab mir ein Gefühl einer märchenhaften Puppenwelt.

In den ersten Tagen musste ich auf der Auslaufwiese erst mal lernen, mich gegenüber den energiegeladenen Greyhounds durchzusetzen. Anfangs ist es natürlich großartig, wenn einen die Hunde vor Freude anspringen. Aber man bedenke: Nässe plus Erde = Matsch; weitere Nässe plus Matsch = rutschig. Es wird also gegenüber einer Gruppe von Greys echte Standfestigkeit gefordert. Anfangs gab man mir einen Besen mit auf die Wiese. Dieser diente natürlich nicht als Waffe gegen die Greys, sondern als Standhilfe für mich unerfahrenes Stadtmädchen.

Der erste Moment

Gleich am ersten Tag lernte ich die Gruppe der Youngsters (junge Greys unterschiedlicher Würfe, welche nicht mehr bei der Mutter sind und bereits miteinander vergesellschaftet werden) kennen. Als jene Gruppe also in meinem Beisein über die Wiese flitzte, hieß es für mich nicht nur, diese Standfestigkeit zu bewahren (Gott lächelte bereits, aber noch ohne mein Wissen).

In genau jener Gruppe gab es diesen einen besonders einzigartigen Greyhound, der in meinem rechten Augenwinkel wie ein „heiß schimmernder Windhauch" von mir wahrgenommen wurde. Er zählte nicht zu jenen, die mich ansprangen oder mich neugierig begrüßten. Nein, er machte sein Ding. Sein Name: LUCAS. Er lief die Wiese mit zielstrebiger Wildheit entlang, orientierte sich an seinen Mitläufern und interessierte sich „null die Bohne" für mich.

Ein wundervoller Grey, für einen Rüden eher klein, aber muskelkompakt. Ein junger Greyhound in *red-brindle* mit *snowflakes*, der so tat, als hätte er einen Clown gefrühstückt. Ich hätte schwören können, dass sich seine Nase kurz rot färbte. Dennoch zielte er nicht auf Streicheleinheiten ab. Nein, LUCAS wollte, dass seine Beobachter*innen lachten bzw. was zu lachen hatten. Ganz aufrichtig, wenn auch nicht immer unschuldig. Dies hat er nie abgelegt. Jener Wesenszug war ausschlaggebend für seinen baldigen Kosenamen SCHLUUUMPI.

Trainingslauf aufs Sofa

Ich bemühte mich, in den folgenden Tagen viel zu lernen, viel zu beobachten, wahrzunehmen, nachzufragen, zu arbeiten, eine Hilfe zu sein – und keinen einzigen Grey, vor allem nicht LUCAS, zu bevorzugen. Ich erfuhr natürlich dennoch Einzelheiten über ihn. Als Welpe leider unglücklich verunfallt, hatte sein rechtes Auge, incl. Pupille, bleibende Schäden vom Stacheldraht. Aber das Auge konnte drinnen bleiben. Es war natürlich zu vermuten, dass er nicht richtig sieht, obwohl er sich ziemlich sicher bewegte und auch flott flitzte. Es sollte daher trotzdem geschaut werden, wie er sich auf der Bahn macht. Just in den Tagen meiner Zeit in Irland wollte man damit beginnen. LUCAS war gerade elf Monate alt geworden.

Der Tag, an dem wir mit LUCAS und zwei Hündinnen zur Trainingsbahn fuhren, fühlte sich für mich an, als würde ich auf den „klingeldingelringring" Eiswagen warten, nur leider wurde mir Diät befohlen. Die Mädels absolvierten ihre Läufe super. LUCAS sollte dabei erst mal zuschauen, und das tat er. Ich stand mit ihm direkt auf der Grünfläche in der Mitte der Bahn. LUCAS, super in Pose, in strammer Haltung, aufgerichtete Ohren und den Wind durch die Lefzen ziehend. Ich, völlig betäubt vom innerlich schallenden „klingeldingelringring", krampfhaft standhaft bleibend, ohne natürlich annähernd so graziös wie LUCAS auszusehen. Zumindest fühle ich heute, dass es wahrscheinlich eher so aussah, als hätte ich mir auf die Zunge gebissen und müsste mal.

LUCAS hatte Spaß, aber einen guten Lauf hat er weniger hingelegt, denn er flitzte nicht zielstrebig in Richtung des künstlichen Hasen. Sobald dieser nämlich um die Kurve geschleppt war, brach LUCAS ab, lief zurück, blieb stehen, lief wieder zu uns, wirkte verwirrt. Selbst die zwei Versuche mit den Mädels zusammen, die beide zielstrebig dem Hasen um die Kurve folgten und LUCAS „mitziehen" sollten, waren für ihn kein Grund, weiterzulaufen. Ganz im Gegenteil. Ich hatte das Gefühl, er lachte uns aus, präsentierte uns den frischgefrühstückten Clown und machte sich einen Spaß dabei.

Die Entscheidung seiner Besitzerin, dass LUCAS nicht weiter trainiert wird, wurde dann auch zügig getroffen. Ergo: LUCAS' Trainingslauf führte zielstrebig aufs Sofa (Gottes Lächeln schallte in meinen Ohren, kein Eiswagenklingeln mehr zu hören). Für mich stand in dem Moment fest, dass es mein Sofa sein sollte. Mein Herz wollte es doch schon bei der ersten Begegnung. Es mussten also einige Telefonate und Gespräche geführt werden. LUCAS musste in nur knapp zwei Tagen reisefertig sein. Also noch schnell einen Tierarzt finden, um Impfungen und Papiere vollständig zu haben. Vorbereitungen für zuhause wurden von mir delegiert und natürlich auch partnerschaftlich entschieden.

Die Tatsache, dass LUCAS mit seinen elf Monaten völlig andere Ansprüche haben würde als EVA, war mir absolut bewusst. Allerdings war mir nicht klar, wie es ihn aus der Bahn hauen würde, mit nach Darmstadt zu kommen bzw. Irland verlassen zu haben. Die Reiseroute zurück nach Deutschland stand seit Ankunft bereits fest, denn es sollte mit dem Van zurückgehen. Dass mein Herz nun auf diesem Weg in Flammen steht, war neu und absolut stark. Ich habe nie vergessen, dass an jenem Tag der Rückreise im Radio *„Guardian"* von A. Morissette ertönte – *„I'll be your keeper for life, as your guardian. I'll be your warrior of care, your first warden. I'll be your angel on call, I'll be on demand. The greatest honor of all as your guardian."*

(M)eine mentale Vorkontrolle

Das Leben, welches ich führte, als ich mich für LUCAS als meinen eigenen Grey auf Lebenszeit entschied, sah wie folgt aus: Ich arbeitete nur noch 50 % im Krankenhaus, in den bekannten drei

Schichten Früh-, Spät- und Nachtschicht. Blockweise studierte ich nebenberuflich in Mainz, und die finanzielle Situation gebot es leider, auch weiterhin freiberuflich sein zu müssen (ich bin Hebamme). Meine freiberuflichen Leistungen in Form von Hausbesuchen frisch gebackener Familien, Akupunktur-Sitzungen für Schwangere und einmal im Monat (meist samstags) ein eintägiger Crash-Kurs für sechs Paare zur Geburtsvorbereitung, waren nach vielen Jahren dieser Tätigkeit ziemlich gut einzuschätzen.

Meinen Vorstellungen von der Zeit nach LUCAS' Eingewöhnung waren absolut keine realitätsfernen Wünsche zugrunde gelegt. Im Gegensatz zu mir bestanden von partnerschaftlicher Seite lediglich berufliche Verpflichtungen: werktags von 8 - 16 Uhr und an den Wochenenden immer frei. Während meiner Blockzeiten für das Studium wollte ich LUCAS in die Hundetagesbetreuung bringen und nach der Uni auch wieder abholen. Für die Frühdienste wäre er von 7:30 Uhr bis 14:45 Uhr alleine. Daher war geplant, mit meiner Vorgesetzten zu klären, diese nur noch am Wochenende für mich zu planen. Was auch gerne angenommen werden würde, wie ich wusste. Während des Spätdienstes wäre LUCAS von 13 Uhr bis 16:30 Uhr alleine, durchaus vertretbar nach der Eingewöhnung. Tja, und während der Nachtdienste wäre er gar nicht alleine. Wir reden hier von zehn bis fünfzehn Diensten im Monat insgesamt. Die Hausbesuche erledigte ich an für mich freien Tagen, aber natürlich auch nicht jeden Tag. Hier war geplant, dass LUCAS die erste Zeit einfach mitfahren sollte (es war keine Hitzezeit und der Winter noch milde). Ein Hausbesuch dauert ca. 30 - 40 Minuten, und LUCAS sollte pro Tag nicht mehr als zwei Besuche begleiten: der erste nach einem großen Spaziergang und dem Frühstück – müde und satt. Zu dem zweiten Besuch des Tages sollte es dann erst nach einem weiteren Spaziergang gehen.

Kater GANDI und Grey LUCAS sollten natürlich zunächst auf unbestimmte Zeit – nur getrennt voneinander – ohne Aufsicht sein. LUCAS sollte an einen *Indoor-Kennel* gewöhnt werden, mit dem ich dachte, Erleichterung für ihn zu schaffen. Es ging absolut nicht um mich oder Inventarschutz. Mir gefiel die Vorstellung vom „begrenzten Raum", der ihm, wenn er alleine ist, Sicherheit verschaffen sollte. Durch die Zeit mit EVA hatte ich bereits schöne Orte für besondere Spaziergänge entdeckt, und ein gesicherter Freilauf ließ sich sicher auch bald finden; alles eigentlich wirklich gut durchgedacht. Planbar. Machbar. Leider konnte wegen mangelnder partnerschaftlicher Unterstützung – weil sukzessive ausschleichend – weder für LUCAS noch für GANDI oder mich eine beständige Routine geschaffen werden. Ich habe an dieser Stelle nichts dagegen, wenn sich einige zu der Geste gedrängt fühlen, die Hände über dem Kopf zusammenzuschlagen.

GANDI trifft LUCAS – Klappe 1

Bereits erwähnte (deutschsprachige) Freundin und ich kamen am zweiten Tag nach der Abreise aus Irland im deutschen Darmstadt an. Es war ca. 17 bis 18 Uhr, genau weiß ich es nicht mehr, aber ich weiß, es war bereits am Dämmern. Ich war völlig erschöpft und so aufgeregt.

Der *Indoor-Kennel* war bereits im Schlafzimmer der Wohnung aufgestellt. Nachdem ich mit LUCAS noch eine Runde um sein zukünftiges Zuhause gelaufen war, sollte es hoch in die Wohnung gehen. GANDI sollte LUCAS dort auch sofort sichtbar erwarten, sich frei bewegend. Die Wohnung lag im ersten Obergeschoss Altbau, aber die Tatsache, dass LUCAS absolut nicht mit den Treppen klarkam, war ein Supergau. Wie dumm, nicht darüber nachgedacht zu haben. Wieso auch? Heute weiß ich, dass dies zu einer wichtigen Info gehört, die die Menschen im neuen Zuhause für einen Grey bedenken sollten. Da EVA problemlos Treppen lief, war es für mich, trotz der Tage in Irland, offensichtlich komplett untergegangen. Kurzum: Es war für LUCAS und mich traumatisierend. Ich war nun weniger erschöpft als völlig unsicher, konnte für LUCAS wenig Stärke ausstrahlen und wusste, dass die eigentliche Hürde (GANDI! Nachtisch oder Freund?) ja noch bevorstand.

Es blieb mir nichts anderes übrig, als LUCAS die Treppe hinaufzutragen. Als die Wohnungstür sich öffnete (die Wohnung hatte Laminatboden), wurde LUCAS erneut unsicher, und prompt erschreckte sich auch Kater GANDI ob der eher reinrutschenden Krallenpfoten und versuchte natürlich, wegzulaufen. Meine Nerven wurden glatt filetiert! Die Türen zu den restlichen Räumen der Wohnung waren jedoch verschlossen, so dass GANDI nirgends hinkonnte. Beide Tiere hörten nun, wie die Menschen etwas ruppig miteinander redeten und sinnlose Vorwürfe ausgetauscht wurden. Als der Moment aber ausgesessen war (GANDI wurde beruhigt und gestreichelt, nur bloß nicht hochgenommen; und LUCAS bekam den Badvorleger als Trittsicherung unter die Pfoten), hatten dann auch beide Tiere einen Blick füreinander. GANDI, in seinem unendlichen Vertrauen zu mir (und natürlich zuvor durch die liebe EVA der Gestalt eines Greyhounds zutraulich), ging auf Samtpfoten auf LUCAS zu. So schnell konnte ich gar nicht blinzeln, wie LUCAS der Badvorleger unter den Pfoten wegrutschte, weil er zähnefletschend auf GANDI losging. Natürlich hatte ich durch die Treppenaktion und das Laminat den Maulkorb total vergessen. Ich danke Gott an dieser Stelle, dass die Geschichte hier nicht ihr Ende gefunden hat. Was folgte, kann sich jeder bildhaft vorstellen. Nur die Tatsache, dass es im Flur so eng war und irgendjemand an die Türklinke des Schlafzimmers kam (damit GANDI entweichen konnte), rettete die Situation.

Ich bin heulend zusammengeklappt – LUCAS an der Leine, der wieder nach Halt suchte (Laminat-Alarm!) und natürlich durch meinen reflexhaften lauten Ausruf (Sch… – Achtung – Vorsicht – LUUUUUUCAS – neeein) dementsprechend auch erschrocken war. Das Einzige, was an diesem Abend in Bezug auf GANDI und LUCAS richtig gemacht wurde, war, nach diesem ersten Kontakt jegliches weitere Sehen zu unterbinden. Ich führte LUCAS in die Küche, dort lag trittfestes Linoleum, schloss die Tür, gab ihm eine

Scheibe Wurst aus dem Kühlschrank, entfernte zuvor einige Fellhaare aus seinen Vorderzähnen, hoffte inständig, GANDI war nicht schlimm verletzt, verbot mir aber ein panisches Brüllen und wartete ab. GANDI wurde derweil aus dem Schlafzimmer ins Wohnzimmer gebracht, ebenfalls Leckerli erhaschend und zum Glück mit nur einer kleinen kahlen Stelle am Rücken, also nicht wirklich körperlich verletzt. Puh, was war ich erleichtert. Ja, körperlich zumindest sind alle gut weggekommen – seelisch jedoch hatten wir nach diesem Erlebnis einen tiefen Schreck zu verarbeiten.

Der Sound des Greyhounds in der ersten Nacht

Nachdem die Menschen nacheinander das Nötigste erledigten, um bettfertig zu sein, sollte LUCAS in seinen *Kennel*, um dort zur Ruhe zu kommen. GANDI pendelte im Wohnzimmer zwischen Kratzbaum und Regal. LUCAS ging völlig problemlos in den *Kennel* rein, hatte er doch die letzten zwei Tage in einem solchen verbracht. Eine plüschig-weiche Unterlage war jedoch neu für ihn. Er bekam noch ein paar Leckerlis, als er sich ablegte, und die Tür wurde geschlossen.

Nachdem das Licht gelöscht war und ich gerade versuchte, zu verarbeiten, dass ich nun endlich wieder zuhause war und mir Mut für den nächsten Tag zusprach, Kater und Grey besser organisiert zusammenzuführen, begann LUCAS, sich durch die Tür des *Kennels* beißen zu wollen. Unmittelbar nach den ersten erfolglosen Versuchen folgte dann auch ein entsetzliches Heulen. Kein Jaulen oder Bellen. Nein. Das Heulen eines Wolfes in tiefer Traurigkeit hätte neben dem, was LUCAS tönte, noch als heiter beschrieben werden können. Es entfesselte alle – der Erschöpfung geschuldeten – Emotionen in mir, und ich begann, kläglich zu weinen. Unendlich müde und mich nach Schlaf sehnend, verstand ich zunächst einfach nicht, was mit LUCAS los war. Im Van auf der Rückreise hatte er doch auch nicht geheult. Wieso jetzt? Ohne aufzuhören, brach sich dieses Heulen nur in der Lautstärke durch weitere Aktionen, die Gitterstäbe durchbeißen zu wollen, nur um dann wieder mit steigender Inbrunst fortgeführt zu werden.

Mein Vorschlag, mit LUCAS ins Wohnzimmer zu gehen, fiel dem großen Organisationsaufwand anheim, da GANDI und LUCAS dann wieder aneinander vorbei manövriert werden müssten. Also war ich überglücklich, als mir gestattet wurde, LUCAS ins Bett zu holen. Just nachdem ich die Tür geöffnet hatte, wurde ich dessen aber schon belehrt. LUCAS sprang sofort auf das Bett, hechelte und grinste, als wäre gar nichts Schlimmes passiert. Nachdem ich mich hingelegt hatte, fiel er wie ein nasser Sack vor mir ins Bett und bettete sich mit seinem Rücken ganz nah an meinen Oberkörper. Diese besondere Form des „Nähe benötigen und sie sich nehmen" behielt er all die Jahre bei. Für mich war dies einer der größten Momente von LUCAS und mir. Die Erschöpfung brachte uns allen sofort tiefen Schlaf, und für lange Zeit sollten dies die letzten acht Stunden Schlaf am Stück für mich sein.

Unsere ersten 24 Stunden

Als LUCAS wach wurde, war klar, dass er raus musste. Kurzes *Brainstorming*: am besten GANDI vorerst im Wohnzimmer lassen. Im Flur eine Matte auslegen, damit LUCAS sicher vom Schlafzimmer zur Wohnungstür kommt. Leckerlis einpacken für die Treppe – nicht vergessen! Aber ich trage ihn erst mal zügig runter, damit er sich erleichtern kann. Lief auch alles gut. Wir gingen exakt den Weg um unser Eck wie am Abend zuvor. Als es zurück nach oben ging, kamen die Leckerlis zum Einsatz. LUCAS hatte jedoch absolut kein Interesse, sich mit der Treppe zu befassen. Stur wie ein Esel ließ er sich auch nicht Stück für Stück locken. Um nicht gleich wieder zu verzweifeln, denn das hätte wohl auch LUCAS sofort gespürt, brach ich das Training ab und trug ihn wieder hoch. Hier kurz erwähnt: LUCAS hatte bei der Ausreise aus Irland 31 kg.

In der Wohnung wurde derweil GANDI bereits auf der Couch sitzend mit Leckerlis umsorgt. LUCAS und ich traten ein, diesmal natürlich mit Maulkorb, der an der Türklinke der Wohnungstür auf uns wartete. LUCAS kannte den Mauli bereits aus Irland. Ich ging mit ihm direkt ins Wohnzimmer, führte ihn an der Leine und sprach ruhig auf ihn ein. GANDI blieb unerschrockenerweise sitzen. Ich war so stolz auf meinen Zauberer. Beide erhielten Leckerlis, der Windhund-Maulkorb machte es möglich, beide blieben ruhig, beide wurden gelobt. Das Aufeinandertreffen wurde aufgelöst. Puh, was habe ich die Pobacken zusammengekniffen.

LUCAS erhielt in der Küche sein richtiges Frühstück, während ich GANDI im Wohnzimmer ließ. Danach durfte LUCAS frei und ohne Mauli alles, bis auf das Wohnzimmer, erkunden. Es tat sich ein kurzer Augenblick der Entspannung und des Mutes kund, und auch ich frühstückte etwas, nur um dann fix aufzuspringen, weil LUCAS sich im Flur hinhockte (er hob noch nicht sein Beinchen zum Pinkeln). Uaaargh ... Leine und LUCAS gepackt, wieder die Treppe runtergetragen, raus aus dem Haus und so lange mit ihm um den Friedrich-Ebert-Platz gelaufen, bis er erneut Pipi machte. Den Freudentanz einer Indianerin hingelegt, gelobt und wieder zurück in die Wohnung.

Hier dann auch gleich wieder den Maulkorb an und an der Leine ins Wohnzimmer geführt. Am Stahlfuß unter der Couch war eine weitere (kürzere) Leine befestigt, welche nur den Spielraum bot, dass LUCAS auf der Couch stehen konnte. Ich leinte ihn also um und setzte mich zwischen Kratzbaum und seinen Liegeplatz – wissend, dass GANDI vom Kratzbaum zuschaute. Ich glaube, ich habe eine Weile TV geschaut, um so etwas wie Normalität zu erschaffen. Innerlich war ich total angespannt, weil der Kater ja jederzeit von seinem Platz runterkommen konnte. Bei EVA hatte er sich oft in ihre Nähe gelegt. Gerade als LUCAS sich zur Seite legte, weil er noch müde von der Reise war und ich nicht einschlafen durfte, sprang GANDI von seinem Kratzbaum zu mir auf die Couch. Für ihn war das normal. LUCAS war sofort wach, richtete sich auf, ohne aufzustehen, hob den Kopf, legte die Ohren stramm an und hatte GANDI, der tapfer zurückblickte, sofort im Blick. Ich legte meinen Arm schützend vor GANDI.

Der Maulkorb von LUCAS saß, die Nase begann zu tropfen. Himmel hilf, was ist mir die Pumpe gegangen! Alles in mir brüllte, und es war klar, ich musste ruhig bleiben. Also streichelte ich GANDI, so wie ich es immer tat, wenn er in meiner Nähe war, redete mit ihm und hielt LUCAS' Couchleine direkt unter dem Karabiner fest, hoffend, dass er es nicht spürte. Der Moment, als LUCAS auf GANDI zuspringen wollte, wurde somit auch gleich von mir unterbunden, da er gar nicht zum Aufstehen kam. GANDI – schlau und schnell – sprang dennoch sofort weg, blieb aber in Sichtweite. LUCAS erhielt von mir ein konsequentes „Nein", und ich hielt ihn an seinem Platz. Erst in dem Moment, als die Spannung in der Leine nachließ und der Grey vom Kater wegschaute, wurde LUCAS von mir gelobt.

Ich saß ungefähr noch eine weitere halbe Stunde mit ihm auf der Couch und nahm ihn dann mit ins Schlafzimmer. GANDI hatte sich mittlerweile wieder auf seinem Kratzbaum platziert, was von LUCAS nur mit einem Augenzucken bekundet wurde. Im Schlafzimmer konnte ich ihm Momente ohne Maulkorb gewähren; beide Tiere hatten wieder Ruhe voreinander, und ich erkaufte mir noch mal ein, zwei Stunden Schlaf. Den *Indoor-Kennel* ließ ich außer Acht. Das Heulen aus der Nacht zuvor lag mir noch in den Ohren, und die Priorität verlagerte sich nun ja zunächst darauf, dass sich GANDI und LUCAS erst mal miteinander arrangieren sollten. Dafür bot sich die nächste Zeit auch gut an, denn planmäßig war diese gut abgedeckt. Was ich heute weiß und auch niemals wieder vergessen werde, ist, dem Hund zeitnah (weil eventuell zeitaufwendig), das „Alleinsein können" anzutrainieren, auch wenn er zeitgleich lernen muss, dass der Kater kein Nachtisch ist, *Indoor-Kennel* hin oder her.

An diesem ersten Tag gab es keine weiteren Vorkommnisse mehr. Die Momente, in welchen ich mit LUCAS raus bin, saß GANDI meist im Wohnzimmer, das ich mit LUCAS nicht mehr betreten habe, weil wir beide diesen Tag vorwiegend nutzten, um zu schlafen. Manchmal schlief auch nur der Grey, und ich bestaunte ihn. GANDI hätte uns in den Phasen, in denen wir wach waren, im Flur oder in der Küche (was ich fast hoffte, aber an diesem Tag nicht geschah) begegnen können. Sollte es zu einem erneuten Versuch von LUCAS kommen, den Kater als Dessert zu betrachten, trug er ja den Mauli. Da ich – durch LUCAS' Schnelligkeit geschult – in Habachtstellung war, sollte dies auch gleich von mir umgelenkt werden können. Ein Herantasten an das zukünftige Leben für die beiden war ja unumgänglich.

GANDI erhielt in den Momenten, in welchen ich kurz zur Toilette bin (LUCAS alleine im Schlafzimmer), immer einen Kuss und ein paar Leckerlis. Was mir zusätzliche Sicherheit verschaffte, war, dass der Laminat-Alarm ja nicht gänzlich erloschen war. Es lag zwar ein Mattenläufer im Flur (im Schlaf- und Wohnzimmer generell kleinere Teppiche), aber es war immer noch Laminat vorhanden. LUCAS bewegte sich somit den ersten Tag wie auf rohen Eiern; die Krallen waren auch zu lang, wie ich später lernte. Mein Gefühl ging irgendwie dahin, dass ein Lossprinten auf GANDI eher einer Rutschpartie zum Opfer fallen würde. So hätte ich genug Zeit, nach LUCAS zu greifen.

Was mir natürlich an diesem Tag noch eine bestimmte Form des Aktionismus abverlangte, waren ein erneuter Pipi-Alarm (ich war zu langsam vor dem abendlichen Gassigang) und eine weitere Frustration an der Treppe, die nur durch meinen körperlichen Einsatz etwas aufgelöst werden konnte. LUCAS ließ nichts zu. Ich war lange der Meinung, dass sich genau an diesem Tag für LUCAS entschied, seinen „Jämmerleinblick" zur Perfektion zu formen – so wie ich dachte, an diesem Tag meine vermeintliche Position als sein *Guardian* zu initialisieren. Liebe Leser, heute weiß ich, was wirklich geschah: Ich ließ LUCAS unklar in seinem wunderschönen

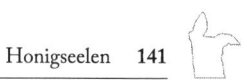

Marmorkuchen-Kopf, und ich wurde für ihn dadurch leider (noch) nicht zu seinem *Guardian*.

Nicht greifbare Routine – Die ersten Monate im Zeitraffer

Wie bereits erwähnt, war die erste Zeit mit LUCAS gut abgedeckt. Und wie es so ist, beginnt bekanntlich jede Verliebtheit mit der sogenannten „rosaroten Brille". Wirkliche Liebe aber ist es, wenn das Rosarot sich den Farben des Alltages angepasst hat und einem das, was man sieht, weiterhin gefällt.

Trotz Übungen und schrittweiser Vorgehensweise konnte LUCAS das Alleinsein nicht aushalten. Nachbarn wurden informiert, involviert, und auch Freunde übernahmen Sitterdienste, damit ich auch mal durchatmen konnte.

Auch GANDI schien für LUCAS nicht an Reiz zu verlieren. Ich begann, die Schwere der Verantwortung und die Gesamtheit der persönlichen Einschränkungen durch LUCAS immer mehr als Negativteil zu verspüren und sah natürlich mich als Grund dafür. Was sich völlig surreal anfühlte, denn so sollte es doch gar nicht sein. Die Aktion, dass LUCAS begann, mich in der eigenen Wohnung sowie bei meinen Eltern stets zu verfolgen, wurde anfangs von mir belächelt. Aber vielmehr war es (m)ein schlechtes Gewissen, welches ich ihm gegenüber zu entwickeln begann, und welches mir die Sicht auf die eigentliche Problematik verschleierte. Sein ganzes Selbst, so schien es mir, fiel nach und nach zusammen. Ich hatte immer mehr das Gefühl, dass er nicht mehr annähernd so frei, wild und zielorientiert war wie einst in Irland, und die rote Clownsnase verblasste zu einer trüben Erinnerung. Neben Hürden wie Durchfall, Erbrechen und Mattigkeit, bis das für ihn richtige Futter gefunden war und der Tatsache, dass die bestehende Partnerschaft doch keine mehr zu sein schien, entwickelte GANDI ebenfalls eine Art Tiefgang. Gerade ihm gegenüber konnte ich mich nicht mehr so verhalten wie zuvor. Ich war mehr und mehr mit LUCAS auf mich alleine gestellt.

Meine zwei Jungs hatten es weiterhin schwer miteinander, aber am schwersten hatten es wohl beide mit mir. Ich war öfters mit Heulen beschäftigt als mit Wäschewaschen, obwohl LUCAS erst nach ungefähr drei Monaten so richtig stubenrein war; erst nachdem er auch endlich begann, draußen sein Beinchen zu heben. Gott, was war ich stolz auf ihn. In der Wohnung hob er es bereits zwei Wochen früher, und es sind einige Häkelzeitschriften und Romane dadurch baden gegangen. Warum legt man sowas auch in Pinkelhöhe eines Rüden ins Regal? GANDI wollte natürlich irgendwann auch wieder bei mir im Schlafzimmer schlafen und war von der stets geschlossenen Tür in den Nächten wenig begeistert. Sein Maunzen vor der Tür wurde von LUCAS zwar ignoriert, aber für mich war es schwer, in den Schlaf zu finden.

Das Alleinsein hielt LUCAS zunächst nur im Auto aus. Anfangs teilte er seinen Unmut, im Auto auf mich warten zu müssen, noch durch langatmiges Jaulen mit. Ich hatte sogar ein Schild im Innenfenster angebracht, auf dem ich erklärte, dass der Hund gerade lernt, kurz im Auto auf mich zu warten und ich auch zügig wieder da bzw. sogar in der Nähe bin.

Aber schon nach zwei Monaten war dies kein Problem mehr. Ein nur schmaler Notsitz-Bereich in meinem „Hebammen-Rennei" war für LUCAS über sechs Jahre lang ein sicherer Ort auf Reisen. Irgendwann blieb das Heulen aus, und ich sah, wie er sich von hinten nach vorne auf den Fahrersitz manövrierte, nachdem ich ausgestiegen und weggegangen war. Ich ließ es zu. Es schien ihm zu helfen, denn er schlief dann einfach und wirkte entspannt. Ab da gab es kein Jaulen mehr im Auto.

Leider funktionierte dies nicht in der Wohnung. Hier tönte er weiterhin laut und ausdauernd. Was das Treppenlaufen anging, so war es nach ca. drei Wochen wenigstens möglich, dass er zumindest von unten nach oben ging, wenn es auch so aussah, als vermute er bei jeder Stufe eine Tretmine. Nach unten ging nix. Er machte sich steif wie ein Brett, und ich hatte eher Angst, dass er sich verletzt, wenn ich ihn einfach ziehe. Also trug ich ihn, was mir aber – in dieser immer mehr zunehmenden Schwere der Umstände – echt am wenigsten zusetzte.

Er verhielt sich GANDI gegenüber weiterhin unwirsch, wenn dieser sich bewegte bzw. sich ihm mutig nähern wollte. GANDI war unerschöpflich in seinem Mut. Irgendwann griff ich einen meiner eigenen Tipps an die frischgebackenen Mamis auf, nämlich mit ihren Babys zu reden, wenn sich Unsicherheit, Zweifel und Erschöpfung zusammentun und es keine Lösung zu geben scheint, weil alles, was man bereits versucht hat, weder Mutter noch Kind zufriedenstellt. Also fing ich an, LUCAS zu erzählen, dass ich ihn offensichtlich komplett entwurzelt hatte und bat ihn um Vergebung. Ich ließ ihn daran teilhaben, wie sehr ich ihn bereits liebte – und wie sehr ich GANDI liebte. Es sprudelte nur so aus mir raus, und ich philosophierte über all das, wie es doch eigentlich geplant gewesen war. Erschuf in Gedanken Bilder zu dem, was ich mir für ihn, GANDI und mich wünschte. Und ja, auch die Gefühle der Wut packte ich in Worte. Ich begann, LUCAS zu fragen, warum er so undankbar sei, warum er GANDI nicht als seinen „Secondhand-Bruder" begriff, warum er stets jaulen und heulen musste, wenn ich mal nicht da war und warum dies (verdammt noch mal!) trotz der bereits vergangenen Zeit absolut nicht weniger wurde.

Für mich war klar, dass er zu meinem Leben gehören sollte. Wieso tat er alles, um mir dies unmöglich zu machen? Schließlich litten mein Studium, meine Arbeit im Krankenhaus und auch das Engagement für meine Hausbesuche. Die (Noch-) Partnerschaft hatte ich emotional bereits abgehakt.

Oft kam mir der Moment in den Sinn, als ich LUCAS zum ersten Mal in Irland auf der Wiese sah. Eigentlich ist er ja gar nicht zu mir gekommen. Und das Sofa nach seinem verkorksten Trainingslauf hätte vielleicht ein ganz anderes Sofa als meins sein sollen. Was also hatte ich nur getan? Wie sollte es weitergehen?

Sollte LUCAS wirklich bei mir bleiben oder sollte ich ihn, um seiner selbst willen, freigeben? Fakt war: Hätte es die Beziehung gerettet, LUCAS wieder abzugeben – ich hätte sie nicht retten wollen. Ich ahnte nun immer mehr, von diesem Hin und Her nicht mehr betäubt, dass LUCAS, GANDI und ich im Falle einer Trennung mehr zu gewinnen als zu verlieren hatten. Und obwohl es hart war, es war so.

Es ist noch kein Guardian vom Himmel gefallen

Ich glaube, so richtig wachgerüttelt wurde ich, als meine deutschsprachige Freundin, mit welcher ich in Irland gewesen war, völlig entsetzt darüber war, dass ich LUCAS weiterhin noch die Treppe runtertrug. Mittlerweile kam mir in den Sinn, dass es für ihn vielleicht besonders schwer zu lernen ist, eben weil er ja auf dem einen Auge nichts oder nur wenig sieht – ein Gedanke, der sich später bestätigte und bei vielem begann, eine Rolle zu spielen. Zunächst versuchte auch sie es mit LUCAS auf die langsame Art. Aber nachdem LUCAS sich in bekannter Manier in den Boden stemmte, nach hinten abwich, um nicht vorwärtsgezogen werden zu können, nahm sie ihn prompt unter den Arm und setzte ihn in der Mitte der Treppe ab. Liest sich ziemlich schroff, war es aber absolut nicht. Es war konsequent. Und ganz ehrlich, so übertölpelt ich mich durch diesen Vorgang auch gefühlt habe (für LUCAS war es sicherlich auch so), aber es war genau richtig. Mit der Sicherheit meiner Freundin, die neben ihm blieb, aber die Richtung nach unten vorgab, begann LUCAS nun selbständig, seine Motorik auf der Treppe auszurichten.

Ich wollte weinen vor lauter Erleichterung. Aber weil mir dies das Gefühl bestätigte, vielleicht doch nicht gut genug für LUCAS zu sein, belastete es mich wahnsinnig, nicht diejenige gewesen zu sein, die erkannte, was LUCAS brauchte. Zum Glück wurde durch ein anschließendes Gespräch mit jener Freundin nicht nur dieser Gedanke verworfen und neu geformt. Ich sammelte noch mal meinen ganzen Mut und jeden Funken Zuversicht, Hoffnung und

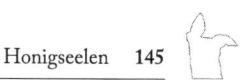

Motivation und begann, über all meine erdrückenden Gefühle hinaus zu denken. Dazu gehörte natürlich in erster Linie, mir selbst mal ordentlich den Kopf zu waschen. Nicht schön, aber das Ergebnis war, dass ich eine Ahnung davon bekam, zu erkennen, was es braucht, nicht nur fürsorglich und stets zur Stelle zu sein, sondern wann ich LUCAS auch vor sich selbst zu schützen hatte. Wann ich ihm Vormund und wann Wächter sein sollte – wann Engel und wann Kämpferin. Unmittelbar klang mir ein Satz einer befreundeten Kinderärztin im Ohr, „sobald es um die eigenen Kinder geht, sind wir in erster Linie Eltern und nicht Ärzte". Genau so ist es. Dies impliziert eine klare Reflexion der eigenen Gefühle und der daraus folgenden Entscheidungen – und benötigt manchmal andere Perspektiven, nämlich von außen.

An diesem Tag wurde die Treppe in Gedanken eine Brücke zu allen anderen Problemen. Ab diesem Tag entschied ich, dass LUCAS und GANDI nur noch zusammen in der Küche ihr Futter bekamen. Ich trennte sie ja bereits seit Monaten mehr als ich sie zusammenführte, was natürlich aus der Angst heraus geschah, komplett allein verantwortlich zu sein. Weder LUCAS noch GANDI waren in der Lage, zu sehen, woran sie bei mir sind. Damals hatte GANDI sein Essen mit EVA zusammen bekommen – er auf der Anrichte auf der einen Seite der Küche, EVA an der Terrassentür auf der anderen Seite. Wieso also nicht auch mit LUCAS? Gedacht, geändert, ausgeführt. Ich setzte mich zwischen die beiden auf einen Stuhl. Dies war zum ersten Mal ein klares *Statement* von mir an meine Jungs. Dann nahm ich mir den Maulkorb von LUCAS vor und klebte die größeren Öffnungen mit Panzertape zu, überprüfte, ob es noch möglich war, ihn enger zu schnallen, ohne dass es für LUCAS quälend war. Und ich kürzte GANDI die Krallen, weil er zu wenig kratzte. Die Pranken eines Maine Coon Katers sind nicht zu verachten, wenn dieser mal loslegt. Ich hatte bis zu diesem Zeitpunkt noch nicht erlebt, dass GANDI austeilt. Er ist heute noch ein Kater, den man sich um den Hals wickeln kann, aber besser war es.

Den Abend gestaltete ich dann ebenfalls mit beiden zusammen. Nach einem kurzen Umgebungscheck (GANDI bereits auf seinem erhöhten Liegeplatz) leinte ich LUCAS ganz bewusst nicht an die Couchleine, sondern ließ ihn, Mauli tragend, frei wählen, ob er sich zu mir auf die Couch legen wollte. Nach einer Kontrollrunde durch Küche und Schlafzimmer tat er das auch. Mit dem Blick auf GANDI, der vom Kratzbaum schaute, wurde mir zwar kurz mulmig, aber LUCAS entschied, sich zu mir zu legen und über die andere Seite der Couch zu kommen. Als beide zur Ruhe kamen, motivierte ich LUCAS, mit mir rauszukommen. Wieder Richtung Küche – dort raschelte ich mit der Kater-Knusperbox und begann bereits, LUCAS durch die kleineren Öffnungen im Maulkorb die Leckerlis zuzustecken, während ich auch auf GANDI wartete. Nichts geht über seine Knusperraschelbox.

Das war ein großer Moment für mich, aber ich wollte schließlich, dass sich beide meiner Liebe sicher sein können. Ich lockte LUCAS also mehr in die Küche, ließ GANDI rankommen, stellte mich vor LUCAS und begann klar zu äußern, dass der Kater auch hier sein darf und steckte ein Leckerli in den Mauli. Dann lockte ich GANDI auf die Anrichte, auf der er auch Leckerlis erhielt. Jede Menge. Eins nach dem anderen und einer nach dem anderen. Abschließend streichelte ich beide, machte LUCAS für die Abendrunde fertig und ging mit ihm raus. LUCAS und ich gingen Seite an Seite, Stufe um Stufe, Herz an Herz die Treppe runter – unten angekommen, tanzend vor Freude.

Ab jetzt sollte es aufwärtsgehen. Das spürte ich. Die weitere Zusammenführung der beiden erledigte sich ab da fast völlig von selbst. Der Moment, als ich LUCAS den Maulkorb nicht mehr überzog und mir seiner sicher war, reiht sich in die Reihe der intensivsten Erinnerungen an ihn. Ich glaube, es war einfach wichtig, dass ich LUCAS seinen Platz zuwies und dieser nicht der Platz von GANDI war. Natürlich gibt es Greys oder auch andere Hunde, die einfach nie mit einer Katze im Haushalt klarkommen, ganz egal, was und wie oft man übt. Dadurch, dass GANDI so ist, wie er ist, hat es aber in jedem Fall dazu beigetragen, dass es bei uns funktioniert hat.

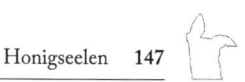

Leider hielt diese willkommene Leichtigkeit nicht lange an, denn die schmutzig-schwammige Abwesenheit von Wahrheit überbrachte mir das offizielle Ende der Partnerschaft in Manier einer miesen Seifenoper. Aber die Details spielen keine Rolle mehr. Fakt war, dass ich zunächst bei einer Arbeitskollegin untergekommen bin. Leider machte LUCAS hier bezüglich des Alleinbleibens wieder Rückschritte, so dass er erst mal zu Oma und Opa musste, bis ich eine neue Wohnung hatte. Ich fand auch nach Wochen, nur mit Erlaubnis für GANDI im Gepäck, ein WG-Zimmer. LUCAS musste ich weiterhin bei meinen Eltern besuchen. Das eine oder andere verlängerte Wochenende erlaubte mir jedoch, LUCAS in die WG zu holen, weil mein Mitbewohner selbst wegfuhr. An dieser Stelle möchte ich meinen Eltern danken, dass LUCAS bei ihnen unterkommen konnte. Sie hatten selbst auch eine Hündin, was LUCAS animierte, nicht zimperlich damit zu sein, im Haus zu markieren.

Als ich dann endlich eine Wohnung fand, welche eigentlich viel zu groß und viel zu teuer war – aber einfach wunderschön – entschied ich, in dieser Wohnung nun einfach selbst eine Wohngemeinschaft, mit mir als Hauptmieterin, zu gründen. Eine Mitbewohnerin hatte ich auch schnell gefunden. Sie suchte für sich und ihre drei BKH Katzen ebenfalls ein neues Zuhause. „Sollte kein Problem sein", dachte ich. LUCAS und GANDI sind ja mittlerweile Brüder aus zweiter Hand, und ich wollte keinen Tag länger ohne LUCAS sein. Offensichtlich sollte ich jedoch daran erinnert werden, wie sich Gottes Lächeln anhört.

Zum Abschluss

Die drei Katzen meiner neuen Mitbewohnerin hörten auf die Namen SHABALALA, PUPPI und MIMI. Da für alle Tiere die Wohnung neu war, führten wir die Katzen zunächst ohne LUCAS in die neue Umgebung ein. Jetzt sollte sich zeigen, dass GANDI durchaus austeilen kann und dies auch tat. Er hat sich super gegen die drei behauptet.

Nach einer Woche holte ich dann auch endlich LUCAS dazu. GANDI wirkte fast erleichtert, als LUCAS dann auch da war, aber die drei Katzen meiner Mitbewohnerin hatten leider wenig zu lachen. Sie bekamen nun neue Namen. Für LUCAS wurden sie zu „Schnitzel, Frikadelle und Sushi".

Wir alle verbrachten fünf Jahre zusammen in dieser Wohnung. Alle Katzen lagen später mit LUCAS im *Plaid* oder quer über ihm darüber. Die Katzen sind dann incl. ihrer Katzenmama auf einen Bauwagenplatz hier um die Ecke gezogen. Dort sind sie zu Freigängern geworden. LUCAS hätte jede frei laufende Katze gekillt, aber SHABA, PUPPI und MIMI erkannte er weiterhin als Familienmitglieder an. Als Jungkater LANDO eineinhalb Jahre nach Auszug der drei BKH Katzen einzog, akzeptierte LUCAS ihn sofort, ohne je zu versuchen, ihn zu „frühstücken". Meine „Galgrey" MOIRA kam ein weiteres Jahr danach dazu. Sie war von Anfang an den Katern gegenüber ähnlich wie Jahre zuvor EVA. Es war mittlerweile 2018. Gott war leider nur kurz gnädig mit mir …

In memoriam

LUCAS (10) starb am 11.11.2021 völlig unerwartet und leider unaufhaltsam. „Er ist jetzt ein strahlender Stern am Himmel", sagt meine Mutter. „Ein strahlend-frecher Stern am Himmel, der ständig blinkt", sagt meine beste Freundin. Ich sage: *„Eine Honigseele hat die Erde verlassen – aber nicht die Herzen von GANDI und mir."*

Für SCHLUUMPI

Tanja Bräuning

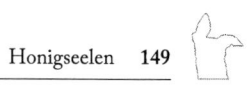

150 Windhundgeschichten - Unsere Reise durch vier Kontinente

Jukine

Volle Kraft voraus –
Es gibt nichts Halbes

Gudrun Sauter

Mitgründerin von *Galgos del Sur*

Deutschland

Vielleicht kommt Euch das bekannt vor … Wir stehen in der Mitte unseres Lebens, die Kinder gehen aus dem Haus, und immer öfter kommen die Gedanken, noch einmal durchzustarten.

Viele Jahre war ich bereits im Auslandstierschutz tätig. Alles war zwischenzeitlich zur Routine geworden. Wir retteten Galgos, brachten sie bis zur Vermittlung in einer privaten Pension unter, und der Kreis der glücklichen Adoptanten wuchs von Jahr zu Jahr. Die Sorge, dass Spenden ausbleiben und wir die Pensionskosten nicht mehr bezahlen konnten, war dann nur ein Punkt, der uns sehr zu schaffen machte. Ein zweiter war, dass wir uns nie sicher sein konnten, ob der Pensionsbetreiber uns auf Dauer aufnehmen wollte und konnte. Wir haben viele Erfahrungen sammeln dürfen – die Hochs und Tiefs prägten uns in unseren Gedanken, in unseren Wünschen und in unseren Entscheidungen.

Es ist, als wäre es erst gestern gewesen, als sich Patri von *Galgos del Sur* und ich uns auf der Veranda hinsetzten und schon etwas enttäuscht über den gemeinsam verbrachten Tag plauderten. Der Pensionsbetreiber war unachtsam gewesen, weshalb ein kleiner Pudel beinahe sein Leben verloren hätte; nur weil er die Möglichkeit nutzen und in einen der *Kennels* der Galgos gelangen konnte. Wir waren so entsetzt, und so entstand der Gedanke, dass es an der Zeit war, sich selbständig zu machen. Wir wollten nicht abhängig von Raum, Zeit und den Tagespreisen sein.

Wir beide wussten zu genau, was Verantwortung bedeutete und waren uns bewusst, was für eine Epoche nun anstehen würde. Die Zeit kam, sich neuen Aufgaben zu stellen.

Noch während meines Aufenthaltes in Córdoba gingen wir gemeinsam auf die Suche nach geeigneten Objekten. Wir suchten nach Gebäuden, die wir renovieren wollten – auf einem großen Grundstück, welches wir mit einer neuen Zwingeranlage bebauen wollten. Euphorisch setzten wir uns an den Computer und suchten geeignete Angebote heraus.

Wir nahmen Besichtigungstermine wahr, und bereits das dritte Objekt inmitten eines Olivenhaines schien das perfekte und wunderschönste Zuhause für unsere Galgos zu werden.

Eine Anzahlung von 4000 EUR sollte die Sicherung sein, dass dieser leerstehende Hof für uns reserviert werden konnte. Unsere Absicht, hier ein Tierheim bauen zu wollen, verbreitete sich in dem Dorf wie ein Lauffeuer. Noch ehe wir zu dem Makler fahren konnten, um ein Schriftstück zu unterzeichnen, kamen die ersten Drohungen aus der zukünftigen Nachbarschaft, dass sie das Gewerk noch vor dem Einzug abfackeln würden.

Fassungslos, aber doch dankbar, dass dies alles noch vor unserer Unterzeichnung geschehen war, verabschiedeten wir uns von dem Gedanken, ein fertiges Objekt kaufen zu wollen.

Leidenschaftlich und im Sinne unserer Galgos entwickelten wir Kräfte und Mut, mit aller Energie nach einem geeigneten Gelände zu suchen. Zwischenzeitlich waren wir zu Fünft, und die Planung ging immer mehr ins Detail.

Mittlerweile war es November, und wir trafen uns erneut mit Grundstücksbesitzern, die uns ihr Angebot schmackhaft machen wollten. Vollkommen abseits in den Bergen, schlechte Anfahrtsmöglichkeiten, wahrscheinlich auch niemals eine Internetverbindung, verwuchert ... Wir waren uns einig: Je mehr wir wollten, desto mehr Enttäuschungen mussten wir hinnehmen.

Im darauffolgenden Frühjahr bekamen wir das ultimative Angebot. Es war nahe der Autobahn gelegen, inmitten eines riesigen agrarwirtschaftlichen Geländes, und ein malerischer Ort war nur drei Kilometer entfernt. Mit dem Kauf dieses 1 ha großen Grundstückes entstanden die greifbaren Pläne – eine gesicherte Zukunft für unsere Hunde, ein Heim, aus dem wir nicht mehr vertrieben werden konnten. Es war eine große Herausforderung, doch wir waren uns sicher, dass wir diesen Traum umsetzen werden. Bis wir alle bürokratischen Hürden genommen, Anträge und Genehmigungen bekommen haben, vergingen weitere fünf Jahre. Der Tag der Grundsteinlegung wurde am 8. Juni 2018 gefeiert.

In dieser Zeit mieteten wir uns in ein *Cortijo*, ein ehemaliges Lager für die Olivenernte mit einem Hausmeisterhäuschen und diversen Hallen, ein. In Eigenregie legten wir die Platten, zogen die Zwingerwände hoch und erstellten für unsere Zwecke eine schöne Bleibe auf Zeit. Die Wohnung, die allen Mitarbeitern zum Aufenthalt dienen sollte, wurde auch für den Nachtdienst gemütlich und heimelig gemacht. Wir stellten die ersten Mitarbeiter ein, denn für uns war es wichtig, dass die Hunde 24/7 betreut sind. In diesen fünf Jahren sammelten wir viele Erfahrungen, die im Nachhinein sehr wichtig waren.

Drei Jahre Bauzeit, und im Juli 2021 sind wir umgezogen. Dies war zwar so noch nicht geplant, aber wir wurden am 15.07.2021 von drei Jägern im *Refugio* in den frühen Morgenstunden nach dem Schichtwechsel überfallen. Sie kletterten über die 2,20 Meter hohen Zäune und verschafften sich zu allen Gebäuden einen Zugang. Marie Angeles, die um sieben Uhr noch für eine Stunde alleine war, wurde gefesselt und in eine Quarantänebox gesperrt. Der Raum wurde geschlossen und das Licht ausgemacht. Sie konnte einen Notruf absetzen, doch bis Hilfe kommen konnte, vergingen mindestens 30 Minuten. So musste sie mit anhören, wie die drei Männer die Medizinschränke aufhebelten, nach den Papieren und Impfpässen der Hunde suchten und dabei die Schubladen zerstörten, in die Zwingeranlage gingen und Hunde, die angeblich in ihren Besitz gehörten, stahlen. Die Galgos jaulten vor Schmerz und Angst. Die Kamera zeichnete im Außenbereich die brutale Vorgehensweise dieser drei Männer auf. Und uns treibt es noch heute die Tränen in die Augen, mit ansehen zu müssen, wie sie unsere Hunde gefügig machten. Eines sei vorweg gesagt, alle sieben Galgos sind nunmehr schwerst traumatisiert.

Als Hilfe aus Córdoba kam, sahen die Helfer an der Tankstelle gegenüber unseres alten *Refugios* mehrere Männer und einen von uns entwendeten Galgo. Blitzartig teilten sich unsere Fahrer und informierten die Polizei. Während sich zwei Leute auf den Weg machten, unsere Marie Angeles zu retten und nach den Hunden zu sehen, fuhren die anderen zur Tankstelle. Eine hitzige Diskussion entstand, und die alarmierten Polizisten erkannten einen Kollegen, der die Machenschaften der drei Jäger unterstützt hatte. Wir waren entsetzt, bekamen aber den Zuspruch der anwesenden *SEPRONA* (Umweltpolizei), weil unsere Tierärztin den Eigentumsnachweis anhand der Impfpässe und der Meldungen im Zentralregister vorweisen konnte.

Drei von den sieben gestohlenen Galgos mussten mit schwersten Trittverletzungen im Brust- und Bauchraum stationär aufgenommen werden. Marie Angeles wurde ebenfalls in ein Krankenhaus gebracht. Ihre Seele hat nun auch eine Wunde.

In einer Nacht- und Nebelaktion packten wir noch an diesem Tag alle wichtigen Dinge zusammen, organisierten freiwillige Helfer sowie Auto und starteten am darauffolgenden Tag um fünf Uhr mit der Umsiedelung.

150 Hunden können wir nun Sicherheit, Liebe und Versorgung bis zu dem Tag bieten, an dem sie adoptiert sind und Spanien verlassen können. Volontäre unterstützen uns, Jugendliche kommen ins *Refugio* und setzen sich für die Galgos ein. Es sind kleine Schritte, aber wir gehen den richtigen Weg.

YUKINE ist einer der Galgos, den wir gemeinsam mit seinem Zwillingsbruder am 01.02.2021 zum *Día del Galgo* aus der städtischen *Perrera* geholt hatten.

Er ist ein edler, sehr großer Rüde, und auch im Hinblick auf sein offenes Wesen wussten wir, dass er ein gutes Zuhause finden konnte. Sein Zwillingsbruder SEKKI wurde durch eine andere Organisation reserviert, und ein paar Tage hatte auch YUKINE sein Zuhause in Aussicht. Wir waren glücklich, dass beide Rüden, die fünf Jahre gemeinsam gelebt hatten, nun auch zeitgleich das *Refugio* verlassen sollten.

Die Reservierung von SEKKI wurde eine Woche vor Ausreise zurückgenommen. Ein Albtraum, doch so unfair ist manchmal das Leben. Drei Tage vor unserem Transport machten uns die Adoptanten von YUKINE ein umwerfendes Angebot: Sie bewarben sich zusätzlich um SEKKI. Somit blieben die beiden zusammen, und es war das *Happy End* der seltenen Art.

Nach neun Monaten wurde dies beendet, beide Rüden verloren schuldlos ihr Zuhause. Wir hatten drei Wochen Zeit, eine neue Bleibe zu finden. Uns wurde gesagt, dass die beiden Rüden nicht aneinander hängen würden, und so trennten wir die beiden. Während SEKKI den Umzug gut verkraftete, hatte YUKINE doch sehr daran zu knabbern. Eine Blutuntersuchung nach einer Woche gab Entwarnung. Bildeten wir uns nur alles ein – seine Antriebslosigkeit, seine körperliche Veränderung?

Es war der 20. Dezember 2021. YUKINE bekam binnen zehn Stunden hohes Fieber, seine Muskeln verschwanden inmitten seines Skelettes, und sein Körpergeruch war fast nicht zu ertragen. Sein Blutbild war erschreckend, aussichtslos, und er hatte für sich entschieden, „ich gehe dann mal".

Es war der Moment gekommen, in dem ich mich mit Patri auf der Veranda sitzend sah und es nur eines gab – volle Kraft voraus. Ich wollte es nicht wahrhaben, dass ein mir anvertrautes Wesen sein Ende beschlossen hatte. Eine Tierklinik mit Ärzten, die mir zuhörten, denen ich vertrauen konnte, dass eine Therapie in Abstimmung mit den spanischen Tierärzten erfolgte, gab mir Hoffnung – auch wenn die Chancen gleich Null standen.

YUKINE war fünf Tage auf der Intensivstation. Unser Heilig Abend war kein Weihnachten. Wir vertrösteten die Kinder auf den 2. Weihnachtsfeiertag, und so sollte es geschehen, dass wir ihn am 26.12. abends aus der Klinik holen durften. Er war bis auf das Skelett abgemagert, aber er lief tapfer zum Auto. In der Klinik konnten sie nichts mehr für ihn tun. Die Infusionen gab ich weiterhin, drei Liter pro Tag.

Fressen hatte er bereits am 20.12. eingestellt, und wir kämpften mit verflüssigter Nierennahrung, die wir in 60 ml Spritzen aufzogen und ihm zwangsweise ins Mäulchen gaben.

Wir hatten Hoffnung, und alles lief soweit gut – bis zum 01.01.2022. Er hatte seine Infusion bekommen (seine „Flüssignahrung"), kam vom Garten ins Haus zurück und kollabierte. Er erbrach ohne Bewusstsein sein Futter, und ich sah seine Augen, die mir Angst machten. Ich fuhr ihn erneut in die Klinik, Gott sei Dank zu einer frühen Zeit, so dass der Notdienst auch Zeit für ihn hatte.

Die Blutabnahme bestätigte uns, dass er zu dem Nierenversagen, zu einem Höchststand einer aktiv ausgebrochenen Leishmaniose, nun auch noch eine Sepsis gebildet hatte. Ich wollte es nicht wahrhaben und bat die Ärzte erneut, die Medikation gemeinsam mit den spanischen Partnern einzustellen. YUKINE hatte 41,5 °C Fieber, und mit den Ergebnissen vom 22.12. war es fast aussichtslos.

Doch YUKINE kämpfte. Es hatten sich einige Freunde in positiven Gedanken im Hintergrund für ihn eingesetzt. Am

03.01.2022 wurde er mit den Worten „wir wünschen euch alles Gute" von dem sagenhaften Ärzteteam entlassen.

Infusionen konnten keine mehr gegeben werden, seine Haut war völlig aufgelöst. Es gab jetzt nur einen Weg für ihn: Er musste fressen, selbständig fressen und trinken. Sein Leben lag tatsächlich in seinen Pfoten.

Es war der Zeitpunkt gekommen, da greift man nach jedem Strohhalm. Noch nie hatte ich so viele Nahrungsmittel auf dem Tisch stehen, und am 5. Januar hatte ich ein purinarmes Frischfutter gefunden, welches zu schmecken schien. Mit einem appetitanregenden caniden Tonikum fing er zu trinken an, es musste aber immer in einer Glasschüssel verabreicht werden. Mit einer Tierkommunikatorin und letztendlich dem Besuch von SEKKI am 06.01.2022 holten wir YUKINE ins Leben zurück. Wir erklärten ihm seinen neuen Weg, den nur er gehen konnte. SEKKI blieb 15 Tage mit seiner Hundemama bei uns, und YUKINE verstand, dass er trotz der 700 km Entfernung weiterhin mit SEKKI verbunden bleiben würde.

Jetzt, in diesem Moment, in dem ich diese Zeilen schreibe, kommt er raus in den Garten. Wir haben noch einen Monat um seine Organe gekämpft. All das ist jetzt auf den Tag genau vier Monate her. Es brauchte noch einiges an Unterstützung durch spezielle Medikamente, denn seine Galle, seine Bauchspeicheldrüse und seine Niere hatten großen Schaden genommen.

YUKINE hatte einst von 29 kg auf 21,9 kg abgenommen. Wir gaben ihn nicht auf und er sich letztendlich auch nicht. Heute wiegt er wieder 27,9 kg.

YUKINE hat mir mit seinem Kampf gezeigt, dass ein Lebewesen immer eine Wahl hat. Glaubt mir, wie viele Stunden ich selbst gehadert habe, ob es mir zusteht, ihn so behandeln zu lassen, nur weil ich immer an das Gute glaube – und weil ich es nicht geschehen lassen wollte.

In meiner aktiven Zeit im Tierschutz habe ich schon einige Male erleben dürfen, dass Liebe zwar Berge versetzen kann, aber kein Garant ist, dass Wünsche immer in Erfüllung gehen.

Mit YUKINE habe ich aber gelernt, dass ich erst dann verloren habe, wenn mein Gegenüber die Augen für immer schließt. Ich habe gelernt, dass das Gefühl der Erfüllung in dem, was du den Menschen, den Tieren und der Natur gibst, dir tausendfach zurückgegeben wird.

Liebe geben und Liebe empfangen, aufmerksames Zuhören und empathisches Verhalten stärken das Miteinander. Schau deinen Hund an, und du siehst deine eigene Seele.

Gugu Sauter

Chester

Drei Jahre, drei Langnasen – Sind wir galgoinfiziert?

Sandra Sachse

Deutschland

Erst eins, dann zwei, dann drei, dann ... Stopp! Wie sind wir nur in diesen Galgowahn geraten? Für viele aus unserem Bekanntenkreis unverständlich, für uns die schönste Erfahrung, seitdem wir Vierbeiner haben.

Hundeverrückt war ich schon immer, konnte das aber in der Art nie richtig ausleben. Einfach durch Zwänge im Familiären, Beruflichen und nicht zu vergessen, hier bei uns auf dem Lande, im Gesellschaftlichen. Mit zwei Hunden wird man hier schon belächelt. Aber der Auslöser, diesen grazilen Geschöpfen zu verfallen, fing schon viel früher an.

Wir hatten mal wieder einen Urlaubsplatz an der Ostsee ergattert, muss so in 1985 gewesen sein, und in dem ewigen Stau der Sommerferien ist unser Wagen heiß gelaufen. Es half alles nichts: Auto an den Randstreifen, Wasser musste her. Und so habe ich mich mit meinem Vater zu Fuß in den unbesiedelten Weiten des heutigen Mecklenburg-Vorpommern auf die Suche nach bewohntem Gebiet gemacht. Weit und breit nichts, nur Felder, und plötzlich aus dem Nichts kam uns ein Typ entgegen, in der Hand zwei Afghanen. Boah, ich hatte diese Hunde schon in so vielen Büchern gesehen, aber in echt waren sie der Wahnsinn. Locker und leichtfüßig, mit wallendem Haar, schwebten sie anmutig neben ihrem Besitzer. Ich meinte zu meinem Vater, dass ich genau so einen Hund haben wolle. Er hat nur mit den Augen gekullert und irgendwas mit „Haaren und sind nicht wachsam" gebrabbelt. Es blieb ein Traum. Mit zwölf Jahren bekam ich nach ewigem Betteln und Schieren endlich meinen ersten Hund. Einen Dalmatiner, meinen INGO. Er war genau richtig für mich – robust und ein Kumpel, mit dem es über Stock und Stein ging. Mit INGO konnten wilde Fahrten mit dem Fahrrad bei uns auf den

Tagebaukippen unternommen werden, und er war sehr, sehr wachsam.

Mein erster Galgo, „der schwarze Panther" CHESTER, hat allerdings sein heutiges Dasein meinem damaligen Dobermann DAVE zu verdanken. Optisch wie auch charakterlich ähneln sich beide doch so sehr. DAVE war mein erster richtiger und eigener Hund nach dem Auszug von zuhause. Geholt von einem großen Bauernhof bei uns auf den Dörfern in der Nähe von Finsterwalde, bereits ein Jahr alt, vom Leben noch nichts gesehen, so zog er bei mir ein. Ein großer Kerl mit 72 cm Schulterhöhe, Rosettenohren und einem schmalen athletischen Körper, aber sehr zurückhaltend. Mann, waren das tolle Jahre mit ihm. Die Sommer haben wir am Senftenberger See verbracht – getobt und seine Kreise gerannt ist er auf dem jetzigen Gelände des Lausitzringes, bis diese zweifelhafte Hundeverordnung in Kraft trat und wir im Stadt- und Seegebiet keine gern gesehenen Gäste mehr waren. Wir wollten uns wohnungstechnisch vergrößern, aber mit einem „Liste-2-Hund" war das ein *No-Go*. So wurde kurzerhand beschlossen, ein Haus zu bauen. Danke DAVE, diesen Schritt haben wir Dir zu verdanken. Mit fast 14 Jahren mussten wir ihn ziehen lassen. Und obwohl das schon so lange her ist, hängt mein Herz immer noch an ihm.

Dann kam CHESTER, und es ist, als ob meine „olle Kanaille" wieder bei mir zum Gucken kommt. Meine Jungs waren zu diesem Zeitpunkt zwei und nicht ganz ein Jahr alt – also alle Hände voll zu tun. Den Gedanken „Hund" konnten wir lange, lange wegschieben: genau ein Jahr und zwei Monate. Es sollte ganz sicher ein Tierschutzhund werden und eigentlich auch wieder etwas Großes. Wir sind aber hoffnungslos und kläglich an mehreren Organisationen gescheitert. Kleine Kinder und berufstätig, das passte nicht zu einer Vermittlung eines Hundes aus dem Tierschutz. Aber die Sehnsucht nach etwas Felligem war groß, sehr groß. Und wie so manchmal Zufälle spielen, ist bei uns kein großer Hund, sondern ein kleiner Welpe eingezogen: unsere

ANIKA. Und so klein und niedlich sie auch war, an Sturheit und Bockigkeit war die kleine Liese nicht zu übertreffen. Der absolute Liebling meines jüngsten Kindes, die beiden haben sich wirklich blind verstanden.

Zwei Jahre später hat der Zufall noch mal an unsere Tür geklopft, und ein ungewollter und vernachlässigter englischer Bulldogge-Rüde zog ein: unser BUDDY oder auch BUDDEL, MOPPI oder FRESSRAUPE. Jetzt kam Leben in die Bude: schöne Zeiten, aufregende Zeiten. Die Hunde wurden älter. BUDDY war nun elf Jahre alt und wollte schon seit längerem nicht mehr mit auf Runde gehen, die großen Gesundheitsprobleme gingen los. ANIKA mit ihren 13 war soweit fit.

Dann kam der Tag, an dem ich über eine Seite in den sozialen Medien gestolpert bin. Es wurden Adoptanten für drei Greyhounds in Rumänien gesucht. Diese Schönheit, diese Eleganz! Ich war von den Bildern gefesselt, und dann stand da noch, dass es in Rumänien bitterkalt wird und die Hunde dort erfrieren. Erfrieren? Wieso das denn? Die Recherche ging los, ich vertiefte mich immer mehr darin. Es wurde lobend erwähnt, wie toll sie sich anpassen an ihre Umgebung, dass sie so ruhig wären – und sportlich. Da war er, ein sportlicher Hund. Jetzt, da die Jungs langsam ihr eigenes Ding machten, wäre es auch mal wieder Zeit für eigene Interessen. Und ein Hund, der bei Wanderungen, Urlaub und Co immer mit dabei ist.

Und wenn man sich eine ganze Zeit mit einem Gedanken herumschlägt, dann werden die „Aber" immer kleiner. Für mich war klar: Erfrieren muss niemand. Platz ist da, Zeit ist da, die schon vorhandenen Fellnasen sind verträglich. Warum also nicht?! Erfrieren, erfrieren, erfrieren … Dieser Gedanke ließ mich nicht los. Es war November, keine Zeit verlieren, ich muss die Bande überzeugen. Am besten geht das, wenn wir zu Bett gehen und das Familienoberhaupt kurz vor dem Einschlafen ist.

Einmal tief Luft holen, und dann ist alles aus mir rausgepladdert. Ich musste schon das ganze Repertoire auffahren. Pause. So, jetzt abwarten, was mein liebes Ehemännchen so sagt. Es kam ein „Aha" ... Also gleich nachsetzen, nochmals den Punkt des Erfrierens anführen. Pause. „Wieso erfrieren?", fragte Gordon. Jetzt habe ich ihn. Nur noch mit den wohlschmeckendsten Argumenten überzeugen. Am Ende des Gespräches waren wir uns einig: Wir fragen bei der vermittelnden Organisation an. Wow, ein Windhund!

Ich schrieb den angegebenen Kontakt an. Nun hieß es warten. Drei Tage waren vorüber. „Warten, nicht auf die Nerven gehen, Tierschutz, den werden wir bestimmt eh nicht bekommen, da wir nicht 100 % zu Hause sind." Schietegal, ich fragte an. Kurze Zeit später kam die kurze und knappe Antwort, der Rüde sei bereits reserviert. Oh nee, das war ein derber tiefer Fall. Gut, dann ist das halt so, und es bleibt, wie es ist.

Komischerweise bekam ich über die sozialen Medien immer häufiger Vorschläge von Windhunden in Spanien. Ich weiß auch nicht, warum, aber es war, als ob das Internet meine Gedanken lesen könnte. Ich war wie in einem Strudel und las immer mehr, auch mein Mann verfiel der Sache Stück für Stück. Es fing schneller an als gedacht, dass wir gezielt nach Galgos schauten.

Einen Monat später, es war ca. Mitte Dezember, tauchte in der Vermittlung ein wunderschöner, weiß-schwarz gescheckter Greyhound auf: CEBO. Wir waren hin und weg und uns einig, dass wir es mit einer Bewerbung versuchen wollten. Und dann nahm alles seinen Lauf. Ende Januar war die Vorkontrolle da, die abgesehen von der Erhöhung des Zaunes zu einer Seite des Nachbarn sehr zufrieden war. Ahhh, jetzt geht es los, nichts mehr mit nur Gedankenspielerei. Der Zaun wurde aufgestockt, eine Unterkunft in der Nähe von Bayreuth gesucht, ein Termin mit der Pflegestelle vereinbart. Am 13.03.2020 sollte es dann soweit sein. Eine Woche vor Abholung noch schnell ein Telefonat, um alles abzusprechen, und plötzlich hieß es, CEBO sei vermittelt. Ich dachte erst, ich hätte mich verhört. „Ja, CEBO ist bereits vermittelt, aber als Anfängerhund wäre der nicht der richtige Hund gewesen." Puhh, was nun? Am anderen Ende der Leitung: „Ich habe aber noch vier andere Kandidaten – JOURNEY, CARIÑO, AFRICANO und ARABE. Ja, ARABE – an den großen, schwarzen und gut aussehenden Kerl konnte ich mich ganz genau erinnern. Der war aber doch vermittelt? Stimmte auch, aber leider kam der Hübsche nach drei Wochen wieder zurück auf seine Pflegestelle – unverschuldet.

Gut, wir waren uns einig, dass wir das jetzt auf uns zukommen lassen wollten und starteten Freitag sehr früh Richtung Bayern. Es war eiskalt, Schneeregen, windig. Also für so ein Unterfangen einfach Mist. Es muss so gegen elf Uhr gewesen sein, als wir auf den Hof der Pflegestelle gerollt sind. Vom Auto aus haben wir schon die riesigen, über den 1,80 Meter hohen Sichtschutzzaun hüpfenden, Barsois gesehen. Ich dachte: „Cool!" Mein Mann sagte: „Ach du Sch….!"

Empfang im Hof und umgeben von etwa 15 Hunden, ich war im Land meiner Träume. Krabbeln und streicheln, was das Zeug hielt, und die vier Kandidaten waren auch mit im Pulk: CARIÑO und JOURNEY wie die Wilden ganz vorne dabei. Meine Jacke wäre als Souvenir bei einer Marke für Hundebekleidung durchgegangen. AFRICANO bellend im Hintergrund, und dann nach fünf Minuten, als die größte Unruhe vorbei war, da kam ARABE – ganz zart, nicht aufdringlich und hat vorsichtig an uns geschnuppert. Ich war hin und weg, mein Mann hat gegrinst. Wir sind dann noch mit allen in Frage kommenden Hunden eine Runde spazieren gegangen, aber die Entscheidung stand zu diesem Zeitpunkt definitiv schon fest. Wir sind in die Unterkunft, und abends sollten wir vermelden, welcher Rüde es werden sollte.

Wir waren uns einig, der schwarze ARABE wird unser erster Galgo und uns nach Hause begleiten. Er passte durch seine zurückhaltende und besonnene Art perfekt zu unserer Oldiebande. Nach einem kräftigen bayerischen Frühstück haben wir unseren Prinzen abgeholt. Das „Abenteuer Windhund" hat begonnen. Zu dem Zeitpunkt für uns nicht denkbar, dass es im Jahrestakt weitergehen würde.

Aus ARABE wurde CHESTER, „unsere große schwarze Katze", oder wie wir auch zu sagen pflegen, „unser schwarzer Teufel". Zuhause angekommen, erst einmal Zusammenführung mit den zwei Oldies. Im Vergleich zu ihm Zwerge, und die beiden haben sich gefreut. Das Stummelschwänzchen von BUDDY stand nicht mehr still, ANIKA hat sich vor lauter Freude gar nicht mehr einbekommen und hat wie so ein Quietscheding wild rumgefiept. CHESTER stand da wie ein Denkmal, null Regung. Die Jungs waren begeistert, und CHESTER hat die Zuneigung der Hände doch auch sehr genossen. So, dann werden wir mal das Haus zeigen. Wir standen alle da und waren nun gespannt, wie so eine Eingewöhnung ablaufen würde. CHESTER dagegen wusste sofort, was er wollte – auf die Couch. Noch einmal tief durchatmen, Augen zu und abschalten. Boah, wir waren geplättet. Hund auf die Couch? Nein, das geht nicht. Am besten nicht fragen, wie das alles jetzt, zwei Jahre später, aussieht.

Zuerst hieß es, Equipment zu besorgen. Für den Start haben wir ein Sicherheitsgeschirr und einen Pulli mitbekommen, welche eine kurze Leihgabe waren. Aber das Belesen und Sondieren, was es auf dem Markt gibt und was passen könnte, waren eine wahre Odyssee im Konsumdschungel. Dazu noch Gordons Wünsche – „also, wenn schon was anziehen, dann bitte so unauffällig wie möglich in schwarzer oder grauer Farbe". Die Einstellung hat sich mittlerweile aber auch geändert. Jetzt lautet das Motto „schön bunt und jeden Tag was anderes", damit die Omis im Wald einen auch darauf ansprechen. Durch diesen ganzen Hickhack bin ich dann auch zu meinem zweiten Hobby gekommen, dem Nähen. Und mittlerweile schneidere ich das *Gros* der Anzüge und Pullis für die Fellnasen selbst.

Unser „schwarzer Kater" hat sich in Windeseile eingelebt. Es gab keinerlei Probleme, für einen Hund mit der Geschichte und in dem Alter war das für uns eigentlich unvorstellbar. Mit lockerfüßigem Gang lief er mit mir spazieren, entspannt an anderen Hunden vorbei. Er kam auf die zärtlichste Art schmusen und war immer da, ohne aufzufallen. *Der Hund hat mich verzaubert und so viel Wärme in mir freigesetzt.* Liebe, abgöttische Liebe, und die gibt er auch auf so eine charmante Art wieder zurück.

Aber er zog nicht nur uns in seinen Bann – der Tierarzt, unsere nicht hundebesitzenden Freunde, die Kumpels meiner Jungs, alle verfielen seinem Charme.

Im Juli dann bereits, vier Monate nach seiner Ankunft, ging es in den Urlaub. Mit einem Abstecher auf die Zugspitze, weiter bis nach Galtür. Als ob CHESSI nie was anderes gemacht hätte: eine Woche im Hotel wohnen, bergauf, bergab, Gondel fahren, im Bergsee waten und Kühe beobachten. Er machte es uns so einfach.

Mit ANIKA und BUDDY konnte und wollte er nichts weiter anfangen. Er akzeptierte beide, aber mehr dann bitte nicht. CHESTER ist ein Rassist, das muss man ganz klar sagen. Was uns natürlich dazu bewogen hat, andere Windhundbesitzer kennenzulernen, um CHESTER einen Ausgleich zu bieten. Ja, und so sind wir Stück für Stück, Monat um Monat immer tiefer in die Windhund-Community reingeschlittert. In der Nähe von Riesa sind wir auf eine windhunderfahrene Hundeschule getroffen. Flitzen unter Aufsicht, Austausch mit anderen Besitzern, Klärung offener Fragen. So ist dann auch später eine kleine Gruppe entstanden, die sich in regelmäßigen Abständen zu Spaziergängen und gemütlichen Kaffeekränzchen trifft. Das Leben von Gordon und mir nahm, obwohl „Corona" mit voller Breitseite dazwischen gegrätscht ist, wieder volle Fahrt auf. Das Abnabeln von den Jungs fiel nicht mehr so schwer. Man hatte eine Aufgabe, und die hat uns gut ausgefüllt.

Am 20.4.2021 hat uns unser BUDDY verlassen. Unser MOPPI war zwölfeinhalb Jahre alt, es kündigte sich schon seit längerem an. CHESSI war nun schon ein Jahr bei uns in Schwarzheide und ist ein festes Familienmitglied geworden. Der Wunsch, ihm einen Galgo als Partner zur Seite zu stellen, formte sich schon seit einer ganzen Weile. Es heißt, die Zeit heilt alle Wunden – ja, und mit einer neuen Aufgabe erst recht. Gevatter Zufall hatte da sein Händchen wieder im Spiel, und ich wurde auf ein Foto in den sozialen Netzwerken aufmerksam. Rüde oder Hündin war nicht zu erkennen, es gab auch keine Beschreibung, aber bildhübsch. Das Galgolettchen war weiß mit einer wunderschönen Stromung.

Erste vorsichtige Kontaktaufnahme, im Hinterkopf die Stimme des Verrates. Kann man nach einer Woche schon an einen neuen Hund denken? Wir waren hin- und hergerissen, aber da kam dann auch schon die Antwort auf meine Frage via Messenger, und die neuen positiven Gedanken verdrängten den Schmerz. Es hieß, das sei NIRVANA, für den Transport nächste Woche gebucht. Sie komme auf eine Pflegestelle nach Deutschland. Ahhh, das ging richtig flott, aber wir waren Feuer und Flamme. Ein Prinzesschen für unseren CHESTER – dachten wir zumindest.

Nun ging die ganze Tippeltappeltour mit Vorkontrolle und Auskunftsbogen wieder los. Aber alles kein Problem, eine Woche später wurden wir in unserem Zuhause auf Herz und Nieren geprüft. „Bestanden"! In dieser ganzen Zeit befindet man sich wie in einem Strudel. Man will es, hat aber Bedenken, ob das alles richtig ist. Dann, ab einem bestimmten Punkt, gibt es kein Zurück mehr. Da sprechen über Tage Engelchen und Teufelchen mit dir: eine Achterbahn der Gefühle.

Weitere zwei Wochen später, am 15.5.2021, packten wir früh um vier Uhr das Auto und starteten 650 km westlich in Richtung Köln. Wir hatten klasse Frühlingswetter, die Autobahn war erstaunlich leer, und so waren wir gegen zwölf Uhr in Pulheim. Durch den straffen Zeitplan vorab war alles so unwirklich. Gar nicht wie bei der Abholung von CHESSI. War das alles richtig so? Haben wir nicht doch überstürzt gehandelt und vor allem in erster Linie nach Optik? Das wollte ich doch gar nicht. Gordon redete mir zu: „Das wird alles passen, du wirst sehen." Ach, dafür liebe ich ihn, wenn es anfängt zu wackeln, ist er der Fels in der Brandung und mein Ruhepol.

Bei der Pflegestelle wurde schon auf uns gewartet. NIRVANA war eine sehr große Galga mit einem Piratenauge, ellenlangen X-Beinen, sehr dünn, schüchtern aber stolz. Die Zeichen auf „lass mich in Ruhe, was ist das jetzt hier für ein Mist" gedreht. Ich nahm sie, und das zierliche Galgolettchen lief zögerlich und abwartend hinter mir. Kein Schnuppern, keine Freude, eher wie „Augen zu und durch". Wir liefen eine kleine Runde, Augen und Ohren auf klaren Empfang gerichtet, ganz klar eine Jägerin. CHESSI schnüffelte nur entspannt.

Es wurden alle Formalitäten erledigt, und gegen 14 Uhr ging es die 650 km wieder heimwärts. Was für ein Ritt. CHESTER lag betröppelt im Auto und guckte mich an, als ob er sagen würde, „aber die Tusse nehmen wir hoffentlich nicht mit". Ohh doch, CHESTER, mit ihr wirst Du nun alles teilen müssen. Das Rippchen lag am entferntesten Punkt von uns, ganz hinten an der Kofferraumklappe, und sang die Hälfte der Strecke ein Trauerlied. „Oh je", schoss es mir durch den Kopf, „mein armer CHESTER, das wird was werden."

Zuhause wartete unsere Omi ANIKA und war von der hochbeinigen Schönheit sehr angetan. Sie ist immer um NIRVANA rum – „spiel mit mir, los, spiel mit mir". Aber Arroganz hat einen Namen: NIRVANA. Sie ließ das weiße Flöckchen abblitzen.

An der Leine lief sie von Anfang an sehr locker. Eher seitlich hinter einem als vorneweg. Blieb man stehen, hat sie auch sofort den Stopp eingeworfen, andere Hunde waren für sie Luft. So entspannt sind wir dann auch in unser städtisches Katzengebiet eingetaucht. Haha, von null auf hundert hat sich das zarte Persönchen zu einem wilden Galopp-Pferdchen entwickelt. Die Vorderhufe in die Höhe und dazu ein ohrenbetäubendes Geschrei. Ich war baff. Das waren also die zwei Seiten des Galgos. Na, gut zu wissen. Mittlerweile hat sich das auch eingespielt, und sie macht bei Kleinvieh nicht mehr ganz so einen Terz. Braucht sie ja auch nicht, dass ist unerwünschtes Verhalten.

Nun ging es daran, den Namen zu üben. Wird doch bestimmt ein Klacks. Verfressen war sie, also beste Voraussetzungen. Aber NIRVANA reagierte weder auf Sprache noch auf Pfiffe. Ich war ratlos und schon überzeugt, sie sei taub; bis auf einer unserer Touren an den Seen die Schwäne zu kreischen begannen. Da wurden die Ohren in die Höhe gehoben. Gut, es war also nicht so, dass sie nicht hören konnte, sondern sie wollte es nicht. Sanft und ohne Druck, mit vielen Wiederholungen ist aus ihr wohlerzogenste Vierbeinerin bei uns geworden und der absolute Liebling von Gordon. Egal, wo wir sind, sie sucht seine Nähe. Beim Spaziergang wird immer mal zart angestupst, und im Freilauf (wir gehen übrigens ausnahmslos nur in gesicherte Freiläufe) sitzt sie lieber die ganze Zeit neben ihm als rumzustromern. Hier und da mal ein Sprint, um den anderen zu zeigen, dass man keine lahme Ente ist, aber das reicht auch – und bitte keinerlei Belästigungen.

Sie ist anders als CHESTER, ganz anders, aber sie hat sich über so ein Hintertürchen ganz tief ins Herzchen gegraben. NIRVANA mag den Körperkontakt so sehr, und wenn früh der Papa aus dem Haus geht, kommt sie zu mir ins Bett und kuschelt sich feste ran. Unsere „kleene Schnegge" hat es uns einfach gemacht mit der Eingewöhnung, bis auf das Klauen und das Öffnen von Dosen. Da war sie wahrlich ein Meister. Stück für Stück haben wir daraus gelernt und alles, was Fressalien enthielt, hinter Schloss und Riegel gebracht.

Fünf Monate war sie da schon bei uns, und es stand Urlaub an. Endlich mal raus und etwas anderes sehen. Natürlich ging es wieder nach Österreich, aber diesmal nicht in die Alpen, sondern in die Wachau. Wandern, Wein, und natürlich wollten wir auch relaxen. NIRVANA und CHESTER formierten sich langsam als *Dream-Team*. Absolut unkompliziert, sie konnten überall mit hin, anpassungsfähig.

Aus dieser *easy peasy* Situation formte sich so ganz beiläufig, bei uns beiden wohlgemerkt, der Gedanke, wir könnten doch noch einen dritten Windhund retten und verwöhnen. Neeeein, schnell wieder weg mit diesem Hirngespinst. Das grenzt an Wahnsinn und bei uns auf dem Lande sogar an Größenwahn. Huch, und da war der Gedanke gleich schon wieder, denn auf der Heimreise aus unserem Urlaub wurde auf einer der Seiten in den sozialen Medien ein wunderschöner sandfarbener *Sunnyboy* gepostet. Groß und stolz lächelte er in die Sonne: PONIENTE. Wow, was für ein Kerl. Er zwinkerte mir von den Fotos regelrecht zu, als ob er sagen wollte, „mit dir renne ich in den Sonnenaufgang". Nein, nein, nein, es ging einfach nicht. In den letzten Monaten hatte ANIKA stark abgebaut und brauchte unsere Hilfe und Zuneigung umso mehr. Bitte, Vernunft, du musst siegen. Und der Wind säuselte bei den Hundespaziergängen – PONIENTE, PONIENTE. Es war so wie Verliebtsein.

Es wurde Dezember, und plötzlich lachte mich ein aktuelles Foto von meinem PONTI aus dem Internet an. Er war über einen Verein fest gebucht und als Weihnachtswunsch auf der Suche nach einer Pflegestelle oder Endstelle. Oh je, jetzt flammte alles wieder auf. Teufelchen und Engelchen saßen mir wieder auf den Schultern und flüsterten abwechselnd in meine Ohren, „jetzt oder nie – nein, sei vernünftig – wenn du jetzt nicht für ihn anrufst, dann kommt er in eine andere Familie – na und, dort hat er es auch nicht schlecht".

Ich musste handeln, der Kerl gehört zu uns. Und dann kamen von Freunden auch noch so Zurufe wie „bis zum vierten Hund haben wir auch immer noch überlegt, jetzt haben wir neun". Ok, Teufelchen hat gewonnen. Jetzt hieß es, die anderen drei Familienmitglieder zu überzeugen. Gordon hatte ich schnell auf meiner Seite, da brauchten nur noch die praktischen Sachen wie der Transport im Auto und die Aufteilung der Schlafplätze besprochen werden. Von den Jungs kam ein müdes Lächeln mit der Bemerkung: „Ach, Pflegestelle nennt man das jetzt."

Die Sache war besiegelt. Am nächsten Tag wurde der Kontakt zum Verein hergestellt und alles besprochen. Da wir CHESTER bereits von dieser Organisation hatten und auch nach zwei Jahren noch in ständigem Kontakt standen, war eine Vorkontrolle hinfällig. Ab dem 19.2.2022 sind wir Pflegestelle! Jetzt machten sich wieder die Zweifel breit, ob das zu schnell, zu unüberlegt sein könnte ... Aber man muss auch mal unvernünftig sein. Es wird alles gut.

Und dann war der 17.1.22. ANIKA konnte PONIENTE nicht mehr kennenlernen. Ich wollte auch keinen PONTI mehr, ich wollte gar kein Tier mehr, um diesen bitterlichen Schmerz des Gehenlassens nicht noch einmal durchleben zu müssen. 1000 graue Haare und fünf Jahre Lebenszeit sind von mir an diesem Tag verloren gegangen. Dazu passte das Wetter hervorragend, grau in grau, und es schüttete den ganzen Tag aus Eimern. Aber wie mit dem Wetter änderte sich auch die Stimmung. Nach Tagen kam die Sonne mal heraus, ein Lichtblick.

Es hieß langsam wieder, sich auf das Wesentliche zu konzentrieren, denn der „Galgo-Marsch" in Köln stand an. Nach Monaten der Zwänge durch die Pandemie endlich so etwas wie eine kleine Auszeit – ein verlängertes Wochenende, nette Leute treffen und das mit unseren zwei Lieblingen. Ein unvergessliches Erlebnis, das nach Wiederholung schreit. Ach, ist das Galgoleben, oder soll man eher sagen das Leben mit den Galgos, aufregend. So erfüllend.

Drei Wochen später, im dritten aufeinanderfolgenden Frühjahr, zog der dritte Galgo bei uns ein. PONIENTE, unser großer rotblonder Bub, kam in Hannover mit dem Trapo an. Dieser Moment – dein Tier, auf das du Wochen gewartet hast, an dem Fahrzeug in Empfang zu nehmen, ist einfach phänomenal, unbeschreiblich. Diese Gefühle lassen sich schwerlich beschreiben, und jeder, der diese Kurzschwangerschaft mitgemacht hat, weiß, was ich meine. Wir wurden Eltern.

Unser PONTI lebte sich in Turbogeschwindigkeit bei uns ein, die Jungs haben sich sogleich zusammengetan und verstanden sich prächtig. NIRVANA, als Chefin des Hauses, hat es mit einer kleinen Akzeptanz registriert. Na ja, sie bräuchte sowieso keinen anderen Nervbolzen, mit dem sie sich die Betten teilen muss, aber da wird die Prinzessin nun durch müssen. Jetzt hieß es, PONTI gesellschaftsfähig zu machen, denn es waren schon fest geplante Ausflüge gebucht.

Die ersten Spaziergänge waren eine Katastrophe. Ein immer nach vorne ziehender, bei Hundesichtung kläffender 30 kg Brocken. Nichts mit „lockerflockig nebenher schwebend". Harte Arbeit stand an, aber was wir mit zwei Spaniern hinbekommen haben, wird ja wohl auch mit dem dritten funktionieren. Er ist lernwillig, möchte gefallen. In seiner jugendlichen Leichtigkeit akzeptierte er schnell die gesteckten Grenzen und ließ sich verhältnismäßig leicht auf die von uns erwarteten Verhaltensregeln ein.

Im Spanischen wird der Westwind an der Küste Südspaniens *Poniente* genannt, und wie ein warmer lauer Sommerwind hat sich unsere Schmusebacke ganz zart und sanft in unser Herz geschlichen. Er bereichert unsere Familie sehr. Haben wir nun als Pflegestelle versagt? *Maybe*, wir werden sehen. Jeder der drei Galgos ist anders, aber auf seine eigene Art ganz besonders.

Mit dem Einzug von NIRVANA vergrößerte sich auch Stück für Stück unser Bekanntenkreis in der Windhund-*Community*. Wir wurden zu Treffen eingeladen; hier und da habe ich für Versteigerungen genäht, selbst gerne bei Bilderauktionen mitgeboten, den einen oder anderen Button und gemalte Bilder ergattert und nette Leute dabei kennengelernt. So lieb und nett, dass enge Freundschaften entstanden sind.

Ich mag mein jetziges Leben. Es ist so ganz anders, aber so gespickt mit Verantwortung und dem Sammeln neuer Erfahrungen. Gordon und ich gehen darin auf, zu unterstützen, zu helfen, einfach auch gebraucht zu werden. Und der Oberburner ist es, hier meinen Gedanken zu zwei Jahren mit Galgos freien Lauf lassen zu können. Mal sehen, was die Zukunft bringen wird. Ich hoffe, wir bleiben alle fit, um diesen wunderbaren Geschöpfen weiterhin die Hand reichen zu können. Und wer weiß, was die Galgo-Verrücktheit noch in einem so auslöst.

Als Tierschützer sehe ich mich nicht, da gibt es ganz andere Leute, welche sich Tag und Nacht mit Haut und Haaren reinknien. Aber da, wo es geht, möchte ich weiterhin mit anpacken und helfen, mit im Hintergrund agieren, damit dieser Wahnsinn mit dem Missbrauch der Jagdhunde in Spanien aufhört.

CHESTER, NIRVANA und auch PONIENTE haben über verschiedene Wege und Vereine zu uns gefunden. Den Ursprung ihrer Reise haben jedoch alle Drei gemeinsam. Sie kommen aus einem der größten Tierheime in Spanien – von *FBM*, der *Fundación Benjamín Mehnert*. Ein Tierheim in der Nähe von Sevilla, welches sich hauptsächlich um ausgesetzte, misshandelte und nicht mehr gewollte Galgos und Podencos kümmert. *Mein größter Wunsch? Eine Freiwilligenwoche vor Ort – dort, wo das Leben meiner drei Schützlinge einen neuen Anfang hatte.*

Dann bleibt die letzte Frage noch offen. Was wird das nächste Jahr bringen? Das vierte Galgolettchen? Wer weiß das schon ...

Sandra Sachse

180 Windhundgeschichten - Unsere Reise durch vier Kontinente

Leena

Leena – Unsere Inspiration zur Rettung vieler Galgos

Travis und Amanda Patenaude

Mitgründer von *Love, Hope, Believe Galgo Adoption Inc.*

Illinois, USA

Originaltitel: *Leena – Our Inspiration To Save Many More Galgos*

Als ich aufwuchs, hatte eine Nachbarin am Ende der Straße einen schwarz-weißen Greyhound namens DAISY. Wir sahen jeden Tag, wie sie mit DAISY an unserem Haus vorbeiging. DAISY hielt die Leine in ihrem Maul und tänzelte zu ihrem Haus. Damals hatte meine Familie einen Beagle namens MISTY. Eines Tages ließen wir sie draußen auf dem Feld hinter unserem Haus spielen, und wie aus dem Nichts kam DAISY angerannt und griff MISTY an. Sie wurde nicht verletzt, hatte aber einen Schock. Aufgrund dieser Erfahrung dachte ich, dass Greyhounds böse seien und andere Hunde angreifen würden. Erst als ich in meinen Zwanzigern war, lernte ich andere Greyhounds kennen und merkte, wie sie wirklich sind: anhänglich, Stubenhocker und sehr sanft.

Als meine Frau Amanda und ich heirateten, beschlossen wir, uns einen Hund anzuschaffen. Als wir einander fragten, welche Art von Hund wir zu uns holen sollten, sagten wir beide „einen Greyhound". Da waren wir uns doch tatsächlich einig! Im Jahr 2001 adoptierten wir dann unseren ersten Greyhound namens SIERRA. Nachdem wir sechs Monate lang versucht hatten, ihre Trennungsangst in den Griff zu bekommen und keine Besserung eintrat, adoptierten wir einen zweiten Greyhound namens SAVANNA. Die beiden Greyhounds waren unzertrennlich, und SIERRAs Trennungsangst verschwand.

Dann begannen wir, uns ehrenamtlich in einem Greyhound-Verein zu engagieren, wurden Pflegestelle und kümmerten uns um die Vermittlungsarbeit. Der gesamte Papierkram und auch die Adoptionspapiere der Hunde waren Amandas Aufgabe.

Wir waren seit etwa zwölf Jahren ehrenamtlich tätig, als wir in einer Windhund-Zeitschrift einen Artikel über Galgos lasen. Nachdem wir den Artikel gelesen hatten, beschlossen Amanda und ich, einen Galgo zu adoptieren, sobald wir Platz in unserem Haus hatten. Zu diesem Zeitpunkt hatten wir fünf Greyhounds. Im Oktober 2012 wurde ein Platz frei, und wir bewarben uns bei einem Galgo-Verein hier in den Vereinigten Staaten. Man sagte uns, wir müssten ein Jahr warten, und der Verein würde dann den Hund für uns auswählen. Wir beschlossen, das eine Jahr auf unseren ersten Galgo zu warten.

Dies war auch die Zeit, in der ich mit einer sehr schlimmen Depression zu kämpfen hatte, die mich fast niedergerungen hätte. Während ich in der Garage arbeitete, überkam mich eine dunkle Wolke, und ich bereitete mich darauf vor, mich in der Garage zu erhängen. Als ich auf dem Schemel stand und das Seil schon vor mir lag, erschrak ich durch einen lauten Knall von etwas, das heruntergefallen war. Das rüttelte mich wach und holte mich aus der Dunkelheit. Mir wurde klar, was ich im Begriff war zu tun und tat es dann doch nicht.

Am folgenden Wochenende besuchten Amanda und ich ein Greyhound-Treffen. Während wir mit einer der ehrenamtlichen Helfer und Helferinnen über Galgos sprachen und darüber, dass wir einen Antrag auf Adoption eines Galgos gestellt hatten, erwähnte diese, dass sie zwei Galgas gesehen hätte, die gerade in Chicago angekommen waren. Die Galgas wurden auf einer Website zur Adoption vorgestellt. Ich zückte sofort mein Handy, suchte den Verein und bewarb mich, noch während ich dort stand. Am nächsten Wochenende hatten wir die Gelegenheit, die beiden Galgas persönlich kennenzulernen.

Die zwei Galgas, LEENA und DROLA, waren das komplette Gegenteil voneinander. DROLA war ein fröhliches kontaktfreudiges Mädchen, das mit Spielzeug spielte und es durch die Gegend warf, während LEENA sich hinter ihrer Pflegemutter versteckte. LEENA war sehr verängstigt, aber sie suchte Trost bei FLOWER, einer unserer Greyhounds. Wir adoptierten LEENA noch an Ort und Stelle! Eine Woche, nachdem wir uns bei einem anderen Verein beworben hatten – und uns gesagt wurde, dass wir ein Jahr warten müssten – hatten wir es geschafft, unseren ersten Galgo in nur sieben Tagen zu adoptieren. Als wir zu Hause ankamen, konnten Amanda und ich nicht glauben, dass wir jetzt tatsächlich einen Galgo hatten. Und unsere Freunde konnten nicht glauben, dass wir so schnell einen bekommen hatten!

Wir begannen, mehr über LEENA, ihr Leben in Spanien und ihre Rettung in Erfahrung zu bringen. Sie wurde vor ihrem Galguero gerettet, der sie erhängen wollte, weil er keine Verwendung mehr für sie hatte. Ein ehrenamtlicher Helfer hörte das und konnte LEENA an einen sicheren Ort bringen. LEENA wurde dann von einer Frau nach Chicago gebracht, die bereits Galgos hatte und mehr von ihnen in Chicago adoptiert sehen wollte. Sie arbeitete mit einem Verein zusammen, um ein Zuhause für DROLA und LEENA zu finden, und sie übernahm die gesamten Transportkosten. Als wir hörten, dass LEENAs ehemaliger Besitzer sie erhängen wollte, schmerzten unsere Herzen, und wir wussten, dass wir alles für LEENA tun würden. Die Ironie von LEENAs Geschichte war mir nicht entgangen. Ich hatte meinem Leben ein Ende setzen wollen, und LEENAs Leben sollte auf die gleiche Weise beendet werden.

Als Amanda und ich unsere Zeit damit verbrachten, LEENA dabei zu helfen, sich wohlzufühlen und ihr Selbstvertrauen zu stärken, wurde sie kontaktfreudiger und sozialer. Wir ahnten nicht, wie viel LEENA auch uns lehren würde.

Wir arbeiteten mit LEENA daran, uns zu vertrauen und Sozialkontakte zuzulassen. Wir gingen mit ihr spazieren und in Geschäfte, damit sie sich an die Gesellschaft anderer Menschen gewöhnte. Die Leute fragten uns nach ihr, weil sie wie eine ganz andere Art von Greyhound aussah. Auch wir mussten sozialer werden, da wir nun mehr mit Menschen sprachen, um ihnen die Situation dieser Hunde in Spanien zu schildern und auch LEENAs Geschichte zu erzählen. Wir wollten, dass LEENA sich in der neuen Umgebung wohlfühlt und versteht, dass wir sie beschützen werden. Wir lernten auch, aus unserer eigenen Komfortzone herauszutreten: Wir gründeten einen Verein zur Vermittlung von Galgos und nannten ihn *Love, Hope, Believe Galgo Adoption*. Obwohl wir noch nie nach Spanien gereist waren, niemanden in Spanien kannten und kein Spanisch sprachen, waren wir fest entschlossen, den Galgos zu helfen.

Mit unserem neuen Verein und anschließend unserem ersten Transport wollten wir versuchen, Fotos der zur Adoption stehenden Galgos zu machen. Ich hatte eine kleine, ganz einfache Kamera, und die Bilder waren nicht gut, gelinde gesagt. Wir hatten das Glück, dass ein Mitglied von *HeartsSpeak* zu uns kam und unsere Galgos fotografierte, um dabei zu helfen, ein Zuhause für sie zu finden. Als ich ihre Fotos sah, wusste ich, dass ich selbst versuchen musste, das Fotografieren zu erlernen. Ich habe viel Zeit damit verbracht, zu lernen, wie man bessere Fotos macht – und wie man mit Fotos Geschichten erzählt. *Mir wurde klar, dass die Fotografie keine Sprachbarrieren kennt und genauso stark oder sogar noch stärker als das geschriebene Wort sein kann.* Der Fokus war, die Geschichte der Galgos durch meine Fotografie besser erzählen zu können.

LEENA verstarb im März 2015 an Knochenkrebs. Wir ließen den Tierarzt zu uns nach Hause kommen, um sie gehen zu lassen. Ich kann mich noch lebhaft daran erinnern, wie LEENA einschlief und alle unsere Hunde anfingen, wie Wölfe zu heulen. Das war ihre Art, sich zu verabschieden. Als wir uns von LEENA verabschiedeten, versprachen wir ihr, dass wir weiterhin eine Stimme für sie und alle Jagdhunde in Spanien sein würden.

Seit der Gründung unseres Vereines haben wir für 170 Hunde ein Zuhause gefunden. Mein Weg, mehr Bewusstsein durch Fotografie zu schaffen, geht immer weiter. Auf diese Weise versuche ich, LEENA etwas zurückzugeben und ihre Geschichte und die Geschichte der Jagdhunde in Spanien zu erzählen.

Travis Patenaude

Was hat mich die Adoption von LEENA, unserer ersten Galga, gelehrt? LEENAs Angst vor Menschen hat in mir den Wunsch geweckt, mehr über die Not der Galgos zu erfahren und herauszufinden, wie ich ihr vielleicht helfen kann, ihre Angst zu überwinden. Ich bin kein sehr kontaktfreudiger Mensch und werde nervös, wenn ich mit Fremden spreche. Je mehr ich über die Art und Weise, wie Galgos behandelt werden und über die Ursachen ihrer Ängste erfuhr, desto klarer wusste ich, dass ich dieses Wissen mit jedem teilen musste, der zuhören wollte.

LEENAs ängstliches Wesen stellte Travis und mich – als ihre frischgebackenen Adoptiveltern – anfangs vor viele Herausforderungen. Nahmen wir sie mit zu anderen Orten, waren wir nur das kleinere Übel. Sie kauerte sich hinter uns, obwohl sie auch vor uns noch Angst hatte. Sie hat mich gelehrt, dass unsere Erfahrung mit schüchternen Greyhounds absolut nicht mit ängstlichen Galgos zu vergleichen ist. Ein schüchterner Greyhound kann mit einer für ihn anfangs unangenehmen Situation konfrontiert werden und schließlich damit zurechtkommen. Ein ängstlicher Galgo würde jedoch ein Verhalten zeigen, das eher einer posttraumatischen Belastungsstörung ähnelt. Man hätte LEENA mehr Schaden zufügen können, wenn man sie in furchteinflößende Situationen gedrängt hätte.

LEENA hat mich gelehrt, dass man, egal wie frustriert oder verärgert man über den Alltag sein mag, dies an der Tür abhaken und mit einem ruhigen Geist und Körper reinkommen muss. Galgos sind sehr sensible Geschöpfe. Hatte man einen schlechten Tag, spürt der Galgo deine Stimmung und reagiert entsprechend. Als wir mit den Transporten von Galgos weitermachten, hatten wir einige ängstliche Galgos bei uns auf Pflegestelle, und wir mussten lernen, wie wir diese Angst durchbrechen konnten.

Auf der *Chicagoland Family Pet Expo* trafen wir ein Mitglied eines Programmes namens *A Sound Beginning*. Dieser Verein ist auf

Tierheimhunde und deren Verhalten spezialisiert. Der angstfreie Zugang zum Training wurde zu einem Projekt nicht nur für die Galgos, sondern auch für mich als Tierarzthelferin. Ich lernte, die Körpersprache der Hunde zu lesen; ebenso Techniken, wie man sich einem ängstlichen Galgo nähert und mit ihm arbeitet. *Ich habe gelernt, einfach zu atmen und ruhig zu sein.* Hat man erst einmal das Vertrauen eines Galgos gewonnen, erlebt man die Freude, wenn er erstmals mit einem Spielzeug spielt und sich Menschen nähert, die ihm früher Angst gemacht haben. *Zu sehen, wie er aus seinem Schneckenhaus herauskommt und sich zum ersten Mal in seinem Leben wie ein glücklicher zutraulicher Hund verhält, ist so unglaublich lohnenswert. Es gibt wirklich keine Worte, um zu beschreiben, wie ich mich dabei fühle.*

Seit 2001 haben wir viele Greyhounds und Galgos geliebt und verloren. Jeder einzelne von ihnen hat ein Stück meines Herzens mitgenommen und es durch ein Stück seines eigenen Herzens ersetzt. Ich denke, wenn ich irgendwann mein Leben gelebt habe, wird mein Herz zu hundert Prozent aus Greyhounds und Galgos bestehen. Dann werde ich mein Potenzial voll ausgeschöpft haben!

Amanda Patenaude

190 Windhundgeschichten - Unsere Reise durch vier Kontinente

Salida del Sol

Salida del Sol –
Am Ende bleibt die Liebe

Susanne Stolle

Deutschland

Ich sitze an meinem Schreibtisch, um über unsere Windhündin SALIDA zu schreiben. Sie ist seit über einem Jahr nicht mehr bei uns.

In der Stunde des Abschiedes erkennt die Liebe ihre Tiefe

Das erste Jahr nach ihrem Tod war sehr schlimm für mich. Wir waren fast 13 Jahre unzertrennlich – wie zwei Schwestern, innigste Freunde, Seelenverwandte … Und so fiel ich in ein tiefes, schwarzes, niemals endendes Loch. Doch diese Zeilen sollen nicht der Trauer gewidmet sein, sondern einer tiefen Dankbarkeit und meiner Liebe zu ihr. Außerdem geht es mir mittlerweile wieder gut. Ich würde sagen, ich habe den Verlust überlebt und fühle mich wieder stark, lebendig und für neue Abenteuer im Leben bereit.

Oft denke ich, dass SALIDA den Samen für etwas Neues und Aufregendes gepflanzt hat, und das lässt mich so dankbar, ja, voller Freude sein. Sie hat Großartiges hinterlassen. Nicht nur, dass sie für mich immer die pure Inspiration und eine Energiequelle war und immer noch ist – SALIDA hat mein ganzes Leben verändert und rund gemacht. Das sind meine Worte für einen Hund, der irgendwo im spanischen Hochland aus sehr schlechter Haltung beschlagnahmt wurde und irgendwann mit knapp zehn Monaten auf einer Pflegestelle bei Berlin landete.

Wie alles begann

Wir hatten SALIDA zufällig entdeckt. Damals von Tierschutz keine Ahnung, besuchten wir eine Saluki-Züchterin in der Schweiz, um uns als Interessenten für einen Welpen vorzustellen.

Alles war in sicheren Tüchern, als ich zufällig – nein, es gibt natürlich keine Zufälle – im Internet nach Windhunden recherchierte. Von der Rasse „Galgo" noch keine Ahnung, sah ich zum ersten Mal auf einer Tierschutzseite die Galgos. Sie suchten alle ein Zuhause, und ihre Blicke erzählten von den unterschiedlichsten Schicksalen. Und da entdeckte ich SALIDA auf einer Junghunde-Webseite. Ich war einfach von einer Sekunde auf die andere schwerst verliebt. Einfach so. Als ob ich vom Pfeil getroffen worden sei; ja, unheilbar getroffen und verliebt. Tagelang habe ich sie mir auf der Webseite angeschaut, bis sie plötzlich von dort verschwunden war. Große Angst machte sich breit, und ich begann, aktiv zu werden. Ich fand sie dann, dem Himmel sei Dank, auf der Seite der erwachsenen Hunde wieder. Auch mein Mann war von ihr sehr angetan. So wurde organisiert, der Saluki-Züchterin abgesagt und vom westlichen Bodensee aus nach Berlin gefahren.

Ich spüre jetzt noch mein flatterndes Herz, als ich SALIDA zum ersten Mal *in natura* vor mir sah. Wenn man diese Energie zwischen uns beiden hätte messen könnte, wäre das Messinstrument sicher ins Glühen gekommen. Unglaublich, was sich da abspielte.

Während des Gespräches mit der Pflegefamilie kam sie auf uns zugelaufen, platzierte sich vor meinem Mann, legte ihren Kopf auf seinen Fuß und schloss die Augen. Als ob es der bequemste Platz auf Erden wäre.

So war dann auch mein Mann restlos davon überzeugt, dass sie zu uns gehörte. Am darauffolgenden Tag ging es mit Hund und Geschirr wieder die knapp 800 km zurück an den Bodensee.

Aller Anfang ist schwer

Verliebtsein ist das eine – stur und bockig zu sein und als Wildpferd in einem Galgo-Körper geboren zu sein – das andere.

Ich kann es in meiner Erzählung kurz machen. Ich wollte sie mindestens dreimal nach Berlin zurückbringen und ihr gefühlt hunderte Male den Hals umdrehen. SALIDA war unnahbar, eigensinnig, stur und taub, und ich vergoss zu Beginn viele Tränen. Dann war sie wieder ein Engel – meine große Liebe, zart, klug, sanft und in sich ruhend. Wir haben durchgehalten, und wie so oft werden die eigenen Fähigkeiten, Gewohnheiten und Gedanken abgeklopft und neu sortiert. Am Ende siegt die Liebe.

Kleine Dinge mit großer Wirkung

Haben Sie sich schon mal, während Sie hoch konzentriert gearbeitet haben, beobachtet gefühlt? Und haben Sie dann von Ihrer Arbeit hochgeschaut und in die Augen Ihres Hundes geblickt? Vielleicht haben Sie ihn dann angelächelt und sich wieder Ihrer Arbeit gewidmet, um dann wieder aufzublicken, weil Sie immer noch von intensiven Blicken durchbohrt wurden? Doch was machen Sie, wenn Ihr Hund Sie plötzlich anblinzelt? Im ersten Moment denken Sie vielleicht, dass das ein Zufall sei, und Sie bemerken das Blinzeln noch gar nicht als solches …

Ich konnte das Blinzeln einige Male bei meiner Hündin beobachten, bis ich bewusst zurückblinzelte und sie mir wieder zublinzelte. Das ging zwei- bis dreimal hin und her. Nicht zu oft, es musste etwas Besonderes bleiben. Blinzeln gehörte von da an zu unseren „vertieften Gesprächen".

Das Haus in den Dünen

Wir verlassen die Hauptstraße und fahren durch eine kleine bretonische Häuseransammlung auf einer kleineren Straße. Schon nach wenigen Metern verwandelt sich die geteerte Straße in einen staubigen Schotterweg, der uns durch eine leicht karge Landschaft mit Bäumen und Büschen bringt. Ab und zu sieht man hinter Bäumen und Hecken leicht versteckte Dachgiebel aufblitzen. Eine

Handvoll, vom Wind verwitterte Schilder weisen auf weitere Häuser und Anwesen hin.

Unsere cremefarbene Galga SALIDA steht im Auto und beobachtet alles mit einem äußerst interessierten Blick. Ich bin mir sicher, dass sie die salzige Luft des Meeres wahrnimmt und weiß, was sie hier erwartet. Ihr gefällt, was sie sieht und riecht, und das macht mich glücklich. Wie ich, ist sie neugierig auf das Leben, liebt Entdeckungsreisen und Abenteuer mit gutem Ausgang.

ALHAMBRA, unsere kleine spanische Terrier-Dame, liegt wie immer zusammengerollt im Auto und befindet sich im größten Vertrauen, dass alles gut wird. Sie ist eine sehr angenehme Mitfahrerin. Sie kommt ursprünglich aus Cádiz, einer alten spanischen Hafenstadt. Sie liebt es, Dünen herauf- und runterzurennen. Ich vermute, dass sie die Dünen von ihrem vorherigen Leben in Spanien kennt.

Vorbei an uralten Menhiren, auch Hinkelsteine genannt, erreichen wir nach ungefähr zehnminütiger Holperfahrt unser Ferienhaus in den Dünen. Es befinden sich dort noch fünf weitere kleine Häuser. Alle unaufdringlich, nah beieinanderstehend – keines stört das andere. Die alten kleinen Steinhäuser, von Gärten und Steinmäuerchen umgeben, begeistern uns mit einem unwiderstehlichen charmanten Aussehen. Sie lassen uns an vergangene Postkartenmotive aus dem 19. Jahrhundert denken.

Mein Rundumblick gibt mir recht, hierhin verirrt sich niemand so schnell. Wir werden hier ruhige Tage verbringen können. Uns zieht es sofort ans Meer. Nachdem wir das Auto schnell ausgeräumt haben, schnappen wir unsere Hunde und wandern durch die Dünen ans Meer. Wir kommen sehr langsam voran.

Wir hören es schon, die Wellen brechen sich laut am Strand. Mein Mann und ich können es kaum erwarten, den ersten Blick auf das Meer zu erhaschen. SALIDA und ALHAMBRA erschnuppern jeden Zentimeter innigst. Jeder Dünen-Grashalm wird inhaliert und dahingehend untersucht, ob er schon mal Kontakt mit fremden Hunden hatte. Bis wir am Strand angekommen sind, wurden bestimmt schon zweimal in Paris die Tageszeitungen gedruckt, und meine Geduld wird sehr auf die Probe gestellt.

Dann, Kaninchenbauten – so weit das Auge reicht. Volltreffer für die Hunde. Woher wissen Kaninchen eigentlich immer, wo es am schönsten ist? Im Laufe der Tage erklärt mir ein Bretone, dass die Kaninchen immer in Sicherheit sind. Überall haben sie ihre Schlupflöcher, die es ermöglichen, jeden Verfolger binnen Sekunden abzuschütteln. Die Bauten sind miteinander verbunden. Hier hat kein Hund eine Chance, ein Kaninchen zu fangen. Wahrscheinlich würde SALIDA bei dem Zauberspuk des Verschwindens wahnsinnig werden, und ALHAMBRA, unsere kleine schwarz-weiße Terrier-Dame, würde vor den Löchern in Terrier-Manier zur Salzsäule erstarren; in der Hoffnung, dass sich ein Kaninchen blicken lässt. Aber diese sind so clever und suchen sich in der Zeit andere Ein- und Ausgänge.

Nun denke ich mir, wir bleiben hier sicher auf unseren Wegen. Bei diesen Tausenden von gegrabenen Löchern ist kein Windhundbein sicher, und außerdem empfinde ich Kaninchen als äußerst nette Gesellen. Bitte kein Drama. Hunde hier jagen zu lassen, so steht es auf Schildern, ist verboten. Jedoch laufen hier fast alle Hunde ohne Leine. Dramen habe ich keine erlebt. Ganz im Gegenteil, es wirkt hier alles sehr entspannt, und alteingesessene Hasen (in diesem Falle Hunde) haben es längst aufgegeben, Kaninchen zu jagen. Sie erschnuppern eher die Tagespost und News über Neuankömmlinge (wie wir es sind) und trotten entspannt ihrer Wege.

Nun erreichen wir endlich den Strand. Es sei gleich gesagt, dass wir ab dem dritten Tag immer schneller am Strand sind. Hunde lernen und wissen ja sehr schnell, ob sie eine Chance haben oder nicht. Der Strand ist unendlich lang und einer meiner Lieblingsstrände in der Bretagne. Wir können nun täglich kilometerlange

Wanderungen unternehmen und uns in den Dünen für ein Päuschen niederlassen. Versonnen auf das Meer blicken und die Wellen beobachten ... Strandläufer und auch Möwen lassen sich von Wellen jagen, während wir täglich das schöne Spektakel genießen.

Wir laufen morgens, mittags, abends und verbringen viele Stunden am Meer. Nach der ersten Woche sind die Hunde nur noch müde, und wenn wir aufbrechen möchten, folgen sie uns höflich, um unsere Begeisterung nicht zu schmälern. Wir legen immer mal wieder Ruhetage ein und pausieren. Beide können wunderbar alleine bleiben und schlafen in der Zeit, während wir Zweibeiner die Gegend erkunden. Kommen wir zurück, heben sie nur kurz ihre hübschen Köpfe und lassen sich, mit klopfenden Ruten liegend, herzlich begrüßen und streicheln.

Ich liebe diese Entschleunigung – die Tage ohne Pflichten, der Lust und Stimmung folgend. Die Hunde genießen die Zeit und zeigen deutlich, wann sie im Haus bleiben oder mit uns kommen möchten. Es gibt so viel zu entdecken. Ganz in der Nähe weiden Pferde. Tagtäglich besuchen wir sie, denn ich mag es, ihnen Gras zu geben, welches sie mit ihren langen Hälsen zwischen dem Zaun nicht mehr erreichen können. SALIDA kann gut mit Pferden und wartet geduldig, bis ich mich von ihnen trennen kann. Ein paar Kilometer weiter steht eine uralte romanische Kapelle, und immer wieder sind die versteckten Strandhäuser zu sehen. Zurückhaltend gebaut, schmiegen sie sich in die Landschaft ein. Kleine Pfade schlängeln sich durch die Landschaft, und das Wandern und Erkunden macht Spaß.

Nicht weit von unserem Ferienhaus entfernt, befindet sich eine große Bucht, die Surfer aus aller Welt anzieht. Je nach Windrichtung gibt es hier mal große und mal kleinere Wellen. Bei Sonnenschein entstehen durch die Gischt viele kleine Regenbogen über dem Meer. Wir schauen den Surfern gerne zu, wie sie auf den

Wellen reiten. Erst paddeln sie minutenlang hinaus auf das Meer, um dann für wenige Sekunden auf einer Welle zu reiten.

Hier gibt es in einer Holzhütte auch leckere Snacks. Für jeden Geschmack ist etwas dabei, von superleckeren Crêpes bis hin zu köstlichen Pommes frites. Meeresluft macht hungrig, und uns gefällt es, dort zwischen den Surfern zu sitzen und zu essen. Kaum haben wir die Bucht verlassen, ist schon alles wieder ruhig und menschenleer.

Wenn wir an manchen Tagen längere Wanderungen unternehmen, gibt es ein Päuschen mit Picknick in den Dünen, windgeschützt und von der Sonne aufgewärmt. Es ist Anfang Oktober, und die Temperaturen sind mittlerweile etwas gefallen, aber immer noch am Tage mild und angenehm. Ich decke SALIDA mit meiner Jacke zu, und sie schließt ihre Augen. Wir genießen die Musik der Wellen, und sie entspannt vollständig. Ich weiß, wie sehr sie den Sand und die Weite liebt, wenn wir lange Spaziergänge und schöne Wanderungen unternehmen. SALIDA ist für das Reisen und Entdecken wie gemacht. Nur ALHAMBRA steht, während sie die Sandbeschaffenheit der Dünen genauestens untersucht. An der Ohrenstellung sehe ich genau, dass sie nicht zur Ruhe kommen wird. Als sie die Leine dreimal um uns herumgewickelt hat, brechen wir gemeinsam auf und kehren gemütlich zum Haus zurück. Nachdem die Hunde gegessen haben, kümmern wir uns nun um unser Abendessen. Tiefe Seufzer aus dem Wohnzimmer erreichen uns in der Küche.

Nach dem Essen ist die Sonne vor dem Untergehen. Das Abendlicht ist ein Traum, und uns Menschen zieht es schon wieder an den Strand, um „Wellen zu schauen" und zu sehen, wie die Sonne den Horizont berührt. Ich blicke SALIDA und ALHAMBRA fragend an, ob sie mitkommen möchten. Beide entscheiden sich für die Abendrunde.

So vergehen die Tage, und wir vergessen die Zeit. Ist es Montag oder schon Mittwoch? Wir lieben diese wertvolle gemeinsame Zeit und genießen sie in vollen Zügen.

Dann sind es plötzlich nur noch wenige Tage, die Heimreise steht bevor. Wir tanken in den letzten Tagen so viel gute und frische Meeresluft wie möglich und genießen die Zeit noch bewusster. Mittlerweile haben beide Hunde viel Muskulatur von den vielen Strandspaziergängen aufgebaut. Der Appetit wurde auch um einiges größer. So könnte das glückliche Leben noch eine ganze Weile weitergehen.

Der Morgen des Abschiedes ist da, und das letzte Mal wird sehnsüchtig über das blaue Meer mit Schaumkronen geschaut. Wie immer überbringe ich dem Meer beim Abschied meinen letzten Wunsch, dass ich es bald mit meiner Familie wiedersehen möchte. Ich danke dem Meer für seine Schönheit, die gute Luft und all das, was man nicht in Worte fassen kann. Ein letzter tiefer Atemzug und sehnsuchtsvoller Blick, dann drehen wir uns um.

Nach einer langen Autofahrt kommen wir in der Nacht am Bodensee an. Freudig wird das Gartentor passiert und erst mal genau überprüft. Was sich hier in den letzten Wochen wohl ereignet hat? Die Grashalme erzittern unter den Nasen beim Inhalieren und Einatmen. Anschließend wird freudig das Haus betreten und mit Anlauf das Sofa in Beschlag genommen. Auch das ist so schön zu sehen, wie Hunde sich über ihr Zuhause freuen.

Urlaube am Meer sind anstrengend. Das Laufen auf Sand erweckt so manchen unbekannten Muskel zum Leben. Die Meeresluft fördert die Durchblutung der Schleimhäute in den Atemwegen. Die maritimen Aerosole in der Luft wirken schleimlösend, sie lösen Hautschuppen und glätten die Haut. Eine ganze lange Woche ist Ruhe angesagt. Die Hunde wollen nur schlafen und dösen. Sie strecken sich wohlig auf ihren Plätzen in der Sonne. So fallen unsere Spaziergänge zu Beginn recht kurz aus. Wir befinden uns alle noch in der Urlaubsblase, nicht hier und nicht dort. Nach ungefähr acht Tagen der totalen Entspannung kommt wieder Leben ins Haus.

Ein Strandbesuch wäre jetzt das pure Glück für uns. Meine Sehnsucht nach dem Meer wird wieder lauter. Wie schön wäre es, direkt am Meer zu leben. Das Haus in den Dünen ist noch für einige Zeit in meinem Kopf. Wer jetzt wohl darin wohnt und schöne Spaziergänge zum Strand unternimmt? Ich stelle mir glückliche Hunde und Menschen vor.

Ich liebe das Reisen mit unseren Hunden. Die gemeinsamen Erlebnisse und gemeisterten Abenteuer der Reise bringen uns immer noch ein Stückchen näher zueinander. Sogar etwaige unentdeckte Vorlieben und verborgene Talente werden entdeckt. All diese Erfahrungen erschaffen eine Erinnerung, die ein wahrer Schatz voller zauberhafter Momente ist.

Und was am Ende bleibt, ist die Liebe

Das Leben geht weiter, auch wenn ich sie nicht mehr mit den Händen fühlen oder mit den Augen sehen kann. Jedoch kann dies alles mein Herz. Es fühlt die Verbundenheit zu ihnen, und ich weiß, je größer der Schmerz beim Verlust, desto größer die Liebe, die dem Schmerz folgt und diesen irgendwann auflöst. Das ist mein Trost gewesen und mittlerweile ein zauberhaftes Gefühl der Dankbarkeit. Ich fühle mich wie durchtränkt von diesem Gefühl, kann zurückblicken ohne Schmerz und Traurigkeit. Ich hätte es niemals für möglich gehalten – am Ende bleibt die Liebe!

Für ALHAMBRA und SALIDA, die beide wunderschöne helle Sterne geworden sind und mir nachts das Meer erhellen, wenn meine Sehnsüchte auf Reisen sind.

Susanne Stolle

202 Windhundgeschichten - Unsere Reise durch vier Kontinente

Myrte

Wahre Liebe kennt kein Alter

Adriana Pricken

Deutschland

Heute möchte ich Euch von einer besonderen Liebe erzählen – von der Liebe zu den Senioren und der bewussten Entscheidung, einem älteren Hund eine Chance zu geben, vielleicht sogar seine einzige und letzte.

Für MYRTE und NANA

Dieser Text ist meinen beiden Seniorinnen gewidmet, die diese Erde leider bereits verlassen haben. In ihrem Namen hoffe ich, eine Lanze zu brechen, damit mehr Menschen einem Senior eine Chance geben und ihr Herz öffnen. Denn dies ist eine der schönsten und intensivsten Reisen, die man gemeinsam mit seinem Hund erleben kann.

Ich weiß, dass viele Menschen sich in puncto Adoption eines älteren Hundes fragen, wie viel gemeinsame Zeit man wohl miteinander hat und dass dies für viele beängstigend ist. Doch wie viel Zeit man miteinander hat, weiß man leider nie vorher, und vielen tollen Menschen blieb weit weniger gemeinsame Zeit mit ihren Hunden als mir mit meinen beiden Senioren. Doch natürlich muss man sich dessen bewusst sein, dass man mit einem älteren Hund keine 15 Jahre verbringen wird. Aber dafür verbringt man wohl den intensivsten Lebensabschnitt zusammen – den letzten Abschnitt, den das Leben vor dem Tod zu bieten hat.

Um diesen Text zu verfassen, meine Erfahrungen und die Liebe zu teilen, die die Senioren einem schenken, muss ich mit Euch zurück an den Anfang gehen, zu dem Punkt, an dem MYRTE ungeplant in mein Leben kam und alles seinen Lauf nahm. Nicht nur die Liebe zu ihr oder den Senioren, sondern auch die Liebe zu den spanischen Galgos aus dem Tierschutz. Ich erinnere mich immer an einen Satz, der mir gesagt wurde, bevor ein Galgo mein Leben bereicherte – „bist du dir wirklich sicher, dass du einen Galgo aufnehmen willst; denn wenn du dich einmal verliebt hast, wird dich diese Liebe nie wieder loslassen" ... Niemals hätte ich damals daran gedacht, wie viel Wahrheit in dieser Aussage stecken würde.

Im November 2014 stand meine erste Reise in das kleine spanische Tierheim in Villamalea an, doch vorab sollte bereits feststehen, welcher Hund den leeren Pflegeplatz einnehmen sollte. Denn lediglich zwei Tage nach meiner Rückkehr war der nächste Transport geplant, und im allerbesten Fall sollte mein neuer Pflegehund in diesem sitzen.

Ich entschied mich für eine ältere Podenca, die bereits seit einigen Monaten auf eine Chance wartete. Doch nachdem ich zugesagt hatte, kam aus Spanien die Information, dass sie über einen anderen Verein zu ihrer eigenen Familie ausreisen könnte. Ich freute mich sehr für den Hund, und letztendlich gab es ja noch genügend andere, die auf so eine Möglichkeit warteten. So sollte es dann eine andere Hündin werden, die für Interessenten und potentielle Adoptanten unsichtbar schien. Doch auch hier kam plötzlich die Nachricht, dass die Hündin eine Endstelle gefunden hatte. Ich habe mich wirklich sehr gefreut, und lustigerweise kam mir tatsächlich kurz der Gedanke, ob ich vielleicht ein gutes Omen sei.

Aller guten Dinge sind drei, und so fragte ich in Spanien nach, welcher Hund ihrer Meinung nach am dringendsten aus dem Tierheim raus sollte. DALIA und BULERINA – diese zwei Namen wurden mir genannt, und beide hätten unterschiedlicher nicht sein können. DALIA war eine Herdenschutz-Hündin mittleren Alters und BULERINA eine neuneinhalbjährige Galga, die seit wenigen Wochen in der Obhut des Tierheimes war. Ich schaute mir die Fotos und Profile beider Hunde intensiv an, und schon damals überkam mich ein Gefühl, welches mich zu BULERINA hinzog. Vielleicht lag es an ihrer Lebensgeschichte, dass sie nach neuneinhalb Jahren Treue und Ausbeutung einfach so lieblos entsorgt worden war. An ein Tor des Tierheimes gebunden, nachdem sie eine Fehl- oder Totgeburt erlitten hatte, weil ihr älterer und geschundener Körper einfach keine weiteren Welpen gebären konnte. Was auch immer es war, ich beschloss, dem alten Mädchen eine Chance zu geben und teilte dem Verein mit, dass sie ihr einen Platz in dem nächsten Transport reservieren sollten.

Ich muss ehrlich gestehen, dass ich mir zu diesem Zeitpunkt gar nicht wirklich Gedanken um ihr Alter und um ihre Vermittlungschancen machte. Ich wollte einfach, dass sie schnellstmöglich ihre Chance bekommt und in einem weichen Bettchen liegen darf; wahrscheinlich zum allerersten Mal in ihrem bisherigen Leben. Zu diesem Zeitpunkt wusste ich nichts von favorisierten Faktoren, die es für Hunde schwieriger macht, eine eigene Familie zu finden – von der „falschen" Fellfarbe, dem Alter oder dem „falschen" Geschlecht.

Hinzu kam, dass ich die Rasse *Galgo Español* zwar kannte, aber niemals in meinem Leben dachte ich daran, dass ein Hund dieser Rasse irgendwann bei uns daheim einziehen würde, selbst wenn nur zur Pflege. Nichts konnte ich dieser Rasse damals abgewinnen, besonders optisch, denn eigentlich schlug mein Herz für Molosser, also so ziemlich der Gegensatz. Aber letztendlich ging es darum, dem Hund, der am dringendsten dort heraus sollte, die Chance zu bieten – unabhängig von Optik, Alter oder Besonderheiten. Außerdem dachte ich, es sei die ideale Absicherung, denn diesen Hund würden wir doch niemals behalten ...

Schon jetzt kann ich Euch verraten, dass der Plan nicht aufgegangen ist. Nicht im Geringsten, denn ich hatte keinerlei Ahnung, dass mein Schicksal bereits vorherbestimmt war. Ich hatte keinen blassen Schimmer, dass dieser Hund mein Leben komplett umkrempeln würde, und gegen ihre Aura, gegen ihr Wesen hätte wohl kaum ein Mensch eine Chance gehabt. Sie hat bis zum

Schluss alle Menschen in ihren Bann gezogen und verzaubert, die ihr begegnet sind.

Bevor BULERINA, später MYRTE, zu mir kam, hatte ich das Glück gehabt, sie vorab persönlich in Spanien kennenzulernen. Doch die Begegnung verlief anders als gedacht, denn MYRTE hatte kaum Interesse an mir. Der Moment in Filmen, wenn sich zwei verwandte Seelen zum ersten Mal treffen und sofort eine Verbundenheit spüren, von dem waren wir meilenweit entfernt. Sie beachtete mich kaum und hatte nur Augen für Maria, ihre spanische Pflegerin. Maria war wohl der erste Mensch in ihrem Leben, der sie versorgte, sich um sie bemühte und ihre Hände benutzte, um sie zu streicheln. Niemals zuvor war ihr das wohl widerfahren, und so himmelte sie Maria an.

Zurück in Deutschland, kam einen Tag später MYRTE in mein Leben und stellte alles auf den Kopf. Sie zeigte uns die unglaubliche Liebe, die Senioren zu bieten haben. Nachdem bislang zwei Mädchen im Alter von neuneinhalb Jahren zu uns kamen, weiß ich, dass die Verbundenheit, die Beziehung, die man zueinander hat, noch einmal ganz anders ist als zu den anderen, den jüngeren Hunden. Es ist nicht, dass man die anderen weniger oder mehr liebt, aber es ist eine andere Art von Liebe. Wenn man einen Senior aufnimmt, weiß man, dass man nur den letzten Lebensabschnitt gemeinsam verbringen wird. Alle vorherigen Abschnitte sind vergangen, vorbei und Geschichte.

Da kommt also ein Hund ins Leben, der bislang nicht wirklich gelebt hat, jedenfalls nicht so, wie wir es uns für Hunde, besonders für unsere Hunde, wünschen. Und diese verlorene Zeit können wir nicht aufholen, wiedergutmachen oder wegradieren. Diese Zeit ist vergangen. Diese Abschnitte sind gelebt, und uns bleibt nur, das Allerbeste aus dem letzten Lebensabschnitt, den wir gemeinsam erleben werden, zu machen. Und während dieser gemeinsamen Zeit wächst eine Verbundenheit, eine Liebe, die auf Geduld, Wertschätzung und Dankbarkeit aufgebaut wird. Jeder Tag ist ein

Geschenk, jedes noch so klitzekleine gemeinsame Erlebnis ist bedeutend und trägt einen durch schwierige Zeiten, denn auch diese gibt es natürlich.

Kurz nachdem MYRTE als Pflegehund bei uns einzogen war, mussten wir mit ihr in die Tierklinik, denn wir hatten Knoten an einer ihrer Gesäugeleisten festgestellt. Wie sich herausstellte, war es sehr gut möglich, dass es Mammatumore waren, und diese sollten natürlich, so schnell es geht, entfernt werden – vorzugsweise gleich die gesamte Leiste. Doch es gab ein Problem, denn MYRTEs Körper war zu ausgemergelt, um sie schnellstmöglich operieren zu lassen. Dies war ein Problem, denn im Normalfall sollten solche Hunde langsam und gesund zunehmen, um dem Körper die nötige Zeit zu geben, sich an hochwertiges Futter und auch an regelmäßige Mahlzeiten zu gewöhnen. Doch wir sollten ein Auge darauf haben, dass es nicht allzu lange dauern würde, weil die Ärzte Sorge hatten, inwieweit es im Falle eines bösartigen Befundes fortgeschritten sein könnte. Dies waren natürlich keine Nachrichten, die sich jemand von uns erhofft hatte, doch wir machten das Beste daraus. Denn etwas anderes bleibt keinem von uns übrig, oder?!

Ich wollte unbedingt, dass alles gut wird und sie das Leben führen darf, welches ihr über neun Jahre verwehrt geblieben war. Also kümmerten wir uns die nächsten Wochen darum, dass ihr Allgemeinzustand sich verbesserte, und mit jedem Tag sprudelte mehr Lebensfreude aus ihr heraus. Es war einfach ein unfassbar schönes Gefühl, ihr dabei zusehen zu dürfen, wie sie all diese Dinge zum allerersten Mal in ihrem Leben genießen und ausprobieren konnte. Mit jedem neuen Tag und jedem neuen Erlebnis wurden ihre Augen wacher und lebendiger, und man merkte ihr an, wie sie wirklich alles genoss, was um sie herum passierte. Ich erinnere mich, als sie das erste Mal von alleine auf die Couch ging – ganz vorsichtig und unbeholfen, ihren fragenden Blick auf mich gerichtet, ob es denn in Ordnung wäre. Alleine das dauerte einige Tage, bis sie sich wirklich fallenlassen konnte und auf der Couch zur Ruhe kam; endlich mit dem Bewusstsein, dass es okay war und sie es sich überall bequem machen durfte.

Nach wenigen Wochen hatten wir einen Termin zur Vorbesprechung der Operation in der Tierklinik. Es wurde auch überprüft, ob MYRTEs Allgemeinzustand eine Operation zulassen würde. Und so war es. Ihr Zustand war in Ordnung, und wenige Tage später stand der Termin für die große Operation. Doch dann kam die Nachricht, dass nur noch ein Knoten festgestellt wurde, und somit beschloss das Ärzteteam, dass lediglich dieser Knoten und zwei Zitzen entfernt werden sollten. Dies wäre natürlich auch weniger belastend für sie und ihren Körper, da Operation und Wunde nicht so umfangreich würden wie bei einer Entfernung der gesamten Leiste.

Wenige Tage später war der große Tag da. Wir fuhren zur Tierklinik, und MYRTE wurde operiert. Am Nachmittag konnten wir sie abholen. Wir sollten am nächsten oder übernächsten Tag zu unserem Haustierarzt, um die Wunde kontrollieren zu lassen. Die Proben des Knotens sollten währenddessen zur Untersuchung in ein Labor verschickt werden.

Am nächsten Tag war MYRTEs Zustand besorgniserregend. Sie schien Schmerzen zu haben und sich sehr unwohl zu fühlen, also fuhren wir zu unserem Tierarzt. Dort angekommen, wurde das Mädchen untersucht, was sie wahnsinnig toll über sich ergehen ließ. Es faszinierte mich wirklich, wie ein Hund, der über neun Jahre kaum Erfahrungen mit Menschen gemacht hatte – und die wenigen, die sie hatte, waren mit großer Wahrscheinlichkeit keine guten – so freundlich und offen gegenüber allen Menschen sein konnte. Wie viel konnte ich von diesem tollen Hund wohl lernen?

Letztendlich mussten wir mit MYRTE drei Tage lang zum Tierarzt, damit sie an die Infusion konnte. Die Wunde wurde noch einmal gesäubert, da sich doch tatsächlich vergessenes Operationsmaterial in der Wunde befand. In diesen drei Tagen hatte ich wirklich Angst um sie und um ihre Zukunft. Ich fragte mich ständig, wie viel dieser Hund wohl aushalten konnte – ob sich der Zustand verbesserte oder es zu weiteren Problemen kommen würde. Und so ähnlich passierte es auch.

MYRTEs Zustand verbesserte sich, und eine Woche nach der Operation ging es ihr tatsächlich schon viel besser. Die Medikamente schlugen an, sie nahm wieder intensiver am Leben teil und war auch wieder für kleinere Späße zu haben. Doch es stand immer noch das Ergebnis der Proben aus. Jeden Tag rief ich in der Tierklinik an, an manchen Tagen sogar mehrfach, weil der zuständige Arzt gerade in einer Besprechung oder Behandlung war.

Nach fast drei Wochen „Telefonterror" erbarmte sich endlich jemand aus der Klinik, mir mitzuteilen, dass MYRTEs Proben niemals in dem Labor angekommen und anscheinend auf dem Postweg verschwunden waren. Da war sie, die Hiobsbotschaft, denn letztendlich wusste nun niemand, ob der Knoten gut- oder bösartig war. Wieder kreisten sämtliche Gedanken durch meinen Kopf, was wäre, wenn … Doch es änderte nichts.

Wir mussten die Tatsache hinnehmen, denn etwas anderes blieb uns nicht übrig. Doch durch die gesamte Erfahrung, das Bangen und Hoffen habe ich zu diesem besonderen Hund auch eine besondere Verbindung gespürt. Ich wollte sie nicht wieder gehen lassen; ich wollte, dass sie ein Teil unserer Familie blieb. Wir alle fühlten so, auch mein Rüde verstand sich allerbestens mit ihr, und die beiden wurden in kurzer Zeit ein gutes Team. Wollte ich das tatsächlich aufgeben? Nein, und so war der Entschluss gefasst, dass sie bei uns ihr Zuhause fand und ihr restliches Leben, bis sie diese Erde verlässt, an unserer Seite verbringen würde.

MYRTE war ein bemerkenswerter Hund. Sie wirkte wie eine alte weise Seele, die bereits seit Ewigkeiten diese Welt durchstreifte und dich Sachen lehrte, die dir sonst eventuell auf ewig verborgen geblieben wären. Doch nicht nur ich lernte durch sie, auch mein Rüde DOUGLAS lernte von ihr, und sie kümmerte sich um ihn. Sie war ihm immer eine geduldige „Ziehmutter", die ihm einiges durchgehen ließ, aber auch mal ordentlich auf den Tisch gehauen hat, wenn der Jungspund es auf die Spitze trieb. Die beiden zu beobachten, wie sie miteinander interagierten, spielten, und wie viel sie voneinander lernten, war einfach herzerwärmend. Niemals hätte ich es mir so erträumt, und ich war glücklich, das große Los gezogen zu haben.

Beide waren so unterschiedlich, da war nicht nur der große Altersunterschied. DOUGLAS war zu dem Zeitpunkt in seiner ersten pubertären Phase – ein Rowdy, immer aktiv und grobmotorisch veranlagt. Auf der anderen Seite war MYRTE, eine sehr besonnene, souveräne und erfahrene Hündin, absolut klar in ihrer Körpersprache und Kommunikation. Und mit ihren neuneinhalb Jahren war sie durchaus noch aktiv und sportlich.

In den ersten Monaten nach ihrer Ankunft und besonders nach der Operation blühte sie förmlich auf. Ihre Lebensfreude wuchs stündlich, und ihre neu erweckten Geister platzten nur so aus ihr heraus. Sie war aufgeweckt, neugierig und absolut daran interessiert, die gesamte Welt kennenzulernen. Es war wirklich herrlich. Es war einfach nur ergreifend, diesem alten Mädchen dabei zusehen zu dürfen, wie sie die Welt entdeckte und wie viel Liebe sie zu schenken hatte.

Nie werde ich vergessen, wie sie DOUGLAS über ein Feld jagte und mit ihm herumtollte. Er war nie groß an Spielen mit anderen Hunden interessiert, aber mit MYRTE war es anders. Er forderte sie sogar teilweise eigenständig auf und rannte mit ihr um die Wette. Er liebte es, „den Hasen zu machen", und er wurde in all den Jahren richtig gut darin.

So wie ihre Beziehung stärker wurde, wurde es auch unsere. Ich merkte, dass unsere Beziehung stetig wuchs und ich das Wichtigste für diesen Hund wurde. Ich war tatsächlich ihre Welt, und wenn ich bei ihr war, war alles heile und perfekt. Sie wurde zu meinem Schatten, und da sie absolut einfach war – wirklich in jeglicher Hinsicht – habe ich sie oftmals mitgenommen, wenn es mir möglich war.

Oft hört oder liest man, dass neue Besitzer – oder auch Vereine – über einzelne Hunde schreiben, diese seien „dankbar". Ich bin bei diesen Aussagen sehr vorsichtig, denn oftmals vermittelt man den Menschen einen falschen Eindruck. Natürlich spielt auch die eigene Intention und Interpretation eine Rolle dabei, aber kein Hund ist *per se* dankbar und erst recht kein Auslandshund, der es nicht kennt, mit dem Menschen harmonisch zusammenzuleben. Im Bezug auf Galgos hört man häufiger, sie kleben absolut an ihren Besitzern, besonders die erste Zeit. Dieses Phänomen wiegt viele Menschen in Sicherheit; und die gibt es so nicht, denn meistens entfernen sich diese Hunde weiter, wenn sie länger bei einem sind. Sie haben dann die nötige Sicherheit und das Selbstbewusstsein und können auf Entdeckungstour gehen. Dies kann eine tragische Kettenreaktion auslösen, wenn der Hund durch diese Fehleinschätzung ungesichert frei läuft und dann etwas erspäht, was ihn reizt und seinen Trieb auslöst.

Was hat das mit meiner MYRTE zu tun? Wie bereits geschrieben, war MYRTE unser erster Galgo, und ich kann nicht mit hundertprozentiger Sicherheit sagen, welche Richtung es genommen hätte, wenn MYRTE eben nicht MYRTE gewesen wäre. Denn sie war ein absoluter Ausnahme-Galgo, der perfekte Anfängerhund dieser Rasse. Sie war in keinem Fall die Norm, und das wurde mir relativ schnell bewusst. Durch all die darauffolgenden Jahre, mit sehr viel mehr Erfahrung und Expertise im Umgang mit verschiedenen Vertretern der Rasse des „Tierschutz-Galgos", weiß ich, wie facettenreich die einzelnen Hunde sein können.

Ich möchte hier keineswegs den Eindruck vermitteln, die Omas seien Schlaftabletten, oder es sei keine Jagdambition mehr vorhanden, denn das wäre absolut falsch. Doch bei MYRTE war es tatsächlich so, als wäre sie seinerzeit in den Transporter gestiegen und hätte ihre gesamte Last, die Bürde, all ihre Köfferchen in Spanien zurückgelassen. Seit ihrer Ankunft in Deutschland bis zu ihrem Tod gab es keinen Moment, in dem sie irgendein jagdlich orientiertes Interesse zeigte. Sie konnte neben Kaninchen grasen und spielen, ohne dass sie die Ambition hatte, diese zu jagen. Nichts. Ihre Augen und ihr Fokus lagen immer nur bei mir. Für diesen Hund gab es nichts Wichtigeres auf der Welt als mich, und unser Band wurde in den fünf Jahren so stark, dass zwischen uns kein Blatt gepasst hätte.

Bis heute habe ich das bei keinem anderen Hund mehr so erlebt, und ich bezweifle stark, dass ich so etwas jemals wieder erleben werde. Doch das ist vollkommen in Ordnung für mich, denn MYRTE war meine große Liebe. Ich glaube, bei ihr war einfach alles vorherbestimmt. Ich denke, viele werden dieses Gefühl kennen, dass das Schicksal seine Finger im Spiel hatte, dass man eines Tages alles noch einmal Revue passieren lässt und sagt: „Am Ende hatte alles einen Sinn! Am Ende ist alles gut ausgegangen!"

Es gibt einfach Lebewesen, die zueinander gehören, deren Seelen vorherbestimmt sind, sich in dieser Welt zu finden, wenn auch vielleicht nicht für das gesamte Leben. Doch in der Zeit, in der unsere Seelen eins sind, werden wir eine Liebe spüren, die mit Worten nicht zu erklären ist. Wir werden eine Wärme spüren, egal wie kalt es auch ist. Wir werden ein Licht sehen, egal wie dunkel die Welt auch scheinen mag. Ich bin absolut dankbar, dass ich dieses Glück hatte, eine dieser verwandten Seelen bereits gefunden zu haben, denn sie hat meinen Weg in vielerlei Hinsicht geebnet. Und das tun sie, diese besonderen Seelen. Sie lehren dich Sachen, die man in der Schule niemals lernen wird, und ab dem Moment, in dem man einander findet, wird dein Leben sich auf ewig ändern.

So unerwartet und ungeplant MYRTE in unser Leben stolperte, so geplant kam NANA. In Spanien hieß sie noch SILENE, sie war eine neunjährige Galgo/Grey-Hündin, die tagelang ständig auf meiner Startseite auftauchte. Sie hatte die kürzeste Beschreibung, die ich jemals bei einem Hund gesehen habe, denn eigentlich stand dort nur, dass sie ein warmes und weiches Bettchen suchte. Sie suchte ein Zuhause, in dem sie ihren Lebensabend verbringen durfte.

Eigentlich waren wir voll, denn nachdem MYRTE als Zweithund blieb, wollten wir eigentlich keinen weiteren Hund aufnehmen, bis wir uns kurz darauf entschlossen, wieder als Pflegestelle zu agieren, was auch halbwegs klappte. Tatsächlich sind nach MYRTEs Adoption drei Pflegehunde ein- und auch wieder ausgezogen, als sie ihre Familien gefunden hatten. Doch dann kam im Oktober 2015 KOLINA als Pflegehund, und im April 2016 wurde sie mir von meinem Freund geschenkt ... Merkt Euch das – so kommt man an Hund Nummer 3 – einfach schenken lassen, dann kann der andere Part nichts ausrichten. Aber zurück zum eigentlichen Thema.

Wir waren voll mit drei Hunden, denn eigentlich waren es schon zwei mehr als geplant. Doch dann kam es wieder anders, denn NANA ließ uns keine Ruhe. Und letztendlich entschlossen wir uns dann im Jahre 2017, dem alten Mädchen einen Pflegeplatz anzubieten, damit sie aus dem Tierheim kommen und endlich den Genuss einer eigenen Familie kennenlernen konnte. Wir fanden einen tollen seriösen Verein, der NANA übernahm und sich um alles kümmerte; auch mit dem Wissen, dass eine Vermittlung eventuell länger dauern kann. Denn acht- oder neunjährige Hunde fallen nicht unbedingt in eine „Kategorie". Manchmal haben sie Glück und werden sofort reserviert, manchmal dauert es sehr lange, bis ihnen jemand die Chance gibt. Dieses Mal entschieden wir uns bewusst für einen Senior, mit all dem Wissen hinsichtlich der Vermittlung, der Möglichkeit, dass NANA durchaus länger bei uns bleiben könnte, eventueller „Wehwehchen", und was noch so alles dazugehört.

Und so fand NANA ihren Weg in unsere Mitte. Sie war ein großes Mädchen und hatte eine Schulterhöhe von 73 cm. Außerdem brachte sie um die 34 kg auf die Waage. Gut, sie war leicht übergewichtig, aber alles in allem war sie eine staatliche ältere Hündin, welche auch in puncto Körperbau deutlich massiger war als meine MYRTE. Diese wirkte neben NANA zart und zerbrechlich, obwohl sie mit 68 cm Schulterhöhe auch nicht zu den kleineren Hündinnen zählte.

NANA sah man ihr Leben als Jagd- und Gebärhündin an. Sie hatte Liegeschwielen und hängende Haut an den Zitzen. Ihr Fell war stumpf, und ihre Augen wirkten müde; wobei man anmerken muss, dass NANA lebenslang einen sehr melancholischen Blick hatte, der den einen oder anderen sicherlich zum Weinen hätte bringen können. Auch ihr Charakter war anders als der von MYRTE, die ihre Vergangenheit hinter sich gelassen hatte. Bei NANA war das bis zum Ende nicht der Fall. Sie hat ihr restliches Leben dieses Päckchen mit sich herumgetragen und war fremden Menschen gegenüber sehr misstrauisch und ging jeglichem Kontakt aus dem Weg, wenn dies möglich war. Außerdem zeigte sie sehr schnell, dass sie die Jagd am liebsten nicht an den Nagel hängen wollte und durchaus noch interessiert war an dem, was hier alles Essbares herumlief. Tatsächlich war es auch NANAs „Schuld", dass wir damals unseren Auslauf wechselten, weil sie nach einiger Zeit anfing, am Zaun zu patrouillieren, um zu erkunden, wo sich eine Schwachstelle befand. Man darf also keineswegs die Jagdambitionen von Senioren und Seniorinnen unterschätzen. Sie sind aktiv und möchten flitzen; auch auf einen starken Willen sollte man gefasst sein.

Anders als die anderen hing NANA meiner Mama am Rockzipfel und fand in ihr ihre Bezugsperson. Sie passten aber auch zusammen wie A.... auf Eimer und waren wirklich wie füreinander geschaffen. NANA war eineinhalb Jahre unser Pflegehund, und es gab auch Anfragen für sie, doch leider waren nicht die passenden Menschen dabei. Sie war ein absoluter Routinehund, und mehrfach im Jahr zu verreisen oder Städtetrips zu machen, war nichts, was dem alten Mädchen eine Freude bereitet hätte. Andere Interessenten dachten aufgrund NANAs Alters, dass sie keinerlei Jagdambitionen mehr hätte, oder dass ein hüfthoher Zaun sie davon abhalten könnte, Nachbars Katze zu fressen, „schließlich sei sie ja bereits alt". Doch NANA sah das hingegen deutlich anders, und sie, ihr Willen, ihre Starrköpfigkeit und auch ihre Kraft waren bis zum Ende nicht zu unterschätzen.

Nach über eineinhalb Jahren als Pflegehund gab es einen medizinischen Notfall bei MYRTE, der uns aufweckte und uns bewusst machte, dass NANA ihre Familie bereits seit ihrer Ankunft gefunden hatte. Meine Mama adoptierte sie, und sie durfte bis an ihr Lebensende mit all ihren Eigenarten bei uns bleiben und sein, wie sie eben sein wollte.

Ein Jahr vor ihrem Tod hatte MYRTE eine Magendrehung und schaffte es tatsächlich im Alter von dreizehn Jahren, dem Tod von der Schippe zu springen. Doch nachdem ihr eine Notoperation das Leben gerettet hatte, löste es auch etwas in ihr aus. Sie wurde dement. Ein Jahr lang lebte sie mit ihrer Demenz, und wir planten unser gesamtes Leben, unseren gesamten Alltag um sie herum.

Plötzlich konnte sie nicht mehr mit den anderen alleine bleiben und weinte schrecklich. Selbst wenn sie bei meiner Mutter war, fiepte sie leise vor sich hin und kam nicht zur Ruhe. Sie wollte permanent an meiner Seite sein, und ich nahm sie immer mit, wenn es mir irgendwie möglich war. Wenn ich Freunde besuchte, war sie dabei, selbst wenn es für mich hieß, sie vier Etagen nach oben und später wieder nach unten zu tragen. Außerdem hatte MYRTE durch ihre Demenz immer und ständig Durst und Hunger. Solche Anzeichen muss man natürlich tierärztlich abklären lassen, denn es gibt durchaus Krankheiten, die dies hervorrufen können. Doch bei

MYRTE war dies nicht der Fall. Also mussten wir zusätzlich immer ein Auge darauf haben, dass sie nicht unendlich viel trank. Das war zu Beginn gar nicht so einfach und erforderte die erste Zeit etwas Konzentration, bis man alles immer im Blick hatte. Es durfte keine Toilettenbrille oben sein, ansonsten hing sie mit dem Kopf im Klo und trank. Selbst Blumenkübel waren vor ihr nicht sicher. Hinzu kam, dass sie natürlich auch nicht mehr wirklich lange einhalten konnte, also gingen wir so oft wie möglich nach draußen. Aber ich mache Euch nichts vor – ich glaube, so oft wie in ihrem letzten Lebensjahr habe ich noch nie den Boden gewischt. Doch all die Mühe, all die Kraft und das *Management*, unser Leben um sie herum zu planen, waren es absolut wert.

Das Wichtigste für mich war, dass sie eine schöne Zeit hatte – dass ich jeden Moment erleben durfte, der mir mit ihr vergönnt war. Diese Ereignisse und die Erinnerungen gaben mir in den schweren Minuten, Stunden und Tagen Kraft; und sie trugen mich durch diese Zeit. In diesem letzten gemeinsamen Jahr waren die Gedanken und Sorgen um den Abschied allgegenwärtig und ein ständiger Begleiter.

Viele Menschen meinen, dass man bei der Adoption eines älteren Hundes permanent die Gedanken im Kopf habe, wie lange man gemeinsam hat, oder ob was passiert, ob etwas im Argen ist. Doch diese Gedanken begleiten einen nicht Tag für Tag und auch nicht von Beginn an. Sie wachsen, und wenn sie am Anfang vielleicht sechs Monate Abstand hatten, schwindet dieser mit zunehmendem Alter.

Es gibt wohl kaum einen Hundehalter, der sich nicht irgendwann mit diesen Gedanken und Sorgen auseinandersetzen muss – die Gedanken um den Abschied. Die Gedanken, wann wir unsere Lieben ziehen lassen und uns verabschieden müssen. Und man redet sich ein, man weiß es ja und versucht zu planen. Man will sich austricksen und denkt, wenn man diese Gedanken nicht immer wegschiebt, sondern sich ihnen stellt, dann wird es an dem Tag einfacher. Doch das wird es nicht. Es gibt keine Vorbereitung. Wenn der Tag kommt, dann ist sämtliche Planung hinfällig, und alles, was man sich eingeredet hat, ist wie weggeblasen.

Bei beiden Omas traf es uns unvorbereitet und planlos. Es gab keine Anzeichen, keine lange Krankheit, die uns bekannt waren. Von jetzt auf gleich änderte sich alles, und wir mussten die Entscheidung treffen, sie in Würde gehenzulassen.

MYRTEs Tod ist jetzt fast drei Jahre her, NANA ist im Mai 2022 von uns gegangen. Und es schmerzt. Es wäre gelogen, wenn ich schreiben würde, dass vor allem MYRTEs Tod mein Herz nicht in Tausende von Stücke gerissen hätte. Die ersten zwei Wochen war ich wie in Trance und konnte es einfach nicht realisieren. Jeden Morgen wachte ich auf und dachte, es wäre ein Alptraum – bis ich es eines Tages realisierte, was es aber nicht einfacher machte. Die Gewissheit, dass das Leben endlich ist, dass es kein Zurück mehr gab …

Mit beiden Omas hatten wir etwa fünf wunderschöne Jahre, und wir bereuen keine Sekunde, uns damals für die beiden entschieden zu haben. Es war die allerbeste Entscheidung, diesen älteren Mädchen die Chance gegeben und erlebt zu haben, wie sie aufblühten, wie viel Liebe sie zu geben hatten.

Heute, rückblickend auf all die Jahre mit den beiden Senioren – und auch mit der Erfahrung, wenn Hunde älter werden und gemeinsam mit dir in den letzten Lebensabschnitt gehen – kann ich nur sagen, dass diese Beziehungen zu Senioren tatsächlich eine andere ist. Es soll keineswegs so klingen, als würde ich meine anderen jüngeren Hunde nicht so sehr lieben oder keine Verbindung spüren. Ich habe zu jedem meiner Hunde eine innige Bindung, und ich liebe jeden einzelnen von ganzem Herzen, aber ich liebe jeden auch wieder anders. Jede Beziehung zu meinen Hunden ist individuell, genau wie sie es sind.

Zu allen drei Omas, die bislang hier waren bzw. sind, war und ist meine Beziehung sehr intensiv. Jeden einzelnen Tag. MYRTE und NANA kamen beide zu uns, als sie bereits älter waren – im Gegensatz zu KOLINA, die bereits im Alter von ungefähr fünf Jahren zu uns kam. Wir beide hatten schon immer eine enge Beziehung, aber je älter sie wurde, desto intensiver wurde diese. Es erreichte noch einmal eine ganz andere Ebene der Tiefe. Jeder Tag mit einem Senior ist ein Geschenk, und Tag für Tag wächst die Wertschätzung. Man weiß jeden einzelnen Moment zu schätzen – jedes Ereignis, mag es noch so klitzeklein sein.

Was erhoffe ich mir von meinem Text bezüglich der Senioren? *Ich erhoffe mir, dass mehr Menschen bei der Suche nach dem passenden Familienmitglied auch zu den älteren Semestern schauen, sie würdigen und ihnen einen Blick schenken. Denn sie haben es so sehr verdient, und sie haben so viel zu bieten.*

Wenn man sein Herz öffnet, unvoreingenommen ist und die Möglichkeit hat, dann bitte schaut auch zu diesen Hunden. Schaut zu ihnen und gebt ihnen eine Chance, damit das Tierheim für sie nicht zur Endstation wird.

Schenkt ihnen eine Zukunft, und Ihr werdet sehen, dass sie Euch und Euer Herz noch einmal auf eine ganz andere Art und Weise berühren werden.

Ist diese gemeinsame Reise immer einfach? Definitiv nicht. Etwas anderes zu behaupten, wäre gelogen. Es gibt Tage, an welchen man am Ende ist. Es gibt Ängste, Sorgen und Kummer. Doch dies ist nicht der Hauptanteil. Es ist nicht das, woran Ihr Euch am Ende erinnern werdet.

Ihr werdet an die gute Zeit denken, an all „die ersten Male", an all die schönen gemeinsamen Erlebnisse und Momente. Ihr werdet an die unendliche Liebe denken, die Euer Herz auf ewig erfüllen wird.

Und so wird demnächst wieder eine neunjährige Oma den leeren Pflegeplatz bei uns beziehen; in der Hoffnung, eine positive Veränderung in ihrem Leben sein zu können.

Dieser Text ist für Euch, MYRTE und NANA. Danke für diese unfassbare Reise, für all die Liebe auf diesem Weg und auch für Euer Vertrauen in uns, vor allem nach all den Jahren der Ausbeutung. Wir werden Euch auf ewig lieben.

Adriana Pricken

222 Windhundgeschichten - Unsere Reise durch vier Kontinente

Oliver

Aufbruch in ein Abenteuer

Gisela Mehnert

Gründerin der *Fundación Benjamín Mehnert*

Spanien

Gewidmet meiner Mutter Rosemarie Mehnert (verstorben am 2. Februar 2022), die einen wesentlichen Anteil an unserem Projekt hatte – nicht nur, weil sie das Gelände kaufte, auf dem unser Tierheim heute steht, sondern mich auch immer ermutigte und stolz auf unsere Arbeit war.

Fundación Benjamín Mehnert

Ich bin Gisela Mehnert, Gründerin der *Fundación Benjamín Mehnert*, einem Tierheim vorwiegend für misshandelte ausgesetzte Windhunde.

Bevor ich 1997 nach Spanien zog, war ich in Deutschland in der politischen Bewegung *Menschen für Tierrechte* aktiv gewesen. Das Schicksal von Tieren war mir von klein auf sehr wichtig; wahrscheinlich auch, weil diejenigen, die mit Menschen leben, auf Gedeih und Verderb von ihnen abhängen.

Wenn ich jedoch die aktuelle Situation der sogenannten Nutztiere und auch Haustiere betrachte, so haben sich nur eher unwesentliche Verbesserungen im gesetzlichen Schutz ergeben …

Wie meine Liebe zu Windhunden begann

Von Windhunden hatte ich in Deutschland gelesen und war der Meinung, sie seien „Schickimicki" Hunde für Leute, die gerne auffallen.

Erst als ich in Spanien wohnte, erfuhr ich, welch hartes Schicksal die meisten von ihnen haben – dass sie von Galgueros erst wie Champignons gezüchtet und dann wie Müll entsorgt werden.

Damals, vor 25 Jahren, gab es noch keine Vereine, die hauptsächlich auf Windhunde ausgerichtet waren.

Ich erfuhr von einer getigerten Galga, die seit Jahren alleine auf der Grünfläche eines Einkaufszentrums lebte. Ihr Gefährte war überfahren worden. Sie wurde von einigen Frauen mit Essen und Wasser versorgt, und ich schloss mich ihnen an. Die Näpfe mussten wir zwischen Bäumen aufhängen, weil auch die Ratten etwas davon abgekommen wollten … Die Galga war sehr ängstlich und ließ keinen näheren Kontakt zu, aber dennoch war klar, dass sie dort nicht bleiben konnte.

Damals war ich Mitglied eines in der Nähe gelegenen Tierschutzvereines namens *ANAA* und bat deren Tierarzt um Hilfe. Er versuchte, sie mit einem Betäubungspfeil zu fangen und scheiterte mehrmals. Sie schien, die „Gefahr" immer zu spüren. Als sie sich jedoch auf der Flucht vor uns einmal am Rande des Geländes hinlegte, gelang es, sie mit einem Pfeil zu treffen. Das Ganze war natürlich riskant, denn sie rannte sofort los. Es dauert etwa 20 Minuten, bis die Betäubung wirkt. Glücklicherweise konnten wir sie in der Nähe sichern.

Sie kam dann in das Tierheim von *ANAA*, wurde untersucht und getestet. Heraus kam, dass sie „Leishmaniose positiv" war. Ein Windhund – und noch dazu mit dieser damals „monströsen" Krankheit behaftet – hatte zu dieser Zeit keinerlei Aussicht auf eine Familie. Überhaupt galten Windhunde als ungeeignet für Familien, waren eher „Jagdinstrumente", also Objekte, derer man sich entledigen kann.

Ich habe die Hündin dann häufig besucht, bin mit ihr und meinem Dobermann BENJAMÍN spazieren gegangen, um zu sehen, ob sie sich verstehen würden. Anfänglich knurrte sie ihn noch an, aber dann beruhigte sich die Lage. Sie war durch ihre lange Einsamkeit geprägt und musste erst wieder lernen, soziale Kontakte zu haben.

BIANCA nannte ich sie. Sie war etwa fünf Jahre alt und bildhübsch, trotz ihres Lebens auf der Straße. Kurzum: BENJAMÍN und ich adoptierten sie. An das Leben in einem Haus gewöhnte sich BIANCA erstaunlich schnell. Sie schien den geregelten Tagesablauf, die Spaziergänge auf dem Feld mit den anderen Hunden, die Sofas und anderen Liegeplätze, die regelmäßigen Mahlzeiten und die Zuwendung gut zu finden.

Aber bis zu ihrem Tod im Alter von ca. zwölf Jahren ist sie keine enge Freundschaft mit einem der anderen Hunde eingegangen. BIANCA zog es vor, meist auf einem Hundebett in der Küche zu schlafen. Ob diese selbstgewählte Einsamkeit ihrem Charakter entsprach oder Resultat ihrer traurigen Vergangenheit war, konnte ich nie herausfinden. Was hingegen für mich feststeht, ist, dass BIANCA sich eine kleinere Familie gewünscht hätte. Dennoch glaube ich, dass sie im Rahmen ihrer Möglichkeiten glücklich war.

Ihre Leishmaniose-Erkrankung haben wir übrigens mit einer „Glucantime-Therapie" schnell in den Griff bekommen. Sie wurde nach etwa zehn Monaten negativ getestet und blieb es bis zu ihrem Tod.

Im Alter von ungefähr zehn Jahren erlitt sie nachts einen Schlaganfall, ausgelöst durch *Polycythemia vera*, einer krankhaften Überfrachtung mit roten Blutkörperchen. Sie war anfänglich blind und gelähmt, erholte sich jedoch dank Aderlässen und Medikation erstaunlich schnell.

BIANCA war eine Kämpferin, eine echte Persönlichkeit. Ich werde sie immer mit Respekt und Liebe in Erinnerung behalten. Sie hat mein Leben entscheidend geprägt. Nachdem ich sie adoptiert hatte, kamen zahlreiche, vorwiegend kranke Galgos zu mir. Einige fanden Familien, andere blieben für immer.

Fortan konnte ich mir ein Leben ohne Galgos nicht mehr vorstellen, war fasziniert von ihrem besonderen Wesen, ihrer

Noblesse und ihrem sozialen Verhalten. Ich fühlte, ich musste mehr für diese Hunde tun.

Ein Anruf eines Abends vor etwa 15 Jahren wies mir dann plötzlich den Weg, und das Abenteuer begann …

Eine Tierschützerin aus Sevilla erzählte mir, wie schwierig die Arbeit in Andalusien wäre – vor allem, was die Galgos anginge und dass sie sich mit ihrem kleinen Verein überfordert sähe. Sie fragte dann „einfach so", ob ich bereit wäre, ihr „mit einigen Galgos" zu helfen.

Kurzum, wir fingen an, Galgos von Feldern, Straßen, *Perreras* (Tötungsstationen) zu holen und in Tierpensionen unterzubringen. Nach kurzer Zeit stieß Rocío Arrabal zu uns, eine junge Tierärztin, die heute die Direktorin der *Fundación Benjamín Mehnert* ist. Sie übernahm die medizinische Betreuung unserer Schützlinge. Natürlich wurden es immer mehr, und schließlich mussten wir sie auf drei Tierpensionen aufteilen. Rocío legte täglich größere Wege zurück, um ihre Patienten zu besuchen.

Ich muss gestehen, dass mir die Dimension unserer Aktion zunehmend größere Sorgen bereitete. Abgesehen von den finanziellen Verpflichtungen hatten wir zu der Zeit noch keinen einzigen Partnerverein. Das Thema „Galgo" war auch noch längst nicht so bekannt, und die meisten Leute – in Spanien und außerhalb – hatten wenig bis keine Ahnung vom Wesen dieser Hunde.

Unser erster Partnerverein wurde dann *Galgo Save Belgium*, die anfingen, unsere Schützlinge zu veröffentlichen. Langsam folgten andere Vereine im europäischen Ausland, und wir fingen an, etwas optimistischer zu sein. Im Rückblick frage ich mich, ob ich nochmals diesen eher naiven „Mut" besitzen würde. Aber natürlich bin ich heute froh und dankbar, dass die *Fundación* existiert und nun jährlich ca. 1000 Hunden Schutz bietet und über

Partnervereine in viele Länder, sowie auch immer mehr in Spanien selbst, vermittelt.

Immer mehr wurde uns schließlich bewusst, dass die Unterbringung in Tierpensionen keine dauerhafte Lösung sein konnte. Sie war zu kostspielig. Die Hunde erhielten keine hochwertige Ernährung und wurden auch nicht immer so gut versorgt, wie wir uns das vorstellten.

Wir erfuhren dann, dass eine Bank das Anwesen eines bankrotten Hühnerzüchters außerhalb von Alcalá de Guadaíra zu einem guten Preis im Angebot hatte. Die Besichtigung ergab, dass es sowohl von der Größe (20 000 qm) als auch aus anderen Gründen für unseren Zweck geeignet war:

Eigener Brunnen, ohne den das Projekt unmöglich gewesen wäre.

Eine große Halle (in der vorher die armen Hühner „lebten"), die aber von uns mit relativ geringem Aufwand mit Zwingern ausgestattet werden konnte, da die Bausubstanz in Ordnung war.

Möglichkeit zur Errichtung eines Gebäudes für Büros und Klinikbereich sowie zweier kleiner Häuser für *Caseros*, das Personal, das auf dem Gelände lebt, so dass die Hunde nie alleine sind.

Auf den hohen Mauern, die das Gelände umgeben, wurde außerdem Stacheldraht angebracht. Und wir haben zahlreiche Kameras, die mit unserer Alarmanlage verbunden sind.

All diese Maßnahmen sind vor allem wegen der Galgos notwendig. In Spanien sind schon öfters Tierheime, vor allem nachts, überfallen worden – sei es, um die Anlagen zu beschädigen, oder um Hunde zu stehlen oder umzubringen …

Im Jahr 2009 konnten wir schließlich mit allen Hunden einziehen. Alles begann, in geordneteren Bahnen zu verlaufen. Wir hatten nun alles vor Ort, was für die Rundumbetreuung der Hunde erforderlich ist:

Hundehaus mit Ausläufen, wo sie zweimal täglich laufen und spielen können.

Im Laufe der Zeit wurden hinzugefügt:

Fünf *Granjas*, kleinere Häuser mit individuellem Auslauf für Gruppen bis zu sechs Hunden, wo eher ängstliche mit ausgeglichenen Hunden zusammenleben.

Katzenhaus, wo leider nur noch unsere „alten" Katzen leben, weil wir neue nicht aufnehmen können, da niemand bei *FBM* nach ihnen fragt.

Welpenstation, wo meist Mütter mit ihren Babys leben.

Quarantänestation für Hunde mit Infektionserkrankungen; diese wurde als Folge der leider häufigen Parvo-Fälle, hauptsächlich bei Welpen, errichtet.

Hundepension, die vor allem bei unseren Adoptanten aus dem Bereich Sevilla beliebt ist, weil sie darauf vertrauen können, dass ihre Hunde gut versorgt werden und immer ein Tierarzt entweder vor Ort oder in Bereitschaft ist.

Eine Aula, in der wir Lehrgänge für künftige Tierarzthelfer/innen abhalten.

Tierklinik mit Hospitalbereich und zwei Ops; hier werden Tests, Impfungen, Behandlungen, Kastrationen, OPs etc. vorgenommen. Nur schwere Verletzungen und OPs werden an andere Kliniken verwiesen.

Ausgelegt war der Hundetrakt ursprünglich für ungefähr 300 Hunde; eine Anzahl, die jedoch angesichts der Situation in Sevilla und Umgebung nicht zu halten war, ohne viele Hunde auf der Straße zu lassen und damit einem ungewissen Schicksal zu überlassen. Daher betreuen wir, je nach Jahreszeit, zwischen 500 und 700 Hunde im Tierheim. Besonders schwierig ist die Situation zu Beginn und Ende der Jagdsaison (Oktober bzw. Februar). Die Galgueros testen die Hunde vor der Jagd und sortieren die „schlechten" aus. Das bedeutet, sie lassen die Hunde entweder zurück auf den Feldern etc. oder entledigen sich ihrer auf andere Weise. Im besten Fall, indem sie versuchen, sie bei einem Verein unterzubringen oder in der *Perrera* abzugeben (wo sie zumeist von Vereinen übernommen werden). Am Ende der Jagdsaison trifft es dann jene, deren „*Performance* enttäuscht" hat …

Erfreulicherweise wurden wir mit der Zeit immer bekannter und gewannen so neue Partnervereine in Europa, den USA und Kanada. So konnten wir die Anzahl der jährlich vermittelten Hunde auf durchschnittlich 1000 steigern.

Es ist ein großer Fortschritt, dass Galgos immer bekannter und beliebter wurden, aber die Lösung des ursprünglichen Problems liegt nicht in Adoptionen, sondern in Gesetzen, die sie vor Ausbeutung und Misshandlung schützen.

Seit einigen Monaten liegt ein Gesetzentwurf für ein Tierschutzgesetz auf nationaler Ebene vor, das auch für diese Hunde entscheidende Verbesserungen bringen würde. Doch noch wurde es nicht zur Abstimmung vorgelegt. Der Grund (oder einer der Gründe) ist, dass interessierte Kreise versuchen, Hunde erster („normale" Rassen und Mixe) und zweiter Klasse (Jagd- und Arbeitshunde) durchzusetzen. So wollen die Galgueros und andere Jäger verhindern, dass – wie vorgesehen – die Höchstzahl der Hunde auf fünf begrenzt wird. Personen, die mehr Hunde halten wollen, müssten *núcleo zoológico* beantragen, was mit strengen Auflagen, höheren Kosten und amtlichen Kontrollen verbunden ist.

Wir wissen nicht, wie diese Kontroverse ausgeht. Wenn es dazu kommt, dass Hund nicht Hund ist, sondern in Kategorie 1 oder 2 eingeteilt wird, dann wird die Misere auf nicht absehbare Zeit fortgeschrieben. Auch wenn es gut ausgeht, ist das Gesetz beim nächsten Regierungswechsel in Gefahr. Denn es ist zu befürchten, dass die nächste Regierung nicht mehr progressiv sein wird, sondern eine Koalition zwischen der konservativen *Partido Popular* und der (weit) rechts gerichteten *VOX* gebildet wird.

Das heißt im Klartext: Wir und all die anderen Vereine, die sich hauptsächlich um Galgos und Podencos kümmern, werden leider auf lange Sicht nicht überflüssig sein ...

Wie auch immer es kommen wird – wir und andere kämpfen weiter für diese wunderbaren Hunde!

Zum Schluss noch ein paar persönliche Worte zu dem Galgo auf der Illustration: Er hieß OLIVER und war ein Seelenhund, wie ich wahrscheinlich in diesem Leben keinen zweiten finden werde. Er kam nicht aus Andalusien, sondern wurde in der Provinz Castilla-La Mancha, angefahren am Straßenrand, aufgefunden. Er wurde dann in das Tierheim *Las Nieves* gebracht. OLIVER war etwa ein Jahr alt und so geschockt von dem Unfall, dass er sich nicht auf den Beinen halten konnte.

Die Verantwortlichen des Tierheimes sind Bekannte von mir. Sie brachten ihn in eine Tierklinik nach Madrid, wo schließlich der Bruch eines Vorderbeines operiert wurde. Danach kam er zu mir „auf Pflege".

OLIVER war damals sehr ängstlich, wollte trotz Kälte im Garten bleiben. Als ich schließlich versuchte, ihn zu „überreden", mit mir ins Haus zu kommen, haben wir uns plötzlich tief in die Augen gesehen, und er ging wie selbstverständlich mit mir. Diesen magischen Moment werde ich nie vergessen. Es war klar, er würde bleiben. Ein Leben ohne ihn konnte ich mir nicht mehr vorstellen.

OLIVER war mein bester Freund und Mittelpunkt in meinem Leben.

Wie sich herausstellte, hatte er ein angeborenes Problem mit dem Sinusknoten des Herzens. Er wurde jedoch vom Kardiologen medikamentös gut eingestellt und regelmäßig untersucht. Beim Galguero wäre er wahrscheinlich sehr jung gestorben.

So hat ihm der Unfall das Leben gerettet und ein Zuhause verschafft, in dem er zusammen mit seinen Hundefreunden glücklich und geborgen war. OLIVER ist am 15. Februar 2021 im Alter von ungefähr 15 Jahren verstorben.

Sein Tod war eine Zäsur in meinem Leben. Es vergeht kein Tag, an dem ich nicht an ihn denke und ihn vermisse – meinen Seelenhund OLIVER.

Gisela Mehnert

234 Windhundgeschichten - Unsere Reise durch vier Kontinente

Chilli

Chilli

Sandra Lenski

Deutschland

Sie trat im Oktober 2021 in mein Leben. Und das mit Vollspeed – Galgo halt!

Die liebe Myriam, Herausgeberin dieses Buches, war auf der Suche nach einem neuen Hund für ihr Rudel. Bei ihrer Recherche ist sie auf CHILLI, damals noch JANNA gestoßen. Sie wollte die Hündin ein zweites Mal bei ihrer Pflegefamilie besuchen, und ich sollte sie begleiten, um ihr meine Meinung über diesen Hund zu sagen und eine Einschätzung zu geben. Ich bin Hundetrainerin, und die Begleitung beim Aussuchen eines neues Hundes gehört zu meinem Angebot.

Christina, CHILLIs Betreuerin in der damaligen Pflegestelle, hatte auch noch gerade Galgo-Welpen aus eigener Zucht. Wann bekommt man so etwas schon mal zu sehen bei uns in Norddeutschland? Also musste ich doch auf jeden Fall mit! Auf dem Weg zu Christina und den Babys verriet Myriam mir, dass ihr JANNA nicht mehr aus dem Kopf ging. Ich sollte doch mal gucken. Gerne doch!

Instruktion für den Besuch: JANNA nicht angucken, ansprechen oder anfassen. Wenn Menschen etwas von ihr wollen, geht sie rückwärts. Natürlich hielten wir uns an diese Anweisung. Ich war ja auch „nur" an den Babys interessiert. Da Myriam JANNA auch mal draußen anschauen wollte, sind wir raus in den großen Auslauf, damit ich mir auch da ein Bild von ihr machen konnte. Ohne Ablenkung durch die Galgo-Babys ging das.

Mein Bild von JANNA: eine tolle Hündin, die weiß, was sie will. Das Rückwärtsgehen bei Menschen, die sie direkt ansehen, war gelernt. Natürlich war sie schüchtern und auch etwas unsicher, aber nicht angstvoll. Ich hatte ihr nebenbei Futter aus meiner Tasche gegeben, und es dauerte nicht lange, da forderte JANNA das Futter auch ein. Sie stupste mich an. Und von da an konnte ich sie auch anfassen. Sie lehnte sich sogar an. Also eine Hündin, die wirklich weiß, was sie will. Sie ist sehr mutig und verdammt neugierig. Mit Futter schafft sie auch immer noch einen Schritt mehr. Da sie weiß, was sie will, muss man als Hundehalter auch wissen, was man will. Man darf sich nicht durch ihr erlerntes Rückwärtsgehen einlullen lassen bzw. glauben, dass man nur mit Liebe und Vorsicht ein guter Hundehalter für sie sei. Diesen Eindruck habe ich Myriam auch weitergegeben.

Myriam ließ sich noch ein paar Tage Zeit, um zu entscheiden, ob sie JANNA in ihr Rudel holt und hat sich dann doch aus vielen, absolut nachvollziehbaren Gründen gegen sie entschieden. Mittlerweile hat sie ihren Hund gefunden, und das Rudel ist wieder komplett und vollständig. Aber darüber kann sie sicherlich besser selbst berichten.

Als ich die Sprachnachricht hörte, in der Myriam mir berichtete, dass sie JANNA nicht übernehmen kann, war mein spontaner Gedanke: ich auch nicht! Denn ich hatte ja schon vier Hunde, und 2022 soll noch ein weiterer Aussie einziehen. Ich war auf dem Weg zum Stall.

Auf dem Rückweg vom Stall nach Hause, zwei Stunden später, wollte ich zumindest meinem Mann davon erzählen und zeigte ihm auch ein Bild. Einen Tag später war die Anfrage an den Verein raus, ob sie sich vorstellen könnten, dass JANNA zu uns kommt. Man soll ja über solche Entscheidungen immer eine Nacht schlafen. Und ja, „sie kann, wenn alles passt".

In unserem Haushalt lebt bereits unsere Podenca PINA, zu dem Zeitpunkt fast 14 Jahre alt. Alle, die das erste Buch gelesen haben, wissen, dass sie diejenige ist, die entscheidet, ob eine Hündin bei uns einziehen darf. Sie versteht sich einfach nicht mit jeder.

Wie der Zufall es wollte, hatte mein Mann auch noch Urlaub, so dass wir kurzerhand PINA ins Auto geladen haben und zusammen zu JANNA gefahren sind. Das war der erste Montag im November 2021. Christina kam mit JANNA aus dem Haus, wir waren eine kurze Runde gemeinsam mit PINA spazieren. Die Hündinnen konnten dabei den Geruch der anderen aufnehmen.

Anschließend sind wir auf den großen eingezäunten Auslauf, auf dem beide Mädels dann auch direkten Kontakt ohne Leine zueinander haben konnten. Sie haben Kontakt aufgenommen, angefangen zu kommunizieren. PINA hat die Regeln bestimmt, und JANNA hat sie angenommen. Für den ersten Moment war das besser als erwartet oder gar gehofft. Und dann holte mein Mann die Leckerchen aus der Tasche. Wie wir ja wissen, geht bei JANNA mit Futter viel. PINA holte sich ein Leckerchen ab – und dann auch JANNA. Das Eis zu meinem Mann war gebrochen. Ich hatte ein Lächeln im Gesicht. Von da an wich JANNA nicht mehr von der Seite meines Mannes.

Nach gut einer halben Stunde gingen wir zurück zum Auto. Mein Mann ging mit PINA ins Auto und ich mit JANNA und Christina zur Haustür, am Auto vorbei. Vor dem Haus haben wir noch kurz geredet, und Christina sagte, JANNA gehe nicht mit anderen Menschen mit. Das wollte ich wissen … Ich nahm JANNAs Leine und ging mit ihr zum Auto. Sie ging mit! Christina hatte ziemlich große Augen, und in dem Moment liebte ich den Satz, den ein Hundehalter oder auch Hundetrainer sonst nicht so toll findet: „Das hat sie ja noch nie gemacht!"

Auf dem Weg nach Hause war mir und meinem Mann klar, dass JANNA zu uns gehört. Von dem Moment an hieß sie CHILL OUT, kurz CHILLI! Liebevoll auch MAUSI.

Für den nächsten Tag war der Gegenbesuch von Christina und CHILLI bei uns zuhause geplant. Zum einen zur Vorkontrolle, und zum anderen musste CHILLI ja noch die drei Jungs kennenlernen. Der Besuch der beiden verlief ohne Probleme. Die Jungs mochten CHILLI, und sie mochte die Jungs. Christina hat mit CHILLI noch den Hauseingang geübt, natürlich mit Leckerchen. Das gefiel nicht nur CHILLI, sondern auch den Jungs! Christina wird immer ein gern gesehener Gast in unserem Hause sein. Wie wichtig diese Arbeit von Christina war, haben wir am Tag des Einzuges gemerkt, dafür noch mal „danke"!

Und Donnerstag haben wir CHILLI ins neue Zuhause geholt. Als Christina sich verabschiedete, sagte sie noch, dass sie das so noch nicht erlebt habe. CHILLI sei nach dem Besuch von PINA am Montag zu dem bisherigen Rudel ins Haus gekommen und habe wohl ziemlich unmissverständlich bekanntgegeben, dass sie mit ihnen nichts mehr zu tun haben wolle. Sie habe ein neues Rudel.

Die Ankunft zuhause war kein Problem, die anderen vier Hunde rausgeholt und gemeinsam eine Runde gegangen, danach gemeinsam in den Garten und Routinen begonnen. Da Christina mit CHILLI bereits die Haustür kennengelernt hatte, konnte sie uns ohne Leine ins Haus folgen. Ein kurzes Zögern, eine Erinnerung an die Arbeit mit Christina und schwups, sie stand im neuen Zuhause. Jetzt hieß es, anzukommen und den Rest des Hauses in Ruhe kennenzulernen. Das Sofa hat sie schnell gefunden und sich auch rasch zu uns gelegt, um auszuruhen.

Schwierigkeiten hatte CHILLI, wenn man direkt auf sie zuging. Sie wich zurück, drehte einen Kreis; das erlernte Verhalten, das sie schon in ihrer Pflegestelle gezeigt hatte. Wenn wir den Druck rausgenommen haben, einen Keks in der Hand hatten, kam sie zu uns. Also lernte sie neues Verhalten, wenn wir Menschen etwas von ihr wollten. Nach kurzer Zeit konnten sowohl mein Mann als auch ich auf sie zugehen. Das gleiche Spiel beim Anlegen von Halsband und Geschirr – kam man auf sie zu, drehte sie um und lief einen Kreis. Auch hier haben wir mit den Keksen gearbeitet. Heute ist das kein Problem mehr, und auch der Keks ist nicht notwendig.

Von CHILLIs Vergangenheit weiß ich nur, dass sie aus Spanien kommt und sie vor ihrem Zuhause bei uns in einer deutschen Familie gewesen war, die sie durch einen tragischen Umstand wieder an die Pflegestelle zurückgeben musste. Dort war sie 14 Monate und hatte es sehr gut.

Auffällig sind ihre Geister, die sie auch schon auf der Pflegestelle gezeigt hat: Türen! Bewegt sich eine Tür von alleine, kann sie da nicht mehr durchgehen, so geschehen an unserer Badezimmertür. Durch die muss sie, um mit uns durch die Waschküche rauszugehen. Also Türstopper an die Tür und immer wieder üben, dass die Tür nicht beißt. Verändern sich Türen, kann sie da nicht mehr durchgehen. CHILLI kann zehn Minuten fiepend vor einer Tür stehen, aber nicht durchgehen. Sie kommt mit den Vorderbeinen durch, aber die Hinterbeine können nicht folgen. Unser Schlafzimmer, das gar keine Tür hat, hat das gleiche Kindergitter wie die Tür zum Flur. Im Flur ist es kein Problem, nie eins gewesen. Bei dem gleichen Kindergitter am Schlafzimmer kann sie nur mit meinem Mann oder mir durchgehen. Allerdings gibt es auch hier Momente, da kann sie es von ganz alleine. Dann, wenn die Neugierde größer ist und sie nicht nachdenkt. Sobald CHILLI überlegt, kann sie den Schritt nicht mehr machen. Futter ist hier leider nicht immer hilfreich. Nur weil ich Futter in der Küche mache, kommt sie leider trotzdem nicht durch das Gitter, und ich muss sie abholen. Aber auch diese Geister werden wir vertreiben. Wir haben ja noch Zeit.

Ja, und CHILLI hat eine weitere wundervolle Eigenschaft. Sie ist absolut lustig. Keiner meiner Hunde war bisher so lustig wie CHILLI. Wenn sie sich auf dem Sofa vor Lachen kringelt und witzige Geräusche von sich gibt, muss ich immer lachen. Und sie weiß genau, wann ich Lachen gebrauchen kann. Das ist einfach nur herrlich!

Noch eine wundervolle Eigenschaft? Sie hat meinen Mann mitten ins Herz getroffen. Unsere PINA ist der Hund meines Mannes. Es wird nun Zeit, von ihr Abschied zu nehmen. Sie war in den letzten Wochen häufiger krank, und man merkt ihr das Alter einfach an. Es ist abzusehen, wann sie nicht mehr da sein wird. Meine Hoffnung bei CHILLI war, dass mein Mann einen neuen Hund bekommt. Keinen Ersatz, aber einen neuen Schatz für sein Herz. Es hat geklappt. Wenn CHILLI sich am Abend auf seinen Schoß kuschelt, sich in seinen Arm lehnt, auf ihm schläft – tief und fest – geht mir das Herz auf. Und wenn mein Mann dann auch noch so verliebt guckt, ist die Welt für mich und auch für CHILLI und meinen Mann absolut in Ordnung.

Hat CHILLI außer ihren Geistern noch Ecken? Ja, hat sie! Aber es sind Ecken, die man einfach einkalkulieren muss, wenn man einen Galgo hat. Sie zeichnet Landkarten! Na, wer weiß, was ich meine? Sie weiß genau, an welcher Ecke das Reh gestanden hat und wohin es sich bewegt hat, auch eine Woche später noch. Sie weiß, wo die nächsten Rehe und Hasen zu erwarten sind, und sie hat alles katalogisiert und aufgezeichnet. Ein Grund, warum sie nicht durch das Kindergitter an unserem Schlafzimmer gehen kann, ist ihre Weitsichtigkeit. Alles, was direkt vor ihr ist, kann sie nur schwer erkennen, es sei denn, es riecht auch noch.

Draußen kann sie allerdings das Reh auch in einem Kilometer Entfernung absolut scharf und sicher erkennen. Ich stehe da und sage, dass da nichts ist, wenn sie das Reh anzeigt. Aber sie ist sich absolut sicher. Und dann kommt es zum Vorschein. Absolut verlässlich! Wenn CHILLI sagt, da ist ein Reh, dann ist da auch eins. Auch ich lerne.

Ihre Jagdfreude ist auch der Grund, warum sie draußen nur an einer 2-Meter-Leine läuft. Bei einer Schleppleine hat sie einfach zu viel Anlauf und holt mich und dann sich selbst von den Füßen. Das ist nicht händelbar. Zwei Meter und in meiner Nähe zu bleiben, ist sehr gut. Gerade heute haben wir gemeinsam das Reh beobachtet, ohne dass CHILLI auf zwei Beinen hochfahren musste. Einfach gucken. Und ich bin wieder stolz, dass wir schon so weit sind.

Wie es mit PINA weiterging? Donnerstags ist CHILLI eingezogen – am Dienstagmorgen, ich hatte gerade meinen Kaffee in der Hand, schaute PINA mich kurz an und ging dann zu CHILLI, um mal eben zu klären, wer immer noch Chefin ist. Kurz und laut, Energie und schon wieder vorbei! Da verstand ich dann auch PINAs Blick, „ich kläre das mal eben, musst nicht eingreifen".

Aber CHILLI lässt sich nicht alles von PINA gefallen, und das ist auch gut so. Wenn sie als Erste auf dem Sofa liegt, kann PINA sie dort nicht vertreiben, sich maximal dazulegen. Ebenso versteht CHILLI auch PINA, wenn sie sie nicht in der Nähe haben möchte und akzeptiert das. Sie werden nicht beste Freundinnen, aber sie respektieren sich gegenseitig und geben sich Raum. Ab und zu gibt es ein kurzes Gezicke, ist aber schnell geklärt. Klingt für uns Menschen schlimmer als es ist. Also bleiben wir alle weiter entspannt.

Am Sonntag lagen die beiden in einer Kudde in der Sonne. Also geht auch das. Heute morgen durfte CHILLI zu PINA in mein Bett kommen – mit Abstand, aber sie durfte. PINA hat es geduldet. Was will ich mehr bei meinen Mädels?

Das waren die ersten sechs Monate gemeinsames Leben mit unserer Vollspeed CHILLI! *Ein Hund mit Herz, Mut und Verstand! Vollspeed mitten ins Herz und eine tolle Entscheidung von meiner Maus, dass sie zu uns wollte.*

Sandra Lenski

Minnie

Minnie – Und andere zweite Chancen in Dubai

Yvette Maciolek

Gründerin von *The Woof House Dubai*

Dubai

Mein Name ist Yvette. Ich bin 43 Jahre jung und habe die letzten 15 Jahre einen Großteil meiner Zeit damit verbracht, in den Vereinigten Arabischen Emiraten Tieren in Not zu helfen.

Die sieben Scheichtümer, die später die sieben Emirate bildeten, waren früher nur leere Wüste, die von nomadischen beduinischen Stämmen bewohnt war. Die Wirtschaft basierte auf Fischerei und dem Tauchen nach Perlen. Traditionen der arabischen Kultur wurden von Generation zu Generation weitergegeben, darunter auch Reitsport-Turniere, Falknerei, Kamel- und Saluki-Rennen sowie die Jagd mit Salukis. Die Rennen werden im Rahmen von Kulturfesten und anderen Sport- und Vereinsveranstaltungen durchgeführt. Sie gehören zur Tradition. Salukis, auch *gazelle hound* genannt, gehören zu den ältesten Hunderassen der Welt: edel, anmutig, majestätisch und schnell wie der Wind.

Die VAE entwickelten sich rasant zu einem der modernsten Länder der Welt. Entwicklung ist ein kontinuierlicher Prozess.

Meine Arbeit begann vor über einem Jahrzehnt mit der Entdeckung, dass es auch in Dubai ein paar Bereiche gibt, die noch nach Exzellenz streben, so wie beispielsweise der Tierschutz. Ich bin der festen Überzeugung, dass sich auch im Thema „Tierschutz" in der Zukunft viel tun wird.

Heute sind mehr als 200 verschiedene Nationalitäten hier zu Gast. „Zu Gast" ist das richtige Stichwort, denn viele Expats verlassen Hals über Kopf das Land, und oft werden auch die „geliebten" Haustiere einfach ihrem Schicksal überlassen.

Manche Hunde wurden nie wirklich geliebt, waren niemals der Begleiter eines Menschen. Das ganze Leben im Hinterhof angebunden? In der Wüste ausgesetzt, weil sie die Erwartungen nicht erfüllten? Hunde, die um Haaresbreite dem Tod entkommen. Nichts Ungewöhnliches! Und die (Un)-Verantwortlichen verschwenden keinen Gedanken an die traurigen Folgen ihres Tuns, jedenfalls nicht nach unseren Maßstäben. Und wie steht es um die Maßstäbe der Täter, der Ignoranten?

Sehr oft finden wir herumirrende Salukis und deren Mixe in den Wüsten Dubais: Salukis, Salukis und noch mehr Salukis. Kurzhaar, Langhaar, blond, schwarz, rot, schwarz-braun, schwarz mit grauen Schattierungen, weiß, mit Schlappohren und kupierten Ohren. So kam ich zu meiner Liebe zu Windhunden.

Liebe heilt jene, die sie schenken und die, die sie erhalten. Liebe ist ein großartiger Lehrer. Wir machten uns zur Aufgabe, diese Hunde zu rehabilitieren, um ihnen dann später ein liebevolles Zuhause zu suchen – eine kräftezehrende Aufgabe.

Oft fühlte ich mich wie ein Magnet, der nicht enden wollende und traurige Tierschicksale anzieht. Oft kamen mir die Tränen, manchmal wegen der Seelen in Not mit gebrochener Seele und auch manches Mal wegen der *Happy Ends*. Bilder von glücklichen Hunden nähren mein Glücksgefühl. Zweifellos ist die Arbeit im Tierschutz weltweit sehr anstrengend. *Rescuer* in diesem Teil der Welt zu sein, bringt jedoch einige besondere Herausforderungen mit sich. Es sind die Temperaturen und eine sehr hohe Luftfeuchtigkeit in den Sommermonaten. Dies erschwert die Tätigkeiten ungemein. Haben wir doch die Anforderungen mit viel Kampfgeist, Fleiß und Geduld gemeistert! Und wie oft mussten wir die Zähne zusammenbeißen …

Während ich anfangs stets Wege suchte, zu verstehen, warum manche Menschen so mit ihren Tieren umgehen, machten sich Traurigkeit, Frustration, Enttäuschung, Hoffnungslosigkeit und

Bitterkeit in mir breit. Aufbauende und motivierende Worte kamen von Kollegen, und glückliche Stories mit *Happy End* waren meine Inspiration.

Eines der Probleme sind hiesige Argumente gegen die Kastration. Zudem braucht es mehr Aufklärungsarbeit sowie ein striktes Sterilisationsprogramm, ebenso die Ermutigung der Bevölkerung zur Adoption von Tieren. Illegaler Tierhandel und der Verkauf von Tieren auf Märkten und in Tierhandlungen spielen eine traurige Rolle.

Ich könnte wahrscheinlich 1001 Geschichten erzählen. Aber heute beschränken wir uns auf MINNIE.

Und dann kam sie ... Vorgeschichte unbekannt: ein *Hound*, ein Saluki-Barsoi-Mix. Groß mit einem schlanken Körper und langen Beinen, wahrscheinlich gezüchtet, um schnell zu sein. Dünn wie ein Supermodel. Ihre Schönheit – atemberaubend, seltsam, mit Sicherheit außergewöhnlich und unvergleichbar, ebenso ihre wahrscheinlich längste Nase der Welt. Es war wie so oft Liebe auf den ersten Blick. Denn es zogen nahezu wöchentlich neue Hunde bei uns ein und aus. Manche mussten auch etwas länger auf ihr Glück warten. Sind wir nicht alle eine wenig *unadoptable*?

Doch MINNIE wusste es genau. Sie war alles andere als beunruhigt. Sie fühlte sich gleich wie zuhause und streckte alle Viere auf dem Bett meiner Tochter von sich. Sie war so lieb, so ruhig, extrem sanft und respektvoll im Umgang mit meiner kleinen Tochter, meinem siebenköpfigen Rudel der feinsten Hundekollektion und all den anderen Pflegetieren im Haus. Ihre großen, runden und braunen Augen, das cremeweiße samtweiche Fell. Edel, anmutig, elegant und aristokratisch. MINNIE war gekommen, um zu bleiben.

Ein Dankeschön an alle Adoptanten, Rescuer und jeden, der involviert ist, Tieren dabei zu helfen, ein glückliches und freies Leben zu führen. Einer Kreatur beizustehen, bedarf keiner weiteren Worte.

Yvette Maciolek

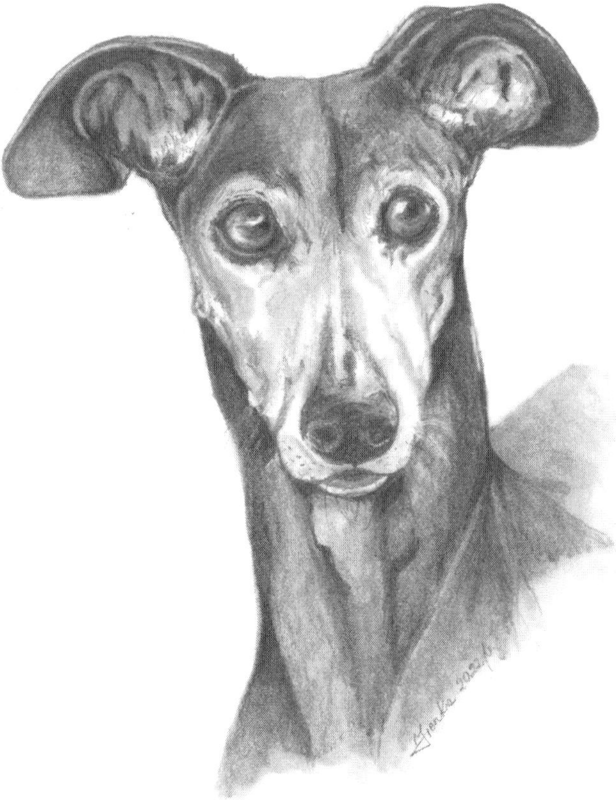

Ani

Die Entscheidung für einen Angsthund

Bettina Baumgärtner

Deutschland

Ein Leben mit einem Angsthund bedeutet oft „drei Schritte vorwärts, zwei zurück" – niemals wirklich auf das Bevorstehende vorbereitet zu sein. Zeiten, die uns an die eigenen Grenzen bringen, uns hinterfragen lassen, ob man einem traumatisierten Tier tatsächlich gerecht werden kann. Doch nichts, wirklich nichts, wiegt dann diese wertvollen Momente auf, wenn eine solche Seele anfängt, einem ihr Vertrauen zu schenken. Ja, ich würde, nein, ich werde diesen Weg immer wieder gehen, denn sie haben es so sehr verdient.

Vor 13 Jahren trat NINIVE, meine erste Galga, in mein Leben. Sie war ein sehr souveränes eigenständiges Mädel, das mich durch ihr wundervolles Wesen sofort verzauberte und den Grundstein dafür legte, dass ich diesen sehr besonderen Wesen verfiel. NINIVE folgten im Laufe der Jahre weitere wundervolle Seelen unterschiedlichsten Charakters.

Mit GARA und SAMANTHA zogen im Januar 2013 bzw. September 2015 meine ersten traumatisierten Galgas ein. Eine zu diesem Zeitpunkt für mich völlig neue Erfahrung, die mich definitiv erst einmal vor neue Herausforderungen stellte. Doch sowohl meine schwarze Perle GARA als auch meine schneeweiße SAM fassten schon nach wenigen Wochen immer mehr Vertrauen, und unsere Bindung wurde zu etwas sehr Besonderem, Kostbarem, absolut Einzigartigem. Für mich fiel klar die Entscheidung, auch in Zukunft bevorzugt traumatisierte Hunde aufzunehmen. Hierbei unterstützte mich immer und unerlässlich mein bereits vorhandenes, sehr souveränes, kleines Rudel.

Die Geschichte meiner wundervollen GARA

Im November 2012 stand mein dritter, dieses Mal viertägiger Besuch im spanischen *Refugio* bei meiner lieben Freundin Loli bevor. Ursprünglich hatte ich mich entschieden, einer jungen Galga ein neues Zuhause zu schenken. Sie war damals ca. sieben Monate alt und „eigentlich für ihr Alter sehr ruhig", so lautete die Einschätzung. Meine Freundin holte mich am Flughafen in Madrid ab, und wir unterhielten uns während der Fahrt; meinerseits mehr schlecht als recht, denn damals steckte mein Spanisch in den Kinderschuhen. Unter anderem kam das Thema auf, dass seinerzeit sehr viele Interessenten nur die jungen Hunde adoptieren wollten. Keiner dachte an die älteren, die zum Teil Jahre in einem Tierheim verbringen und auf ihre Chance warten.

Da ich bereits im Vorfeld die Adoptionsgebühr an meine Freundin überwiesen hatte, und auch der Platz im Flugzeug reserviert war, sie aber nicht wusste, dass die junge Hündin zu mir kommen sollte, gestand ich ihr dann, dass ich eigentlich vorgehabt hatte, die junge Galga zu adoptieren. Sie gab mir direkt mit auf den Weg, dass das natürlich meine Entscheidung wäre, doch sie würde mir „die ganze Bude auseinandernehmen", ein junger Galgo eben ... Aber ich sollte und wollte sie erst einmal kennenlernen.

Keine Frage, sie war bezaubernd, verspielt, fröhlich, unbedarft, halt ein unbeschwerter Junghund. Doch ich verstand, was Loli mir vermitteln wollte und nahm recht schnell Abstand von dem Vorhaben, einen so jungen Hund zu mir nehmen zu wollen. Junge Hunde sind traumhaft, keine Frage. Doch hier müssen die Gegebenheiten passen, den Bedürfnissen eines Junghundes gerecht werden zu können. Zu diesem Zeitpunkt hätte ich das der kleinen Maus nicht bieten können.

Während meines Aufenthaltes in Spanien befand sich im Haus meiner Freundin unter anderem auch eine Galga – verschüchtert, mit diversen Verletzungen und auf Abstand, sobald man sich ihr näherte. Täglich nahm ich mir die Zeit, setzte mich zu ihr und gab ihr die Möglichkeit, sich etwas anzunähern. Am letzten Abend meines Aufenthaltes waren wir bei Lolis Familie zum Essen eingeladen und kehrten erst spät zurück. Als wir zurückkamen und eintraten, setzte sich die schüchterne Galga plötzlich in ihrem Körbchen auf, schaute mich an und begann das erste Mal, ganz zaghaft mit dem Schwanz zu wedeln. Mir kamen sofort die Tränen vor Rührung. Ich fragte meine Freundin, ob es für diese zarte Seele bereits Interessenten gäbe. Tatsächlich hatte sie ein Verein reservieren lassen, die Vorkontrolle würde entscheiden, ob die Zusage kommt.

Ich bangte und hoffte, doch die Vorkontrolle war positiv verlaufen. Somit war mein Herzenshund fest reserviert. Natürlich freute ich mich sehr, dass sie ein endgültiges Zuhause erwartete, doch zog ich mich erst einmal in mein Zimmer zurück und heulte eine Runde. In diesem Moment kam Loli rein und war ganz besorgt. Sie legte mir nahe, dass gerade so viele arme Hunde sowohl im *Refugio* als auch in ihrem Haus warteten, teilweise schon viele Monate, wenn nicht Jahre, für die jedoch bisher noch nie Anfragen kamen. Ich erklärte ihr, dass ich mich natürlich freute, dass dieser Hündin eine Adoption bevorstand und ich auch nicht wirklich einschätzen konnte, warum gerade sie mir so naheging.

Dann erzählte sie mir von GARA: eine schwarze Galga, eine von vielen, vielen schwarzen Hunden, die es in der Vermittlung schwer haben, was ich allerdings noch nie wirklich nachvollziehen konnte, denn die Fellfarbe war für mich noch nie ein Ausschlusskriterium. Ganz im Gegenteil, ich finde schwarze Hunde traumschön. Doch zurück zu GARA, die von meiner Freundin Monate vorher aus einer Tötung gerettet worden war und dann vorerst in einer Pension Nähe Madrid untergebracht werden musste, da damals im *Refugio* die Aufnahmekapazitäten völlig ausgeschöpft waren. Nach knapp einem halben Jahr in der Pension zog GARA dann in das Privathaus meiner Freundin, da sie eine große Besonderheit mitbrachte. In der Pension jedoch hatte man das nicht sorgsam beobachtet. Meiner Freundin fiel sofort auf, dass GARAs linke Hüfte in einem katastrophalen Zustand war. Augenscheinlich war diese massiv gebrochen gewesen und wohl im Laufe der Zeit notdürftig von alleine wieder zusammengewachsen. GARA konnte nicht richtig sitzen, nicht richtig laufen, sich schlecht hinlegen.

Als Loli sie mir noch in der Nacht ins Zimmer brachte, standen wir uns plötzlich gegenüber. GARA ließ alles geschehen, doch spiegelte sich die große Furcht in ihren Augen und in ihrer ganzen Körperhaltung wieder.

In dem Zimmer befanden sich zwei Betten. Ohne große Umschweife hob meine Freundin GARA vorsichtig hoch und stellte sie auf eines der Betten. GARA wirkte wie versteinert. Nach einem Moment setzte ich mich ganz vorne auf die Bettkante zu ihr, wandte ihr aber den Rücken zu und hob langsam eine Hand, die ich vorsichtig unter ihrem Kopf platzierte. Keine Regung, es schien, als würde GARA vor lauter Angst und Anspannung kaum atmen. Sie stand weiterhin auf diesem Bett, stand einfach nur so da. Gut eine halbe Stunde später entschied ich mich, sie ganz in Ruhe zu lassen, stand langsam auf und legte mich in das andere Bett zum Schlafen, denn inzwischen war es drei Uhr morgens, und um acht Uhr war für GARA bereits seit längerer Zeit ein Termin in der Tierklinik zum Röntgen geplant. Ich löschte das Licht und erkannte ihre *Silhouette*, immer noch auf dem Bett stehend. Kurze Zeit später war ich wohl einen Moment eingeschlafen, wurde jedoch bald schon wieder wach und versuchte sofort, in der Dunkelheit zu erspähen, wie es ihr ging. Tatsächlich hatte sie sich nun still und leise auf dem weichen, kuscheligen, ihr völlig ungewohnten Bett niedergelassen und schlief, auf der Seite liegend, ganz entspannt die erste Nacht in ihrem Leben in einem warmen Bett. Ich war zutiefst gerührt, und natürlich war meine Herzensentscheidung schon lange, lange vorher gefallen: GARA sollte künftig bei mir leben.

Am Morgen war ihre Angst unvermindert groß. Ich nahm sie vorsichtig am Halsband und führte sie raus in den Innenhof des Hauses, wo sich bereits ihre Hundekumpel befanden. Es war so bezeichnend, wie schnell sich GARA entspannte, alle freudig begrüßte und sich dann mit ihrer völlig verwachsenen Hüfte ganz zaghaft auf der einen Treppenstufe, die in den Hof führte, niederließ. Erst da sah ich das erste Mal mit eigenen Augen, wie heftig damals die Verletzung gewesen sein musste; das Ausmaß war immens. Die linke Hüfte hatte einen so unnatürlichen Stand, dass einen alleine schon das Hinschauen schmerzte. Die Röntgenbilder einige Stunden später bestätigten die größten Befürchtungen. GARA bekam bereits für den nächsten Tag einen OP-Termin. Die Hüfte musste erneut gebrochen werden. Jedoch war der bereits entstandene Schaden nicht wieder völlig zu beheben.

Nach knapp acht Wochen kam dann endlich der lang erwartete und große Tag: GARA konnte reisen. Als ich sie dann endlich in meinen Armen hielt, schmerzte es doch sehr, zu sehen, wie arm ihr linkes Hinterbein noch aussah. Die Muskulatur war kaum noch vorhanden, da GARA in den Wochen nach der OP zu 100 % geschont werden musste. In kleinen, ganz kleinen Schritten fingen wir an, die Muskulatur wieder aufzubauen. Die Spaziergänge wurden nach und nach länger, das Bein wurde immer kräftiger, doch eines war nach wie vor unverändert – GARAs Ängste zeigten sich auch nach den ersten Wochen mit mir unvermindert. In der ersten Zeit bekam sie zusätzlich des Öfteren starke Krämpfe in dem linken Bein, da der Aufbau der Muskulatur natürlich auch sehr anstrengend war. Dank sehr guter unterstützender Präparate vom Tierarzt bekamen wir das jedoch sofort in den Griff. Zuhause hatte ich jedoch immer das Gefühl, dass sie sich unsichtbar machen möchte. Sobald wir aber spazieren gingen, schien GARA viel selbstbewusster und glücklicher zu sein und konnte sich zusehends entspannen. Im Haus hatte sie sich einen riesigen weichen Hundekorb ausgesucht, der an einer Wand stand. So konnte sie sicher sein, dass sich von hinten niemand nähern würde, sie aber jegliches geschäftige Treiben in ihrem Blickfeld genauestens beobachten konnte. Sobald ich mich jedoch auch nur ansatzweise in ihre Richtung bewegte, wäre sie jedes Mal lieber unter den Hundekorb gekrochen. Trotz allem ließ sie sich für die Spaziergänge immer völlig problemlos Geschirr, Halsband und Leine anlegen.

Nun war GARA bereits gut sechs Wochen bei mir. Eines Tages gegen Abend, ich hatte es mir mit meinen weiteren Mäusen NINIVE, YEDRA und VELVET auf der Couch etwas gemütlich gemacht, erhob sich GARA plötzlich aus ihrem schützenden Korb, lief gezielt auf mich zu, stellte sich vor die Couch und fing an, leise zu bellen. Bevor ich überhaupt wusste, wie mir geschah, machte sie einen Satz auf die Couch, drehte sich zweimal im Kreis und lag. Sie lag so dicht an mir dran, und dann legte sie ganz sanft ihren Kopf auf meine Schulter. Von diesem Moment an war das Eis gebrochen. Ich kann kaum in Worten beschreiben, was das mit einem macht – man möchte in diesem Moment heulen, tanzen, lachen ... Die Freude und das Glück, solche Momente erleben zu dürfen, sind einfach unbeschreiblich groß. Für mich die wertvollsten und einzigartigsten Erlebnisse, immer und immer wieder.

Ich bin so unglaublich dankbar, dass meine GARA immer noch an meiner Seite ist; inzwischen ist sie 15 Jahre alt. Alles geht nur noch ganz, ganz langsam. Die Problematik mit der Hüfte kommt jetzt wieder sehr zum Tragen, doch wir genießen jeden einzelnen Tag. Jede Lebenssekunde ist so wertvoll, und das Wort Angst spielt schon lange keine Rolle mehr in GARAs Leben.

Meine geliebte GARA, ich danke Dir für all diese wunderschönen gemeinsamen Jahre. Ich weiß, unser Abschied rückt unaufhörlich näher – auch, wenn ich das nicht wahrhaben möchte.

Wie trat SAMANTHA in mein Leben?

Ja, SAMANTHA, wie trat SAMANTHA in mein Leben? Ursprünglich sah ich 2015 eine weiße Galga. Auch sie wurde von meiner Freundin Loli in Spanien gesichert, nachdem sie eine sehr lange Zeit frei auf einem Gelände gelebt hatte. Immer in Begleitung eines Galgo-Rüden, was dann natürlich irgendwann zur Folge hatte, dass sie Nachwuchs bekam. Im Vorfeld hatte man bereits häufiger versucht, diese Galga zu sichern, doch sie ging in keine Falle, ließ sich durch nichts bestechen. Sie war eine absolute Überlebenskünstlerin und sogar schon ein Stück weit verwildert. Doch bedingt durch ihre Welpen gelang es endlich nach vielen, vielen Monaten, sie mit all ihren Welpen sowie ihrem Hundekumpel zu sichern. Loli nahm die Galga nach der Sicherung zusammen mit ihren Welpen in ihrem Haus auf, bis die Kleinen in dem Alter waren, dass sie sich aufmachen konnten, in ihr neues Zuhause zu ziehen. Schon direkt nach der Sicherung fragte ich, ob es denn möglich sei, diese Galga zu adoptieren. Da zu diesem Zeitpunkt nicht sicher war, wie sich die Wildheit und doch sehr massive Angst der Hündin gegenüber Menschen entwickeln würde, blieb die Entscheidung erst einmal offen.

Einige Wochen später begegnete mir dann eine weitere Galga, die mich aufgrund ihres Zustandes so sehr berührte, dass mich der Gedanke an sie nicht mehr losließ. Sie wurde von der Tierschützerin Irina in der Nähe von Almería entdeckt, da sie unter absolut unwürdigen Umständen zu überleben versuchte. Auch sie war in Begleitung zweier sehr junger Welpen, die jedoch unterschiedlich groß waren. Es wurde gerätselt, ob beide ihre eigenen Kleinen waren. Die Hündin war eine große, vermutlich weiße Galga, was jedoch auf den ersten Blick nicht zu erkennen war. Bis auf die Knochen abgemagert, das Fell stumpf und vom Staub gräulich wirkend, war sie völlig übersät mit so vielen Zecken und Flöhen, wie ich es bis zu diesem Zeitpunkt zuvor noch nie gesehen hatte. Es gelang Irina, sie zu sichern – trotz der Tatsache, dass man sie tätlich angriff, um die Rettung zu verhindern.

Wieder und wieder erkundigte ich mich nach dieser Galga, denn ihre Fotos und ihr Schicksal gingen mir sehr nahe. Schlussendlich entschied ich, einen Adoptionsantrag zu stellen. So begann

SAMANTHAs und meine Geschichte. Die Rettung von SAM rettete ihr und ihren Welpen definitiv das Leben, denn SAM und ihre kleine Tochter waren sehr, sehr krank. Anfänglich kämpften sie sogar um ihr Leben: SAMANTHA hatte massive Flüssigkeitsansammlungen im Bauch, hohes Fieber, konnte kein Wasser lassen und war insgesamt in einem äußerst bedenklichen Allgemeinzustand. Auch ihre kleine Tochter – ein zartes, schwarzes, winzig kleines Fellbündelchen – hatte mehrfach akute Fieberschübe, so dass Irina immer wieder um ihr Leben bangen musste. Langsam jedoch wurde es dann doch besser und besser, und ich hatte inzwischen die Zusage bekommen, dass SAM nach positiver Vorkontrolle und Genesung zu mir reisen darf. Ich war selig vor Glück.

Doch wie das Leben oft so spielt, zeitgleich erhielt ich dann eine Nachricht meiner lieben Freundin Loli betreffend der weißen Galga, die Wochen vorher mit Welpen und ihrem „Lebensgefährten" gesichert werden konnte. Nun saß ich zwischen zwei Stühlen ... Ich hatte gar nicht mehr damit gerechnet, dass die von Loli gesicherte Hündin aufgrund ihrer unbeschreiblich großen Angst vor Menschen doch zu mir ziehen darf. Ich erklärte ihr sofort die Situation, und sie überließ mir die Entscheidung. Doch da ich meiner Freundin zuerst die Zusage gemacht hatte, wollte ich sie nicht im Stich lassen und sagte schweren, schweren Herzens für SAMANTHA ab, denn beide Hunde aufzunehmen, wäre leider nicht möglich gewesen. Nicht, dass ich nicht darüber nachgedacht hätte ... Auch von Seiten des Vereines, der SAM vermittelte, war das Verständnis sehr, sehr groß. Ich hatte Loli im Vorfeld noch einige Fotos von SAMANTHA zugesandt, wie sie damals kurz nach ihrer Rettung aussah; auch um ihr zu erklären, warum ich mich so sehr in diese Hündin verliebt hatte. Im Grunde nahm Loli mir dann völlig unerwartet die Entscheidung ab und somit eine große Last vom Herzen. Sie schrieb mir spontan, dass genau diese Hündin mich ganz dringend bräuchte und sie für ihre Maus ohne Probleme andere Adoptanten finden würde.

Nach einer heftigen Berg- und Talbahnfahrt stand fest, dass nun wirklich SAMANTHA kommen würde. Da im August aber mein Umzug bevorstand und ich zusätzlich auf mein neues Auto wartete, wurde festgelegt, dass SAM Anfang September kommen sollte. Doch aufgrund fehlender Transporte war dieser Termin kurzfristig nicht mehr zu halten, und da die damalige spanische Pflegestelle einen Urlaub geplant hatte, sollte SAM nun schon Mitte August in Deutschland eintreffen. Ich war im ersten Moment völlig *lost*, denn das neue und größere Auto war immer noch nicht da. Ich befand mich mitten im Umzug und sah absolut keine Möglichkeit, dass die arme Maus in Ruhe ankommen durfte.

Glücklicherweise wohnte einen Ort weiter eine Dame, die für den vermittelnden Verein Pflegestelle war, und da wir uns kannten, erklärte sie sich sofort bereit, SAM noch eine Zeitlang aufzunehmen. Schweren Herzens meinerseits, doch es gab keine andere Lösung. Natürlich holte ich SAM Mitte August zusammen mit dem Pflegestellen-Papa bei der Ankunft vom Transport ab, und schon da zeigte sich, dass auch in SAMANTHA unglaubliche Ängste schlummerten, die uns aber vorher nicht bekannt gewesen waren. Selten hatte ich einen so ausgemergelten, müden, vom Leben sehr gezeichneten, armen Körper gesehen.

Vom ersten Moment an empfand ich eine so tiefe Bindung, Liebe und Zuneigung zu SAM, dass es schon fast weh tat. Während ihrer Zeit auf der Pflegestelle versuchte ich natürlich, sie fast täglich mit meinem bereits vorhandenen Rudel auf Spaziergängen zu begleiten, so dass wir uns schon etwas kennenlernen konnten. SAM war vom ersten Moment an sehr auf das Pflegestellen-Frauchen fixiert, doch hatte sie vor dem Mann des Hauses regelrechte Panik. Die Pflegestellen-Mama war ebenfalls sehr verliebt in SAMANTHA, denn sie war so unbeschreiblich außergewöhnlich, und mir kamen anfänglich immer größere Zweifel, sie dort wieder rauszureißen. Zu allem Ärger verlängerte sich die Lieferung meines Autos um eine weitere Woche und somit auch das Warten auf SAM. Die Pflegestelle gestand es mir zu, wurde dann aber verständlicherweise doch etwas ungeduldig, denn so war das ursprünglich alles nicht geplant.

So entschied ich spontan – trotz noch altem, etwas kleinerem Auto – SAM noch am selben Tag am Abend endlich und für immer zu mir zu holen. Und so geschah es. Für alle Beteiligten war das erst einmal eine große Umstellung. SAMANTHA suchte sich sofort einen Platz im Haus, wo sie, wie auch schon GARA seinerzeit, mit der Wand im Rücken alles im Auge behalten konnte, was sich vor ihrer Nase abspielte. Wieder unterstützte mich mein wunderbares Rudel sehr und integrierte SAM vom ersten Moment an völlig in seiner Mitte. Nach einigen Wochen entdeckte SAM dann auch die riesige Couch, die ich extra ausgewählt hatte, für sich, so dass wir alle zusammen darauf Platz hatten.

SAMANTHA schloss sich mir so sehr an, wie ich es noch niemals zuvor bei einem meiner Hunde erlebt hatte. Sie war unglaublich sozial, gütig, so sehr liebevoll auch im Umgang mit meinen anderen Hunden. Ich nannte sie immer „meine Heilige". Niemals hörte ich auch nur ansatzweise ein Knurren von SAM. Sie kümmerte sich richtiggehend um all meine anderen Mädels wie eine Amme. Eines jedoch hat SAM niemals abgelegt – ihre große Angst vor fremden Menschen. Sobald jemand das Haus betrat, verfiel sie in ihr altes Muster. Konnte sie innerhalb des Hauses nicht mehr ausweichen und fühlte sich bedroht, schrie sie sogar so sehr vor Angst, dass es mir die Tränen in die Augen trieb. Es gab nur einen weiteren Menschen, dem sie erstaunlich schnell ihr Vertrauen schenkte, und das war meine Schwester. Fast vom ersten Moment an, als sie sich begegneten, war SAM ihr völlig zugetan.

Tatsächlich entwickelte sich SAMANTHA von einem ganz furchtbar geschundenen, körperlich stark mitgenommenen Lebewesen zu einer absoluten Schönheit. Als sie zu mir kam, war sie geschätzte sieben Jahre alt. Anfang 2017 begann sie plötzlich zu husten. Erst sehr verhalten, doch es wurde Stück für Stück schlimmer. Sie wurde untersucht, bekam sofort entsprechende

Medikamente verschrieben, doch der Husten verstärkte sich weiter. Im März hatten wir dann schlussendlich einen Termin bei einem Spezialisten. Es wurden Röntgenaufnahmen gemacht, und das alles brachte SAMANTHA zusätzlich an ihre Grenzen. Denn ihre Angst überwog dermaßen, dass sich ihr Herz jedes Mal fast überschlug, so sehr raste es. Die Röntgenaufnahmen zeigten eine Verdichtung des einen Lungenflügels, doch eine genaue Diagnose konnte zu diesem Zeitpunkt noch nicht gestellt werden. Aufgrund ihrer Vorgeschichte wurden unter anderem Herzwürmer vermutet, und eine entsprechende Behandlung wurde begonnen. Ich hatte jedoch schon relativ schnell das Empfinden, dass der Husten sich weiter verschlimmerte. Wir fuhren erneut in die Klinik. Weitere Untersuchungen folgten, und erst jetzt wurde das tatsächliche Ausmaß sichtbar. Wir erhielten die niederschmetternde Diagnose Lungenfibrose. Mir war nicht bewusst – nein, ich wollte einfach auch nicht wahrhaben, dass uns nicht mehr viel Zeit bleiben würde.

Nur sechs Wochen nach der Diagnose musste ich SAM gehen lassen; einer der schwersten, bis heute schmerzlichsten Abschiede, die ich jemals erleben musste. Uns blieben vom Moment des Kennenlernens bis zu diesem völlig unvorhersehbaren traurigen Abschied nur zwanzig gemeinsame Monate. Zwanzig Monate, in welchen SAM erleben durfte, was es heißt, bedingungslos geliebt zu werden und angstfrei leben zu dürfen. Und als sie endlich richtig angekommen war, musste ich sie wieder gehen lassen.

Der kleine Trost, der mir bleibt, ist, dass ich ihr für diese unglaublich wertvolle, wunderschöne Zeit, die ich mit ihr verbringen durfte, die Angst vollkommen nehmen konnte. Wir vertrauten uns blind. Jeder einzelne Tag, der für eine solch geschundene Seele bedeutet, angstfrei leben zu dürfen, ist einfach unbezahlbar. SAM lebt für immer weiter in meinem Herzen. Sie war, ist und wird immer meine absolute Seelenhündin bleiben. *Danke, dass ich Dir begegnen durfte, mein Engel. Te quiero para siempre, mi niña.*

Und dann kam ANI

Eine etwa zehnjährige, sehr zarte, extrem verletzte Hundeseele ... ANI wurde mit knapp sieben Jahren, zusammen mit weiteren Leidensgenossen und dank wundervoller Tierschützer, aus einer unsäglich traurigen Haltung befreit.

Weitere drei Jahre Lebenszeit vergingen nun für diese kleine Galga, nun in einem *Refugio*. Sie hielt sich immer im Hintergrund, machte sich beinahe unsichtbar. Doch versuchten die Tierschützer, sie inmitten all ihrer Hundekumpel niemals aus den Augen zu verlieren, und plötzlich war ihre Chance greifbar. Ich wurde gefragt, ob ich nicht die Möglichkeit hätte, ANI zu mir zu nehmen. Jedoch war bis zu diesem Zeitpunkt nicht klar gewesen, wie tief ihre Angst tatsächlich verankert war. Das Ausmaß wurde tatsächlich erst nach ein paar Tagen in der neuen Umgebung sichtbar, doch dieser Umstand schreckte mich keineswegs ab. Meine Intention, mein größter Wunsch, war, ihre Augen zum Leuchten zu bringen.

Nach den bereits gesammelten, wunderbaren Erfahrungen mit GARA und SAMANTHA war ich voller Zuversicht, dass ANI sich schon in einigen Wochen öffnen würde. Doch ANI hatte andere Pläne. Aus Wochen wurden Monate, aus Monaten inzwischen über zwei Jahre. ANI wurde meine größte Lehrerin – ein kleines zartes Wesen, das mir unbegrenzte Geduld, Ruhe und vor allem Selbstlosigkeit abverlangte. Menschliche Nähe ist bis heute absolut nicht selbstverständlich für sie. ANI gibt mir tagtäglich ihr eigenes Tempo vor.

Jede noch so unbedachte Bewegung auf sie zu, anfänglich natürlich oft getrieben von dem Wunsch und der Sehnsucht, ihr all meine Liebe schenken zu wollen, bewirkte bei ANI leider das genaue Gegenteil. Sie zog sich sofort weiter in ihre eigene kleine Welt zurück. Das lehrte mich sehr schnell, ihre Grenzen zu akzeptieren. ANI lebte annähernd sieben Jahre vermutlich nur unter ihresgleichen; ausgebeutet als Zucht- und Jagdhündin, den Menschen sehr fern. Sich ihr anzunähern, ist auch nach jetzt fast zweieinhalb Jahren nur sehr bedingt möglich. Sowohl im Haus als auch im Garten wahrt sie immer Distanz. Jeder noch so kleine Fortschritt ist ein großes Geschenk – sehr beglückend und zu nehmen, wie er kommt.

Man sollte keinerlei Erwartungshaltung haben, denn das setzt eine so massiv traumatisierte Hundeseele immens unter Druck und ist im schlimmsten Falle kontraproduktiv. Hunde wie ANI benötigen feste Konstanten in ihrem Leben, ebenso regelmäßige Tagesabläufe, Ruhe und sehr ausgeglichene Menschen an ihrer Seite, einen ganz eigenen Rückzugsort und großes Verständnis. Mindestens ein souveräner Hundekumpel sollte einem Angsthund etwas Sicherheit vermitteln und dabei unterstützen, ihn vorsichtig an ein neues Leben heranzuführen.

Nicht jeder traumatisierte Hund findet den Weg in ein weitestgehend angstfreies Leben, doch jeder noch so kleine Schritt in die richtige Richtung ist für diese geschundenen Seelen ein unsagbar großes Zugeständnis. Verliere niemals aus den Augen, dass es hierbei immer zuerst um das Wohl und die Bedürfnisse dieses ganz besonderen Hundes geht. *Verbuche jede noch so unscheinbar wirkende, positive Situation als kleinen Erfolg.*

Ich empfinde die seltenen Momente, in welchen ANI ihr Köpfchen vorsichtig in meine Hand schmiegt – zu sehen, dass sie Streicheleinheiten zu genießen beginnt – als unbeschreibliches Glücksgefühl. Die Phasen, in denen sie anfängt, sich im Haus freier zu bewegen, es zu erkunden, sogar neugierig mit den Vorderpfoten auf meinen Zeichentisch steigend, sind weitere und so wichtige Schritte für sie.

Durch diese kleinen zarten Fortschritte öffnet sich das Tor für diese Hunde stetig einen Spalt mehr, um sich endlich frei fühlen zu dürfen. Das sind die unbestritten wertvollsten und so sehr bereichernden Momente im Zusammenleben mit einem

Angsthund. Diesen Weg, zusammen mit Hunden wie meiner ANI gehen zu dürfen, bereichert das Leben eines jeden, der bereit ist, sich zu 100 Prozent auf dieses Abenteuer einzulassen.

Tina Baumgärtner

Niko

Seid ihr völlig verrückt

Marina Scheinhart

Österreich

Der Irrsinn der Mehrhundehaltung – viele sagen, das sei doch nicht machbar. Reißen die Augen auf, wenn wir die Anzahl unserer Hunde nennen. Fragen sich insgeheim, wie man all diesen Tieren gerecht werden kann.

Wählen im Geiste bereits die Nummer des Vet-Amtes. Freunde und Familie haben sich abgewandt, schütteln den Kopf und verstehen diese Lebensweise nicht.

Denn wir teil(t)en unser Leben mit elf Hunden. Ich kann nur sagen, es war niemals so geplant. Es ist tatsächlich einfach passiert. Natürlich war jeder von ihnen vorher gut überlegt.

Nein, Quatsch, war es nicht, die meisten waren Spontanaktionen. Und jeder einzelne Hund war die beste Entscheidung unseres Lebens.

MOBY – Der Fels in der Brandung

2010 war ich bereits zu lange ohne Hund und quälte meinen Ex-Mann, bis er endlich einem Hund zustimmte. Sein Wunsch war ein Magyar Vizsla, für mich kam ein Hund vom Züchter nicht in Frage. Somit einigten wir uns auf einen Besuch im Tierheim – gesagt, getan.

Bei der ersten Runde waren viele liebe Schätze dabei, aber keiner, der uns explizit ins Herz hüpfte. Ich bestand jedoch auf eine zweite Runde; und gut war es, denn im ersten Zwinger saß MOBY, ein ca. einjähriger Rüde. Ich behaupte heute, ein Podenco-Mischling mit 33 Kilo, den wir völlig übersehen hatten. MOBY wurde an einem Laternenmast angebunden gefunden und kam so ins Tierheim. Mit seeeehr viel Phantasie konnte man an einen Magyar denken (Blödsinn – ich wollte einfach *diesen* Hund), und so durften wir mit MOBY eine Runde spazieren gehen. Dieser Hund war *null* an uns interessiert und zog nur wie besessen an der Leine. Bitte fragt mich nicht, warum, dennoch saß der Bub eine Stunde später auf der Rückbank unseres Autos.

MO, MOBÄR, BÄRLI, BÄRZIBÄR, DER BESTESTE – so begann unser gemeinsames Leben. MOBY entwickelte sich im Laufe der Jahre von einem anfangs unsicheren Haschi zum Chef über alle. Jedoch war MOBY dabei niemals dominant, unfreundlich oder forsch. Ich habe niemals in meinem ganzen Leben so einen Hund getroffen, der sein Rudel souverän – einfach mit einem Blick – im Griff hatte. Er herrschte im wahrsten Sinne des Wortes über seine Gefährten, jedoch immer wie ein weiser und liebender Vater, der nur im Notfall eingriff; sei es mit Blicken, Splitten oder einem maximal einmaligen und leichten Hochziehen der Lefze. Jedoch wussten immer all unsere Hunde, selbst fremde Hunde, wer hier das Sagen hat. Und wenn der Chef kommt, dann stehen alle stramm. MOBY würde auch sofort als Erster sein Rudel verteidigen, wenn fremde Hunde dieses bedrohen. Jedoch geht dieser Hund auch für seine Menschen durchs Feuer, und ich könnte mir keinen besseren Gefährten als diesen Jungen wünschen.

Eine Anekdote möchte ich Euch dennoch erzählen, denn dieses Erlebnis hat mich persönlich einiges gelehrt; nämlich, dass ein Tier ein Tier bleibt, egal, wie eng die Bindung ist. Vertrauen ist gut, Kontrolle ist besser.

MOBY war zehn Jahre alt, und wir verbrachten Silvester an der Nordsee. Ich dachte mir, „tust dem Senior etwas Gutes, ab nach draußen, nur er und ich". Also raus mit uns, *special time*! Es war ein grauer Wintertag mit der typisch kalten Brise der Nordsee. Wir schlenderten an den Schafwiesen entlang. MOBY ist Zeit seines Lebens ohne Leine gelaufen, er hatte null Jagdtrieb. Weder Katze noch Hase interessierten ihn all die Jahre, er folgte aufs Wort. So lief er also wie gewohnt frei, und wir gingen unserer Wege. Die Schafwiese war durch einen Wassergraben vom Weg abgetrennt, und ich dachte nicht einmal eine Sekunde daran, dass es ein Thema sein könnte. Die Schafe bewegten sich keinen Millimeter und grasten einfach nur friedlich. Völlig aus dem Nichts heraus schoss MOBY plötzlich auf die Schafwiesen zu. Ich war noch entspannt und rief ihn, wurde aber völlig ignoriert, und MOBY stürzte durch den Wassergraben. „Spätestens jetzt dreht er um, nachdem er in der eiskalten stinkenden Gülle gelandet ist!" Denkste. Mittelkralle. MOBY war auf der Wiese und fing an, die Schafe zu treiben. Ich konnte es nicht fassen. War das mein Hund? Nach all den Jahren findet der auf einmal einen weißen Schafhintern erotisch, oder was zum Teufel ist mit ihm los?

Natürlich hatte ich furchtbare Angst um die Schafe und keine Ahnung, wie ich über diesen Wassergraben kommen sollte. Zum Springen zu weit, also durch. Wie tief ist diese Pampe? Jetzt weiß ich es – bis zum Becken. Hatte ich erwähnt, dass es Dezember war? Ab auf die Wiese und dem Mistvieh hinterher, ich meine den Hund. Kennt Ihr das Geräusch von vollgesogenen Winterschuhen? Schlurp, Schlurp, Schlurp ... Ich glaube, so schnell war ich in meinem ganzen Leben noch nie gerannt. MOBY hatte ein Schaf in die Ecke gedrängt und bellte es einfach nur an. So konnte ich den alten Sack endlich einfangen.

Ich war einfach fassungslos und unendlich froh, dass den Schafen nichts passiert ist, machte mir jedoch solche Vorwürfe. Gleichzeitig wollte ich vor Scham im Erdboden versinken, denn natürlich spielte sich die gesamte Szene vor einer Häusersiedlung ab. Sonntagvormittag, und mit Sicherheit waren wir nun Ortsgespräch. „Wieder so eine dämliche Touristin, die ihren Köter nicht unter Kontrolle hat und der unsere Schafe jagt!" So stapften wir zurück ins Quartier. Voller Zorn auf mich selbst, den auch das zweite Bad durch den Wassergraben *retour* nicht kühlen konnte, voller Fassungslosigkeit, was da nun eben geschehen war (das hat er ja noch nieeee gemacht …); eiskalt, nass, zitternd und den Hund und mich mit allen Worten beschimpfend, die im *Repertoire* waren.

Ja, die Geschichte klingt amüsant. Ein bisschen schmunzeln muss ich bei dieser Erinnerung auch noch. Dennoch hätte ich mir nie verziehen, wenn dem Schaf etwas geschehen wäre. Für MOBY hatte dieser Ausflug Konsequenzen, denn mein Vertrauen bezüglich Freigang war weg, und ab sofort hieß es nur noch „Leine". Egal, wie lange ein Tier bei dir ist – egal, wie gut es folgt … Es ist das Risiko niemals wert, dass ein fremdes Tier oder dein eigenes zu Schaden kommt. Diese Lektion musste ich lernen, und wir hatten dabei wirklich Glück.

Bitte beherzt dies immer bei Euren Schützlingen. Es gibt so viele fantastische und sichere Möglichkeiten, unseren Vierbeinern Auslauf zu bieten, ohne etwas zu riskieren.

MOBY ist nun ca. 13 Jahre alt und entwickelt die tüdeligen Eigenschaften des Alters. Das hat er sich mehr als verdient. Er muss nicht mehr den großen Chef raushängen lassen, darf seinen Ruhestand genießen und liebt es, bei mir im Bett angekuschelt einzuschlafen. Spaziergänge sind noch immer das Größte für ihn, da fängt sein Gesicht richtig zu strahlen an. Jetzt merkt man dem großen Bären langsam Demenz an. Sinnbefreit in die Luft starren, rausgehen, weil man pinkeln will und es dann vergessen, über der Wasserschüssel gebeugt stehen und nicht wissen, was man damit anfangen soll … Und es entwickelt sich ein unfassbarer Dickkopf. Auch das gehört dazu.

Wir hatten das große Glück, dass MOBY in all den Jahren keine nennenswerten Krankheiten hatte und wir einfach gemeinsam alt werden dürfen. Dafür bin ich dem großen Ganzen da oben mehr als dankbar, denn dieser Hund ist ein wahres Gottesgeschenk. Tatsache ist, dass wir wahrscheinlich ziemlich aufgeschmissen sein werden, wenn er einmal geht. Denn dann tanzen uns alle auf der

Nase herum. Ich wage sogar zu behaupten, dass ohne MOBY unser Rudel niemals machbar gewesen wäre.

BHUMI – Die Katastrophe

MOBY war nicht einmal ein Jahr bei uns, und da ich immer Pärchen hatte, wollte ich ihm einen Gefährten suchen. So zog 2011 eine entzückende vier Monate alte Bracken-Mischlingshündin aus dem österreichischen Tierschutz bei uns ein. Nicht ich suchte sie aus, sondern MOBY, denn unter drei Welpen hatte er nur Augen für die Kleine.

Von da an wurde mein ganzes Leben auf den Kopf gestellt. Bisher hatte ich riesiges Glück mit meinen Hunden, ich wusste es nur nicht. Sie durften ohne Leine laufen, waren abrufbar und hatten liebenswerte, kaum nennenswerte Macken. Ich war einer jener Schnösel, der auf andere Hundehalter herabblickte, wenn deren Hunde pöbelten – „na, haste deinen Hund etwa nicht im Griff". Ich war der Meinung, ich hätte die Weisheit mit Löffeln gefressen. Wie dämlich und arrogant war ich, wie demütig wurde ich!

BHUMI wurde meine Lehrmeisterin. Sie war eine Deprivationshündin. Ehrlich gesagt, ich kannte diesen Ausdruck nicht mal. Trotz etlicher Hundeschulen und Privattrainer konnte BHUMI nicht alleine bleiben. Sie hatte große Trennungsängste und griff alles nur Erdenkliche an: fahrende Autos, Mülltonnen, die am Vortag noch nicht da gewesen waren. Auch Menschen und Wind – ihr machte fast alles Angst. Die ersten zwei Jahre war ich mit ihr um drei Uhr in der Früh Gassi, tagsüber gingen wir nur zum Lösen raus. Immer hofften wir, niemandem zu begegnen. BHÜMCHEN kostete mich so einiges an Inventar. Das Loch im Sofa war in Wirklichkeit ein Graben in die Freiheit nach Brasilien. Es gab Tränen und Schmerzen, ebenso eine ausgerenkte Schulter, offene Knie und Hände durch mehrere Stürze.

Es war das erste Mal in meinem Leben, dass ich zugeben musste, an meine Grenzen gestoßen zu sein. Ich dachte ernsthaft darüber nach, sie ins Tierheim zu geben. Mein Ex-Mann jedoch sagte nur einen Satz zu mir: „Du weißt, dass sie dort sterben wird. Den Hund nimmt keiner." So setzte ich mich in dieser Nacht hin und versuchte, tief in mich hineinzuhören. „Kann ich das? Schaffe ich das? Ist sie mein Hund?" Letzteres war die wichtigste Frage. Wir sahen uns beide an, und es schien wirklich, dass BHUMI den Kampf, den ich gerade mit mir austrug, verstehen würde. Sie ist zu 98 % ein lebender Panzer: Augen zu und „haudraufunddurch". Aber in diesem Moment kam sie ganz bedacht, still, leise und zärtlich zu mir und leckte meine Hand ab. Die Entscheidung war gefallen, denn ja, sie war mein Hund.

Ich las Bücher über Hundepsychologie, besuchte etliche Seminare und flog auch zu einem Seminar von Turid R. Schließlich fand ich die richtige Trainerin, die mir erklärte, was mit BHUMI los war, und ich vertiefte mich in das Thema Deprivationshund. Wir sattelten unsere Themen nochmals völlig neu auf. Es gab gute und schlechte Tage, und wir freuten uns über jeden Erfolg.

2013 kam ich mit meinem jetzigen Ehemann zusammen, der besonders BHUMI sehr zugetan ist und sich sehr liebevoll um sie bemüht, was wiederum auch mich sehr entlastete. Zu unserer Hochzeit 2015 in Sankt Peter-Ording begleiteten uns unsere (damals noch) vier Lieblinge natürlich. Wir waren sehr nervös, denn wir mussten die Hunde vier Stunden im gemieteten Haus alleine lassen. Mit BUMS, dem Panzergrenadier, der nach wie vor unter Trennungsangst litt und Inventar zerstört? Undenkbar. Im Auto lassen? Zu heiß. Also an eine Hundebox für das Haus gewöhnen. Wir entschieden uns für eine große Box aus Aluminium. Daheim funktionierte es wunderbar. Binnen kürzester Zeit verstand unser cleveres Mädchen, dass die Box Leckerchen und Rückzugsort bedeutete. Sie ging sogar freiwillig gerne hinein.

Es kam der Tag der Hochzeit: alle bereit, BHUMI ab in die Box – so weit, so gut. Wir kamen nach der Trauung und dem Essen wieder zurück ins Quartier, und an der Haustür, in die eine Glasscheibe eingelassen war, begrüßten uns alle Hunde, auch BUMS. Es trieb uns die Schweißperlen auf die Stirn! Wie zum Teufel war der Hund da rausgekommen, und wie sieht das Haus aus? Sie hatte es tatsächlich geschafft, sich bei der Türe der Box zwei Längsstreben zu schnappen, hat diese so lange bearbeitet, dass die Nieten ausgerissen sind und dann die Streben nach außen gebogen. Und ab ging der Weg in die Freiheit ... Gott sei Dank blieb das Haus unbeschadet und BUMS auch.

Unvergessen ist ebenso mein Kuraufenthalt mit MOBY und BHUMI in Tirol. Die ersten zwei Wochen klappte alles wunderbar. Die Hunde haben sich während meiner Behandlungen im Zimmer benommen, und in meiner Freizeit genossen wir unendliche Wanderungen in den Bergen.

An einem Wochenende kam mich eine Freundin besuchen, und wir gingen abends essen. Als wir zurückkamen und die Türe aufsperrten, schossen uns nur so Federn entgegen. Egal, wo man hinsah, überall waren Federn. Am ganzen Boden, am Bett, am Sofa, am gesamten Mobiliar und auf den Hunden. Madame BUMS war es nicht genehm, dass wir ohne sie ausgegangen waren und hatte ihren Unmut an den Kopfkissen ausgelassen. Unsere Münder standen weit offen vor Fassungslosigkeit. Dann sahen wir uns an und fingen gleichzeitig an, schallend zu lachen. Wir fielen vor lauter Lachen ins Bett, die Federn stoben wieder auf, die Hunde tanzten fröhlich um uns herum, und der Lachkrampf intensivierte sich, bis uns die Tränen runterliefen.

Erziehungstechnisch sicherlich nicht die beste Reaktion, aber was will man machen? Wir sammelten, so gut es ging, die Federn zusammen und fragten uns, wohin mit den Federn, ohne dass das Hotel den Schaden bemerkt. Also packten wir die Federn zusammen und verschwanden mit ihnen in tiefster Finsternis und dezentem Gruselfaktor in den Wald, um dort, kichernd wie zwei Teenager, unzählige Federn auszubeuteln.

Am Morgen ging ich unschuldig lächelnd zur Putzperle und borgte mir den Staubsauger aus – mit der Ausrede, die Hunde wollten keine Fremden im Zimmer – und beseitigte alle restlichen Beweise.

Seitdem gibt es in der Gegend des Kurhotels die berühmte Sage einer riesigen Bestie, die in Vollmondnächten das Federvieh der Bauern genüsslich rupfte und verspeiste ...

Mittlerweile ist BHUMI elf Jahre alt, und wir grinsen immer bei der Aussage, „wenn sie älter wird, wird sie ruhiger". Was ihr wahnsinnig gutgetan hat, war der Umzug 2020 aufs Land – in ein ruhiges Haus mit großem Garten. BHUMI wird niemals ein normaler Hund sein, aber heute sind wir ein Team und bewältigen alles gemeinsam. Durch sie wurde mir klar, wie wenig ich zuvor über die Seele eines Hundes wusste. Tiere lieben ist nicht gleich Tiere verstehen.

COOKIE – Der Anfang unserer Windhundleidenschaft

2014 veränderte sich unser aller Leben, ein Galgo zog bei uns ein. Liest man im Internet über Windhunde, wird man mit dem Schicksal der Galgos konfrontiert. Damals kannte ich diese Rasse gar nicht und war total schockiert über deren grauenhaftes Schicksal. Sofort war ich fasziniert von diesen Hunden und konnte nicht nachvollziehen, wie man so grausam mit diesen wunderbaren Tieren umgehen konnte. Ich erzählte meiner Freundin davon, und natürlich war auch sie entsetzt. Sie rief mich wenige Wochen später an und erzählte, dass ein sandfarbener Galgo in Wien von seiner Pflegestelle entlaufen sei. Gott sei Dank hatte diese Geschichte ein gutes Ende, der Bub konnte gesichert werden. Sein Name war COOKIE. Er kam von dem Tierheim *Galgos del Sur* in der Nähe von Córdoba und war zu dem Zeitpunkt zwei Jahre alt.

Wie jetzt, ein dritter Hund? Auf gar keinen Fall!!! Dennoch ging mir der hübsche Kerl nicht mehr aus dem Kopf. Ich überredete meinen Mann, die Pflegestelle zu besuchen, einfach nur mal schauen! KEKS stupste meinen Mann an der Nase an, und einen Monat später zog unser erster *Galgo Español* bei uns ein. Er kam in unsere Wohnung, sah das Sofa und bezog standesgemäß sein Königreich.

Der KEKSLER war ein absoluter Phlegmatiker. Fressen und Couch, das war sein Leben. So oft mussten wir mit ihm lachen: Er hatte die Gabe, auf dem Rücken mit allen vier Pfoten in der Höhe zu schlafen. Mal dann und wann eine kleine Flitzerunde, aber große Emotionen waren nichts für die königliche Hoheit. Schön sein reicht, das wusste er, und das lebte er auch. Nur bei Futter verlor er völlig die *Contenance* und biederte sich jedem, der etwas Essbares hatte, erbarmungslos an. So kam es, dass meine Mutter seine besondere Freundin wurde, welcher seltsamerweise immer wieder ganz ungeschickt Essen vom Teller fiel. Ebenso sehr begehrt waren die Krabben an der Nordsee, da konnte er stundenlang am Strand Panzer knacken.

KEKSI war nie ein Hund, der den Menschen brauchte. Er war kein Angst- oder Panikhund. Im Gegenteil, er wirkte auf den ersten Blick völlig normal. Man konnte überall mit ihm hingehen, er liebte Spaziergänge, nur Anfassen oder Kuscheln war eben nicht seins. Da sprang er oft auf und schoss davon. Seine Vergangenheit und die massiven Narben auf seinem Körper waren Zeugnis seines Lebens in Spanien, und zu oft bekamen wir böse Blicke, wenn wir mit KEKS auf die Straße gingen oder wurden entsetzt angesprochen. Fremde Männer waren bis zum Schluss bei ihm ein Thema, außer sie hatten etwas Essbares dabei. Da konnte es durchaus richtig peinlich werden, denn dann biederte er sich an wie eine Dame aus dem Horizontalgewerbe.

Es dauerte vier Jahre, bis KEKS zum ersten Mal zu uns in Bett kam. Diese Nacht werde ich auch nie vergessen, denn mein Mann und ich lagen fast atemlos im Bett. Bloß nicht bewegen, um den Hund nicht zu erschrecken. Er machte uns das allergrößte Geschenk: Vertrauen.

Durch KEKS machten wir auch zum ersten Mal Erfahrung mit Leishmaniose. Dem Himmel sei Dank hatten wir eine überaus engagierte Tierärztin, die sich in das Thema vertiefte und sich nach Bestätigung der Diagnose mit Spezialisten aus der Veterinärmedizinischen Universität Wien beratschlagte. Mit Milteforan und Allopurinol konnten wir KEKS' Schub in den Griff bekommen. Auch mit nur noch einem Drittel Nierenfunktion konnte er noch sehr gut leben. Bis zu seinem Tod 2020, durch einen plötzlichen Herzinfarkt im Garten, hatte er glücklicherweise nie wieder Probleme mit der Leishmaniose.

KEKS' Tod war ein völliger Schock für uns, denn er war erst neun Jahre alt, und wir waren gerade mal vor drei Monaten ins Haus gezogen. Wir hatten immer Angst, dass er uns irgendwann an den Folgen der Leishmaniose sterben würde. Mit diesem Ableben hatte keiner gerechnet, und es riss ein tiefes Loch in unsere Familie. Für ihn war sein Abgang sicherlich ein Segen – für uns ist sein Verlust bis heute nicht zu begreifen.

NIKO – Die vierte Wahl

Bei einem Galgo alleine bleibt es selten. Wir merkten KEKS seine Freude an, wenn er andere Galgos sah. Also war klar, dass wir uns auf die Suche nach einem zweiten Galgo machten. Leider war diese alles andere als einfach. Die erste Hündin, die wir für uns entdeckten, verstarb in der furchtbaren Hölle der spanischen Tötungsstation Gesser. Die zweite Hündin überlebte diese Hölle, bekam aber kurz nach ihrer Rettung Zwingerhusten, an dem sie verstarb. Danach konnte ich mir drei Monate lang keinen Galgo mehr anschauen. Doch dann sah ich TOBIAS, einen traumhaft schönen, schwarzen Galgo, der seit kurzem in Deutschland war. Wir nahmen Kontakt mit dem Verein auf, die VK wurde gemacht, alles war paletti, bis die Pflegefamilie anrief und uns sagte, man habe bemerkt, dass dieser Hund nicht alleine bleiben könne. Daher könnten wir ihn doch nicht bekommen. Das konnte alles nicht wahr sein! Da wir Vollzeit berufstätig waren, konnten wir die Entscheidung aber absolut nachvollziehen. Ich bat den Verein, sie mögen uns irgendeinen Hund aussuchen, da sie unsere Situation schon kannten. Sie schickten uns direkt ein Foto von HUMO, der bereits dreieinhalb Jahre in Villarrobledo auf seine Chance wartete. Nur 14 Tage später war der gestromte Galgo schon auf dem Weg nach Stuttgart, wo wir unseren Buben abholten. Da es der 6. Dezember 2014 war, gaben wir ihm den Namen NIKO (NIKOLO).

NIKO war so völlig anders als KEKS. Abgesehen davon, dass er sich bei der Heimfahrt sofort auf meinem Schoss einkuschelte, kam der dunkel gestromte Bub in die Wohnung und machte zuerst mal Party. Hier über das Sofa, da über das Bett, dort mit dem Stofftier gesaust, das Spiegelbild angebellt. Aha, so können Galgos auch …

Es gibt kaum einen Hund aus unserem Rudel, der so verfressen ist wie NIKO. Für Futter tut dieser Hund *alles*, und es gibt auch keine Ablage, die er nicht erreichen konnte. Nichts, einfach nichts war vor ihm sicher, was ihm auch den Spitznamen KLAUI einbrachte. Er konnte jeden Mistkübel aufbrechen. Uns erwarteten große Putzorgien, denn er verteilte fein säuberlich den ganzen Müll in jedem Zimmer. Danach lag er unschuldig neben uns auf dem Sofa, und sein Magen gab Geräusche von sich, dass wir dachten, wir müssten gleich in die Notaufnahme mit ihm. Unvergessen ist eine ganze Kräuterbutter, die er bei einem Grillabend geklaut hatte. Den ganzen Tag warteten wir darauf, dass der Hund irgendwann „explodiert", aber die Beschaffenheit seines Magens war beachtlich.

Er ist ein Schmusebub ohne Ende, der nur Flausen im Kopf hat. Und du meine Güte, was für ein Leinenpöbler er war! Spaziergänge waren mit NIKO anfangs mehr als anstrengend, denn jeder fremde Hund musste in die Schranken gewiesen werden. Nach einigen

Monaten Training klappte es jedoch recht gut mit ihm. Im Auslauf oder am Strand zu flitzen, liebte der Bub. Er war für jeden Ausflug zu haben. Unvergessen sind seine „Seepferdchen" am Strand von St. Peter-Ording: mit Vollgas in jeden Priel hinein. Eine unzählbare Menge an Stofftieren, akribischst zerlegt, gingen auf sein Konto. Von der Glitzerknete in seinem Kopf wollen wir erst gar nicht reden. NIKO war immer für jeden Blödsinn bereit. Ich jedoch war es nicht. Ich musste mir eingestehen, dass meine Trauer um die zwei verstorbenen Hündinnen mich viele Monate blockierte und ich NIKO emotional nicht an mich ranlassen konnte. Er war da, er lief mit, er war lustig und verspielt, er war bezaubernd; aber ich brauchte Zeit, und die gab er mir.

Für diese Geduld bin ich ihm ewig dankbar. Denn nach eineinhalb Jahren stellten wir beide fest, dass wir uns gefunden hatten – so richtig. NIKO wurde mein Herzhund, der berühmte Seelenhund. Wie oft hat mich dieser Hund zum Lachen gebracht. Legendär ist seine Körperhaltung, wenn er sich auf etwas freute. Dann kam er dir auf den Hinterbeinen entgegen, die Vorderpfoten hoch oben in der Luft, unser kleiner Tänzer. Sein Leben im Tierheim hatte ihn jedoch auch Vorsicht gelehrt. Mit Menschen zu kuscheln, war kein Problem, aber wehe, ein anderer Hund kam ihm zu nahe. Da schießt die graue Eminenz auch heute noch wie eine Kobra zu der armen Seele hin, welche ihm gerade zu nahe war und schnappt dabei bedrohlich lautstark in die Luft. Er hätte nie einem aus dem Rudel wehgetan, aber seine Methode war äußerst effektiv, und so verdiente er sich bei den anderen Hunden Abstand und Respekt. Und ich schwöre, dass ich ihn oftmals danach schelmisch grinsen gesehen habe …

NIKOs Schwachstelle war immer sein Körper. Die entbehrungsreichen Jahre in Spanien hatten ihn gezeichnet. Mit sechseinhalb Jahren kam er zu uns und das bereits mit Spondylose und massiven Rückenproblemen. Er ist „Leishmaniose positiv", welches sich erst 2017 herausstellte und hat *„IBD – inflammatory bowel disease"* (Anm. d. Hrsg.: chronische Darmentzündung).

Gleich nach seinem ersten Auslauf bei uns ging er nur mehr auf drei Beinen, und die Tierärztin damals meinte, dieser Hund würde nie vernünftig laufen können. Jedoch mit lebenslanger Physio und „Papimi-Behandlung" (Anm. d. Hrsg.: Ionen-Induktionstherapie) konnten wir seine Probleme gut in den Griff bekommen. Es kam jedoch im Alter starke Arthrose dazu, unter der er sehr leidet. Seitdem er *Librela* bekommt, geht es ihm zwar etwas besser, jedoch ist NIKO nun 14 Jahre alt, und wir wissen, dass wir uns im letzten Abschnitt befinden. Einmal heuer hat NIKO bereits dem schwarzen Gevatter gerade noch ein Schnippchen geschlagen.

Wir sind unendlich dankbar, dass wir so viel Zeit mit unserem Clown bekommen. Wir versuchen, die Trauer nicht übermächtig werden zu lassen, jedoch sind die Gedanken die letzten Wochen trüb und oftmals so schwer. Man ist überempfindlich bei jedem Geräusch, zu oft klappt das alte Gestell einfach zusammen, und man hilft ihm wieder auf. Man sieht am Tag mehrfach nach, ob er noch atmet. Er hat alle Rechte und bekommt Leckerchen, was immer er will. Eine *bucket list* wird gerade abgearbeitet, mit allem, was wir noch machen wollen, und man tut einfach alles, um ihm seine letzten Tage so schön wie möglich zu machen.

Es stellt sich immer noch die Frage, „habe ich alles getan, war er glücklich bei uns?". Ich weiß nicht, was schlimmer ist – einen Hund plötzlich zu verlieren, oder jeden Tag die intensive Zeit des Alterns mit allen Höhen und Tiefen mitzuerleben. Es ist bittersüß, es krampft einem das Herz zusammen, und die Tränen schießen beim Schreiben dieser Zeilen ein. Gleichzeitig ist man mit unendlicher Dankbarkeit und Liebe erfüllt – so unendlich viel Liebe für die lange gemeinsame Zeit – und genießt ganz bewusst jede Sekunde. Unsere Uhren ticken jetzt anders. Solange der Lausbub es jedoch noch immer schafft, eine Hühnerbrust von der Küchenplatte zu klauen, flüstert unser Herz leise „heute noch nicht" …

Nachtrag

In memoriam

NIKO, 07.09.2022

Wir haben NIKO immer versprochen, dass er in Würde gehen darf. Als wir gestern auf den Tierarzt warteten, waren wir alleine draußen. Die anderen Hunde waren drinnen und mucksmäuschenstill. Den ganzen Tag schien die Sonne, und plötzlich fing es leicht zu regnen an.

Als NIKO ging, brach die Sonne durch die Wolken, und man konnte einen Regenbogen sehen. Es war so unglaublich ruhig und friedlich. Einen würdigeren und schöneren Abschied hätten wir uns für unser Schlimmding nicht wünschen können.

Leb wohl mein Liebstes, Herzhund, Klaui, Fratz, Seepferdchen, Schlimmding, Du unmöglicher Satansbraten. Wir können es nicht in Worte fassen, was Du uns an Leben, Liebe und Lachen geschenkt hast und wie sehr wir Dich vermissen werden.

Jetzt lauf, Schatz.
Lauf endlich wieder.

In unendlicher Liebe, Deine Familie

YANNI – Die Herzkönigin

„Der Kopf muss ab!", das wäre wahrscheinlich YANNIs Lieblingssatz.

Die Beschreibung von unserem RÜBCHEN (mein Gott, diese Nase ...) war „süß, problemlos, unkompliziert, kann auch mit kleinen Hunden". Ähem ...

Jeder Windhundbesitzer muss mindestens einmal im Leben zu dem Hundestrand nach St. Peter-Ording in Deutschland reisen. Wir machten uns 2015 auf den Weg dorthin und heirateten, wie bereits berichtet, auch gleich im Leuchtturm von Westerhever. Wir verabredeten uns mit einer ortsansässigen Galgo-Halterin, die eine kleine, zarte, hellbraune Galga von *FBM* auf Pflegestelle hatte.

Nicht mein Beuteschema, ernsthaft nicht. NIKO sah die kleine Blondine, konnte die Augen nicht mehr von ihr lassen und legte sich nach fünf Minuten des ersten Dates zu ihr ins Körbchen. Sollte man diese junge Liebe zerstören? Mit dieser bildhübschen und fast aufdringlich verschmusten Hündin namens YANNI im Gepäck fuhren wir dann wieder heim Richtung Wien.

Wer YANNI nicht als süß beschreibt, lügt, denn süß ist sie wirklich. Süßer als süß! Aber dieser Hund ist eine nervende Diva pur. Gnade Gott, man beachtet sie nicht, wenn die Königin es wünscht – Kopf ab! Dann steht sie laut keifend vor einem und macht dich zur Schnecke. Wenn man ihr dann klar erklärt, „Fräulein, jetzt ist aber gut, Ruhe jetzt", schimpft sie noch vehementer mit dir. Irgendwann kommt dann der Moment, in dem du zwei Möglichkeiten hast: Entweder du verlässt genervt den Raum, oder du fängst schallend zu lachen an. Natürlich lachen wir meistens. Im gleichen Atemzug windet sie sich dann wie eine Anakonda um deinen Körper, und irgendwie schafft sie es immer, sich mit ihrer Nase in eines deiner Nasenlöcher zu bohren. Jeder hat so seinen Fetisch, nicht wahr? Aber das Problem ist, erkläre das mal deinen Besuchern. „Entschuldigung, wärest du bitte so freundlich und würdest unserer Galga mal kurz deinen Riechkolben hinhalten, damit sie sich darin verbohren kann?" Na ja.

Auch das mit kleinen Hunden, überhaupt anderen Hunden, war so ein Thema. Wie es sich für eine Herzkönigin geziemt, wird der Pöbel aus Prinzip in den Boden gestampft. YANNI war zu unseren Zeiten in Wien der Hund, der im Auslauf immer nur sehr kontrolliert von der Leine durfte, „denn wer nicht bei 3 am Baum war, hatte verloren". Diese Charaktereigenschaft, gepaart mit einem unheimlichen Jagdtrieb, hätte für so manch kleines Hündchen sehr übel ausgehen können. Dies galt es natürlich, um jeden Preis zu verhindern. An Selbstbewusstsein mangelt es diesem Hund definitiv nicht. Ihre Lieblingsbeschäftigung in Wien war es, einen Kangal-Rüden mit 52 Kilo jeden Morgen zur Schnecke zu machen. Ich möchte nur erwähnen, dass YANNI heiße 20 Kilo Kampfgewicht hat. Hätte der Rüde sie nur einmal angeniest, hätte sie am nächsten Baum geklebt, aber keiner legt sich mit der Königin an.

Von ihrem Jagdtrieb wollen wir gar nicht reden. Wir verstehen bis heute nicht, weshalb sie aussortiert wurde, denn YANNI ist unsere „Jagdsau Nummer 1". Wer es sogar an der Leine schafft, sich mit Maulkorb in drei Sekunden eine Maus zu schnappen, hat diesen Titel wahrlich verdient.

So nervig sie manchmal ist, genauso bezaubernd ist sie aber auch. Mit YANNI zu kuscheln und zu schmusen, kann das innigste Gefühl überhaupt sein, und in diesen Momenten ist sie auch meine kleine „Prinzessin Lillifee". Da schlängelt sie sich voller Inbrunst in dich rein und schenkt dir ihre gesamte Liebe, und die hat sie im Überfluss. Wenn YANNI zu spielen beginnt, so ist dies ein wahres Feuerwerk an Konfetti und bunter Glitzerknete, welches die Atmosphäre erfüllt. Kein Stofftier ist sicher. Es wird geworfen, geschleudert, gebeutelt und dabei über das ganze Gesicht gelacht und gestrahlt.

Was für uns auch unfassbar bezaubernd und immer für einen Lacher gut ist, ist, wenn sie mit ihrem Herzbuben GIOVANNI, unserem kleinen Bodeguero-Mix, so richtig herumtobt. Ausgerechnet den Zwergenkrieger hat sie sich als neuen Gefährten ausgesucht, nachdem NIKO nun altersbedingt nicht mehr kann. Was hatten wir gezittert, als GIO in unser Leben trat, denn YANNIs Thema mit kleinen Hunden war uns ja bekannt. Jedoch ist GIO unkaputtbar und hat als einziger keinen Respekt vor der Herzkönigin – genau das, was sie braucht. Da entstehen dann wahre Wrestling-Orgien im ehelichen Schlafzimmer. YANNI ist nun auch bereits zehn Jahre alt, jedoch kein bisschen leiser, und die Königin ist noch lange nicht bereit, ihr Zepter aus der Hand zu geben. Möge uns ihr Thron aus Konfetti und Glitzerknete mit ganz vielen Fanfaren noch lange erhalten bleiben. Im Herzen bleibt sie stets das kleines Mädchen, welches ich mir immer gewünscht habe.

FIPS – Herr Kontrolletti, das Bubu oder Nummer 4

Es gibt den berüchtigten Anfängerfehler, wenn man in ein Tierheim geht, denn man verliebt sich immer Hals über Kopf! Bei mir war es ein fünf Monate alter schwarzer Galgo-Welpe, der während meiner ersten Reise in das spanische Tierheim *FBM* auf der Autobahn eingefangen wurde. Ich kümmerte mich während meines ganzen Aufenthaltes um SUERTE, wie er damals hieß, aber ich musste ihn tränenreich zurücklassen. Drei Wochen lang ließ ich meinem Mann keine Ruhe, bis er endlich zustimmte. Er flog selbst ins Tierheim, um den Buben abzuholen.

Ich fieberte jede Sekunde der Zusammenführung entgegen, war voll in den Wehen, jedoch hatte ich die Rechnung ohne den schwarzen Satan gemacht. „Du hast mich dagelassen, dich schau ich nie wieder an!", das war seine Devise. Tja, das hatte ich nun davon. Da kümmerst du dich, tust und machst, und dann schaut dich der undankbare Nachwuchs nicht mal mehr mit der Kehrseite an. FIPS, wie wir ihn umtauften, beschloss also, ein Papabub zu werden.

FIPS war damals knapp sechs Monate alt, und ich muss sagen, wir hatten riesiges Glück mit ihm. Die berühmten Katastrophen der „tasmanischen Teufel" blieben aus. Er hat die Vorzimmerkommode angeknabbert, das war auch schon alles. Das ist vertretbar, wenn man sich einen Junghund ins Haus holt. Was für uns jedoch neu war, waren seine Stimmeinlagen, denn trotz des Rudels daheim wollte er sich nicht von seinen Menschen trennen, wenn diese arbeiten gingen und stimmte lauthals empört jedes Mal den *Gefangenenchor* an. In diesen stimmten dann alle unsere Hunde, die nie zuvor laut geworden waren, voller Begeisterung ein. Gott sei Dank dauerte das maximal drei bis vier Minuten, und unsere Nachbarn nahmen es mit Humor.

FIPS war ein unglaublich angenehmer Junghund – schüchtern aber verschmust, verspielt, höflich in der Kommunikation und null, wirklich null, Jagdtrieb. Man muss aber auch liebevoll zugeben, nicht die hellste Kerze auf der Torte. Kennt Ihr noch den Film mit Michael Keaton „Vier lieben dich"? FIPS hat uns sehr oft an die verdaddelte Nummer 4 erinnert.

Bitte fragt mich nicht, was schiefgelaufen ist. Mit 18 Monaten knallte unser Teenager über Nacht (und das meine ich so) völlig durch und kam auf die schiefe Bahn. Ich bin nach wie vor davon überzeugt, dass uns jemand in der Nacht irgendwann den Hund ausgetauscht hat. FIPS hatte plötzlich sein Jagdabzeichen gemacht, begann mit Übersprungshandlungen an der Leine und entwickelte sich zu einem unausstehlich groben Rüpel, so dass unsere anderen Hunde nicht mehr mit ihm spielen wollten. Dies führte seinerseits zu noch mehr Frust und Übersprungshandlungen. Wir waren wirklich oft am Verzweifeln mit ihm, denn einerseits zeigte er für keinen anderen Hund wirklich Interesse, so dass es unglaublich schwer war, ihn auszupowern, und andererseits schauten ihn die eigenen Hunde nicht mehr an. Alle möglichen Trainingsvarianten schlugen fehl. Im Auslauf musste er einen Maulkorb zum Schutz der anderen Hunde tragen. Einzig mit NIKO klappte es. Als dieser jedoch älter wurde, mussten wir NIKO zu seinem Schutz aus diesem Spiel rausnehmen. Im Garten, wenn die anderen spielten, schoss er oftmals wie eine Rakete dazwischen – einfach nur, um das Spiel zu stören und zu kontrollieren. Es war wie mit einem verzogenen Einzelkind, das kaum Sozialkontakte und ADHS hat. Wir waren oftmals genervt und sauer, aber er tat uns auch unglaublich leid. Oft frage ich mich, ob es mit seiner Frühkastration zu tun hat (leider wurde er im Tierheim bereits mit fünf Monaten kastriert), dass er die Murmeln im Kopf nie los wurde und sich dadurch wie eine unausstehliche Rotzgöre benimmt.

Eindeutig besser wurde es, als SCHNUZ 2020 bei uns einzog. Hier hat er wieder einen ebenbürtigen Partner, der richtig mit ihm tobt und die Wiesen mit ihm entlangbrettert. Wenn die zwei Schwarzen Gas geben, heißt es für alle anderen „aus dem Weg", und das akzeptiert unsere Bande auch völlig. Nun ist unser sechsjähriger Lümmel wesentlich entspannter, und dann sieht man „Herrn Kontrolletti" wieder überglücklich auf dem Sofa neben seinem Papa liegend, und die Murmeln hören mal für kurze Zeit zu rollen auf. Still und leise denke ich, „was solls, ich war als Teenager auch eine Krätze – genau deswegen liebe ich Dich umso mehr".

GIOVANNI – Der süßeste Terrorist aller Zeiten

GIO, GIOMIO, VANNIVANNIVANNI, BUMSBIRNE – dieser kleine T-Rex hat uns wirklich noch gefehlt!

Da kommen 14 Kilo daher und verändern dein ganzes Leben. Gleich vorweg, ich wollte nie eine kleine kläffende Töle. Was habe ich? Richtig.

GIOVANNI war mit acht Jahren Wartezeit der längste Langsitzer bei *FBM*, dem spanischen Tierheim, in dem wir ehrenamtlich mithelfen. So viele Jahre haben wir versucht, für den kleinen Mann ein Zuhause zu finden – ohne Erfolg. Die Menschen, die acht Jahre an ihm vorbeigingen, haben keine Ahnung, was für ein unglaublicher Schatz ihnen entgangen ist.

Der kleine Bodeguero-Mischling hatte so einen miesen Ruf als „schwierig und bissig", aber offenbar nur bei denen, welche ihm unsicher gegenübertraten. Wenn GIO jemandem sein Herz öffnete, dann ein Leben lang, und er würde wirklich alles für seine Menschen tun. Unvergessen war unser erstes Kennenlernen: Irgendein Schild hing da auf Spanisch – ich sah nur den kleinen kläffenden Mann, ging in seinen Zwinger rein und erklärte ihm ganz höflich „Klappe halten, dann gibts Würstchen". Er stieg auf den Deal ein. Als ich aus dem Zwinger kam, stand Alberto, der Hundetrainer, vor mir, wurde kreidebleich und meinte nur: „Du warst da drinnen? Der ist bissig. Es gibt extra ein Schild!" Antwort: „Ach, *das* Schild, du weißt schon, dass es auf Spanisch ist?"

GIO und ich hatten immer eine besondere Chemie. Ein kleiner loyaler Löwe, ein Kobold, ein Schelm, ein bisschen *loco* hier, ein bisschen irre da, aber gewöhnlich kann ja bekanntlich jeder.

So, und wie erklärst du deinem Mann jetzt, dass du gerne diese keifenden 14 Kilo adoptieren möchtest? In Wien undenkbar, denn dieser Hund gehört nicht in die Stadt. Nachdem auch mein Mann sich mit GIO in Spanien sehr schnell angefreundet hatte, war die Entscheidung klar: Wir ziehen um! Also Ende 2019: neues Bundesland, Haus, neuer Garten – Landleben, Ruhe. Gesagt, getan, drei Monate nach der Entscheidung hatten wir mit einem Haus riesiges Glück, und der Kaufvertrag wurde unterfertigt.

Aber dann kam Corona, und all unsere Hoffnung, den Kampfzwerg bald in die Arme schließen zu können, rückten erst mal in weite Ferne, da keine Transporte fahren durften. Erst im Juli 2020 war es dann soweit, GIOVANNI bestieg den Transport Richtung Deutschland. Wir waren auf dem Weg nach Bayern, um ihn abzuholen, jedoch auch hier wurden unsere Nerven nochmals auf die Probe gestellt. Der Transporter hatte auf der Autobahn in Spanien eine Panne und konnte erst drei Tage später weiterfahren. Alle Hunde wurden in ein fremdes Tierheim gebracht. Mein Hirn ratterte ohne Unterlass. Was ist, wenn etwas passiert, wenn er jemanden beißt? Jedoch meisterte GIO auch diese Hürde bravourös, niemand wurde getötet, und er kam heil und sicher in Bayern an. GIOVANNI hat sich bei uns ratzfatz eingelebt, als ob er immer schon da gewesen wäre. Die acht Jahre im Tierheim hat er einfach abgeschüttelt.

Er ist es, der mich jeden Tag zum Lachen bringt, mehrfach jeden Tag. Ohne GIO wäre ich nach KEKS' plötzlichem Tod völlig zerbrochen; hätte mich nicht der kleine Mann – mit höchstem Talent zum Clown, seinem strahlenden Lächeln und der Gabe, immer einen lustigen Blödsinn zu machen – immer wieder hartnäckig aus meinen Tränen rausgerissen. Es war GIOVANNI, der mich in einer meiner tiefsten Stunden auffing, und das erst drei Wochen, nachdem er bei uns eingezogen war. Vom ersten Moment an war klar, dass unser kleiner Hausmeister mir nie wieder von der Seite weicht; und wenn er nachts nicht bei mir im Bett in meinen Armen liegt, kann ich kaum einschlafen. Seine Liebe teilt er aber gerecht auf: In der Früh gehen wir mal zu Papa rüber, um weiterzuschlafen!

GIO ist jetzt zehn Jahre alt, jedoch ist das Alter nur eine Zahl für ihn. Er wetzt hier noch immer wie ein Verrückter durch den Garten, macht vor Begeisterung Purzelbäume, und mit unserer Galga YANNI hat er seine große Liebe und Wrestling-Partnerin gefunden.

CALLI – Unser Gandhi

Liebster CALLI, CARLITO – unser Friedensstifter, Kasperle, unser Schönster!

2019 hatten sich unsere Wege bei *FBM* bereits gekreuzt, und ich versuchte alles, damit der wunderschöne hellbraune Galgo-Rüde endlich nach zwei Jahren Tierheim seine Familie findet. So kam METRO, wie er damals hieß, nach Bayern auf eine Pflegestelle. Tief in meinem Herzen war er bereits bei *FBM*. Dass das Schicksal uns als Familie bereits auserwählt hatte, konnte damals noch keiner ahnen.

Für uns stand bereits auf der Fahrt nach Bayern im Jahre 2020, als wir unseren GIO abgeholt hatten, fest, dass wir für FIPS endlich einen passenden Spielgefährten brauchen. Wer es sein sollte, das musste das Rudel alleine entscheiden. METRO war damals eigentlich bereits vermittelt worden, wurde jedoch drei Tage vor unserer Ankunft wieder zurückgebracht, da er angeblich so ängstlich sei mit dem Mann des Hauses. Deren Verlust, unser Gewinn.

Vier Kandidaten gab es zur Auswahl: Hund eins war METRO (CALLI). Es war vom ersten Moment an völlig harmonisch und problemlos. Was total faszinierend war, beim Verabschieden drehte die Schissbüx nochmals um und ging ausgerechnet zu meinem Mann, um sich erneut zu verabschieden und einen Streichler abzuholen.

Hund zwei – ging ganz gut, war jedoch etwas zu aufgedreht, und man merkte eine Unruhe im Rudel. Hund drei – man sah sich 30 Sekunden am Zaun, und es wurde von beiden Parteien wild gekläfft. Hund vier – zu ängstlich, um das Rudel überhaupt wahrzunehmen.

Am nächsten Tag kam die Pflegestelle netterweise nochmals zu einem letzten Test: wieder mit Bravour bestanden. Sie begrüßten alle CALLI, als hätte er immer schon dazugehört. Es war beschlossene Sache. Das Rudel hat ihn ausgesucht und er uns.

Seine Ängste machten sich noch in der Anfangszeit meinem Mann gegenüber bemerkbar, waren jedoch nicht nennenswert, und er lebte sich sehr schnell ein. CALLI ist ein wahrer Sonnenschein, immer gut gelaunt. Wir merkten schnell, dass er eigentlich andere Hunde gar nicht brauchte, er ist auch kein Mitflitzer, sondern spielt am liebsten für sich alleine oder mit uns Menschen. Der Mensch ist ihm das Allerwichtigste. CALLI wäre als Einzelprinz sicherlich auch glücklich. Er rennt nicht einmal mit den anderen Hunden, aber wenn er mit seinem Menschen auf der Wiese ist, dann flitzt er vor lauter Freude wie ein Känguru mit Vollgas über das ganze Gesicht strahlend herum. Dennoch hat er eine besondere Gabe bei Mensch und Tier – er ist ein friedlicher Gandhi und unglaublich wichtig für das Rudel. Denn CALLI ist der Erste, der einem beisteht, wenn es einem nicht gutgeht. Beim Menschen ist er einfach da und lässt nicht locker, bis man ihn streichelt und vielleicht mal ein tränenvolles Gesicht in seinem Fell vergräbt. Er übernimmt dann mit einem Lächeln all den Schmerz für dich. Auch bei den Tieren ist CALLI derjenige, der die Unsicheren oder Ängstlichen leitet, ihnen Sicherheit gibt, und so oft hatte ich den Eindruck, als würde er sagen, „hey du, was hast du denn; hier ist die Welt doch in Ordnung, du musst keine Angst mehr haben".

CALLI eckt niemals an, er ist einfach nur unfassbar lieb, süß, lacht immer über das ganze Gesicht, ein echter Engel. Niemals hätte ich bei *FBM*, wo er als Angsthund benannt wurde, gedacht, dass er sich so fantastisch entwickelt. Ich bin der Pflegestelle bis heute in tiefer Dankbarkeit und Freundschaft verbunden, für alles, was sie für und mit CALLI geleistet hat.

SCHNUZ – Der Paniker

CHAMPI, wie SCHNUZ bei *FBM* 2018 hieß, war so ziemlich einer der schlimmsten Fälle, die ich jemals gesehen habe. Ein riesiger schwarzer Galgo-Rüde mit Panik, vor wirklich allem. Nicht nur, dass er bei *FBM* zum Mobbingopfer wurde, er verlor auch noch seinen Lebensmut.

So kam es, dass er in eine deutsche Auffangstation kam – in der Hoffnung, diese arme Seele resozialisieren zu können. CHAMPI war so tief in seiner Angst vor Menschen gefangen, dass er sich unsichtbar machte, wenn Besuch sein Gehege betreten hatte. Der große stattliche Rüde versteckte sich im hintersten Winkel einer dunklen Hundehütte, welche er nur nachts verließ. Die Mitarbeiter leisteten sensationelle Arbeit mit CHAMPI, denn nach über einem Jahr zeigte sich ein neuer CHAMPI, der seine Bezugspersonen gut tolerierte und sich genussvoll kraulen ließ. Leider wurde er zweimal hintereinander Opfer einer Beißattacke, und wir wussten, dass eine größere Anzahl von Schützlingen bald ins Tierheim kommen sollte, wodurch der Stresspegel für die Hunde in der Station wieder zunehmen würde.

Somit beschlossen wir, CHAMPI im September 2020 zu uns zu holen. Unser erster richtiger Angst-, nein, *Panikhund*. Waren wir dem gewachsen? Tausend Gedanken gingen durch den Kopf, betend, alles richtig zu machen. Das Schlafzimmer wurde als sein Rückzugsort hergerichtet, Möbel verschoben, damit er sich nicht verletzen konnte, ein Monatsvorrat an Küchenrolle und Putzmittel gekauft für den Fall, dass er sich im Schlafzimmer verbarrikadierte; Bauchgurt, Halsband, Geschirr, zwei Leinen, Tracker, Schleppleine: volles Programm.

Und dann kam Tag X. Mein Mann brachte den fast 70 cm großen Überbiss heim. So kam übrigens SCHNUZ auch zu seinem Namen, denn dieser Hund hat den süßesten Überbiss, den ich jemals gesehen habe. Aus CHAMPI wurde Herr SCHNUZ *aka*

SCHNUTI. Die Gefühle gingen einem über, wenn man diesen verängstigen Riesenhaufen an Elend sah. Nach einer sehr harmonischen Zusammenführung mit unseren Hunden brachte ich SCHNUZ ins Schlafzimmer, damit er dort einmal durchatmen konnte und schloss das Kindergitter. Es hieß, er geht nicht über Zäune. Tut er auch nicht, nur über Kindergitter. Ich hörte nur ein lautes „Rums", dann stand das dürre Gebiss hinter mir. „Du glaubst doch nicht ernsthaft, dass ich da drinnen bleibe? Ich will bei den anderen sein!" Ok, SCHNUZ, klare Ansage – 1:0 für Dich.

So kam es, das SCHNUZ vom ersten Tag an völlig normal mit im Rudel lebte. In der ersten Nacht kam er ganz vorsichtig ins Schlafzimmer und legte sich auf die Matratze neben meinem Bett. Drei Wochen später lag er bereits auf meinen Füßen, selbstverständlich nicht, ohne vorher zu fragen. SCHNUZ kommuniziert immer mit einem, wenn er vermeintlich in der Not ist. Er steht dann mit leisem Stimmchen fiepend vor dir, und du weißt genau, er will etwas. Man zeigt ihm eine Lösung und lädt ihn ein, was er sehr dankbar annimmt.

Die ersten Tage lief er im Garten, gesichert an der Schleppleine, was er mächtig doof fand und dies auch deutlich in seiner „ichbinderärmsteHundderWelt" Körpersprache zeigte. Als wir an Tag fünf ein gutes Gefühl hatten, ließen wir die Schleppleine los – und standen mit offenem Mund da. Von einer Sekunde auf die andere war SCHNUZ königlich: breiter stolzgeschwellter Brustkorb, majestätisch, Rute nach oben, er gab *Vollgas*. Es war einfach unfassbar schön und ist es bis heute. Für SCHNUZ gibt es nichts Schöneres, als zu laufen: das pure Leben. Womit wir nie gerechnet haben, er wurde (endlich!) zum Laufpartner für FIPS. CALLI hat den Probetag diesbezüglich gleich an den Nagel gehängt. Wenn die beiden richtig loslegen, könnte man meinen, wir halten eine Horde Araber im Garten.

Genauso beim Spazierengehen – die ultimative Lebensfreude ist bei SCHNUZ angesagt, wenn man sein Brustgeschirr in die Hand nimmt. Wenn dann noch Wildsichtungen dazukommen, ist der Tag für ihn perfekt. Während das andere Ende der Leine betet, dass einen der 31 Kilo schwere Überbiss am Bauchgurt nicht umwirft.

Vertrauen wird bei SCHNUZ immer ein Thema bleiben. Ihn kann man nicht einfach im Garten greifen und reinbringen, bis heute nicht. Natürlich haben wir anfangs mit Schlepp gearbeitet, aber irgendwann kommt (für uns) der Moment, in dem man Vertrauen aufbaut und den Hund auch Hund sein lässt und ihn sich selbst davon überzeugen lässt, dass ihm nichts passiert, wenn er reinkommt. Also blieb die Haustüre offen. Der erste Winter war sehr kalt.

Heute, nach fast zwei Jahren, geht es wesentlich besser, jedoch wird SCHNUZ nie ein Hund sein, der auf Ansagen folgt. Er braucht seine Zeit und unendliches Vertrauen, er muss den Mut fassen und aus eigenem Antrieb kommen. Morgens im Bett wurde es sehr schnell zum Ritual, dass er sich bis zur Ekstase durchmassieren lässt. Dann liegt er auch schon mal am Rücken und streckt dabei alle vier Beine in die Luft. Jedoch ist es erst seit heuer, dass er im Garten zu uns kommt und sich streicheln lässt, es richtiggehend einfordert. Aber nur, wenn er es auch möchte. Und das ist für uns auch ok so.

Im Übrigen hat Herr SCHNUTI die Leidenschaft für Obst und Gemüse bei uns im Hause entfacht. Für eine Gurke würde dieser Hund einen Mord begehen, mittlerweile die meisten aus unserem Rudel ebenso. Nachdem ich letztes Jahr erfolglos die Gurken, Kürbisse und Zucchini aus unserem Gemüsegarten verteidigt hatte, dachte ich mir, heuer mache ich das schlauer und setze die Pflanzen in die Hochbeete, nicht mehr in die Tröge am Boden. Für unsere geliebte Riesenratte ist auch das kein Problem; dann steht man eben auf zwei Beinen, um die Gurken abzupflücken.

Gerade an SCHNUZ sind wir unheimlich gewachsen; in Bezug darauf, einen solchen Hund mit schwerster Vergangenheit und

Trauma zu verstehen, lesen zu lernen, mit neuen Situationen umzugehen und vorausehend, so gut es geht, zu agieren.

Sicherheit und Vertrauen entstehen bei einem Hund durch eine Vorhersehbarkeit. Daher spielen bei Hunden mit Angststörungen Gewohnheit und Routine eine wichtige Rolle.

Diese Pfeiler geben SCHNUZ eine Alltagsstütze und die Möglichkeit, sich frei und ohne Angst im gewohnten Umfeld zu bewegen. Zeit und Selbstdisziplin sind dabei wichtige Faktoren für den Menschen. Das Leben mit so einem speziellen Hund ist anders. Es erfüllt das Herz mit Glück, wenn man die Lebensgeister erwachen sieht, das Lachen und die Freude aus dem Gesicht leuchten. Es ist jedoch genauso oft nervenaufreibend, man kommt an seine Grenzen, man erlebt Rückschläge.

War es die richtige Entscheidung?
Ja.
Jeden Tag – „Ja".

NEVI – Unser Affi

NEVI (NEVCHEN, NEVOLINO *aka* das AFFI aus der *FBM*), vormals NEGRITO, kam im August 2021 als Pflegehund zu uns.

Ja, lacht Ihr nur. Allerdings war es wirklich fix der Plan, Pflegestelle zu werden. NEVI musste dreieinhalb Jahre auf eine Chance warten. Warum ist das so? Nun, NEVI hatte es nicht leicht im Leben: Angst, schwarzes Fell, Leishmaniose.

Im Haushalt hatte er sich sofort eingefunden, mit dem Rudel hat NEVI sich vom ersten Moment an gut verstanden. Mit allen, bis auf einen; dies lag jedoch nicht an NEVI. Interessanterweise war ausgerechnet SCHNUZ, mit dem NEVI sich lange den Zwinger im Tierheim ohne jegliche Vorkommnisse geteilt hatte, nicht begeistert von dem Neuzugang und ließ in einer Tour – trotz

Einschreiten unsererseits – den Gorilla raushängen. SCHNUTI war in seiner Position als *Underdog* einfach völlig verunsichert, aber so macht man sich eben keine Freunde. NEVI war wirklich in jeder Hinsicht sehr höflich, aber am dritten Tag hat es auch NEVI gereicht, dauernd provoziert zu werden. SCHNUZ kassierte ein Loch. Ich kann NEVI durchaus verstehen, denn irgendwann mal platzt selbst einem Pfarrer der weiße Kragen, wenn er von einem halbstarken Proll in einer Tour unhöflich angemotzt wird. Gott sei Dank war das Loch nicht groß, und wir konnten es selbst versorgen. Auch solche Dinge passieren in einem Rudel.

Die nächsten eineinhalb Monate konnten wir die beiden nicht aus den Augen lassen. Dauernd stapften sie aneinander herum wie aufgeplusterte Gockel. Es war eine harte Zeit und eine für uns völlig neue Situation, denn bisher war unser Rudel mehr als harmonisch, und eine solche Zusammenführung hatten wir noch nicht erlebt. Es folgten viele Tränen, und wir fragten uns mehrfach, ob wir das Richtige getan hatten – den Mann im Geiste schon wieder den Hund zurückbringen sehend …

Hinzu kam, dass NEVI die Geister der Vergangenheit einholten. Die ersten Tage hatte er offenbar Alpträume: Er ist jede Nacht hochgeschossen und schnappte wild um sich. Also gab es auch nachts weder Ruhe noch Schlaf. Doch diese Geister haben sich dann nach drei Wochen in Schall und Rauch aufgelöst.

Unsere Hunde können vielleicht kein „Sitz, Platz, mach eine Rolle", aber es gibt eine Grundregel im Hause Scheinhart: *Wir tun uns nicht weh!* Und diese Regel wurde massivst angekratzt. An dieser Stelle möchte ich vier lieben Damen ganz besonders danken, welche uns intensivst in zahllosen Telefonaten oder anderen Hilfestellungen beigestanden haben.

Was noch zusätzlich eine riesige Baustelle war: NEVIs größte Angst sind Männer. Der Herr des Hauses hatte es bei ihm nicht leicht. Entweder flüchtete NEVI sofort im Schlafzimmer ins Bett in die letzte Ecke, oder mein Mann wurde im Garten draußen vehement verbellt – und das nicht gerade leise.

Somit wurde ein intensives Training begonnen. Es ging nur mehr mein Mann mit NEVI spazieren, gab ihm Futter etc. Alles Positive kam von meiner besseren Hälfte. Erst nach vier Wochen kam NEVI zum ersten Mal ins Wohnzimmer, wenn es sich der Männe ruhig am Sofa gemütlich gemacht hat. Bewegte sich dieser, war meistens wieder Flucht angesagt. Da war SCHNUZ völlig anders, als er kam und wesentlich entspannter.

Bei den Spaziergängen, wenn NEVI fremde Menschen, insbesondere Männer, sah, konnte man erst richtig sehen, wie viel Angst er hatte. Da wurde er stocksteif, die Rute war komplett eingezogen, und er machte in seiner Angst keinen Schritt mehr freiwillig. Oder er ging in den absoluten Fluchtmodus und wäre ohne Bauchgurt nicht zu halten gewesen.

Dabei ist NEVI, wenn wir spazieren gehen, in absoluter Glückseligkeit. Es gibt nichts, womit man den kleinen Mann so sehr begeistern kann wie mit einem Spaziergang. Er ist nicht nur ein ausgezeichneter Sichtjäger, sondern geht auch viel nach der Nase. Und eigentlich ist Herr NEVOLINO ja eine verkannte Bergziege. Kein Untergrund ist ihm unheimlich, jeder Gipfel wird erklommen, und mit vollem Elan gehts ins nächste Gebüsch. Bei Wildsichtungen vergisst NEVI sogar, dass eigentlich ja Papa am anderen Ende der Leine ist und springt in begeisterter Übersprungshandlung fast zwei Meter hoch. Man höre die Fanfaren im Hintergrund, es ist zur Jagd geblasen! Beim Laufen mit NEVI geht einem das Herz auf ob seiner kindlichen Begeisterung und Freude, die einfach nur ansteckend ist.

Die Monate gingen ins Land, und die Situation mit den zwei Jungs beruhigte sich durch *Management* (wieder sehr viel gelernt), Gott sei Dank. Mittlerweile liegen die beiden Gockel Popsch an Popsch am Sofa oder im Bett.

Seine Angst vor dem Hausherrn hat sich mittlerweile ebenso beruhigt. Abends will er unbedingt mit aufs Sofa dazu, auch wenn Herrchen dabei ist. Das Bellen ihm gegenüber hat sich auch gelegt. Ganz selten kommt es noch vor, dass NEVI Herrchen anbellt, wenn dieser mal zu schnell um die Ecke kommt oder z. B. den ganzen Tag im Büro war und abends heimkommt. Dann kann man schon tagsüber vergessen, dass hier auch noch ein Mann im Haus wohnt. Tja, als NEVI aus eigenem Antrieb im Garten zum allerersten Mal zu meinem Mann kam, um sich genussvoll durchkraulen zu lassen und mein Mann dann verdächtig feuchte Augen hatte, war klar: Unser kleines AFFI bleibt.

MARIOLA – Das Puppi

Klein, zart und einfach nur bezaubernd, unser Engelchen. Bei Hund Nummer neun ist endgültig Schluss. Es kommt keine Nummer zehn und erst recht kein Weibchen mehr. Unsere zwei Damen waren wesentlich anstrengender als die Jungs. So sehr wir sie auch lieben, aber das Hause Scheinhart ist Team Jungs. Basta. Und schon wieder hörte man aus eine Ecke das Schicksal leise lachen …

Mein Mann war keine vier Wochen von seinem *FBM*-Aufenthalt 2022 zurück, als wir von MARIOLA hörten. Eine etwas verhuschte Galga, die massive Probleme mit ihrer Gesundheit, verursacht durch Leishmaniose, hatte. Die Lage war mehr als ernst.

So ein Hund gehört nicht in ein Tierheim, also zog im März MARIOLA als Dauerpflegehund bei uns ein. Ich bin eher der „große Kerle Typ", und dann kommt da so ein kleines zartes Pupperl daher, wo man Angst haben muss, dass ein Windhauch sie davonträgt.

MARIOLA ist kein Angsthund, aber Männer waren doch ein kleines Thema. Jedoch waren ihre Ängste nicht ansatzweise nennenswert im Vergleich zu SCHNUZ oder NEVI. Heute kommt sie bereits freudig zum Papa und lässt sich kraulen. Nach dem Anfangsdebakel mit SCHNUZ und NEVI hatten wir natürlich Angst, was passieren würde. Aber PUPPI, wie sie bei uns nun heißt, kam, sah und siegte. Sie ist eine ruhige und äußerst freundliche Hündin, die lebenslustig und voller Freude ist – jedoch nicht überdreht – und jeglicher Meinungsverschiedenheit aus dem Wege geht.

Vom ersten Moment an mittendrin statt nur dabei; ohne jegliche Berührungsängste lief PUPPI sofort mit den großen Jungs mit, und selbst unsere Mädels akzeptierten sie sofort. Sie hatte vom ersten Moment an alle Rechte. Gerade wegen ihres gesundheitlichen Zustandes ist es eine wahre Freude, die kleine Puppe so fröhlich inmitten der Hunde zu sehen. PUPPI ist kein Hund für große Kuschelorgien. Jedoch ist sie die Erste, die freudig angaloppiert kommt, wenn man das Rudel ruft, und nachts muss sie neben Mama am Kopfkissen schlafen.

Leider verschlechterten sich die Werte von PUPPI in den letzten Wochen, sie war in einem aktiven Leishmaniose-Schub. Man erlebt dies häufig bei Leishmaniose-Hunden, die nach einem Umzug, so positiv er auch für ihr Leben ist, einen Rückfall erleiden. Die Behandlung erfolgte mit *Milteforan* und jeder sonstigen Unterstützung, die sie braucht, ebenso engmaschigen tierärztlichen Kontrollen. Auch wenn man es der Kleinen vielleicht nicht anmerkt, so wussten wir von Anfang an, wie ernst die Situation ist. Es folgten vier harte Wochen, denn obwohl wir alles kochten für sie, was das Herz begehrt, wollte sie kaum noch fressen. Wir verbrachten Stunden mit ihr im Schlafzimmer, um den Hund anzubeten, dass er frisst. An Tagen, an welchen gar nichts mehr ging, mussten wir sie auch mit dem Löffel füttern. Es war wirklich eine harte Zeit, für sie und für uns. Jedoch ist sie einfach alles wert, und wir beten, dass für unser kleines PUPPI alles gut ausgeht und sind voller Hoffnung bezüglich der nächsten Werte.

So, jetzt habt Ihr die Bande kennengelernt. Braun, schwarz, creme, gestromt, weiß-braun, braun-schwarz, fröhlich, lustig, Kasperl, schüchtern, fordernd, Deprivation, katastrophal, ängstlich, Panik – alles vertreten. Natürlich könnte man sich mit 46 bzw. 47 Jahren ein entspannteres Leben vorstellen. Bei den meisten gehen die Kinder gerade aus dem Haus, man kann sich nun Zeit für sich selbst gönnen: mal gut essen gehen, shoppen, mit dem Partner entspannt durch die Stadt schlendern, Wellness oder sich eine Reise gönnen. Bei uns ist das nicht so, denn ein Mehrhundehaushalt muss durchgeplant und durchgetaktet sein, wenn man den Tieren gerecht werden will.

Jeder unserer Hunde hat einen individuellen Charakter, spezielle Bedürfnisse, muss auf seine Weise beschäftigt werden. Oftmals gelingt es auch uns nicht zu 100 %, denn auch wir sind nur Menschen mit Vollzeitjob (ich habe glücklicherweise *Homeoffice*) und Haushalt. Wir arbeiten beide ehrenamtlich im Tierschutz, und irgendwann fällt man dann abends einfach nur mehr um. Aber das darf auch mal sein. Unser Rudel verzeiht es uns und genießt genauso die Momente, wenn wir alle abends einfach nur zusammen vor dem Fernseher liegen und kuscheln.

Unser Alltag dreht sich um die Hunde und wird um diese herum geplant. *Management* ist das Stichwort, um ein harmonisches Zusammenleben ermöglichen zu können. Regeln sind unheimlich wichtig, und jeder Hund hat das Recht auf seinen Freiraum. Wir versuchen, keinen zu bevorzugen (was wirklich nicht immer leicht ist), und Ressourcen-Verteidigung gibt es nicht. Es ist genug für alle da. Alle Hunde teilen die gleichen, reichlich vorhandenen Schlafplätze und Spielsachen. Alle dürfen aufs Sofa und ins Bett und jederzeit zum Kuscheln kommen. Das heißt aber nicht, dass immer alles harmonisch ist und man niemals eingreifen muss. Natürlich gibt es Situationen, die die Hunde alleine untereinander regeln müssen. *Der Hund muss kommunizieren dürfen, damit ein entspanntes Zusammenleben möglich ist, aber trotzdem müssen wir als Mensch auf alle Situationen Einfluss nehmen können.*

Jede Energie, die man zulässt, muss man auch kontrollieren können. Es erforderte viel Aufmerksamkeit und Training, um den Hunden das entspannte Leben miteinander beizubringen – nämlich Training mit sich selbst.

Urlaub? Wir fahren nicht ohne unsere Hunde in den Urlaub. Doch auch eine Unterkunft zu finden, wird von Hund zu Hund schwieriger. Wenn wir Urlaub machen, dann in St. Peter-Ording. Dies ist auch der einzige Ort, wo wir bisher unseren Hunden Freilauf zugestanden haben. Seit unserem Paniker SCHNUZ ist das jedoch gestrichen. Solange er nicht auf Abruf kommt und sich anleinen lässt, würde ich es nicht über das Herz bringen, mit ihm an die See zu fahren und ihn dann nicht laufen lassen zu können.

Die liebe Kohle, es läppert sich: Tierarzt-, Futter und Benzinkosten, Medikamente, neues Auto, Versicherung, Steuer, Spielzeug, Geschirre und Halsbänder, Leinen, Mäntel, Hundebetten. Für uns ist eines klar: Jedes unserer Tiere braucht die volle Versorgung. Es geht nicht, dass einer unserer Hunde zurückstecken muss, weil ein anderer Hund gerade unvorhergesehene medizinische Betreuung braucht. Unsere Medikamentenausgabe macht jedem Geriatrie-Zentrum alle Ehre. Immer schön dem richtigen Hund die richtigen Medikamente geben, gell?!

Ausschlafen? Nein, seit Jahren nicht mehr, was noch nicht mal daran liegt, dass die Hunde mich wecken würden, sondern viel mehr daran, dass das Tagespensum nicht zu schaffen ist, wenn wir zu spät aufstehen. Durchschlafen? Fehlanzeige, denn die Senioren müssen auch nachts raus.

Für die Futtergabe stehen wir durchschnittlich jeden Tag eine Stunde in der Küche. Wir barfen, die Senioren bekommen es gekocht, Gemüse dazu, Kohlenhydrate – und dann jeder seine Pülverchen und speziellen Zusätze.

Gewitter, Schüsse oder Feuerwerk sind für fünf unserer Hunde eine Katastrophe. Auch hier ist *Management* gefragt. Wann geht die Jagdsaison bei uns los, Wetter-App checken, sind Feste mit Feuerwerk geplant ...

Neulich schrieb mich eine liebe Bekannte an, wie es denn bei uns mit mehreren Hunden bei den Spaziergängen sei – bei uns sehe immer alles so *easy* aus. Um Gottes Willen ... Wir gehen in Gruppen, da wir sehr wildreich wohnen, und keiner von uns geht mit mehr als zwei Hunden, um jedes mögliche Unglück zu vermeiden. Hält fit, habe ich gehört.

Die Senioren wollen es langsam, BHUMI geht alleine, da sie wie ein Panzer durch den Wald rollt und massiven Stress bekommt, sobald andere Hunde dabei sind. GIO hat den Spitznamen „G" bekommen, da dieses kleine 14 Kilo Fliegengewicht mit 3G Kräften an der Leine zieht. YANNI und NEVI sind unsere Jagdschweine. CALLI und PUPPI wollen einfach nur dabei sein. FIPS neigt zu Übersprungshandlungen, wenn er was zum Jagen sieht und nicht hindarf. Und SCHNUZ ... ist SCHNUZ. Immer auf alles gefasst sein, die Gegend scannen, hochkonzentriert sein – und hoffen, dass man potentielle Gefahrenquellen vor den Hunden sieht. Und schön die minütlichen Gebete nicht vergessen, dass uns heute bitte kein Wild über den Weg läuft. Mittlerweile haben wir sehr gut gelernt, Signale zu erkennen und rechtzeitig vorzubeugen. Ohne Bauchgurt wird das Haus nicht verlassen: *safety first!*

Warum erzähle ich das alles? So manch einer denkt sich, „so lustig klingt das alles nicht". Ansichtssache. Ich kann einer Spinning-Stunde im Fitnessstudio auch nichts abgewinnen, aber so manch einer betreibt dies voller Inbrunst viermal die Woche.

Jeder soll so leben, wie es ihm Freude macht. Und uns macht unser Leben unendlich viel Freude. Wie jeder Hundebesitzer behaupten wir mal ganz frech: Unsere Hunde sind die Besten. Und jeder von uns, der das behauptet, hat auch recht. Wir haben das große Glück, ein tolles und soziales Rudel zu haben, auf das wir wahnsinnig stolz sind. Auch wenn die Unterschiede der Charaktere größer nicht sein könnten.

Unsere Hunde bringen alles mit – Angst, Aggression, Jagdverhalten und Trennungsstress – ein Gesamtpaket, an dem wir enorm gelernt haben und welches uns immer wieder herausfordert. Mit jedem Hund haben wir dazugelernt, mit jedem Hund sind wir gewachsen. Kein einziger unserer Hunde war vom Züchter, jeder einzelne aus dem Tierschutz, mal jünger mal älter. Und dementsprechend waren alle ein Überraschungsei.

Vielleicht denkt Ihr Euch nach diesem Artikel, „oh Gott, ich glaube, ich will doch keinen Hund mehr". Aber vielleicht kann ich Euch Mut machen, selbst genauso ein kleines Überraschungspaket zu adoptieren. Denn jeder einzelne von ihnen ist einzigartig und fantastisch auf seine eigene, ganz persönliche Art und Weise. Jeder von ihnen hat unser Leben bereichert und macht uns unendlich glücklich.

Brauchen wir all diese Hunde? Manche würden sagen, sicherlich nicht. Wir sagen, sie haben uns reich und glücklich gemacht. Würde ich es wieder machen? Jederzeit.

Um nichts in der Welt möchte ich mein Leben eintauschen.
Das ist meine Familie.
Das ist mein Leben.
Und schauen wir mal, was das Schicksal für uns noch bereithält ...

Marina Scheinhart

Leon

Alles kommt so, wie es soll

Jana Huth

Deutschland

Ich glaube ja an Bestimmung. Alles in unserem Leben ist irgendwie vorherbestimmt und soll genau so passieren. Alles, was passiert, hat seine Gründe, auch wenn sie für uns nicht immer sofort ersichtlich sind. Manchmal verstehen wir sie vielleicht auch nie.

So gibt es wohl auch Hunde, die einfach für einen bestimmt sind. Es findet zusammen, was zusammengehört, auch wenn es manchmal ein wenig länger dauert, bis man es sieht – in unserem Fall ein ganzes Jahr.

Im Januar 2014 zog unsere erste Galga, die AMPARO, ein. Ein kleiner Jungspund, aber recht zurückhaltend. Zu dem Zeitpunkt lebte hier noch ein kleiner fünfzehnjähriger Terrier-Mix.

Kurze Zeit später tauchte der Vermittlungspost von LEON das erste Mal in „Facebook" auf. Ein zimtfarbener Rüde, dunkle Flecken über den großen Augen, die Vermittlungsfotos noch aus der *Perrera* Gesser. Ein Häufchen Elend, zusammengekauert im Körbchen. Dazu die Geschichte, dass er beim Transport verwechselt wurde, so dass am Ende hier in Deutschland niemand auf ihn wartete. Also musste er vorerst in einer Pension untergebracht werden.

Das alles hat mich sehr berührt, aber leider war an eine zweite Adoption so kurz hintereinander nicht zu denken. Er hätte mir auch gefallen, aber leider kam er ein wenig zu spät. So teilte ich seinen Vermittlungspost in den sozialen Netzwerken und drückte ihm alle Daumen, damit er bald seine Menschen finden würde – nicht ahnend, dass er sie in diesem Moment bereits gefunden hatte.

Ein halbes Jahr später hatte sich AMPARO soweit eingelebt, und wir stellten recht schnell fest, einjährig und sechzehn Jahre alt, lange Galgo- und kurze Terrierbeine passen nicht so recht zusammen. Ein zweiter Galgo musste her.

Wieder durchforstete ich das Internet, begann, Vorauskunftsbögen halbherzig auszufüllen. Ich fing an und klappte den Laptop wieder zu; mit dem Gedanken, abends alles fertig zu machen. Abends allerdings schloss ich die Seite und schaute weiter zu vermittelnde Hunde an. Und plötzlich kam *sie*: AMY. Innerhalb von zehn Minuten hatte ich den Vorauskunftsbogen ausgefüllt und abgeschickt.

Ein paar Tage später tauchte plötzlich der LEON wieder auf. Und wieder kam er zu spät. Die Adoptionsanfrage für AMY lief bereits. Zwischenzeitlich war er wohl auf eine Pflegestelle umgezogen, wo der vorhandene Rüde nicht mit ihm zurechtkam. Und wieder musste er gehen, war nicht mehr gewollt. Es wurde also eine neue Pflegestelle gesucht. Weil sich diese nicht fand, kam er wieder in eine Pension. Und wieder teilte ich seinen Post und drückte ihm die Daumen.

Der Adoptionsprozess für AMY gestaltete sich allerdings schwierig und langwierig. Es gab keinen deutschen Verein im Hintergrund, und die Sprachbarriere tat ihr Übriges. So zog sich das über Monate hin. Zwischenzeitlich wurde eine aktive Leishmaniose bei ihr diagnostiziert. Wir einigten uns, ihr den Reisestress nicht auch noch anzutun und stattdessen Adoptanten in Spanien für sie zu finden. Viel später erhielt ich die Nachricht, dass man AMY aufgrund ihrer Leishmaniose gehen ließ.

Kurze Zeit später baute unser kleiner Terrier immer mehr ab, und er ging mit stolzen sechzehneinhalb Jahren im Dezember über die Regenbogenbrücke. Somit war AMPARO jetzt alleine, und ihr fehlte definitiv ein Kumpel.

LEON hatte inzwischen eine neue Pflegestelle gefunden, wo ich seinen Weg auch verfolgen konnte. Also wusste ich, dass da immer noch jemand ist, der schon so lange seine Menschen sucht. Er suchte, und wir hatten einen Platz frei. Ich habe Nägel mit Köpfen gemacht und sofort den zuständigen Verein angerufen. Nach dem Okay des Vereines habe ich mit der Pflegestelle telefoniert und einen Termin ausgemacht, wann wir ihn besuchen konnten. Ich hatte also ein *Date*.

Nach einem Urlaub zum Jahreswechsel an der Nordsee, ging es also an die holländische Grenze. Da stand er nun, der LEON. AMPARO hat ihn nicht weiter interessiert, mich fand er wohl auch irgendwie doof, nur meinen Mann fand er toll. Er legte ihm den Kopf in den Schoß und ließ sich kraulen. Für ihn stand fest, dass wir LEON mitnehmen. Ich war mir unsicher. Noch immer war mir nicht klar, dass der LEON *mein* Hund ist. Trotzdem freute ich mich. Ich grinste bis über beide Ohren, die Pflegestellen-Mama heulte. Hier mal ein dickes Dankeschön an alle Pflegefamilien!

Unser Weg war nicht immer einfach – ein um sich beißender Leinenpöbler, der ab und an auch mal mein Knie erwischt hat. Ein Wiesen-Rambo, der sich garantiert den größten Rüden im Auslauf zum Verhauen ausgesucht hat. Aber all das hat uns nur noch enger zusammenwachsen lassen.

Inzwischen ist unser Rudel auf vier Hunde angewachsen. Und auch diese Hunde waren irgendwie für mich vorgesehen. Der VIERI, den ich bei meinem ersten Besuch in einem spanischen Tierheim sah. Ich hatte nicht vor, einen weiteren Hund zu adoptieren. Aber dann kommt da jemand und springt dir mitten ins Herz. „Du armer, alter, ranziger Opa, dich nehme ich mit nach Hause", dachte ich, als ich ihn sah. Er sah so fertig aus. Entpuppt hat er sich als fröhlicher sensibler Einjähriger. Das war so nicht geplant. Aber er ist genau da, wo er hingehört.

Oder der PABLO – ihn hatte ich auf einer Website gesehen und war sofort verliebt. Aber ein vierter Hund kam überhaupt nicht in Frage. Er kam nach Deutschland auf eine Pflegestelle. Eine Freundin war bei der Ankunft dabei und schrieb mir, er sei „Zucker". Als ich diese Nachricht las, flossen erst einmal die Tränen. Aber immer noch ein „Nein" zum vierten Hund, er wird seine Menschen schon finden. Er war und ist bezaubernd. Natürlich fragte ich ab und an nach ihm, las die Berichte der Pflegestelle und verliebte mich immer mehr in diesen kleinen Kerl. Trotzdem blieb es beim „Nein". Als er dann eine Familie gefunden hatte, freute ich mich sehr für ihn, verdrückte allerdings auch ein Tränchen. Zu meinem Mann sagte ich allerdings: „Sollte er jemals in die Vermittlung zurückkommen, zieht der bei uns ein."

Neun Monate später war es dann soweit. Nie im Leben hätte ich damit gerechnet, dass jemand so einen kleinen bezaubernden Knopf wieder hergibt. Also hat auch er irgendwie auf Umwegen seinen Weg zu uns gefunden; auch er ist genau da, wo er hingehört.

Heute sitze ich hier, sieben Jahre später, und weiß, LEON war von Anfang an für mich bestimmt. Er ist *mein* Hund. Er ist mein Schatten, immer da, wo ich bin. Geht mein Mann mit ihm Gassi, und ich bleibe zuhause, schaut er sich mehrmals um, ob ich nicht doch mitgehen mag. Er ist mein Seelenhund. Der LEON liegt neben mir und schläft ganz selig. Ich weiß, dass unsere verbleibende Zeit nicht mehr allzu lange ist. Nach zwei Bandscheibenvorfällen baut er jetzt mehr und mehr ab. Ich habe Angst vor dem Tag, an dem er beschließt, dass es an der Zeit ist, zu gehen. Er wird ein großes Loch, nicht nur in meinem Herzen, sondern auch im Rudel hinterlassen. Er war immer AMPAROs Held, ihr Beschützer, der Fels in der Brandung. Wenn er sagte, die Situation sei okay, dann war sie auch für AMPARO okay.

Ein Zitat von Wilhelm Busch lautet: *Die Summe unseres Lebens sind die Stunden, in denen wir liebten.* Vielleicht nicht von der ersten Minute an, aber mit jeder Minute mehr.

Übrigens hat sich mit LEONs ehemaliger Pflegemama eine ganz wunderbare Freundschaft entwickelt, die, trotz der vielen Kilometer, die uns trennen, bis heute anhält. Dafür bin ich dem LEON sehr dankbar, dass er unsere Wege hat kreuzen lassen. Und auch das sollte so sein, dass wir uns kennenlernen. Alles hat seine Gründe.

Nachtrag

Inzwischen hat LEON die Regenbogenbrücke überquert. Er schlief friedlich in meinen Armen, umgeben von seinem Rudel und seiner Familie, ein.

Am Abend gab es ein Gewitter, und somit weiß ich, dass er gut auf der anderen Seite angekommen ist. So ist das, wenn ein Großer im Himmel einzieht. Dann ist Party. Anscheinend hat er es richtig krachen lassen.

Trotzdem fehlt er hier unten unheimlich. Bis wir uns eines Tages wiedersehen ...

Für LEON – love you to the moon and back

Jana Huth

Blondie

Sie rennen um ihr Leben

Madeline Burton

Manager für soziale Medien und Website
Coalition for the Protection of Greyhounds

Australien

Originaltitel: *Running For Their Lives*

Weltweit gibt es nur sieben Länder mit einer kommerziellen Greyhound-Rennindustrie. Australien ist mit 55 aktiven Greyhound-Rennbahnen das bei weitem größte Land.

Die Geschichte der Greyhound-Rennen in Australien

Die Greyhound-Rennen in Australien werden von den Regierungen der Bundesstaaten kontrolliert. Da Australien auch eines der größten Glücksspielländer ist, erhalten die Regierungen der Bundesstaaten eine Menge Geld aus der Glücksspielsteuer. Australien hat auch eine sehr schlechte Bilanz in Bezug auf den Tierschutz.

Diese Kombination aus Glücksspieleinnahmen und politischer Gleichgültigkeit gegenüber dem Tierschutz bedeutet, dass die Bekämpfung der Greyhound-Rennindustrie eine Herausforderung darstellt, obwohl die meisten Australier Greyhound-Rennen nicht unterstützen. Die australische Greyhound-Rennindustrie wurde mit der *National Rifle Association* in den Vereinigten Staaten verglichen. Beides sind kleine lautstarke Gruppen, die in der Lage sind, die Regierungspolitik durch finanzielle Macht und politische Lobbyarbeit zu beeinflussen.

Im Jahr 2015 wurde aufgedeckt, dass lebende Tiere, darunter Opossums und Ferkel, zum Training von Greyhounds eingesetzt wurden. Infolgedessen gab es eine Reihe staatlich initiierter Untersuchungen der Regierungen zu Greyhound-Rennen. Die *Coalition for the Protection of Greyhounds* (CPG) wurde zu dieser Zeit von mehreren Mitgliedern der *Animal Justice* Partei gegründet – mit einem besonderen Interesse an Greyhounds.

Der damalige Premierminister von New South Wales war über diese Beweise für die weit verbreitete Tierquälerei so entsetzt, dass er ankündigte, die Rennindustrie zu verbieten. Es gab sofort Gegenreaktionen anderer Politiker, der Industrie selbst, von Glücksspielunternehmen sowie rechtsgerichteten Medien. Schließlich wurde das Verbot gekippt.

Das einzige Gebiet in Australien, in dem Greyhound-Rennen erfolgreich verboten wurden, ist das *Australian Capital Territory* (*ACT*), in dem sich die Hauptstadt Canberra befindet. In allen anderen Bundesstaaten und Territorien gibt es Greyhound-Rennen, die von den Regierungen der Bundesstaaten mit Millionen von Dollar an Steuergeldern unterstützt werden.

Jeder australische Bundesstaat verwaltet seine Rennindustrie unterschiedlich. Nach den Untersuchungen der Branche im Jahr 2015 richteten einige Bundesstaaten getrennte Tierschutz- und anerkannte Organisationen ein, während andere die Ergebnisse ignorierten und weitermachten wie bisher. Alle Gruppen der Rennindustrie haben ihr Marketing und ihre Öffentlichkeitsarbeit geändert. Sie erklären nun, der Tierschutz sei der zentrale Punkt ihres Geschäftes, um ihre gesellschaftliche Akzeptanz zu wahren.

Indessen leiden die australischen Greyhounds nach wie vor massiv. Aus den Berichten der Rennkommissare von jeder Rennveranstaltung geht das Ausmaß der Todesfälle und Verletzungen hervor, die sich täglich auf den Rennbahnen ereignen. Der *Lethal Tracks Report 2021* der *CPG* zeigt, dass 213 Hunde bei Rennen getötet und mehr als 10 000 verletzt wurden. Viele verletzte Greyhounds werden später abseits der Rennstrecken euthanasiert. In der ersten Jahreshälfte 2022 wurde alle 2,4 Tage ein Greyhound bei Rennen getötet, während jeden Tag 27 Greyhounds auf australischen Rennbahnen verletzt wurden. Die Verletzungen umfassen eine Reihe unnötiger Traumata – von gebrochenen Zehen und ausgekugelten Gelenken bis hin zu gebrochenen Beinen, schwerwiegenden Wirbelsäulen-, Becken-

und Schädelverletzungen, schweren Frakturverschiebungen und Achillessehnenrissen.

Dank verstärkter Kontrollen und der Aufsicht hinsichtlich des Wohlergehens der Greyhounds werden weniger Greyhounds stillschweigend getötet oder entsorgt, wenn sie nicht mehr nützlich sind. Dies erhöht den Druck auf die Vermittlungsorganisationen, die versuchen, ein Zuhause für die ausgemusterten Hunde zu finden; und dieser Druck wächst, da die Zahl der gezüchteten Greyhounds zunimmt. Es wird geschätzt, dass die Rennindustrie sechsmal mehr Hunde züchtet, als sie vermitteln kann. Während die Rennindustrie ihre eigenen Vermittlungsgruppen eingerichtet hat (die auch als Werbeträger fungieren), werden die meisten Vermittlungen nach wie vor von Mitwirkenden der *Community* durchgeführt und durch Spenden finanziert..

Greyhounds leiden auch darunter, dass sie misshandelt, unter Drogen gesetzt, in zu vielen Rennen eingesetzt, vernachlässigt und in kleinen kargen Zwingern mit wenig oder gar keiner Sozialisierung eingesperrt werden. Eine *CPG*-Umfrage aus dem Jahr 2020 ergab, dass die Rennindustrie die meisten ihrer Hunde in einem verwahrlosten Zustand abgibt, obwohl die Tierschutzbestimmungen genau das Gegenteil vorschreiben. Die Rettungsorganisationen berichteten, dass die meisten Hunde, die bei ihnen ankamen, in schlechtem Zustand waren. Einige waren nicht in der Lage, Treppen zu steigen oder hinunterzugehen; sie hatten unbehandelte Wunden vom Rennsport oder waren nicht sozialisiert und somit für die Vermittlung ungeeignet.

Während die Rennindustrie Millionen von Dollar ausgibt, um die Öffentlichkeit davon zu überzeugen, dass Greyhound-Rennen unterhaltsam und spannend seien, werden sich immer mehr Australier des Leides bewusst, welches Greyhounds ertragen müssen. Eine der erfolgreichsten Kampagnen der *CPG* zielte auf das Sponsoring von Rennen ab. „Toyota" war die erste große Marke, die ihr Sponsoring zurückzog, gefolgt von anderen großen

Namen wie „Volkswagen" und „Optus", die ihr Sponsoring kündigten und ihre Ablehnung von Greyhound-Rennen bekundeten. Weitere große Marken haben ihre Empörung über Greyhound-Rennen zum Ausdruck gebracht, und die meisten großen Unternehmen unterstützen die Branche nicht mehr oder erlauben nicht mehr, dass ihre Werbung in Greyhound-Rennprogrammen erscheint.

Tierschutzgruppen ist es gelungen, auf die zahlreichen Probleme im Zusammenhang mit Greyhound-Rennen aufmerksam zu machen. Befürworter wie die *CPG*, *Animal Liberation* (Anm. d. Hrsg.: Tierschutzorganisation) und die *Animal Justice* Partei arbeiten oft mit anderen Gruppen zusammen, um das Leid der Greyhounds öffentlich zu machen und politische Verfahren zu beeinflussen, auf dass ein Wandel herbeigeführt werden kann. Es gibt eine wachsende Bewegung zur Beendigung der staatlichen Finanzierung der Greyhound-Rennindustrie; eine kürzlich eingereichte Petition, die die Einstellung der staatlichen Unterstützung fordert, war die größte E-Petition in der Geschichte Tasmaniens.

Die *CPG* glaubt, dass Greyhound-Rennen aufgrund einer Kombination aus öffentlicher Empörung und Änderungen der Regierungspolitik verboten werden. Aufgrund des Einflusses der Renn- und Glücksspielindustrie werden Greyhound-Rennen jedoch nicht so bald verboten werden. Bis es soweit ist, hat die *CPG* fünf Hauptforderungen, die das Leiden der Greyhounds lindern sollen, an die Regierungen der Bundesstaaten aufgestellt:

1. Lebenslange Registrierung jedes Greyhounds

2. Finanzierung von Rettungs- und Auffangstationen

3. Verschärfung der Strafen

4. Reduzierung der Zucht

5. Erhöhung der Sicherheit auf Rennbahnen.

Unser Bestes und unser Schlechtestes

Die Art und Weise, wie wir Tiere behandeln, zeigt uns oft von unserer schlechtesten Seite, aber auch von unserer besten.

In ganz Australien gibt es eine außergewöhnliche *Community* von leidenschaftlich agierenden, unermüdlichen, von der Gemeinde betriebenen Greyhound-Rettungsstationen. Sie leben von Spenden und der Entschlossenheit der Freiwilligen. Sie retten, rehabilitieren und vermitteln jedes Jahr Tausende von Greyhounds. Sie verfolgen eine Anti-Tötungspolitik und tun alles, was sie können, um einem Greyhound im Ruhestand das Leben zu geben, das er verdient. Im Gegensatz dazu erhalten die industriellen Vermittlungsstellen, die sogenannten *GAPs*, Millionen an staatlichen Geldern. Sie vermitteln jedoch nur sehr wenige Greyhounds und euthanasieren die Hunde, die sie für eine Vermittlung ungeeignet halten.

Viele der wunderbaren *CPG*-Freiwilligen haben selbst Greyhounds gerettet. Oft werden die Menschen erst durch die Adoption ihres ersten Greyhounds oder ihre Pflegestellen-Tätigkeit auf die Gräuel der Industrie aufmerksam und wollen etwas dagegen tun.

Alice und Steph sind zwei der großartigen *CPG*-Freiwilligen, die sich für ein Verbot der Industrie und den Schutz von Greyhounds einsetzen. Hier sind die Geschichten ihrer geretteten Greyhounds:

BLONDIE

BLONDIE kam zuerst als Pflegehund in unser Leben. Für sie war es ihr erstes Zuhause und für uns die Gelegenheit, ihr alles ganz in Ruhe zu zeigen. Als wir sie im Tierheim behutsam in das Auto setzten, zitterte sie vor Angst, denn sie hatte schreckliche Angst vor diesem Ort.

Innerhalb weniger Tage hatte sie sich an das Leben bei uns im Haus gewöhnt und sich mit unserem Hund HARRY angefreundet. BLONDIE gewöhnte sich daran, neben dem Holzofen zu schlafen und mich an der Haustür zu begrüßen, wenn ich nach Hause kam.

Ihr wunderschöner und sehr niedlicher Überbiss hatte meinen Partner und mich in seinen Bann gezogen.

Am ersten Tag kämmten wir ihr Winterfell aus und waren entsetzt über die großen kahlen Stellen im Fell ihrer Hinterläufe. BLONDIE hatte außerdem eine große Narbe auf ihrer hauchdünnen Haut, da sie nur wenige Tage zuvor kastriert worden war.

In der ersten Nacht stibitzte sie ein Päckchen Mandelsplitter aus der Speisekammer, und später hatte sie es auf eine Packung Wattebäusche abgesehen. Aber nach ein paar Tagen, in welchen wir sie beobachtet und ihr beigebracht hatten, dass sie nichts von unserem Essen nehmen darf, hat sie alles verstanden. Sie versteht jetzt, dass sie nicht einfach hingehen und sich nach Belieben bedienen kann.

Eine Sache, die ich schon immer über BLONDIE gesagt habe, ist, dass sie die Dinge immer mit Humor nimmt. Dadurch konnte sie viel lernen, und das ist auch gut so, denn sie hatte viel zu lernen!

BLONDIE wurde 2015 in Victoria geboren, und obwohl sie dort nie Rennen gelaufen ist, hat sie zahlreiche Rennen auf drei

Rennbahnen in Tasmanien bestritten. Bei einem Rennen prallte sie mit einem ihrer Wurfgeschwister, HUGHEY DEE, zusammen. Im Alter von vier Jahren wurde sie zum ersten Mal in ihrem Leben in ein Zuhause vermittelt.

Als sie andere Rassen als Greyhounds kennenlernte, traute BLONDIE ihren Augen nicht und wusste nicht, was sie von ihnen halten sollte. Heute ist BLONDIE ein geselliger Schmetterling, der es liebt, Hunde und Menschen zu treffen, vor allem Kinder. Schon wenn sie sie aus einiger Entfernung sieht, bleibt sie ruhig stehen und hofft, dass wir in ihre Richtung gehen oder die Kinder in unsere. Sie haben die perfekte Größe, genau auf ihrer Höhe.

BLONDIE läuft übermütig, während ich Mühe habe, mit ihr Schritt zu halten. Ich liebe es einfach, ihre kleinen Hüpfer zu beobachten. Sie hat kleine, samtene, dreieckige Ohren, die eine Vielzahl von Positionen einnehmen können. Um BLONDIE zu beschreiben, würde ich sagen, dass sie selbstbewusst, ruhig, intelligent, frech und sanft ist. Sie bringt wirklich jeden einzelnen Tag unseres Lebens zum Strahlen.

Man kann BLONDIE nur mit Freundlichkeit begegnen. Diese strahlt auf uns aus und lässt uns zu netteren Menschen werden.

BLONDIE ist umwerfend schön. Es ist entsetzlich für mich, dass jemand sie als Abfall ansieht. Ich könnte weinen, wenn sie ein Leckerchen annimmt, denn sie tut das so sanft, dass es mir den Atem verschlägt. Ich bin jedes Mal traurig, wenn ich die blauen Markierungen auf der Innenseite ihres Ohres sehe – das Zeichen dafür, dass sie als Produkt betrachtet wurde. *Jetzt wird sie als fühlendes Wesen wahrgenommen, und zwar eines mit so viel Persönlichkeit!*

Wir sind vor kurzem in einen anderen Bundesstaat umgezogen und haben ein Transportunternehmen für Haustiere beauftragt. Das war das erste Mal, dass wir nachts von unseren Hunden getrennt waren. BLONDIE war überhaupt nicht gestresst. Sie hatte einen freundlichen Menschen und eine Couch, auf der sie sitzen konnte. Sie machte das großartig. Ihre Betreuerin berichtete, dass sie mehrmals aufwachte und feststellte, dass BLONDIE auf ihr schlief (zuhause bei uns sind die Betten für die Hunde tabu).

In den ersten Monaten träumte sie fast jede Nacht schlecht. Wenn sie sich mit der Leine verhedderte, folgte ein sehr lauter und markerschütternder Schrei. Die schlechten Träume sind jetzt durch gute Träume ersetzt worden, sie läuft viel und kläfft. Wir sind jetzt fast drei Jahre zusammen, und wenn sie sich in der Leine verheddert, gehen das Schnüffeln und die Abenteuer einfach weiter.

Sie vertraut wirklich darauf, dass alles auf der Welt gut ist und die Menschen alles in Ordnung bringen werden.

Alice McGuinness

SALLY

Mein Partner und ich verliebten uns schon lange vor der Gründung unserer Familie in Greyhounds. Wir sahen sie bei Spaziergängen in unserer Nachbarschaft, in örtlichen Cafés und am Strand. Ich war sofort Feuer und Flamme, als ich das „Anlehnen" der Greyhounds kennenlernte – der Druck ihres ganzen Körpers gegen dich, wenn du die perfekte Stelle zum Kraulen findest.

Wir haben uns alle sofort in SAL verliebt. „Ein Tiger!", staunten die Kinder, als sie die sechsjährige gestromte Schönheit SAL erblickten. Ein paar behutsame Erkundigungen und ein Spiel mit den Kindern, und sie gehörte uns, oder wir gehörten ihr.

Im Jahr 2017, im Alter von drei Jahren, endete SALs Rennkarriere. Man sagte uns, sie sei „wirklich schnell", und wir sollten uns die Videos ihrer Rennen im Internet ansehen. Nach 44 Rennen und fast 20 000 Dollar Gewinnprämie war SALs letztes Rennen ein 1. Platz – mit einem gebrochenen Vorderbein.

Mein wunderschönes Mädchen wurde dann zur Zucht eingesetzt; zwei Würfe, von welchen wir wissen; zehn Welpen, fünf davon namenlos. Von den beiden ähnlich aussehenden, gestromten Hündinnen, die SAL in diesen Würfen zur Welt brachte, bestritt eine Hündin das letzte Rennen im Januar. Wie ihre Mutter beendete sie das Rennen mit einem Vorderbeinbruch. Die andere Hündin ist namenlos.

SAL lief sechs Jahre lang Rennen und wurde zur Zucht benutzt. Und so hat es Zeit, Raum und Liebe gebraucht, bis sie sich in das Leben als Haustier in unserer quirligen Familie integrieren konnte. Nicht alles lief reibungslos, aber wir sind so stolz auf sie (und die Kinder), weil sie so gut kommuniziert und uns Hinweise gibt, die es uns ermöglichen, ihre Gefühle zu deuten.

SALs wirklich ganz erstaunliches Einfühlungsvermögen, ihre Anpassungsfähigkeit und ihr rundum wunderbares Wesen haben ihr geholfen, mit unseren drei energiegeladenen Kindern, aber auch mit vielen Kindern und Erwachsenen, die zu Besuch bei uns sind, einer Reihe von Pflegegeschwistern (aller Rassen) und Kurzzeit-Hundegästen zurechtzukommen.

Jeder Tag, jede Woche, jeder Monat mit SAL ist wie das Auspacken eines neuen Geschenkes. In aller Regelmäßigkeit öffnet sie sich uns gegenüber ein Stückchen mehr. Wir können uns unsere Familie ohne sie nicht mehr vorstellen.

Steph Capply

Wir sind immer auf der Suche nach Menschen, welchen das Wohl der Greyhounds am Herzen liegt. Wenn das auf Sie zutrifft, würden wir uns freuen, von Ihnen zu hören.

Madeline Burton

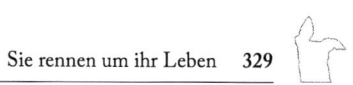

330 Windhundgeschichten - Unsere Reise durch vier Kontinente

Mayori

Wie die Jungfrau zum Kinde

Nicole Köster

Deutschland

O der wie ich zum Windhund kam.

Endlich ein eigener Hund. Aus dem Tierheim natürlich. Ein Rüde. Mindestens kniehoch. Und schwarz. Ich lache heute noch darüber!

Ok, das mit dem Tierheim hat sich erfüllt, alles andere nicht. Aus dem kniehohen schwarzen Rüden wurde eine kniehohe, beigebraun gestromte Hündin aus Spanien. Ein Galgo-Mix. Aber von vorne ...

Wir schreiben das Jahr 2005. Nachdem ich gleich bei meinem ersten Tierheimbesuch dachte, meinem potentiell neuen Familienmitglied begegnet zu sein, wurde ich eines Besseren belehrt. Der Hund war schon vergeben. Die damalige Tierheimleiterin, Frau K., mit der ich mich seit unserer ersten Begegnung sehr gut verstand, machte mir jedoch Hoffnung, bald einen zu mir und meinem Leben passenden Hund zu finden. So fuhr ich also mindestens einmal wöchentlich ins Tierheim, betüdelte die Langzeitinsassen und durfte nach einer gewissen Zeit bestimmten Hunden auch Leckereien mitbringen und geben. Zudem freundete ich mich mit einem Kater an, der ebenfalls regelmäßig von mir bekuschelt wurde.

Eines Tages erzählte mir Frau K. von einer Hundeübernahme aus dem spanischen Tierschutz, der *ALBA* in Madrid. Es kämen am folgenden Wochenende vier Hündinnen ins Tierheim. Ob ich vorab nicht schon mal schauen wolle ... Sie habe Bilder und Infos über die Hunde auf ihrem PC in ihrer Wohnung. Gesagt, getan. Während wir uns die Bilder ansahen, erzählte sie mir, woher zwei der Hündinnen kamen. Sie stammten aus der Rettungsaktion

Operación Dálmata, bei der 158 Hunde gerettet wurden – *animal hoarding* ... Beim Anblick der Bilder fingen wir beide zu weinen an.

Aufgrund meiner damals noch lebenden Katzen kam eigentlich nur eine Hündin in Frage: ein kleiner schwarzer Pinscher-Mix namens TARTARÉ. Eine weitere Hündin namens ALIOLI war ohne Katzentest, schien aber lt. Frau K. als Galgo-Mix eher ungeeignet für uns. Blöd nur, dass ich mich ausgerechnet in das Bild dieser Hündin verliebte.

Unsere erste Begegnung verstärkte mein Gefühl. Sie war einfach nur zauberhaft, ganz offen und den Menschen sehr zugewandt. Den Katzentest bestand sie bei „meinem" Kuschelkater im Tierheim mit Bravour, und so konnte ich meine LUNA adoptieren; bei dem Namen ALIOLI war ich nämlich raus. Sie wurde übrigens ebenso in der *Operación Dálmata* gerettet. Trotz des Erlebten war sie der souveränste und deeskalierendste Hund, den ich bis dato kennenlernen durfte – und für mich als damalige Hunde-Anfängerin ein Geschenk. Einzig ihre Selbständigkeit und ihr Jagdtrieb haben mich ein paar Nerven und eventuell auch ein paar graue Haare gekostet.

Ihre Herkunft und die Verwandtschaft zum Galgo ließen mich immer mehr in die Thematik „Windhund" eintauchen. Meine Faszination, welche schon von Kindesbeinen an in mir schlummerte, wuchs, waren doch Afghanen meine Lieblingsrasse als Kind; ebenso aber auch das Entsetzen und Mitgefühl über die „Haltungsbedingungen" der spanischen Galgos bei ihren Galgueros, den spanischen Jägern. Ich übernahm Patenschaften in spanischen Tierheimen und verschickte ab und an materielle Spenden in Form von benötigten Dingen, die ich vorher gesammelt hatte. Ein zweiter Hund kam für mich aus diversen Gründen damals nicht in Frage, und so konnte ich zumindest ein wenig helfen. Eines war mir jedoch bewusst: Sollte je ein anderer Hund hier einziehen, wird es ein Galgo aus Spanien sein.

Nach zehneinhalb wundervollen gemeinsamen Jahren musste ich meine Seelenhündin am 21.03.2016 mit geschätzten dreizehn Jahren gehen lassen. Sch... Krebs! Es zerriss mir das Herz, und auch jetzt noch schießen mir Tränen in die Augen, während ich diese Zeilen schreibe. Ich benötigte eine Woche Urlaub, um nach einem Nervenzusammenbruch und mit diesem vorher so nicht gekannten Schmerz wieder einigermaßen klarzukommen. Eins stand fest: Nie wieder wollte ich einen Hund!

Natürlich kam alles anders ...

Durch meine diversen Kontakte zu seriösen spanischen Tierschutzorgas sah ich täglich zu vermittelnde Hunde auf meiner „Facebook" *Timeline*. Während mein Kopf anfangs noch dachte, dass es besser wäre, vorerst alles abzublocken, was Hunde betrifft, konnte mein Herz sie nicht ignorieren. So bewarb ich mich ca. zwei Monate nach LUNAs Tod für die Adoption eines tauben Fussel-Galgo-Mix. Da LUNA die letzten dreieinhalb Jahre ihres Lebens blind war, traute ich mir einen Hund mit Handicap zu. Ferner dachte ich, er hätte eh kaum Chancen auf eine Vermittlung – weit gefehlt. Er hatte kurz nach meiner Bewerbung sein „für immer Zuhause" gefunden, was mich sehr freute. Nun gut, er sollte es also nicht sein, zumindest nicht für mich. Auch weitere Bewerbungen verliefen erfolglos, was mich immer eher freudig als traurig stimmte. Zum einen haben alle ein hoffentlich schönes Zuhause gefunden, und zum anderen war offenbar keiner dieser Hunde für mich vorgesehen. Es war eine spannende Zeit, die mich von meinem Verlust, meinem Schmerz und meiner Trauer ablenkte und mir wieder Zuversicht gab.

Und dann sah ich sie an einem Junitag im Jahr 2016: MARYORI, eine wunderschöne, grau gestromte Galga. Sie wirkte selbstbewusst und war (durch einen evtl. Greyhound-Anteil) kompakter im Körperbau als ich das von anderen Galgo-Bildern kannte. Sie war zu dem Zeitpunkt geschätzte neun bis zehn Jahre alt und schon seit einem Jahr im Tierheim in Villena. Das Alter hat mich nicht abgeschreckt, spielte ich doch zwischenzeitlich mit dem Gedanken, einer vierzehnjährigen dementen Podenca noch eine würdige Restzeit zu schenken. Die Podi-Dame musste aber leider erlöst werden. So bewarb ich mich also bei dem vermittelnden Verein und führte diverse Telefonate mit den Ehrenamtlichen. Die Chance, sie überhaupt noch zu vermitteln, war sehr gering. Die Freude über mein Interesse war seitens des Vereines dementsprechend groß; nichtsdestotrotz wurde alles gewissenhaft gehändelt, und ich konnte MARYORI adoptieren. Jetzt hieß es, bis zur Abholung noch ein wenig geduldig zu sein – nicht gerade meine Kernkompetenz.

Dann war es endlich soweit. Am 30.07.2016 fuhr ich mit einer Freundin von Bremen nach Duisburg, um MARYORI und eine weitere nach Bremen adoptierte Galga direkt vom Transport abzuholen. Diese Emotionsachterbahn während des ganzen Tages kann ich gar nicht mehr wiedergeben. Alles war so aufregend. So viele Fragen. In Duisburg am Treffpunkt angekommen, ging es erst mal flott auf die Toilette; kaum da raus, bog der Transporter auch schon um die Ecke.

Wasser marsch, jegliche Anspannung und Vorfreude entluden sich in einem Rinnsal aus Freudentränen. Alle Adoptanten warteten gespannt, aber auch sehr diszipliniert, um die Hunde nicht zu verunsichern. Die Abgaben verliefen sehr professionell. Dann war MARYORI an der Reihe. Puh, ich konnte kaum gucken, so verheult war ich. Aber sie war die Ruhe selbst. Ganz gechillt stand sie neben mir, während ich ihre Unterlagen entgegennahm. Danach ging es eine Runde zum Pieseln, ein halber See kam da aus dem Hund. Um VANILLA, die zweite Galga, im Empfang nehmen zu können, drückte ich MARYORI meiner Freundin in die Hand, und nachdem auch VANILLA sich erleichtert hatte, ging es ab ins Auto. Für uns Menschen zurück nach Hause und für die zwei Schönheiten in ein neues besseres Leben.

Während VANILLA unterwegs ziemlich „verhuscht" wirkte und nicht wollte, dass MARYORI ihr zu nahe kam, war MARYORI das genaue Gegenteil. Sie war freundlich und ein bisschen lustig, ein kleiner Clown. Knabberte die dicken Knöpfe aus dem Liegekissen an und legte ihren Kopf mehrfach auf meine Schulter. Meine Freundin und ich konnten das kaum glauben, und schwups, ich hatte *wieder* Pipi in den Augen. Wir hatten so schnell eine Verbindung, das werde ich nie vergessen.

Nachdem VANILLA in ihrem neuen Zuhause angekommen war, ging es für MARYORI und mich auf in eine gemeinsame Zukunft. Die begann ihrerseits mit einem „interessanten" Einzug. Sie kannte offenbar weder Sofa noch Tisch, so dass sie mit einem Satz vom Sofa auf meinen Esstisch sprang. Dabei war sie so fröhlich, fast ausgelassen. So ein großer Hund auf dem Tisch, ich konnte nicht mehr vor Lachen. Am Ende dieses langen Tages hatten wir uns etwas zu essen verdient, und während MARYORIs Fütterung gab es unsere erste Diskussion. Ich hielt ihre Entscheidung, mich, während ich ihr den Napf wieder wegnahm, anzuknurren für unangebracht, was ich ihr wiederum unmissverständlich mitteilte, indem sie den Napf erst wieder bekam, als sie sich entspannte. Wir wiederholten dieses Szenario noch ein- oder zweimal, und dann hatte sie begriffen, dass es keinen Grund dafür gab, mich anzuknurren, ich ihr nichts wegnahm, es allerdings jederzeit machen könnte. Diese Diskussion führten wir nur ein weiteres Mal mit einem Knochen, aber auch da begriff sie schnell, was ich meine. Unseren ersten gemeinsamen Abend verbrachten wir zusammen auf dem Sofa, ihren Kopf auf meiner Hüfte liegend.

Die Nacht verlief ruhig. Kein Wunder, wir beide waren einfach viel zu müde, und so schliefen wir durch bis zum Sonntagmorgen. Den ersten Tag verbrachten wir ganz ruhig. Wir haben ein bisschen im Garten abgehangen, viel gekuschelt und ein oder zwei kleine Runden um den Block gedreht. „Was für eine coole Socke", dachte ich damals noch …

Der Montag war dann leider nicht mehr so chillig, da ich mir nicht, wie geplant, ein paar Tage freinehmen konnte. So musste MARYORI quasi direkt ins kalte Wasser springen und mit mir sowohl zu meiner Mama als auch danach mit ins Büro. Meine Mama war damals schwer krank und lebte in einem Pflegeheim. Mein Vater war täglich und ich an zwei bis vier Vormittagen die Woche dort. Zuvor mit LUNA und nun mit MARYORI, der ich im Laufe des Tages ein „R" klaute und sie fortan MAYORI rief. Sie machte das wirklich super, und durch ihre Größe konnte meine Mama ihr vom Bett aus sogar den Kopf tätscheln. Auch im Büro verhielt sie sich ziemlich entspannt, bis auf den Moment, in dem sie spontan aus dem Stand auf meinen Schreibtisch hüpfte. Meine Kollegin und ich waren so perplex, dass wir uns kaum mehr einbekamen vor Lachen. Solche Kapriolen hat sie noch einige Male gebracht – sowohl im Büro als auch zuhause – zack, aus dem Stand auf einen Tisch. Einfach so, weil sie es konnte.

Was sie allerdings auch konnte, war, andere Hunde anzupöbeln, und zwar ordentlich. Ich war echt geschockt, als sie während unserer ersten Mittagsrunde bei einer Hundebegegnung plötzlich pöbelnd in ihrem Geschirr stand. War sie doch bis dahin mit allem und jedem entspannt. Andere Hunde gehörten offenbar nicht dazu. LUNA war durch ihre Erblindung und damit im Zusammenhang stehenden Beißvorfällen in ihren letzten zwei Jahren auch nicht mehr mit jedem Hund verträglich, aber sie ging nie nach vorne oder pöbelte an der Leine. MAYORIs Verhalten spitze sich in unserem ersten gemeinsamen Urlaub mit meiner Freundin und ihrem französischen Bulldog-Rüden (Spitzname SCHNECKO), knapp zwei Monate nach ihrem Einzug, zu. Während sie draußen an demselben Mauseloch oder diversen Blümchen schnupperten, wollte sie ihn drinnen töten, und zwar ernsthaft. Es war innerhalb unserer Ferienwohnung nicht möglich, die beiden unangeleint zu lassen, zumal SCHNECKO gerne auch mit mir kuscheln wollte und den Ernst der Lage nicht so ganz erkannte. Aber wir bekamen es hin, und die Lage entspannte sich zumindest etwas. Seitdem legen wir allerdings Wert auf getrennte Schlafzimmer.

Ein solch heftiges Verhalten bei einem Hund war Neuland für mich, und ich brauchte einen Plan, wie wir das ändern, am besten flott, denn es bedeutete ja nicht nur Stress für mich, sondern noch viel mehr für sie. Nach einigen vergeblichen Selbstversuchen, ihr Verhalten umzulenken, haben wir Hilfe bei einer Hundepsychologin gesucht. Diese konnte uns aber so gar nicht von ihren Fähigkeiten überzeugen, so dass wir uns freundlich verabschiedeten und ich mich im Laufe der kommenden Wochen wieder mehr und mehr auf mein Bauchgefühl verließ. Mit Erfolg – konsequentes Üben, Sicherheit vermitteln, klare Kommunikation und Leckerchen an der richtigen Stelle ließen MAYORI nach und nach entspannter auf Hunde reagieren. Letztlich sogar so entspannt, dass sie sich mit anderen Hunden frei bewegen durfte. Es gab aber immer mal wieder Hunde, die sie nicht ausstehen konnte, und da hätte es auch geknallt. Komischerweise waren das oft Windhunde; sagt man ihnen doch eher Rassismus gegenüber anderen Rassen nach, war MAYORI innerhalb der Windigen manchmal rassistisch. Natürlich hatte sie auch Freunde und Freundinnen, die liebe und ruhige MARA zum Beispiel, eine ebenfalls schon ältere Windhund-Lady. Ab und an bekamen die beiden sogar ihre dollen fünf Minuten und legten zu unserer Begeisterung eine gemeinsame Flitze-Einheit hin. Und der lustige COSMO, ein blauer Grey-Rüde, mit dem sie sich auf Anhieb verstand. Auch ein Windhundtreffen besuchten wir. Das war spannend, und MAYORI hatte trotz der – und mit den vielen – anderen Hunde(n) ihren Spaß.

Da gibt es aber auch diese Seite an Hunden, die ist einfach nur ekelhaft. Eines Tages z. B. lief sie mittags frei auf unserem eingezäunten Firmenplatz umher. Als ich, als unsere Pause vorbei war, rein wollte und sie rief, kam sie trotz wiederholten Rufens nicht. Ansonsten zuverlässig abrufbar, ging ich mal besser nachschauen. Glücklich schmatzend fand ich sie hinter unserem Sandhügel, und mir kam fast mein Frühstück wieder hoch. Tat sie sich doch gütlich an einem verstorbenen Kaninchen, welches dort sicher schon ein bis zwei Tage vor sich hin oxidierte. Es handelte sich um ein schwarzes Exemplar, was noch gut zu erkennen war. Der Gestank war unterirdisch, ich zog sie ganz schnell weg von den Überresten und rein ins Büro. Dort fing MAYORI plötzlich an zu würgen, und hervor kam ein schwarzer, zuvor verspeister Fellklumpen; gefolgt vom Gestank des Grauens, welcher sich in Bruchteilen von Sekunden im gesamten Büro ausbreitete. Mein Kollege trat umgehend die Flucht an, während MAYORI doch allen Ernstes versuchte, sich das Erbrochene ein zweites Mal einzuverleiben. Sie von ihrem Vorhaben abbringend, musste ich mich mehr als zusammenreißen, um mich beim Wegnehmen und der Beseitigung nicht direkt zu übergeben. Dass meine Gesichtsfarbe mittlerweile die Farbe Grün angenommen hatte, muss an dieser Stelle wohl kaum erwähnt werden. Mitten im Sommer gelang es nur mühsam, diesen Höllengestank wieder aus dem Büro zu bekommen. Selbst am nächsten Tag hatten wir noch was davon, was den daraus resultierenden Lachflashs jedoch keinen Abbruch tat.

Wir waren sehr viel unterwegs, gerne und hauptsächlich in der Natur. Wald, Strand, Wiesen – das war unsere Welt. Aber auch in der Stadt lief MAYORI wie eine Feder an der Leine. Es durfte nur kein fremder Hund ungefragt an ihr schnuppern oder bis auf eine gewisse Distanz an sie herankommen. Dafür sorgte ich. So lernte sie, mir zu vertrauen, den Menschen wieder zu vertrauen. Den Geschöpfen, die sie einst nach vielen gemeinsamen Jahren einfach irgendwo, am Zaun einer Tierschützerin (na immerhin) angebunden, zurückließen. Ihre Verlustängste verfolgten uns Zeit unseres gemeinsamen Lebens. Aber auch dafür fanden wir Lösungen.

Zwei Jahre lang hatten wir eine wunderschöne und intensive Zeit zusammen, dann begannen die ersten gesundheitlichen Probleme. Zunächst war es nur ein gespaltener Zahn, der, unter Narkose, samt zweier anderer Zähne entfernt wurde. Einmal in Narkose gelegt, gab es natürlich ein paar Röntgenbilder. Diese zeigten einige Spondylosen. Warum dann ein schlafender rückenkranker Hund auf dem Arm und nicht auf einer Trage zum Auto transportiert wurde, erschließt sich mir bis heute nicht. Von der Narkose erholte sich MAYORI nur schwer.

Danach fingen ihre Rückenprobleme an. Nach einigen Notbesuchen in der Klinik und einem Tierarztwechsel wurde bei ihr ein Cauda-Equina-Syndrom vermutet. Eine eindeutige Diagnose hätte nur ein MRT gebracht, was eine erneute Narkose bedeutet hätte, die ich aus bekannten Gründen nicht wollte. Und geändert hätte es eh nichts. Ab jetzt gab es regelmäßig Physiotherapie, Aqua-Laufband und sanfte Chiropraktik, kombiniert mit Osteopathie, um ihre Muskulatur gezielt zu stärken und sie wortwörtlich auf den Beinen zu halten. Einige Monate half uns das, dann aber wurde das Aufstehen immer beschwerlicher, und sie brach sogar zwei Mal komplett zusammen.

Auch wenn sie mittlerweile natürlich Schmerzmittel bekam, wusste ich, dass ich sie gehen lasse, wenn sie gar nicht mehr aufstehen kann. Dies geschah am Morgen des 17.05.2019. Obwohl sie im Kopf so klar und ganz aufmerksam war, hörte ihr Herz bereits nach der ersten (Narkose-) Spritze auf zu schlagen. Sie schlief voller Vertrauen und Liebe in meinen Armen für immer ein.

MAYORI war eine ganz außergewöhnliche, stolze, spezielle, manchmal melancholisch anmutende, innen wie außen wunderschöne und zauberhafte Hündin, die sich von unserer ersten Begegnung an tief in mein Herz geschlichen hatte – nein, eigentlich schon beim ersten Anblick ihres Bildes auf der Seite der Tierschutzorganisation. Sie hat mich wirklich viele Nerven gekostet, aber die intensive Auseinandersetzung miteinander hat uns zusammengeschweißt. MAYORI hat (wieder) gelernt, zu vertrauen und mich gelehrt, geduldiger zu sein.

Trotzdem wollte ich nach ihrem Verlust vorerst keinen neuen Windhund in meinem Leben, zu tief saßen der Schmerz über die letzten Monate und der Abschied von ihr. Mittlerweile sehe ich das anders, denn *mein Herz wird auf ewig für die Windigen schlagen, und irgendwann wird hier wieder was Windiges einziehen.* Bis dahin teile ich voller Freude und Liebe mein Leben mit meinen beiden Minis FINE (Podengo Português Pequeña, 4 kg) und SMILLA (Mischling, 6 kg), denn ohne (Wind-)Hunde kann und möchte ich nie mehr sein.

Nicole Köster

Colíseo

Aus Liebe zu einem älteren Galgo

Michelle A. Sanchez

Vorstandsmitglied und Repräsentantin für Kalifornien von *SAGE (Save A Galgo Español)*

Kalifornien, USA

Originaltitel: *For The Love Of A Senior Galgo*

Wie wenig wusste ich, dass die Adoption eines elf Jahre alten Galgos mein Leben für immer verändern würde. Sein Name war COLISEO. Noch bevor ich ihn kennenlernte, hatte ich das Bild eines starken majestätischen Kriegers vor Augen, wie er vor langer Zeit im Kolosseum gekämpft hatte.

Petra von *Save A Galgo Español* (*SAGE*) übernahm COLISEO vor fast fünf Jahren von dem spanischen Tierheim *Fundación Benjamín Mehnert*. Sie war darauf aufmerksam gemacht worden, dass es kein Interesse an dem Buben gab. Er wartete bereits seit vielen Monaten. Noch vor seiner Ankunft in den Vereinigten Staaten nahm Petra Kontakt mit mir auf und fragte, ob wir daran interessiert wären, einem *Abuelo* (Anm. d. Hrsg.: spanische Übersetzung für „Opa") ein Zuhause für immer im warmen Kalifornien zu schenken. Meine Frau und ich zögerten nicht lange und sagten „Ja".

Ich flog nach Pennsylvania, um COLISEO zu treffen und ihn nach Hause zu bringen. Als ich ihn zum ersten Mal persönlich traf, raubte er mir den Atem. Er war anders als die anderen Galgos, die ich bisher kennengelernt hatte, einschließlich meiner eigenen. Er war groß, stark und stoisch, trotz seines fortgeschrittenen Alters, und er interessierte sich scheinbar wenig für mich. Es machte mir nichts aus, denn ich liebte ihn bereits. Während meines Besuches bei Petra weniger als 24 Stunden später, bevor ich COLISEO nach Hause brachte, sprachen wir darüber, wie man *Save A Galgo Español* auf Kalifornien ausweiten könnte. Sie fragte mich, ob ich interessiert sei. Ich zögerte nicht eine Sekunde lang.

Als COLISEO dann bei uns zuhause war, lernten wir seine Vorlieben und Abneigungen recht schnell kennen. Er war unsicher, zögerlich in seiner neuen Umgebung und nahm mit keinem von uns Augenkontakt auf. Er schlief und aß viel, trottete gleichgültig durch die Gegend, aber er war der König in seinem Schloss. Die anderen Galgos (und Chihuahuas) in unserem Heim respektierten COLISEO. Sie respektierten seine Körpersprache, die aussagte, „ich bin viel zu würdevoll, um mit euch zu spielen". Eines Tages kamen wir nach Hause und fanden COLISEO schlafend, mit einem Spielzeug-Donut vor. Unsere Herzen schmolzen dahin, als er seine Pfoten um den Donut legte und den Tag selig verschlief.

Mit diesem Donut teilte uns COLISEO künftig mit, dass er glücklich war. Immer wenn Fütterungszeit war, schnappte er sich seinen Donut und kaute darauf herum, bis er vor Freude quietschte. Das tat er auch, wenn wir zur Tür hereinkamen, nachdem wir ein paar Stunden weg gewesen waren. Der Donut war in seinem Mund – quietsch, quietsch – „ich bin froh, dass ihr wieder da seid". Bald hatte er sich ein Donut-Halsband, ein Donut-T-Shirt und weitere Donut-Stofftiere zugelegt. Aber es gab noch etwas anderes, das ihn noch glücklicher machte als der Donut: die Strände von Nordkalifornien.

Als wir COLISEO mit unserem Strand hier bekannt machten, reagierte er empfindlich auf das Rauschen der Wellen, die verschiedenen Gerüche und all die Krabben und anderen Meeresleckereien, die dort verstreut lagen. Als er durch unsere täglichen Strandspaziergänge an Vertrauen gewann, konnten wir ihn nicht davon abhalten, uns in Richtung Strand zu ziehen. Selbst als wir mehrere hundert Meter über sandige Pfade und Hochebenen hinunterwanderten, hatte COLISEO die klare Mission, zum Strand zu laufen. Wir konnten nicht schnell genug für ihn sein. COLISEO trabte von Krabbe zu Krabbe und von Fischer zu Fischer, nahm alle Gerüche auf und alles, was er erblickte. Er steckte sogar seinen Kopf in die Tasche eines Fischers, um dessen Tagesfang zu sehen.

Eines Tages, als wir am Strand spazieren gingen, kam COLISEO auf mich zugelaufen, aber er sah seltsam aus. „Was ist mit seinem Kopf los?", fragte ich meine Frau. Als er näher kam, konnte ich sehen, dass sein Kopf schief war. Er kam stolz auf mich zu, während er einen riesigen Fisch im Mund trug. Als er bei mir ankam, ließ er den Fisch zu meinen Füßen fallen. Der Fisch hatte nicht einen Zahnabdruck; alles so, wie man es ihm einst beigebracht hatte. Ich lachte und fragte mich dann, woher er den Fisch wohl hatte. In der Ferne war ein Fischer zu sehen, und ich vermutete, dass COLISEO ihn aus dessen Tasche entführte, als wir vorbeigingen. Ich hob den Fisch auf, trug ihn zurück und steckte ihn dann in die Tasche. COLISEO wurde in seinem Kreis von Bewunderern liebevoll „der Fischer" genannt.

Monate später meldeten wir COLISEO bei der *American Dog Rescue Show* in der Kategorie *Best in Senior Dog* an, nachdem uns ein Freund auf den Wettbewerb aufmerksam gemacht hatte. Ich zögerte ein wenig, aber welch großartige Gelegenheit, das Bewusstsein der Menschen für das Leid der Galgos zu schärfen. Wir stimmten zu, ihn anzumelden und fuhren nach Südkalifornien zur Aufzeichnung der Show. Während unserer Reise zu den Aufnahmen traf COLISEO so viele Menschen. Sie waren berührt und inspiriert von ihm, und sie liebten ihn von der ersten Sekunde an. Das hat mich nicht überrascht. Es war schon immer etwas ganz Besonderes rund um COLISEO und die Energie, die er ausstrahlte. COLISEO wurde wie ein Hollywood-Star behandelt – und wir, als seine stolzen Menschen, ebenso. Wir berichteten davon, wie er einst überlebte, und welches Glück er hatte, es geschafft zu haben. Denn viele haben es nicht geschafft. Letztendlich hat COLISEO nicht in seiner Kategorie gewonnen, aber er war ein Gewinner in unseren Herzen und in den Herzen vieler. Er hat das Bewusstsein für seine Rasse, den *Galgo Español*, geschärft, und das war der schönste Preis.

Nach dieser Reise bemerkten wir eine Veränderung in COLISEOs Verhalten. Er schien mehr und mehr unsere Aufmerksamkeit zu suchen und blieb in unserer Nähe stehen, bis wir ihn streichelten. Als er mir zum ersten Mal in die Augen schaute, konnte ich die Geschichte seines Lebens sehen und fühlen. Sein Leben war mein Leben. Und zum ersten Mal konnte ich die Parallelen zwischen unseren Leben erkennen. Wir beide kämpften ums Überleben in einer Welt, die so grausam und unversöhnlich schien. Wir hatten das Gefühl, nutzlos und nicht gut genug zu sein. Ungeliebt, unerwünscht, entbehrlich. Meine Augen füllten sich mit Tränen, als ich seine Geschichte würdigte und er die meine. In diesen Momenten waren wir für immer miteinander verbunden.

COLISEO war ein großartiger Botschafter für seine spanischen Freunde – ein Held, der trotz aller Widrigkeiten überlebte. Viele Galgos sind seinetwegen nach Kalifornien gekommen. Ich war stolz auf ihn und wollte, dass er ewig lebt, um seine Geschichte (und somit meine Geschichte) zu erzählen. Ich wusste jedoch, dass wir nur noch wenig Zeit hatten, da er fast 16 Jahre alt war. Ich betete jede Nacht, während wir zusahen, wie sein Körper verfiel, dass er friedlich sterben würde und ich nicht die gefürchtete Entscheidung für ihn würde treffen müssen. Das hatte ich noch nie tun müssen. Eines Tages ließ COLISEO uns wissen, dass es Zeit war, zu gehen. Er war müde, und sein Lebenswerk war vollbracht.

Wir weinten, als wir uns darauf vorbereiteten, unserem König Lebewohl zu sagen. Wir brachten COLISEO an seinen Lieblingsplatz in der Nähe des Gartens, mit Blick auf sein Reich. Er hob seinen Kopf und sah sich ein letztes Mal um. Wir nahmen ihn ein letztes Mal in die Arme, und ich hielt seine Pfote, während Dr. Angel ein Gebet sprach und ihn auf seine Reise schickte. Ich flüsterte, „bis zum Ende, so wie ich es versprochen habe", und er schloss ein letztes Mal seine Augen. Mein Herz zerbrach, als ich spürte, dass er uns verließ.

Unser COLISEO hat mich inspiriert, über meine Grenzen hinauszuwachsen, jemand – irgendetwas – zu sein für die Menschen, die mich brauchen. Zu lieben und geliebt zu werden wie niemals zuvor.

Aus der Asche der Wertlosigkeit erhoben wir uns gemeinsam, um Sinn und Zweck in diesem Leben zu finden. Ich werde ihn weiterhin mit meiner Arbeit ehren, denn jetzt bin ich an der Reihe, ihn stolz zu machen.

Michelle J. Sanchez

Ayla

Die Chance auf ein neues liebevolles Leben

Katja Bieber

Deutschland

Im Sommer 2011 legte mir meine Familie niedliche Welpenfotos einer kleinen Galgo-Familie vor die Nase. Schön, und was soll ich damit? Hier kommt kein Hund ins Haus. Der dazugehörige Vorauskunftsbogen wurde meinerseits aber gleich mal korrigiert.

Vorangegangen waren zwei Adoptionen im Freundeskreis: eine bezaubernde weiße Galga aus dem hiesigen Tierheim und ein sechs Monate junger rehbrauner Galgo-Mix, welcher schon in einer Pflegestelle wohnte. Die Hunde sahen schon toll aus. Aber ein Hund kam ja für mich nicht in Frage. Und vom Galgo hatte ich bis dato noch nie gehört. Groß geworden war ich mit Dackeln, Neufundländern, Schäferhunden, Katzen, jeglichem Federvieh und Schweinen; ein Dorfkind halt, herangewachsen in der ehemaligen DDR.

Die eben genannte bezaubernde Galga namens EMY war (und ist noch immer) ein ganz besonderer Hund für mich. Diese Sensibilität und Feinfühligkeit habe ich nie wieder erlebt, auch nicht bei meinen eigenen. EMY kam im Frühjahr 2009 in ihre Familie. Zwischen uns entstand sofort ein inniges Band. Immer suchte sie meine Nähe. Im April 2009 wusste ich dann auch, warum … Ich bin unheilbar krank. EMY wusste es als Erste und zeigte mir dies mit ihrer Fürsorge um mich.

Aus dem Grund, selbst schwer krank zu sein, wollte ich die Verantwortung für ein eigenes Tier nicht übernehmen. Wer kümmert sich, wenn ich nicht mehr da bin? Schule, Arbeit, Termine etc. – zehn Stunden bleibt bei mir kein Hund alleine. Aber die Rechnung hatte ich ohne meine Familie gemacht. Der Vorauskunftsbogen wurde stillschweigend an den Verein geschickt. Beim Abendessen teilten sie mir mit, dass das Korrigieren des

Bogens ja quasi mein Okay gewesen wäre. „Wollt ihr mich veräppeln?", fragte ich mich. Das Kleine wurde ja aber auch immer niedlicher, somit hatte ich keine Widerworte mehr und ließ es, kaum wissend, was mich erwarten würde, laufen.

Der 4. November 2011 wurde dick im Kalender markiert. Denn da stand unsere erste Abholung am Flughafen Hamburg an. Und plötzlich war es auch schon soweit. Vier Welpen in einer Flugbox, einer wilder als der andere. Alle vier voll mit … Ich rieche es gerade wieder und muss schmunzeln.

Die Hundemama hatte ebenfalls ihr Zuhause gefunden und war mit an Bord. Und mittendrin sahen wir unsere kleine Maus. Ja, das waren Emotionen, die einem keiner mehr nehmen kann. Wir starteten noch schnell den Versuch, Fotos von diesem wilden Haufen zu machen. Dann ging es ab ins Auto Richtung Leipzig. Und so ist der erste Hund, die erste Galga, bei uns eingezogen. Aus MICKY wurde FELIZ, sie ist bis heute unsere Prinzessin. Keinen Tag habe ich es bereut.

Ja, das Leben änderte sich maßgebend. Man hatte eine neue und große Verantwortung, deren man sich bewusst sein musste. Und wir hatten wohl mehr Glück als Verstand. Man hatte uns ja gewarnt. Einen „tasmanischen Teufel" holt man sich doch nicht freiwillig ins Haus. Unsere Kleine hatte keine zerstörerischen Kräfte: Schwein gehabt … So waren wir ab diesem Zeitpunkt ein Fünfweiberhaushalt, und das Leben mit einer Galga begann.

Fünf Monate später sollte sich das wohl ändern. Wir erhielten einen Hilferuf von demselben Verein. Eine Galga, die schon eine Familie hatte, und ein Galgo saßen in der Tötung. Die Frist sei bald abgelaufen, die Spritze stand schon fast an. Daher wurde dringend eine Pflegestelle für den schönen Rüden gesucht. „Na gut", sagte ich, auf Pflege war ja in Ordnung.

Ich muss dazu sagen, bis zu diesem Zeitpunkt hatte ich mich mit *Social Media* nicht befasst. Ich war nirgends angemeldet. Somit wusste ich im Jahr 2012 noch nichts über Pflegestellen, schon gar nichts über „Pflegestellen-Versager". Zurück zum Hund, beschrieben wurde er als ganz normaler Hund, offen, lieb, normale Größe von ca. 63 cm. Gesagt, getan – er sollte vorübergehend zu uns kommen.

Der Ankunftstag stand fest, und wir fuhren nach Hannover zum Flughafen, um unseren ersten Pflegehund abzuholen. Die Box ging auf, langsam und vorsichtig kam er heraus. Unsere Münder wurden immer länger. Er wurde immer größer und größer. „Oh Gott", dachten wir. Was war das? Wollten wir einen Hund oder ein Pferd? JACK, dann CARLOS, war nicht 63 cm, sondern stolze 74 cm groß. Tja, jetzt war es eh zu spät. Na, dann mal los, eben mit einem Pony … Zumindest stimmte der Rest der Beschreibung: lieb, ruhig und sanft. Oh ja, das war er.

Zuhause angekommen, gab es logischerweise ein Vollbad und feines Futter. Dann durfte FELIZ über ihn herfallen. Er nahm es brummelnd in Kauf. CARLOS hatte seinen Sofaplatz, den er kaum verlassen hat, denn er hat die ersten sechs Wochen geschlafen, geschlafen und geschlafen. Wir dachten, er müsse die neue Situation verarbeiten oder wäre von den vergangenen Tagen noch ausgelaugt. Stattdessen stellte sich später heraus, dass CARLOS die Schlafmütze schlechthin und an Gemütlichkeit, zumindest zuhause, nicht zu übertreffen war.

Die erste Anfrage hat nicht lange auf sich warten lassen, und wir wussten gar nicht, wohin mit uns. Also entschieden wir, ihn zu adoptieren. Erinnert Ihr Euch an den Anfang? Ich hatte gar keinen Hund gewollt, und nun hatten wir zwei. Der Vertrag wurde unterschrieben, die Schutzgebühr bezahlt, und CARLOS war wach – ein Leinenpöbler vor dem Herrn, aber dennoch so lieb und verspielt. FELIZ und er waren beste Freunde bis zum Schluss.

CARLOS ist 2020 mit elfeinhalb Jahren über die Regenbogenbrücke gegangen.

Ihr denkt, jetzt sei Schluss? Weit gefehlt. Es vergingen nur zehn Monate. Wir machten eine positive Vorkontrolle für besagten Verein. Kannte ich auch nicht, wir hatten sowas nicht … Aus heutiger Sicht sind Vorkontrollen mehr als wichtig und notwendig.

Die Adoptantin *in spe* hatte eine stark unterernährte, verwahrloste Hündin in der *Perrera* Gesser gesehen. Diese sollte es sein, und der Verein kaufte sie frei. NAMIBIA, später AYLA, durfte im Februar 2013 ins Flugzeug steigen. Aufgrund des bereits geplanten Urlaubes dieser Adoptantin, hatten wir uns bereit erklärt, die Kleine vom Flughafen Bremen abzuholen und sie für die Zeit zu versorgen. Das war die erste Abholung, bei der wir nicht freudig erregt oder positiv überrascht waren. Wir waren erschüttert – erschüttert über den Zustand dieses Hundes.

AYLA kam mit knapp 14 Kilogramm. Sie war übersät mit Narben, verängstigt, krank und schwach. Selbstverständlich wurde sie sofort dem Tierarzt vorgestellt. Viele Diagnosen standen im Raum, und AYLA wurde nach und nach therapiert. Dennoch haben wir sie am aktiven Leben teilhaben lassen. So ging sie kurze Strecken spazieren, so wie es ihre Kraft erlaubte. Den Rest des Weges wurde sie in die Tasche eines großen Möbelhauses gepackt, ausgelegt mit einer weichen Decke. Liebevoll wurde sie in den *Social Media* „die Taschengalga" genannt.

In der Zeit bei uns stellte sich schnell heraus, dass sie generell große Angst hatte, explizit vor Männern. Abgesehen davon, dass die Situation so schon Neuland für uns war, wuchsen in ihrer eigentlichen Familie gerade zwei Jugendliche zu Männern heran. „Und nun, was tun?", fragten wir uns.

Wir beschlossen in Absprache mit dem Verein, AYLA als Pflegehund bei uns aufzunehmen. Die eigentliche Adoptantin war sehr verständnisvoll und hatte schnell ihren Wegbegleiter gefunden. Ein weiteres Jahr verging, und natürlich war AYLA ein vollständiges Familienmitglied, so dass wir sie schließlich auch adoptierten.

Der Weg war lang. Viele Monate lang hat sie sich verkrochen, wenn Besuch im Haus war. Mit unserer Hilfe – und vor allem mit unserem gefestigten Rudel – hat sie sich nach gut einem Jahr geöffnet. *Angsthunde brauchen souveräne Hunde an ihrer Seite.* So war sie schon freier im Umgang mit fremden Menschen. Sie hat selbst entschieden, zu wem sie geht oder eben auch nicht.

Bei Katzen stellte sie sich die Frage nie. AYLA war der größte Katzenschreck. Sie hat sich geprügelt, oder eher verprügeln lassen, aber natürlich trotzdem nie lockergelassen, geschweige denn daraus gelernt. Also war Tierarzt mit ihr Programm. Bei Freunden hat sie die Hühner gekillt. Igel fand sie auch nicht schlecht. So krank und ängstlich sie auch war, sie lebte das, wofür sie in Spanien ursprünglich „produziert" worden ist.

AYLA liebte ihren Ball, aber noch mehr liebte sie es, alles kaputt zu machen. Und sie liebte die Freiheit am Meer. Auch ein Angsthund kann frei sein. Leider konnte sie sich nie wirklich von ihren körperlichen Strapazen erholen. Die Entscheidung, sie im Alter von nur acht Jahren über die Regenbogenbrücke gehen zu lassen, hat uns alle aus der Bahn geworfen. Der 17.10.2017 war für uns ein ganz schwarzer Tag. Danke Katja, dass Du damals so entschieden und uns AYLA anvertraut hast.

Schon vier Tage später stand meine Reise zur *Fundación Benjamín Mehnert* an – das Herz voller Trauer, der Koffer voller unsagbarem Schmerz. Meine Töchter fragten, ob ich nach einem Hund schauen würde. Das verneinte ich vehement. Der Start vor Ort war schwer. So richtig wollte mir nichts von der Hand gehen. Aber ich war da, um zu helfen.

Einige Tage nach Ankunft wurde ich an die Hand genommen. „Schau mal", sagte eine Freundin zu mir. Ein kleines zartes Mädchen stand inmitten groß gewachsener Rüden. Sie wedelte zaghaft mit ihrem Schwänzchen. Ich ging zu ihr, ging wieder. Aber ich besuchte sie wieder und nahm sie auf einen Spaziergang mit. 15 Monate jung war sie – übersät mit Narben, wahrscheinlich auch ein missglücktes *Branding* am Schenkel. Und dann, dann sah ich eine Narbe am Hals, welche auch AYLA an dieser Stelle hatte. Ich flüsterte ihr ins Ohr: „Hat dich die AYLA für uns geschickt?"

In diesem Moment wusste ich, dass sie AYLAs Lücke füllen könnte. Ich habe Kontakt mit zuhause aufgenommen, und somit war es fix. VIRGINIA, dann ROSALITA, durfte Ende November 2017 auf die Reise gehen.

Sie kam als schüchternes und unsicheres Hundekind. Schnell wurde sie zu einem witzigen und spielwütigen Mädchen. Sie bringt einen immer zum Lachen. Aber sie hat einen auch zum Verzweifeln gebracht. Fast zwei Jahre lang hat sie permanent in die Wohnung gemacht. Auch wenn wir alle daheim waren. So ist sie von der Couch aufgestanden, ins Bett und hat Pipi gemacht. Warum machte sie das? Ich war mehr als verzweifelt. Die Waschmaschine lief ununterbrochen. Beim Tierarzt alles checken lassen, organisch war alles in Ordnung. Für viele Menschen ist das ein Grund, den Hund wieder abzugeben. Für mich selbstverständlich nicht, aber es zehrte bei allen an den Nerven. Im Sommer 2019 bin ich umgezogen, und ROSI war plötzlich trocken. Keine Pfützen mehr im Bett oder auf der Couch. Was war ich froh.

Jetzt, mit gerade mal sechs Jahren, ist sie leider schon krank. Das Herzchen schlägt schon seit zwei Jahren nicht mehr, wie es soll. Aktuell wurde Spondylose diagnostiziert. Ich hoffe, AYLA hält ein Pfötchen über sie, und wir haben die kleine ROSI noch ganz, ganz viele Jahre. Auf jeden Fall tue ich alles dafür, dass es ihr gut geht. Schließlich wurde sie uns von einem Engel geschickt.

Erst im Jahr 2014 habe ich intensiv begonnen, mich mit dem Thema und der Arbeit rund um den spanischen Tierschutz auseinanderzusetzen. Was passiert in Spanien, und in welchen Regionen besonders? Welche Organisationen und Tierheime gibt es, außer dem, in welchem FELIZ mit ihrer Familie Zuflucht gefunden hatte? Mir stellten sich so viele Fragen. Denn bis dahin war ich immer noch nicht bei „Facebook" oder ähnlichem angemeldet.

So ist zu der Zeit eine Freundin auf eine Idee gekommen: Wir fliegen nach Tomelloso. Sie verfolgte die Arbeit dieses Tierheimes schon länger, und sie brauchten dringend Hilfe. Gesagt, getan. Das Nötigste für mich in einen Rucksack gepackt, alle Sachen für die Hunde in den großen Koffer, und auf ging es in die Gegend von Castilla de la Mancha.

Schön war nur das Fleckchen Erde. Das Haus für die Hunde war ein in die Jahre gekommenes, baufälliges Gebäude. Letztendlich war es ein Gebäude mit funktionierendem Dach, aber ohne Fenster; im Sommer viel zu heiß, im Winter, mit Temperaturen unter null Grad, viel zu kalt. Das Tierheim wurde mit allen Möglichkeiten, die man zu diesem Zeitpunkt hatte, geführt. Junge Freiwillige, welche ihre gesamte Freizeit für die Tiere opferten. Eine Chefin, die sich den Hunden verschrieben hat und teilweise alles alleine bewältigen musste. Saubermachen, Wunden versorgen, Reparaturen ausführen (es gab nur Bretterverschläge), Futter organisieren – und, und, und … Es gab teilweise nur trockenes Brot.

Vertreten waren alle Rassen. Kein Hund blieb auf der Straße. Ob Bodeguero, Mastín, Galgo oder Mischling, alle wurden liebevoll aufgenommen. Das Haus war bis unter das Dach voll. Unser Atem stockte spätestens dann, als alle Langnasen versuchten, ihre Köpfe durch Gitterstäbe zu schieben, um Streicheleinheiten zu erhaschen.

Diese emotional schmerzhafte Woche ging sehr schnell zu Ende. Und mir war klar, dass dies mein Projekt werden sollte. In Leipzig zurück, berichtete ich von dieser bedrückenden ersten Reise ins eigentlich schöne Spanien. Und ich konnte Menschen dafür gewinnen, bei diesem Projekt mit anzupacken. Leider kam noch im Jahr 2014 das Aus für dieses Tierheim.

Meine zweite Reise, es war bereits Anfang 2015, ging in die *Fundación Benjamín Mehnert* nach Alcalá de Guadaíra nahe Sevilla, das Tierheim, in dem meine FELIZ 2011 Zuflucht fand. Auch hier wusste ich nicht, was mich erwartete. Ich wurde herumgeführt und machte mir ein erstes Bild über die Ausmaße des Objektes – was für eine Dimension … Doch auch sieben Jahre später ist kein Rückgang verletzter und ausrangierter Hunde (gar ganzer Familien) erkennbar. Unzählige Hunde saßen zitternd, mit angsterfüllten Augen in der Ecke. Ich wusste kaum, wie ich das ertragen sollte, hatte ich doch das ganze Gegenteil zuhause: stattlich, offen, verspielt und die absolute Freude am Leben.

Es war Januar. Demzufolge stand das Ende der Jagdsaison bevor. Täglich kamen 20 bis 30 Galgos an. Man musste nett und freundlich zu den Galgueros sein. Man musste dankbar dafür sein, dass sie ihre eigenen Hunde nicht erhängt haben. So nahmen wir jeden Hund fürsorglich auf und gingen die ganze Prozedur durch: wiegen, messen, baden, Tierarzt. Tag für Tag, jeden einzelnen Hund.

Eine Woche Tierheim ist schnell vorbei. So stand der letzte Tag an und damit die Abreise. Und dieser Tag sollte für mich der emotionalste werden. Wieder ein Hänger voller Hunde. Voran eine alte Hündin – schwarz, abgemagert, kaum noch Zähne, ein Gesäuge, das bis zum Erdboden hing, und sie war so freundlich. Es war kalt. Eine Freundin zog ihr eigenes Shirt aus und legte es der alten Dame über.

Und dann hatte ich *ihn* an der Hand. Groß, grau-weiß gestromt, jung. Er hatte so sehr Angst, dass er sofort unter sich machte, er lag mehr als er stand. Dieser stattliche Rüde lief nur geduckt – aus Furcht vor uns Menschen. Viele Tränen sind geflossen. Was haben die teilweise noch sehr jungen Tiere schon alles erleben müssen? Ich war wütend und traurig zugleich. Nun musste ich gehen. Ich habe den Schmerz mitgenommen, und er hat mich nicht losgelassen.

Schon im Mai flog ich wieder nach Andalusien. Mein erster Weg führte mich direkt zu ihm. Sein Name war ZULEMA. Mein Herz pochte, denn ich fragte mich, was aus ihm geworden und wie er wohl drauf ist. Wie hat er sich eingelebt und entwickelt? Es sind schließlich fast fünf Monate vergangen. Ich kam in seine Box, und er wurde sofort panisch. Er versteckte sich hinter seinem Körbchen und machte sich wieder ganz klein. Was sollte ich tun? Einen Fahrplan oder gar Erfahrung hatte ich nicht. Aber irgendwie wollte ich ihm helfen. Helfen, seine Angst zu überwinden. Helfen, mir vertrauen zu können.

Neben den täglich anfallenden Arbeiten widmete ich mich ab diesem Tag nun genau diesen ängstlichen, teilweise panischen Hunden. Aufgrund des begrenzten Aufenthaltes suchte ich mir zwei bis drei Hunde, mit denen ich fortan in jeder freien Minute arbeitete. Das waren Hunde, die jegliches Vertrauen in den Menschen verloren haben. Hunde, die Angst haben, wenn ein Mensch nur in ihre Nähe kommt. Hunde, die Angst haben, von einer Hand berührt zu werden. Hunde, die es verdient haben, das Schöne am und im Leben kennenzulernen. Menschen muss die Scheu genommen werden, denn auch diese Hunde haben ein Zuhause verdient und werden oft Seelenhunde. Es lohnt sich, nur wissen es die meisten zu Beginn nicht.

Meine Arbeit mit ZULEMA begann. Wie gesagt, ohne Fahrplan, ohne Erfahrung. Bewaffnet mit duftenden Würstchen, begab ich mich zu ihm. ZULEMA saß erstarrt hinter seinem Körbchen.

Angst. Stillschweigend habe ich mich auf Abstand gesetzt. „Nicht anschauen, nicht anfassen", das waren Albertos Worte. Bekomme ich hin. Zum Glück hatte ich keine spielwütigen Zimmergenossen dabei. So ist alles ruhig und bedacht geblieben. Nach einiger Zeit traute sich sein Kumpel mal etwas näher. Auf Abstand hat er immerhin ein Würstchen genommen. ZULEMA beobachtete. Ich habe die Box verlassen und das Procedere mehrmals wiederholt. Sitzen und stillhalten – *Zeit und Geduld sind in diesem Fall das wichtigste Gut.*

Mit der Zeit duldete ZULEMA meine Anwesenheit, ist auch schon mal aufgestanden und hat die Nase in meine Richtung gesteckt. Dann kam der Moment, an dem er das erste Mal ein Halsband von mir bekam. Es ging nach draußen. Seine Unsicherheit war durch die Leine förmlich zu spüren. Schließlich hat er noch nicht viel Gutes in seinem jungen Leben erlebt. Ob er was von mir erwartet hat? Ich weiß es nicht. Ich musste bei jedem Betreten seines Bereiches von vorne anfangen. Sitzen, warten, Vertrauen aufbauen. Erst danach drehten wir täglich mehrmals unsere Runden im Objekt. Stück für Stück sind wir uns nähergekommen. Dann lief ZULEMA im Auslauf mit Schleppleine. Wenn er meinte, ich würde nicht schauen, aß er auch mit langem Hals die ausgelegten Würstchen. In kurzer Zeit waren es so viele herzerwärmende Momente. Nähe.

Wie schnell die Woche vorüber war, muss ich nicht sagen. Wieder war es Zeit, Abschied zu nehmen. Ein zweites Mal musste ich ihn zurücklassen. Meinen *Superboy* , so nannte ich ihn. Der Tag war gekommen, ich musste gehen. Ein Mitarbeiter versprach mir, weiter mit ihm zu arbeiten. Inständig hoffte ich, dass meine Postings Früchte tragen und ZULEMA schnell ein Zuhause finden würde. Aber es sollte anders kommen.

Im November desselben Jahres ging mein Flug nach Sevilla. Koffer in die Ecke, schnell zu ZULEMA. Es war fast so wie im Mai. Aber schneller als gedacht, schenkte er mir erneut sein Vertrauen. Keine freie Minute haben wir vergeudet, sondern miteinander gearbeitet. Was mir dieser Hund zurückgegeben und beigebracht hat, kann ich gar nicht in Worte fassen.

Mein *Superboy* machte Freudensprünge, wenn er mich von weitem sah. Er nahm Würstchen aus der Hand und ließ sich anfassen. Besuchte ich ihn, wenn er mit den anderen im Auslauf war, kam er wedelnd angerannt und spielte mich an.

Meine Beiträge machten auf ihn aufmerksam, und mein *Superboy* durfte noch im Dezember nach Deutschland auf Pflegestelle. Im April 2016, 15 Monate nach unserem Kennenlernen, ist er endlich in seine Familie gezogen. Über ein Jahr musste er auf sein Glück warten. Es macht mich stolz, wenn mir seine Familie berichtet. Mit viel Geduld und noch mehr Liebe wurde aus dem Angsthund ZULEMA, wie er liebevoll von seiner Familie genannt wird, der Gentleman.

Leider kann ich nicht ausführlich zu seiner Entwicklung schreiben. Aus gesundheitlichen Gründen konnte seine Familie kein ausführliches Update geben. Aber so viel sei gesagt: Mein *Superboy* hat tolle Menschen und ein sehr soziales Rudel bekommen. ZULEMA hat sich in den Jahren nur zum Positiven entwickelt. Er ist zuvorkommend bei Neuankömmlingen, führt diese sorgsam und bedacht ins neue Leben ein. Im eingezäunten Freilauf ist er eine Rakete, liebt seinen Ball, hat Pfeffer im Hintern. Barbara und Heinz haben aus diesem ehemaligen Angsthund einen Hund gemacht, der das Leben liebt und in vollen Zügen genießt.

In dieser Zeit, im November 2015, sah ich PLANETA. Diese kleine schwarze Schönheit saß schlotternd vor Angst, das Gesicht in die Wand gepresst, hinter ihrem Körbchen. Alleine, ohne Partner. Auch ihr gab ich Zeit – Zeit, die für so einen Hund zwingend notwendig ist. Mit PLANETA war es schwieriger. Ihre Panik war viel zu groß, so dass ich anfangs kaum an sie rangekommen bin. Das erste Mal an der Leine war für mich sehr deprimierend. Die Kleine drehte sich, wand sich, war vollkommen auf Flucht aus. Also musste ich es noch langsamer angehen lassen, noch behutsamer. Aber mit der Zeit und mit PLANETAs Hilfe und dem wenigen Vertrauen, das sie hatte, gelang es uns, Spaziergänge zu unternehmen. Ich weiß nicht mehr, wie lange sie zu dem damaligen Zeitpunkt schon auf ihre Familie gewartet hat. Ihre Videos gingen aber so vielen Menschen ans Herz, dass sie mehr als tausendmal geteilt wurden. So hat sich noch in demselben Monat ihre Familie gefunden. Zur Überbrückung der Zeit – auch, um das erlernte Vertrauen nicht wieder zu vergessen – durfte PLANETA einige Zeit nach Madrid auf Pflegestelle und ist von dort aus in ihre Familie. Seitdem lebt sie behütet in Österreich.

Einen Angsthund wie PLANETA aufzunehmen, war für die Familie anfangs eine große Herausforderung. Vor PLANETA hatten sie schon mal einen Angsthund adoptiert, welcher im Laufe der Jahre ein wundervolles Familienmitglied wurde. Diese liebenswerten Geschöpfe haben bei ihnen einen besonderen Stellenwert. Es kostet die Hunde anfangs viel Überwindung, einem Menschen Vertrauen zu schenken, ihre Angst und Panik zu verlieren.

2015 hat Danis Mann das Video von PLANETA gesehen und tags darauf zu seiner Frau gesagt, „dass sie da was machen müssten". Auch Dani hat sich das Video von mir angesehen und sofort gespürt, dass diese Hündin Hilfe braucht, und zwar dringend. Die Beschreibung, die sie auf privatem Wege erhielten, sorgte wenig für Entspannung: Hund panisch, springt über vier Meter hohe Zäune etc. Ob sie sich das wirklich antun wollten?

Ja, wollten sie. Sie wollten PLANETA die Möglichkeit geben, aus ihrem Elend rauszukommen und ihr restliches Leben in fürsorglicher Liebe und vor allem ohne Angst zu verbringen. Dani wusste, es erfordert viel Liebe, Einfühlungsvermögen, Geduld und Beharrlichkeit. Auch auf Rückschläge musste man gefasst sein.

Als PLANETA zu ihnen kam, war sie so ängstlich, dass sie sich nicht einmal traute, aufzustehen. Dani musste sie zu den Spaziergängen oder zum Füttern immer leicht anheben, damit sie den Mut fand. Sie ging dann ganz flach und geduckt, ihr Schwänzchen war fast bis zum Kinn nach vorne eingeklemmt. Dani hat sich immer zu ihr gesetzt, mit ihr gesprochen, sie aber ja nicht zu viel berührt, da auch dies für sie Stress bedeutete. Sie war eigentlich nur damit beschäftigt, ein gewisses Grundvertrauen aufzubauen. Nachts schlief sie bei ihr, um sie an sich zu gewöhnen; ein wenig zärtliches Streicheln, nur nicht zu viel, weil sie sich schnell mal überfordert und/oder bedrängt fühlte. Morgen- und Abendrunde ging sie mit ihr alleine, doppelt gesichert und in ruhigem Gebiet. Die Nachmittagsrunde ist sie mit allen Dreien gegangen, wobei ihr LUCA, welcher leider vergangenes Jahr verstarb, Sicherheit gab. Auch hier sieht man, wie wichtig ein souveräner Hund im Rudel ist. Anfangs wurde PLANETA auch im Garten angeleint, um zu verhindern, dass sie in Panik über den Zaun sprang. Es war aber schon nach ein paar Tagen klar ersichtlich, dass sie die Nähe zu Dani und den anderen Hunden so sehr suchte. Es flammte keine Angst mehr auf, dass PLANETA den Versuch unternahm, abzuhauen.

Von Tag zu Tag konnte Dani ihr Vertrauen immer mehr gewinnen und empfand es jedes Mal als Geschenk, wenn PLANETA sich wie irre freute, wedelte und sie ansprang, wenn sie von der Arbeit nach Hause kam. Wichtig war ihr bei PLANETA und auch bei ihrem ersten Angsthund BARROSO, dass der Tagesablauf geregelt war, also keine spontanen Dinge, die sie verunsichern könnten. Gerade die erste Zeit ist es besonders wichtig, einen klaren Tagesablauf und eine festgelegte Route zu haben. Anfangs immer die gleiche Runde, bis ihr Vertrauen größer wurde und sie mit der gegebenen Situation gut klarkam. Und egal, wie lange es dauern würde, PLANETA bestimmte die Zeit, und sie hatte alle Zeit der Welt. Ungeduld und Drängen würden hier nur zu einem Rückschlag führen, so ist auch meine Erfahrung. Dani hatte keinen

Ehrgeiz, dass ihr Hund in dieser oder jener vorgegebenen Zeit irgendetwas schaffen musste.

Ein Erlebnis ist ihr bis heute in Erinnerung geblieben, es war das schrecklichste und schönste zugleich. Sie hatten PLANETA damals noch nicht lange. Dani ging mit ihr an einem sehr nebeligen Tag, mit angelegter Leine am Bauchgurt, spazieren. So hatte sie eine gewisse Freiheit, war aber dennoch gut gesichert. Natürlich sah sie einen Hasen und sprintete sofort nach vorne los. Die Leine ist durch den kräftigen Ruck gerissen und wickelte sich wie eine Peitsche um Danis Oberschenkel. Der Hund war weg. Sie verschwand in der Nebelwand, und Dani konnte nicht einmal sehen, wohin sie lief. Dani war im ersten Moment so geschockt und dachte, „wenn sie jetzt wegläuft, findet man sie nie wieder". Und einen Angsthund einzufangen – puhhh ...

Doch was soll ich sagen, es dauerte keine Minute, da kam aus dem Nebel ein „schwarzes Etwas" mit Vollspeed auf Dani zu. Sie stoppte genau vor ihr, drückte sich an sie und wich ihr nicht mehr von der Seite. Sie erinnert sich noch, als wäre es gestern gewesen. Auf dem Rückweg sind Dani die Tränen über die Wangen gelaufen. Sie war so glücklich, dass PLANETA von selbst zu ihr zurückgekommen ist. So war das Band zwischen beiden auf ewig besiegelt. Dani meint, es klinge kitschig; aber nein, es ist einfach nur schön.

Dani hat, wenn die Hunde einen Hasen sahen und unruhig wurden, weder geschimpft noch an der Leine gezogen, sondern wortlos die Richtung gewechselt und ist entgegengesetzt gegangen. Anfangs hat PLANETA dann wohl überlegt: Hase oder Frauchen. Schließlich entschied sie sich immer für Dani. Mittlerweile sind ihr Hasen und Rehe vollkommen egal. Selbst wenn sie nur wenige Meter vor ihr zu sehen sind, geht sie mit durchhängender Leine weiter, so als wäre nichts. Je nach Fortschritt wurden dann die Herausforderungen gesteigert, aber immer ganz langsam und vorsichtig, damit PLANETA nicht überfordert wurde. Allerdings auch nicht zu vorsichtig, damit die Angst nicht bestätigt wurde.

Nach einer Eingewöhnungsphase wurde sie dann in den Reitstall mitgenommen, wo eigentlich fast jeder Abend verbracht wurde. Die Besitzer sind gute Freunde und selbst Hundehalter. Sie wussten durch Dani von dem Schicksal der Galgos und haben vollste Rücksicht auf PLANETA genommen. So konnten sie alle gemeinsam die Abende im Reitstall genießen und PLANETA ein wenig zusätzliches Selbstbewusstsein schenken. Sie alle haben ihr gezeigt, dass nicht alle Menschen Böses wollen. Sie hat sich mit den anderen Hunden der Stallbesitzer im großen eingezäunten Garten schnell eingelebt. Schwierig war es nur, wenn Leute gekommen sind, die sie nicht kannte, doch selbst da hat sie sich einfach hinter Dani gelegt, und alles war gut. Mittlerweile bewegt sie sich im Stall ganz entspannt. Sie verbellt auch schon mal jemanden, der vorbeigeht, aber nur ganz kurz: nach vorne springen, bellen und abhauen. Wer kennt es nicht … Dani weiß sehr wohl, dass das eher nicht gerne gesehen wird. Nur bei einem Angsthund freut man sich darüber, weil es bedeutet, er bringt den Mut auf, jemanden anzubellen.

Ja, so ging es halt die Jahre immer besser. Dani kann mittlerweile alles mit ihr „anstellen", was sich „normale" Hunde oft gar nicht so gerne gefallen lassen (Zecken entfernen, duschen, Krallen schneiden, Wunden auswaschen und desinfizieren – alles, was halt so auf einen zukommt). Hier hat PLANETA so großes Vertrauen, dass sie völlig entspannt alles mit sich machen lässt, ohne Angst. Meist liegt sie dann da, schaut, was Dani macht und kippt relaxed zur Seite um.

Fremde Menschen lässt sie bis heute ungerne an sich ran. Sie tut nichts, sie schnappt nicht, sie läuft auch nicht weg. Aber solche Situationen sind ihr unangenehm, das sieht Frauchen ganz deutlich. Den Leuten werden Hinweise gegeben, wie sie sich verhalten sollen: Sie sollen einfach so tun, als sei sie nicht da. Dann fühlt sich PLANETA am wohlsten. Auch auf fremde Hunde hat sie keinen Bock, vor allem, wenn sie so forsch auf sie zukommen.

PLANETA hat ihre Ängste nicht komplett abgelegt. Männer und Kinder sind nach wie vor tabu. Neue Situationen lösen Stress aus, aber keine Panik mehr. Dani gibt ihr den nötigen Halt, so hat sie keinen Grund mehr, in den Fluchtmodus zu gehen.

Daheim in vertrauter Umgebung ist sie eine totale Düse. Sie ist frech, spielt, saust wie eine Irre durch das Haus mit ihrem Quietschie. Sie stiehlt auch schon mal was, wenn es günstig daliegt, schläft bei Frauchen im Bett und genießt ihr Leben. Ihr Fell glänzt und ist ganz weich, was auch als Zeichen einer psychischen Zufriedenheit zu sehen ist. Ihr Schwänzchen ist gerade aufgerichtet und nicht mehr zwischen den Beinchen eingeklemmt. Eigentlich ist sie eine total freche und übermütige Hündin geworden.

Das, was ein Angsthund einem zurückgibt, ist das größte Geschenk, das man von einem vierbeinigen Wegbegleiter erhalten kann. Dani würde immer wieder die Mühen auf sich nehmen, um einem Angsthund ein Leben in wohliger Umgebung und eben ohne diese Angst zu ermöglichen. Für sie sind das die wertvollsten Erfahrungen. Es wird immer Rückschläge geben, dessen sollte man sich bewusst sein. Und die Frage, ob Dani sich nicht überschätzt hat, hat sie sich etliche Male gestellt, aber das Ergebnis ist durch nichts zu toppen. Die Arbeit ist anstrengend, und nicht nur der Hund, sondern auch man selbst, stößt an seine Grenzen. Es geht drei Schritte vorwärts und zwei wieder zurück, doch Zeit und Mühe lohnen sich.

Angsthunde sind die liebenswürdigsten Geschöpfe der Welt, wenn sie sich einem Menschen anvertrauen. Sie haben es mehr als verdient, ihr restliches Leben glücklich und zufrieden und vor allem ohne Angst bei Menschen verbringen zu dürfen, die sie aus vollem Herzen lieben. Dani ist dankbar, dass ihr diese Erfahrungen und Erlebnisse geschenkt wurden. Jeder, der einen Angsthund aufnimmt, sollte sich im Klaren sein, was er sich da „antut", damit sichergestellt ist, dass sowohl Hund als auch Mensch glücklich und zufrieden sind.

Angsthunde sind etwas ganz Besonderes, und sie haben deshalb auch besondere Bedürfnisse. Sie brauchen die Menschen, die ihnen diese erfüllen können und wollen. Belohnt wird man durch die täglich kleinen Schritte nach vorne: vorher verängstigt, traumatisiert, übersät mit Wunden und angstvolle, weit aufgerissene Augen. Und nachher? Da liegt PLANETA plötzlich relaxed und vollauf zufrieden auf der Couch hinter Dani, die sich noch viele Jahre mit PLANETA wünscht und hofft, ihr ein glückliches Leben zu bieten. Aber ich glaube schon, PLANETA zeigt es ihr ja eigentlich täglich. Ganz liebe Grüße an dieser Stelle von PLANETA, LOISI und Familie.

Unsere Hunde sind immer „Wundertüten", wie ich sie gerne nenne. So ist es auch nicht zu selten, dass ein Hund im Tierheim als offen und fröhlich beschrieben wird. Hat dieser seinen Transport in sein neues Zuhause überstanden, ist er plötzlich wie ausgewechselt, vielleicht auch panisch. *Gebt dem Hund Zeit, anzukommen. Nicht zwei Tage, sondern Wochen. Bedrängt ihn nicht, lasst ihm seine Ruhe. Holt Euch Rat beim Verein oder bei guten Freunden, die Erfahrung mit Angsthunden haben.* Viele Erfahrungsberichte könnte ich niederschreiben. Mit so vielen Angsthunden habe ich meine Erfahrungen gemacht.

Dann war da noch TOMÁS im Jahr 2017. Im Januar sah ich ihn. Alleine in der Box drehte er unaufhaltsam seine Runden. Knapp zwei Jahre hatte er schon gewartet, und er war noch so jung. Ich fing an, mit ihm zu arbeiten. Im Mai war ich schon wieder vor Ort und setzte meine Arbeit mit ihm fort. Was für ein toller Hund. Er vertraute mir so sehr. Aber keiner hat ihn gesehen. Umso mehr freute ich mich, als sich eine Pflegestelle in Deutschland auftat. Doch kurz vor meiner Abreise sagte diese ab. Meine Enttäuschung war sehr groß. Hatte ich ihm doch versprochen, dass er im Juni auf der Couch liegen darf.

So suchte ich mir einen vermittelnden Verein, und TOMÁS, dann VITAS, kam zu mir. Auch bei mir ist er wochenlang im Wohnzimmer im Kreis gelaufen. Das kostete Nerven, bei meinen Mädchen und bei mir. Haushalt war also nebensächlich. Ich legte mich zu ihm. Jede einzelne Minute der Nähe genoss er. Sechs Monate später war VITAS bereit für seine Familie, und er zog aus. Er lebt heute glücklich mit seinem Hundemädchen.

VITAS war lange mein einziger Pflegehund. Bis 2020, als ich ein kleines Mädchen sah. Mit vier Wochen in der Tötung, ohne Mutter, ohne Geschwister, so wurde sie vom Tierheim freigekauft. Sie sollte mein nächster Pflegehund sein. Was ich mir da für einen Teufel ins Haus holte, wusste ich ja nicht.

So kam BETTI. Wir beide durchlebten tatsächlich zwei Tage *Bootcamp*. Ich habe teilweise ganz schön geschwitzt, von meinen diversen Wunden abgesehen. Man fragte mich, ob ich eine Katze habe. Nein, ein Welpchen ohne Grundausbildung. Ab dem dritten Tag war die Kleine wie ausgewechselt. Sie schaute zu den Großen auf. Klar, sie sind auch weiter geärgert worden, aber im Großen und Ganzen hat sie sich sehr schnell an die Rituale gewöhnt. BETTI wurde der Sonnenschein in den *Social Media*. Nur acht Wochen später vermittelte ich ein liebenswertes entzückendes Mädchen, welches ein kleines Stück meines Herzens mitgenommen hat.

Ich habe Gefallen daran gefunden, Hunde für das Leben vorzubereiten und so ihre Zeit im Tierheim zu verkürzen. Zwischen Welpen und Angsthunden habe ich eine gesunde Mischung gefunden. Unbegrenzt Zeit zu haben, einen Angsthund aus seiner Gefangenschaft zu holen, ist Gold wert. Aber man braucht Zeit und sehr, sehr viel Geduld. *Doch bei aller Nachsichtigkeit, auch Angsthunde brauchen klare Ansagen und Kommandos. Sie in Watte zu packen, bringt solche Tiere kein Stück weiter. Rituale sind ganz wichtig. Tagesabläufe sollten möglichst gleich sein, um Überforderung zu vermeiden.* Und selbst das ist nicht bei allen Hunden ausreichend. Bei einem meiner Pflegehunde durfte nicht mal ein Sessel anders stehen.

So komme ich zu BROCHETA, meiner FLORENTINE. Ihr seht, jeder Hund ist in meinem Herzen. Jeder ist so besonders, jeder so anders.

FLORENTINE habe ich schon auf der Homepage des Vereines gesehen. GRETA, mein zu dem Zeitpunkt aktueller Pflegehund, hatte schon Interessenten. Es war eine Familie, die ich bereits kannte, und die Vermittlung ging dann ganz zügig.

Es kam der Tag, als ich FLORENTINE abholte. Sie war ein zartes Wesen mit geballter Angst. Schnell merkte ich, dass FLORENTINE wieder ganz anders tickte als die anderen. So hat es sie komplett aus der Bahn geworfen, wenn in der Wohnung nur mal eine Zimmertür verschlossen war – ein Bild, mit dem sie nicht umgehen konnte. Für sie passte es nicht, also hat sie sich verkrochen. Wenn bei der Hausarbeit Stühle umgestellt wurden, hat sie sich nicht mehr in dieses Zimmer getraut. Sie hat sich in diesen Momenten nicht einfach umgedreht und ist gegangen; nein, sie ist förmlich auf dem Parkett durchgestartet und wollte flüchten. Für sie musste Tag für Tag alles gleich sein. Selbst an Spaziergänge musste sie gewöhnt werden. Die ersten Wochen waren für alle sehr anstrengend. Sie hat es 25 Stunden geschafft, nicht mal Pipi zu machen. Permanent war sie dabei, nach hinten zu schauen, schließlich hätte dort Gefahr lauern können.

Wir hatten ein langes nervenaufreibendes Training vor uns, denn auch Menschenbegegnungen waren für sie ein Alptraum. Und diese Parkbank, an der wir jeden Tag vorbeigelaufen sind, war ganz schlimm für sie. Also musste ich mir Zeit nehmen, um mich täglich auf diese Bank zu setzen. Sie musste lernen, dass keine Gefahr davon ausgeht. Zuhause war sie wie jeder andere Hund auch:

verschmust, verspielt, hat sich immer ihren Platz an meiner Seite gesichert.

Auch so ein stark traumatisierter Hund hat seine Familie gefunden. Eine Familie, die keine Angst hatte, sich dieser Herausforderung – und vor allem Verantwortung – zu stellen. Ich kannte den bereits vorhandenen Rüden: jung und knackig. Das würde passen. So machte ich mich auf eine doch weite Reise und besuchte über ein Wochenende die Familie. „FLORENTINE bekommt nicht jeder, da muss alles stimmen, sonst nehme ich sie wieder mit." Ich musste mir sicher sein, dass wirklich alles befolgt wird, was ich mir mit ihr erarbeitet und ihr mit auf den Weg gegeben habe. Und tatsächlich gibt es selbst das. So hat FLORENTINE ihren Ehemann ALFIE gefunden und die dazu passenden liebenswerten Dosenöffner.

Zehn Monate sind seitdem vergangen, und für das neue Frauchen war es Liebe auf den ersten Blick. Als ihr ALFIE sich eingelebt hatte und vor allem seine mitgebrachten Giardien los war, stand fest, ein Gefährte oder eine Gefährtin musste her. Das riesige Grundstück ist schließlich zum Rennen optimal, und ALFIE rennt so unglaublich gerne, aber nicht gerne alleine. ALFIE hatte die Familie damals über mich; ich hatte ihn zusammen mit anderen Hunden abgeholt. Er wurde in Leipzig übergangslos übernommen, und seitdem besteht der Kontakt.

Als die Entscheidung für einen zweiten Hund gefallen war, sahen sie durch Zufall einen zart gestromten Galgo auf meiner Seite. Genau wie bei ALFIE war dieses Gefühl bei den Menschen wieder da: Dieser Hund musste es sein! Sie erfuhren, dass ich eine sehr ängstliche Galga zur Pflege hatte. „Perfekt", das war ihr erster Gedanke! Erfahrungen mit Angsthunden hatten sie, ein extrem souveräner Ersthund (ALFIE) war vorhanden, sie ist nicht berufstätig, sie wohnen ruhig und abgeschieden. Beste Voraussetzungen für ein Angstnäschen!

Man nahm Kontakt zu mir auf, und ich bin, samt meiner eigenen Hunde und FLORENTINE, für drei Tage die weite Strecke von Leipzig ins tiefste Brandenburg zum Kennenlernen gefahren. FLORIE war mir sehr ans Herz gewachsen, und gerade für dieses besondere Angstnäschen musste das allerbeste Zuhause her. Nach drei Tagen war klar: FLORIE bleibt. Und es war die beste Entscheidung für alle. Landleben ist für FLORIE genau richtig.

Auch heute ist die Familie überglücklich, sich dieser Verantwortung gestellt zu haben. FLORIEs Entwicklung zeigt, wie lohnenswert es ist, solch einem Hund ein Zuhause zu geben. Jeder kleine Fortschritt macht einen stolz. Dazu gehörten so schlichte Dinge, wie sie sich auf einem Spaziergang löst, dass sie bei einem Auto nicht panisch zur Seite springt und fremde Menschen erträgen lernt – und, und, und …

Während Vera sehr schnell einen guten Draht zu FLORIE hatte, brauchte ihr Mann viele Wochen, um sie anfassen zu können. Männer mochte sie überhaupt nicht, da sie wohl, wie viele andere Hunde auch, schlechte Erfahrungen gemacht hatte. Das riesige Brandzeichen auf dem Oberschenkel ist nur eins der üblen Zeichen der Vergangenheit. Etliche Narben gehören dazu. Nicht zu vergessen, die Narben der Seele. Vera meint, durch mich hat FLORIE erstmals Liebe und Zuwendung erfahren dürfen. Deshalb war die Bindung zu mir sehr stark, und der Abschied fiel uns beiden sehr schwer! Aber von diesem Tag an ging FLORIEs Reise ins Glück und in eine unendliche Liebe los.

Wer noch nie eine Angstnase hatte, weiß nicht, wie besonders diese Hunde sind. Die Bindung, die wächst, ist oft so intensiv und stark, dass ich es kaum beschreiben kann. *Angstnäschen werden oft zu absoluten Seelenhunden. Sie machen glücklich, weil jeder kleine Fortschritt glücklich und stolz macht.* Dass ALFIE und FLORIE sich lieben, kam als I-Tüpfelchen noch hinzu. Was war Jens glücklich, als er das erste Mal zu ihr gehen durfte, um sie zu streicheln. Und wie besonders war der Moment, als sie das erste Mal aktiv zu ihm kam, um sich streicheln zu lassen. Ich könnte noch so viele Dinge erwähnen, die mir berichtet worden sind. Um es kurz zu machen: FLORIE ist nun, nach fast einem Jahr, eine ganz „normale" Galga! Ihre Menschen schenken ihr Rituale und viel gemeinsame Zeit. Sie war noch nie alleine. Es ist immer jemand da, das schafft Vertrauen. Dass sie eine Angstnase war, noch immer einigen Menschen nicht ganz traut, merkt man nur noch bei Fremden, die auf den Hof kommen. Diese werden, sobald sie den Hof betreten, angebellt und auf Abstand gehalten. Menschen, die sie schon öfter gesehen hat, machen ihr keine Angst mehr. Zu den Nachbarn, die des Öfteren zu Besuch sind, geht sie sogar aktiv hin und lässt sich streicheln.

FLORIE liebt Rituale, denn diese geben Halt. Sie und ihre Familie sind ein absolut eingespieltes Team. Ein Beispiel: Beide Hunde bekommen am Abend die Zähne geputzt, dann stehen beide vor der Tür, denn der letzte Gang steht an, um Geschäfte zu erledigen. Wenn sie dann wieder reinkommen, rennt niemand hoch in die Wohnung. Nein, beide stehen auf den untersten Stufen der Treppe und warten so lange, bis das Zahnpflegespray geholt wurde. Wenn das erledigt ist, rennt FLORIE ins Schlafzimmer und wartet, bis Frauchen zu ihr ins Bett kommt. So ist es bei allen Abläufen. Sie ist schlau und weiß immer, was man von ihr möchte. Während ALFIE, je nach Temperaturen, auch schon mal unten in der Küche schläft, schläft FLORIE vom ersten Tag an bei Vera im Bett. Immer! Sie ist so ruhig und kuschelig dabei. Überhaupt, sie ist unendlich lieb, sanft, freundlich, lustig und bei ALFIE manchmal frech (eine Rennsemmel vor dem Herrn) und übermütig. Sie klaut nicht, sie geht perfekt an der Leine, sie lässt alles machen (Krallen, Ohrenpflege, Zahnpflege – alles). Sie war von Anfang an stubenrein. Sie macht nichts kaputt. Sie mag andere Hunde. Sie ist nicht futterneidisch. Vom Angstnäschen zum absoluten Traumhund. Vera kann nichts erwähnen, was bei diesem Engelchen negativ wäre. Sie ist für genau diese Familie perfekt! Sie wird abgöttisch geliebt. Wie gesagt: Liebe auf den ersten Blick!

So haben Vera und Jens mir geschrieben: „Danke, Katja, für deine Entscheidung, sie bei uns zu lassen." Ich denke, besser kann es nicht laufen. ALFIE und FLORIE sind ein absolutes *Dream-Team*. FLORIE macht uns glücklich, uns Menschen und Ehemann ALFIE! So haben Familien ihren speziellen Hund gefunden und Hunde ihre speziellen Menschen. Jeder Topf findet seinen Deckel, wie bei uns.

Zum Schluss teile ich mit Euch eine für mich sehr besondere Erfahrung. Sie ging nicht wie gewünscht oder erhofft aus. Traurig für alle Beteiligten, aber das Leben spielt sich nicht immer auf der Sonnenseite ab, auch das muss einem klar sein.

Nach zwei langen Jahren des Wartens habe ich GATUNA als weiteren Pflegehund bei mir aufgenommen. Sie toppte vom Verhalten selbst FLORENTINE oder VITAS.

GATUNA wurde mir gebracht. Sie lag auf der Rückbank und war nicht dazu zu bewegen, das Auto zu verlassen. Ich hob sie raus, und GATI wollte weg. Um den Stress etwas rauszunehmen, sind wir eine kleine Runde gelaufen. Geduckt und voller Panik lief sie mehr oder weniger mit. Zuhause angekommen, ist sie sofort in die Dusche gerannt, hat sich in die Ecke gepresst und sich nicht bewegt. Ein Moment, der mir den Atem stocken ließ. Die Tränen liefen sofort.

Was hat dieser Schatz durchgemacht? Was hat man mit ihr gemacht? Eine ganze Woche war die Dusche GATIs Schutzraum. Ich ließ sie gewähren. Setzte mich immer wieder zu ihr und erzählte einfach nur. Futter gab es für sie auch im Badezimmer. Zum Gassi gehen kam sie widerwillig mit, huschte danach aber sofort wieder in die Dusche.

Nach einer Woche habe ich die Tür zum Bad verschlossen. Sie hätte ungestört ins Schlafzimmer oder in die Küche gehen können, doch sie kam zu uns ins Wohnzimmer. Völlig ungläubig stand sie mitten im Raum, schaute sich permanent um und streckte auch schon mal die Nase aus. Nach einiger Zeit fand sie den Mut, sich ins Körbchen zu legen. Wieder habe ich ihr Gesellschaft geleistet. Fortan hat sie im Wohnzimmer gegessen und geschlafen. Natürlich schaute sie morgens, wo wir abgeblieben sind. Kam ins Schlafzimmer, guckte, ob alle noch da sind und ging wieder ins Körbchen im Wohnzimmer. Irgendwann habe ich sie ins Bett gehoben, und sie blieb. Sie hat es so genossen, in meinen Armen einzuschlafen. Sie bestand sehr schnell auf ihren Platz.

Spaziergänge fand sie mehr als furchtbar. Wenn keine Menschen in der Nähe waren, lief sie super an der Leine. Ich spürte sie gar nicht. Aber wehe, da war jemand: Flucht nach hinten, Rute am Bauch und ab durch die Hecke. Gute und doppelte Sicherung und bestenfalls noch ein GPS sind Pflicht. Zuhause ist GATI auch neben der Schlafsituation immer mehr angekommen. Sie hat sich Plüschis ins Körbchen geholt, hat gebellt, wenn ich nach Hause gekommen bin oder hat sich vor Freude im Kreis gedreht. Im gesicherten Freilauf ein Kraftpaket, Spaß am Leben, genießt die absolute Freiheit. Sie hat so toll mit allen interagiert. Hat mit meinen Mädchen getobt; selbst mit ihrer Vorgängerin LOLA, einem Welpchen, hat sie sich auf Spielchen eingelassen. Dennoch war die Angst immer präsent. So ein Seelchen, das mir so sehr ans Herz gewachsen ist.

Aber das Schicksal war uns nicht gut gesonnen. Ich musste anfangen, meine Mutter zu pflegen und bin mit GATI zu ihr gezogen. Meine Hunde waren bei meiner Tochter. GATI hat sich weder getraut, von der Couch aufzustehen, noch hat sie gefressen. Meine Mutter sitzt im Rollstuhl, und vor diesem hatte sie panische Angst. Da sie erneut in die Klinik musste, konnten wir wieder nach Hause.

GATI holte ihren Schlaf nach und fraß wieder, die tägliche wichtige Routine begann abermals. Doch meine Mutter wurde entlassen; wir sind wieder eingezogen, und alles war wieder auf

Anfang. Ich störte ihre Routine, tägliche Rituale waren für sie weg, da wir in einem Ausnahmezustand gelebt haben. In der Zeit musste ich dem Verein mitteilen, dass GATI litt und es ihr nicht gut ging. Dennoch versuchte ich es weiter und wollte nicht aufgeben. Ich hatte die Hoffnung, sie gewöhnt sich doch noch ein. Aber nein, das war zu viel für sie.

Schweren Herzens, mit einem Sack voll schlechtem Gewissen, musste ich mein Herzchen umsetzen lassen. Meine Befindlichkeiten spielten keine Rolle. Ich musste im Sinne des Hundes entscheiden. Ihr musste es gut gehen. Diesen Tag, an dem mich diese großen traurigen Hundeaugen angesehen haben, weil ich sie in ein anderes Auto getragen habe, werde ich nie vergessen. Ich habe einen Hund, der mir sein Vertrauen geschenkt hat, verraten. Auch wenn es in ihrem Sinne war. *Meine geliebte süße GATI – es tut mir unsagbar leid. Aber ich weiß, Dir geht es gut.*

Ein Leben mit Angsthund ist eine Bereicherung. Doch der Aufgabe dahinter muss man sich bewusst sein. Auch Angsthunde wollen gesehen, geliebt und behütet werden, wollen ein Zuhause finden, in dem sie endlich ankommen dürfen.

Wenn ich mir noch etwas wünschen könnte, wünschte ich mir mehr handfeste Gesetze zum Schutz der Tiere. Jede Quälerei muss hart bestraft werden, auch in Deutschland.

Ich wünschte mir Menschen, die sich gegenseitig helfen und unterstützen. Es sollte keine Menschen mehr geben, die sich mit schweren Geschützen gegenüberstehen, um sich gegenseitig auszulöschen. Wir alle sind Gast auf dieser einen Erde.

Für AYLA, 2009 bis 2017 – sie wurde gesehen und geliebt.

Frani

Frani – Von den Feldern in unsere Herzen

Mary Jane O'Connor

Illinois, USA

Originaltitel: *Frani – From The Fields Into Our Hearts*

Unser Leben mit Galgos begann mit der Suche nach einem Windhund. Als langjährige Windhundliebhaber hatten wir vor kurzem einen geliebten alten Greyhound verloren; unser anderer Greyhound, PADDY, trauerte sichtlich um den Verlust seines Hundekumpels, und wir waren nun bereit, einen weiteren Greyhound in unser Heim und unsere Herzen aufzunehmen. Doch es gab ein Problem: Es war kein geeigneter Hund verfügbar, und die meisten der Greyhounds, die ein Zuhause suchten, befanden sich derzeit im Gefängnis. Dabei handelte es sich nicht um Schwerverbrecher, sondern um Teilnehmer an einem Programm für Gefängnishunde, das den menschlichen Straftätern und einigen kürzlich geretteten Hunden die Möglichkeit bot, eine Beziehung zueinander aufzubauen und soziale Fähigkeiten zu entwickeln. Während wir warteten, erfuhren wir von dem Leid der Galgos in Spanien und wurden eingeladen, einige der Neuankömmlinge kennenzulernen. NEMO und BATMAN waren zusammen auf einer Pflegestelle; NEMO war so schüchtern, wie BATMAN extrovertiert war. Während NEMO uns vorsichtig von der Rückseite des Wohnzimmers seiner Pflegemutter aus beobachtete, ging BATMAN fröhlich die Treppe hinauf, um den zweiten Stock unbeaufsichtigt zu erkunden.

Unser Schicksal war besiegelt, als wir NEMO kennenlernten, und wir adoptierten ihn kurz darauf. In den ersten Wochen bei uns zitterte NEMO aus Angst vor Menschen und folgte dem sehr geduldigen PADDY wie ein Schatten. Wir waren uns nicht sicher, wie NEMO auf Berührungen reagieren würde, und so trug er etwa drei Wochen lang sein Panikgeschirr, bevor wir den Mut aufbrachten, es abzunehmen. Es gab keinen Grund zur Sorge, er war sehr unterwürfig und begann bereits, uns zu vertrauen. Seit diesen ersten Tagen hat NEMO ein liebes sanftes Wesen gezeigt und freut sich sichtbar über jeden neuen Tag.

Wir haben auch herausgefunden, dass NEMO und andere traumatisierte Hunde durch ein freundliches Lied beruhigt werden können. Vermutlich sind Sie selbst ein Hundeliebhaber, da Sie dieses Buch lesen. Also seien Sie bitte nachsichtig mit uns, wenn wir Ihnen einige der Lieblingslieder der Hunde vorstellen: *„If You're Happy and You Know It (Wag Your Tail)", „How Much Is That Doggy (in the Window)"* sowie *„Come and Get Your Love".*

Kurz nach NEMOs Ankunft boten uns unsere Freunde, die sich um die Vermittlung von Greyhounds kümmern, einen Absolventen des Programmes für Gefängnishunde an, und TOM, unser großartiger Greyhound, wurde Teil unserer Familie. PADDY, TOM und NEMO bildeten ein fröhliches Trio. Nach einem erfüllten Leben, das über 500 Besuche als Therapiehund umfasste, ging unser sehr betagter PADDY friedlich über die Regenbogenbrücke. TOM ist ebenfalls ein zertifizierter Therapiehund und führt PADDYs Erbe fort, indem er anderen Trost spendet.

In der Zwischenzeit begannen wir, nach Spanien zu reisen, um bei der *Fundación Benjamín Mehnert* (*FBM*) ehrenamtlich zu arbeiten. Dabei handelt es sich um ein sehr großes Tierheim, das sich der Rettung und Rehabilitation ausgesetzter und misshandelter Hunde widmet – in erster Linie Galgos und Podencos, aber auch andere Rassen werden nicht abgewiesen. Die Einrichtung wird von einem unglaublich engagierten Team aus Tierärzten, *Kennel-* und Wartungspersonal sowie Verwaltungsangestellten geführt. Am Ende eines jeden ehrenamtlichen Einsatzes begleiten wir einige Galgos (in der Regel vier auf einmal) zurück in die Staaten. Diese Galgos werden dann über *Love, Hope, Believe Galgo Adoption* vermittelt. Für sie beginnt die nächste und beste Zeit ihres Lebens, wenn sie in ihr neues endgültiges Zuhause vermittelt werden.

Im Winter 2017 wurden wir auf eine junge Galga aufmerksam, die sich im *FBM*-Krankenhaus erholte. Sie war mit einem komplizierten Beinbruch auf den Feldern in der Nähe von Olivares gefunden worden. Es ist nicht ungewöhnlich, dass ein Galguero einen Hund, den er nicht mehr haben will, in eine abgelegene Gegend bringt, ihm ein oder mehrere Bein(e) bricht und ihn dann aussetzt. Wir fühlten uns zu dieser Hündin, deren spanischer Name VISTA lautete, hingezogen und erkundigten uns, ob sie nach ihrer Genesung adoptiert werden könnte. Es hörte sich so an, als sei sie bereits für ein Tierheim in Belgien reserviert.

Den Winter in Chicago erträgt man und überlebt ihn hoffentlich auch. Mein Geburtstag ist Ende Januar, und in puncto Wetter fällt er oft auf einen der trübsten Tage des ganzen Jahres. Besagtes Jahr machte da keine Ausnahme. Zu alledem war ich mit einer schweren Grippe ans Bett gefesselt. Am frühen Morgen weckte mich mein Mann Bud mit einer Nachricht von der *FBM*: Das Tierheim in Belgien bestand nicht darauf, die kleine VISTA aufzunehmen. Wenn wir sie wollten, könnten wir sie haben! Auf diese Nachricht hin erholte ich mich wie durch ein Wunder von meiner Grippe, auch wenn dies vor allem auf meine gute Laune zurückzuführen war. Es war das beste Geburtstagsgeschenk, das es geben konnte.

Die Genesung von VISTA zog sich über einen längeren Zeitraum hin. Es gab einige kleinere Rückschläge, die zu Verzögerungen bei ihrer Entlassung aus dem Krankenhaus führten. Wir baten den erfahrenen Trainer der *FBM* um seine Meinung zu VISTAs Potenzial als möglicher zukünftiger Therapiehund. Er beschrieb sie als sozial, freundlich und sehr gelehrig. Eine Welt voller Möglichkeiten begann sich für die Kleine, die einen so schweren Start ins Leben hatte, aufzutun. Während ihres Klinikaufenthaltes erhielten wir häufig Fotos von ihr. Auf einigen davon interagiert sie mit anderen genesenden Hunden; einige Videos zeigen, wie sie schamlos die ganze Aufmerksamkeit des Klinikpersonals für sich alleine sucht.

Der spanische Name VISTA klingt, wenn man ihn englisch ausspricht, wie „beasta" (Anm. d. Hrsg.: „Biest"). Wir brauchten einen anderen Namen für sie. Ihr neuer Name ist FRANCISCA, eine *Hommage* an ihr spanisches Erbe und eine Ehrung des Heiligen Franziskus, der alle Tiere liebte. Ihr Rufname ist FRANI.

FRANI kam am 24. April 2018 aus Madrid an. Die Autofahrt vom Flughafen O'Hare (Chicago) nach Hause war friedlich, und sie war (wahrscheinlich zum letzten Mal) etwas zurückhaltend. Die Zusammenführung von FRANI, TOM und NEMO verlief reibungslos, alle zeigten sich von ihrer besten Seite. FRANI lernte auch unsere beiden Hauskatzen kennen, und da wurde uns klar, dass niemand ihren Beutetrieb getestet hatte. Sie war nicht nur an den Katzen interessiert, sie wollte sie fressen – und zwar jetzt gleich.

Viele Windhunde haben einen minimalen Beutetrieb. Diese Hunde können bedenkenlos in Haushalte mit Katzen und anderen kleinen Haustieren vermittelt werden. Dann gibt es Windhunde, die eine natürliche Neugier auf Katzen und kleine Fellnasen haben. Sie können lernen, sich ihnen gegenüber angemessen zu verhalten, um friedlich mit ihnen gemeinsam zu leben. Im anderen Extrem gibt es Windhunde, die einen sehr starken Beutetrieb haben. Diese können harmonisch mit anderen Hunden zusammenleben, in der Nähe anderer kleiner Haustiere kann man ihnen jedoch nicht über den Weg trauen. Es ist üblich, den Beutetrieb eines Windhundes zu testen, bevor er in sein Zuhause vermittelt wird. Der Hund wird entweder als „katzenverträglich" oder „nicht katzenverträglich" eingestuft.

Rückblickend waren alle so sehr auf FRANIs komplizierten Beinbruch und dessen Behandlung konzentriert, dass der Katzentest übersehen wurde. Wir hatten uns vor allem Gedanken darüber gemacht, ob sie ihr verletztes Bein überhaupt benutzen kann und nicht, ob sie schnell rennen oder klettern kann ... Die gute Nachricht ist, dass sie (sehr schnell) rennen, springen, klettern, krabbeln und buddeln kann. FRANI und die Katzen haben eine Art stille Übereinkunft getroffen: Sie regt sich nur auf, wenn sie die Katzen sieht; die wiederum gehen ihr im Normalfall aus dem Weg. Spaziergänge sind eine andere Geschichte: Alle Versuche, ihren Beutetrieb bei der Sichtung von Eichhörnchen herunterzufahren, sind kläglich gescheitert. Wir haben verschiedene Methoden ausprobiert, sogar eine Art Mütze, die auf ihren Kopf passt und ihre Sicht etwas einschränkt. Sie sieht darin seltsam bedrohlich aus, aber manchmal hilft es. Ihr starker Beutetrieb, ein Instinkt, wurde in Spanien möglicherweise verstärkt und gefördert, als sie noch ein junger Hund war.

Wir besuchten spezielle Kurse für „reaktionsschnelle Hunde" bei drei verschiedenen Gelegenheiten. Galgos werden, ähnlich wie Greyhounds, *in puncto* Training als „sanfte Hunde" bezeichnet. Harte Trainingsmethoden funktionieren nicht gut und sind weder effektiv noch freundlich. Die Kursleiter mussten sich schließlich geschlagen geben, als sie versuchten, FRANI beizubringen, die positiven Eigenschaften von Eichhörnchen gelassen zu tolerieren. Wir haben gelernt, wie wir am besten mit den Herausforderungen, die FRANIs Beutetrieb so mit sich bringt, umgehen – auch wenn dieser häufig für zusätzliche Aufregung bei den täglichen Aktivitäten sorgt.

FRANI passte sich an ihr neues Zuhause und Leben an und machte sich toll. Sie nahm zu, ihr Fell wurde glänzend, und es war eine Freude, ihr verspieltes liebevolles Wesen zu beobachten. Sie nahm an verschiedenen Seminaren für Hundespaß und spielerische Übungen teil. Von Zeit zu Zeit verursachte ihr verletztes Bein einige Beschwerden, obwohl es äußerlich vollständig verheilt war. Eines Morgens konnte sie plötzlich kaum noch laufen und hatte offensichtlich große Schmerzen. Tests ergaben eine böse Infektion in ihrem wiederhergestellten Knie. Zuvor war ein Eingriff vorgenommen worden, um Narbengewebe aus dem Bereich zu entfernen, aber diese Infektion war etwas anderes, und sie war besorgniserregend. Ihr Bein wurde erneut von einem Orthopäden operativ versorgt. Es wurde vermutet, dass die Metallplatten, -stifte und -schrauben, die bei der ersten Operation eingesetzt worden waren, nun die Bakterien beherbergen könnten, die diese Infektion verursachten. Alle Metallteile wurden aus FRANIs Bein entfernt, sie bekam starke Medikamente, und wir hofften das Beste.

FRANI kehrte aus dem Krankenhaus zurück und trug einen auffälligen, leuchtend rosa Gips über das ganze Bein. An regnerischen Tagen trug sie außerdem einen speziellen Hundeschuh, um sicherzustellen, dass keine Feuchtigkeit mit dem Gips in Berührung kam. Nach der Entfernung des Gipses musste sie noch mehrere Wochen lang Antibiotika und Schmerzmittel einnehmen. Glücklicherweise erholte sie sich vollständig. An ihrem Bein hat sie einige bleibende sichtbare Narben und eine ziemlich große Beule. Übrigbleibsel ihrer medizinischen Abenteuer, aber sie rennt mit TOM und NEMO um das Haus herum und schafft es, genauso viel Unfug zu treiben wie die beiden.

Langsam kam uns der Gedanke, dass FRANI vielleicht ein guter Therapiehund werden könnte. Sie liebte es, neue Menschen und andere Hunde kennenzulernen, und es könnte eine Möglichkeit sein, mehr Menschen mit der Rasse „Galgo" vertraut zu machen. Also begannen wir mit dem Training für die Therapiehunde-Prüfung, um die erforderliche Zertifizierung für diese Arbeit zu erhalten. Besagte Prüfung umfasst grundlegende Gehorsamskommandos und erfordert das Beherrschen etwa eines Dutzend zusätzlicher Kommandos, die für die Therapiehunde-Arbeit erforderlich sind.

Ein Teil der Therapiehunde-Prüfung besteht darin, seinen Hund mit anderen freundlichen fremden Menschen und Hunden sowie einer Reihe von medizinischen Geräten zu konfrontieren. Es werden verschiedene Ablenkungen simuliert, darunter laute plötzliche Geräusche (um den Erregungsreflex des Hundes zu testen) und spielende Kinder in der Nähe. Es ist akzeptabel, wenn der Prüfling eine leichte Reaktion zeigt, aber er muss sich danach schnell wieder beruhigen. Überraschenderweise bestehen einige Hunde den Test nicht, weil sie eigentlich zu freundlich sind. Ein Hund muss zwar gut sozialisiert sein, aber nicht zu übermütig. Wir waren in dieser Hinsicht etwas besorgt wegen FRANI, da sie noch viel von der Verspieltheit und Neugier eines Welpen hatte.

Die Prüfungsaufgabe, die uns am meisten Sorgen machte, ist das Kommando „Lass es". Bei dieser Übung wird dem Hund ein verführerisches Leckerli aus der Hand eines Fremden angeboten, und der Hund muss dem Kommando „Lass es" seines Hundeführers gehorchen und darf das Leckerli nicht annehmen. Monatelang hatten wir mit FRANI mittels vieler Leckerlis eine Bindung aufgebaut, und sie war stark futtermotiviert. Unser Training mit dem Kommando „Lass es" während der Trainingseinheiten hatte uns nicht sehr zuversichtlich gestimmt.

Der Abend der Therapiehunde-Prüfung kam, und FRANI wurde an diesem Abend zusammen mit drei anderen Hunden geprüft. Sie absolvierte die Übungen mit Leichtigkeit, und dann kamen wir zu dem Teil „Lass es". Eine der Prüferinnen hatte an diesem Abend ihren gut ausgebildeten Welpen mitgebracht, der sich (ungesichert) in einer Ecke des umzäunten Bereiches ausruhte. Der Welpe wurde schließlich unruhig, und man gab ihm ein Kauspielzeug mit Knochen. Der Welpe und seine leckere Belohnung waren nur wenige Schritte von der Stelle entfernt, an dem FRANI aufgefordert wurde, „es zu lassen", während sie von einem Fremden ein tolles Leckerli angeboten bekam, und es gab keine Absperrung zwischen den Hunden. Ich konnte mir FRANIs Gedankengang vorstellen: Ein Welpe! Ein Kauspielzeug! Zeit zum Feiern!

Mir rutschte das Herz in die Hose, und dann geschahen zwei erstaunliche Dinge. Der Welpe, so jung er auch war, wagte sich nie aus dem ihm zugewiesenen Bereich heraus und kaute ziemlich diskret auf dem Spielzeug herum. Und FRANI blieb dem Himmel sei Dank auf ihre Aufgabe konzentriert und zeigte ein perfektes „Lass es". FRANI und zwei der anderen Hunde bestanden an diesem Abend die Therapiehunde-Prüfung. Der vierte Hund brauchte mehr Übung, und sein Halter wurde ermutigt, es bald noch einmal zu versuchen.

Für FRANI beginnt nun ein weiteres glückliches Kapitel in ihrem Leben. Hier in der Gegend von Chicago hält jetzt (endlich!) der Frühling Einzug. FRANI ist in ihrer Rolle als Therapiehund damit beschäftigt, Spaß und Zuneigung mit allen zu teilen, die etwas Aufmunterung und emotionale Unterstützung benötigen. Ihre Narben und ihre Heilungsgeschichte helfen dabei, diejenigen zu ermutigen, die mit herausfordernden medizinischen Problemen zu kämpfen haben. Am Ende des Tages kann sie sich entspannen, indem sie ihre Hundekumpel herumkommandiert, den Katzen das Spielzeug klaut und von uns allen von Herzen geliebt wird. Das Leben ist schön.

Tiergestützte Therapie und Windhunde

Die tiergestützte Therapie bietet in erster Linie emotionale und psychologische Unterstützung und Trost. Die Hunde und ihre Halter arbeiten in einer Vielzahl von Einrichtungen, beispielsweise in Krankenhäusern, Alten- und Pflegeheimen, Schulen, *Outdoor-Camps* für Kinder und Erwachsene, Privathaushalten, Kirchen und Arztpraxen, um nur einige zu nennen. Ein Teil dieser Hunde gehört der Katastrophenhilfe an, wie z. B. die Hunde, die zum Schauplatz des Anschlages auf das *World Trade Center* am 11.09.2001 und auch in Gebiete gebracht wurden, in welchen Naturkatastrophen Verwüstungen und Traumata für die Anwohner verursacht haben. Therapiehunde nehmen an Leseprogrammen in Schulen oder Bibliotheken teil. Es macht den Kindern Spaß, ihre Lesefähigkeiten zu verbessern, indem sie einem geduldigen Therapiehund vorlesen, denn dieser hört nur zu und bewertet nicht. Schüchterne Kinder werden in der Gegenwart des Hundes oft entspannter. Therapiehunde können Veteranen helfen, die an einer posttraumatischen Belastungsstörung leiden oder auch zur Rehabilitation inhaftierter Straftäter beitragen.

Es ist wichtig, den Unterschied zwischen der Art der Aufgabe, die Therapiehunde erfüllen und anderen Einsatzmöglichkeiten von Hunden zu beachten. Assistenzhunde bieten – im Gegensatz zu Therapiehunden – direkte körperliche Unterstützung für ihre Besitzer, die z. B. seh- oder hörbehindert sind oder andere körperliche Beeinträchtigungen haben. Wasserrettungshunde sind hochspezialisiert, ebenso Hunde, die für Suche, Rettung und Bergung ausgebildet sind. Andere Arten hochspezialisierter Hunde sind Anfallswarnhunde und Hunde, die für die Erkennung von Blutzuckerwerten oder Krebs ausgebildet sind.

Therapiehunde bieten den Menschen, die sie besuchen, emotionale Unterstützung, Gesellschaft und Sozialisierung. Der Nutzen für die Betroffenen kann vielfältig sein: Steigerung der körperlichen Aktivität, Senkung des Blutdruckes und des Stresshormones Cortisol, Linderung von Depressionen und Motivation zur Genesung. Der Körperkontakt mit dem Therapiehund beschränkt sich in der Regel auf sanftes Streicheln; ein größerer Hund kann seinen Kopf leicht auf den Schoß des Patienten legen. Kleine Hunde dürfen sich auch auf den Schoß oder das Bett des Patienten setzen, falls erwünscht. Die Hunde können Tricks oder Talente vorführen, die sie beherrschen. Etwas so Einfaches wie das Berühren des warmen weichen Felles eines freundlichen Hundes kann therapeutisch wirken, besonders für jemanden, der sein eigenes Haustier vielleicht vermisst.

Greyhounds (und Galgos) sind für diese Art von Aktivität besonders gut geeignet. Ihre Größe ist genau richtig für Menschen, die im Rollstuhl sitzen, und sie können sich trotz dieser Größe leicht um medizinische Geräte herum bewegen. Sie sind von Natur aus sanft und können gut zuhören. Unsere Galga FRANI tritt in die Fußstapfen mehrerer unserer Greyhounds, die zu Therapiehunden ausgebildet wurden. Sie gehört zu den ersten Galgos in den USA, die für die Therapie mit Haustieren zertifiziert wurden.

Tiergestützte Therapiebesuche mit Greyhounds und jetzt auch mit unserer Galga sind sehr bereichernd. Die Erfahrungen können manchmal ergreifend sein, aber auch eine willkommene Portion Humor bieten.

Einer unserer Greyhound-Therapiehunde, PATRICK, auch bekannt als PADDY, verbrachte viele Stunden damit, gebrechliche ältere Menschen in Krankenhäusern und Pflegeheimen zu trösten. Eine seiner Patientinnen war eine Dame, die einen schweren Schlaganfall erlitten hatte. Zum Entsetzen ihrer Tochter reagierte die arme Frau nicht mehr auf soziale Kontaktaufnahmen und konnte auch nicht mehr sprechen. Nach drei Monaten im Pflegeheim wurde sie von PADDY besucht. Ihre Tochter, die Krankenschwestern und der Arzt beobachteten, wie der große sanfte Hund sich seiner Patientin zum ersten Mal näherte. Als die ältere Frau PADDY sah, leuchteten ihre Augen, und ein Lächeln der Freude breitete sich auf ihrem Gesicht aus. Sie streckte die Hand aus, und wir halfen ihr, PADDYs Kopf zu streicheln. Sie lächelte die ganze Zeit und sprach eine Sprache, die nur sie und PADDY verstanden. Den Pflegekräften standen die Tränen in den Augen, als sie dieses erste Zeichen der Hoffnung sahen. Als es an der Zeit war, zu gehen, strahlte die Dame über das ganze Gesicht und war sichtlich entspannter. Sie machte eine Geste in unsere Richtung, und wir fragten ihre Tochter nach der Bedeutung dieser Geste. Sie sagte, ihre Mutter wolle uns und PADDY einen Kuss zuwerfen.

Es gibt immer einige Patienten, zu welchen man unvermeidbar eine ganz besondere Beziehung bekommt. Zwei davon waren Adam und Bob. Zunächst wussten wir nichts über sie, außer dass beide Hundefreunde waren. Adam war seit 15 Jahren in einem Genesungsheim, und er war immer noch ein junger Mann. Obwohl er selbst an den Rollstuhl gefesselt war, kümmerte er sich ständig um die Bedürfnisse anderer, die noch stärker beeinträchtigt waren. Auf die Frage „wie geht es Ihnen?", antwortete Adam immer mit „schön, hier zu sein". Trotz seiner eigenen Gebrechen beklagte er sich nie und konzentrierte sich stattdessen darauf, seine Mitpatienten zu unterstützen und ihnen zu helfen, wo immer er konnte. Viel später erfuhren wir, dass Adam vor einem katastrophalen Unfall Betreuer in einem Ferienlager gewesen war und Kinder liebte. Das kam nicht überraschend.

Bob war ein älterer Herr, der an einer schmerzhaften, sich stetig verschlechternden Erkrankung litt. Er liebte Hunde und war sehr daran interessiert, alles über Windhunde zu erfahren. Bob hatte eine würdevolle Art und erwähnte, dass er während seines Militärdienstes einige Erfahrungen mit Diensthunden gemacht hatte. Er war ein sehr bescheidener Mann. Schließlich erfuhren wir, dass er ein Held war, der in mehreren gefährlichen Kriegseinsätzen Flugzeuge geflogen hatte.

TOM, unser Therapie-Greyhound, ist durchweg freundlich und mag jeden – mit einer bemerkenswerten Ausnahme: Papst Franziskus mag er nicht. Um Halloween herum wird TOM durch die gespenstischen Dekorationen, die in der Nachbarschaft auftauchen, ein wenig unsicher. In einem der Pflegeheime, die TOM regelmäßig besucht, gab es eine lebensgroße Pappnachbildung des Papstes, die Teil einer Halloween-Ausstellung berühmter Persönlichkeiten war. TOM war sofort misstrauisch, und zwar aus mehreren persönlichen Gründen: Der merkwürdige Mann war ganz in Weiß gekleidet, wie ein Gespenst. Er starrte, ohne zu blinzeln, was ein weiterer Grund zur Beunruhigung war; und er zeigte all seine Zähne (wenn auch mit einem breiten Lächeln)! Das war zu viel für TOM. Sein Kamm stellte sich jedes Mal, wenn er das Bildnis des Papstes sah. Der Hund, der überall nett und freundlich ist, hat den Papst, der für seine Tierliebe bekannt ist, aus seinem Freundeskreis ausgeschlossen.

Trotz TOMs gesellschaftlicher Verbannung des Papstes hat uns die tiergestützte Therapie geholfen, mit vielen Menschen in Kontakt zu kommen und eine Vielzahl von Erfahrungen mit ihnen zu teilen. Die

Begegnungen können fröhlich oder traurig sein, manchmal auch ein bisschen von beidem – lohnend sind sie aber immer. Wir hoffen, dieser Tätigkeit noch sehr lange nachgehen zu können.

Mary Jane O'Connor

Tayo

Tayo – Geboren, um glücklich zu sein

Myriam Wälde-Behning

Deutschland

In Écija, der „Stadt der bunten Türme", wohnte einmal ein wunderschöner schwarzer Galgo.

YANDEL

Am Dienstag, den 28. Juli 2015, kletterten die Temperaturen ab den Mittagsstunden in der andalusischen Kleinstadt nahe Córdoba auf über 40 °C. Aus gutem Grunde trägt die Stadt ganz im Osten der Provinz Sevilla auch den Namen *„la sartén de Andalucía"*, „die andalusische Bratpfanne".

Zahlreiche imposante Sehenswürdigkeiten – Kirchen, Klöster und Paläste – zieren die unter Denkmalschutz stehende Barockstadt, die heute ca. 40 000 Einwohner zählt und inmitten sanfter Hügel zahlreiche Touristen anlockt. Der *Río Genil*, der mit 358 km Länge zweitlängste Fluss Andalusiens, lädt zum Rafting, Canyoning und zu anderen Wasseraktivitäten ein. Für Unterhaltung ist gesorgt.

Dort erblickte unser wunderschöner schwarzer Galgo an diesem Dienstag das Licht der Welt. In einer Zeit, in der Zauberwünsche in Erfüllung gingen, hätte er dort ein glückliches Leben haben können – in einer liebevollen Familie, an einem Ort, der so viel Schönes zu bieten hat.

Ein Galguero gab dem Galgo-Welpen den Namen YANDEL. Es gibt viele dort in Écija – Galgos und Galgueros …

Stolz, edel, anmutig – so kam YANDEL zur Welt. Er hätte gerne seine kleine Welt erobert, ausgiebig gespielt und getobt, wäre gerannt; einfach so, aus Spaß an der Freude. Für den süßen Zwerg wäre es ein Leichtes gewesen, seine Lieben um die Kralle zu wickeln. Vielleicht hätte er auch mit seiner Familie Ausflüge und Urlaube gemacht, hätte alles galgotypisch und neugierig erkunden können. YANDEL wäre von einem verspielten, wahrscheinlich leicht verrückten Galgo-Welpen zu einem ausgeglichenen und selbstsicheren Junghund, zu einem mutigen erwachsenen Galgo herangewachsen.

Falsche Rasse. Falscher Ort. Falsche Umstände. Falsche Traditionen.

Vor allem in der Mitte und im Süden Spaniens ist die Jagd mit Galgos zumeist ein Hobby der Männer. Auf mehr als 80 % des nationalen Territoriums ist die Jagd erlaubt. Viele unbesiedelte Gebiete stehen zur Verfügung: Felder, Olivenhaine, Privatgrundstücke.

Ein Windhund in den Händen von Jägern hat auch im Jahre 2022 noch keine Rechte; er ist ihm auf Gedeih und Verderb ausgeliefert. Es geht, wie sollte es auch anders sein, um Geld – es gibt eine große starke Lobby – aber auch um völlig antiquierte Ansichten. Es geht um fehlende Empathie, Skrupellosigkeit, Grausamkeit, gnadenlose Gewalt. Es gibt Netzwerke. Es geht um Macht. *Und es geht vor allem um Opfer.*

Abenteuerurlaub und Aktivtourismus – Sightseeing – imposante Relikte der Römerzeit – große Stadtfeste – traditionelle Süßspeisen – Flamenco – Herrenhäuser. Das Jauchzen der begeisterten Kajakfahrer ist ansteckend. Kletter-, Wander- und Radtouren. Touristenherz, was willst du mehr …

Unweit der touristischen Attraktionen: Es ist heiß, ein staubiger Weg, umgeben von Bäumen und Gestrüpp – ein Fahrzeug besprüht den Boden mit Wasser. Campingstühle und -tische unter Zelten, die Schutz bieten vor der heißen andalusischen Sonne, die hoch und heiß am Himmel steht. Viele Männer und Jungs sind unterwegs. Sie lachen, klopfen sich gegenseitig auf die Schultern, tragen Shirts mit Galgo-Motiv und der Aufschrift „Kunst,

Leidenschaft, Tradition". Es herrscht geschäftiges Treiben; Listen werden ausgefüllt, kaum erwähnenswerte Teilnahmegebühren gezahlt: zehn bis zwanzig Euro. Da kann jeder mitmachen. Am Rand stehen Autos und Motorroller. Die Luft flirrt vor Hitze. Im Hintergrund lugt vorwitzig ein Kirchturm hervor. Schon auf den Werbeplakaten wurde mit Bier und Erfrischungen geworben – und Preisgeldern. Volksfestcharakter.

Bis zu 300 € können gewonnen werden. Eine Siegerurkunde. Und ein Hundemäntelchen für die ersten drei Plätze der Kategorie A; schnell noch anziehen bei der Siegerehrung. Selbst in der Kategorie B gibt es für den dritten Platz noch 50 € und eine Urkunde. Das ist doch was, oder? Wer will, wer will, wer hat noch nicht? Mindestens 42 Galgos müssen pro Kategorie gemeldet werden. Dann kann es losgehen.

Die Fahne wird gehoben, und sechs Galgos rasen einer Attrappe hinterher. Es surrt, es staubt, der Fahnenhalter setzt sich schnell auf seinen Roller und fährt den noch rennenden Hunden hinterher. Die Menge johlt. Der erste Galgo ist im Ziel, der letzte weit zurückgefallen. Was ihm wohl blühen wird? Jetzt laufen schon die Besitzer der Galgos auf die Strecke, um ihre Hunde einzufangen. Der Roller tuckert auch langsam heran. Geht halt nicht so schnell.

Einige Galgos ducken sich, als ihre Besitzer auf sie zulaufen, andere verbeißen sich in die Attrappe. Den Galgos wird eng ins Halsband gepackt, sie werden achtlos weggezogen. Sind die Hunde noch in einer Traube zusammen und reagieren nicht, werden sie kurzerhand brutal getrennt. Eine Hand vorne ins Halsband, den anderen Arm am Bauch vor die Hinterläufe und hoch in die Luft mit dem Galgo. Zack und weg, und der andere bekommt noch schnell einen Schlag gegen den Kopf.

Die Zuschauer lachen, feixen und zücken die Handys, schließlich sind gleich noch die Siegerehrungen.

Hechelnde Galgos werden von ihren verschwitzten Besitzern die Siegertreppchen hochgezogen und in Positur gehalten. Einer der Hunde rutscht immer wieder mit den Hinterläufen runter, bis er dann am viel zu eng sitzenden Halsband heruntergezerrt wird, den Kopf weit in Überstreckung. Der Galgo hechelt stärker, die Augen sind weit aufgerissen. Es ist immer noch nicht Schluss. Jemand will noch ein Video mit dem Handy machen – muss doch alles für die Nachwelt festgehalten werden.

Unser wunderschöner schwarzer Märchenprinz YANDEL war letztes Jahr nicht mit von der Partie. Aber wie war es die Jahre zuvor gewesen?

Viele von uns kennen die Videos, in welchen man sieht, wie Galgos mit dem Auto von ihren Galgueros „trainiert" werden. Einer fährt, der andere sitzt hinten im offenen Kofferraum. Lässig hat er einige Leinen um das Handgelenk gewickelt. Mehrere Galgos werden hinter dem Auto hergezogen. Das Auto beschleunigt, schließlich will man ja einen „Champion" vorzeigen können. Die fünf Galgos rennen um ihr Leben, sie kommen kaum noch nach.

Es geht natürlich auch mit einem Galguero auf dem Fahrer-, dem anderen auf dem Beifahrersitz; einfach die Fenster runter und jeweils zwei Galgos nebenher. Eine Leine reicht für zwei Hunde, es gibt ja Koppeln. Wer es noch bequemer haben möchte, befestigt einfach Ketten am Sicherheitsgurt des Autos und fixiert die Leinen daran. Dann kann man beide Hände am Steuer lassen, alles gar kein Thema.

Oder es wird eine Stahlkonstruktion an der Kühlerhaube befestigt und bis zu fünf Galgos an Halsbändern und Seilen oben eingehakt. So kann man die Galgos vor sich hertreiben, das geht auch bei Dunkelheit. Die Galgos drehen sich in Panik immer wieder zum Auto um.

Dem Erfindungsreichtum mancher Galgueros sind keine Grenzen gesetzt. Es werden Laufbänder mit Seitenwänden und Halterungen gebaut. Drei bis vier Galgos werden festgebunden. Sie sollen alle dreißig Minuten fünf Kilometer laufen. Die Sonne brennt erbarmungslos.

Einer bezeichnet sein Konstrukt als „Fitnessstudio für Galgos". Man könnte auch sagen, ein perfider Laufstall inmitten von Unrat, ausrangierten Möbeln und Maschinen – gebaut mit Hasendraht, einem um 90 Grad gedrehten Betonmischer mitsamt Gestänge sowie zwei angeschweißten Blechen, mit welchen er bis zu vier Galgos im Kreis herumhetzt. Er feixt, „man könne mit ein bisschen Fantasie die Galgos in Form bringen". Besuch ist da. Immer schneller. Die Galgos werden – im Dreck – wie Dreck behandelt. Die beiden Männer lachen.

Das alles – und noch viel mehr – kann man sich mit ein wenig Recherche im Internet ansehen.

Und ich frage mich, was davon unser Märchenprinz alles erdulden und erleiden musste.

So hatte das Leben also seine ganz eigenen Pläne mit YANDEL. Er durfte nicht unbeschwert und liebevoll umsorgt aufwachsen. YANDEL lebte die ersten fünfeinhalb Jahre seines Lebens bei dem Galguero, der ihn dann, als er keine Verwendung mehr für ihn hatte, in der *Perrera* von Córdoba, ablieferte – einer Tötungsstation.

Wie YANDEL in diesen fünfeinhalb Jahren sein Dasein fristete, darüber kann ich nur spekulieren. Was ich sicher weiß, es kann nichts Gutes gewesen sein.

Welche Ängste muss ein Tier in einer Tötungsstation ausstehen? Welche Gerüche und Geräusche nimmt es wahr? Wie erging es YANDEL in der Zeit? Was hat er dort erlebt? Wie verzweifelt er gewesen sein muss.

In der Nähe gibt es einen tollen Verein namens *Galgos del Sur*. Nach etwa zwei Wochen in der Tötungsstation nahm YANDELs Leben eine Wendung. Er wurde von diesen überaus engagierten Menschen gerettet. YANDEL fand Schutz und Zuflucht in ihrem *Refugio*. Wahrscheinlich wurde er das erste Mal in seinem Leben liebe- und würdevoll behandelt.

Galgos del Sur arbeitet mit einem ebenso engagierten deutschen Verein zusammen. Sie tun alles in ihrer Macht stehende, den Hunden zu helfen und ihnen die Würde zurückzugeben, die sie verdienen. Die Würde, die Menschen ihnen genommen haben. Die Würde, die ihnen schon vom Zeitpunkt ihrer Geburt an zugestanden hätte. Diese beiden Vereine suchen für die Hunde die jeweils passenden Adoptanten. Jeder Schützling soll *seine Familie* finden – eine Familie, die ihn hegt und pflegt, ihm Wärme, Geborgenheit, Respekt und Liebe schenkt. Eine Familie, die ihm seine Würde wieder zurückgibt.

YANDEL war lange im *Refugio*. Anfangs noch sehr verschreckt und scheu, gewöhnte er sich mit der Zeit an die Abläufe im Tierheim. Die spanische Website beschrieb ihn als schüchternen und edlen Galgo, wunderschön von innen und von außen: *Es un ángel caído del cielo.* Er ist ein Engel, der vom Himmel gefallen ist: ein Geschenk des Himmels.

Zehn Monate lang war der schüchterne Bub übersehen worden. Bis ich eines Tages zum Telefonhörer griff. Gugu nahm sich Zeit und hörte mir zu. Sie ließ mich reden, in Ruhe meine Gedanken formulieren. Ich erzählte ihr, was die letzten Monate alles passiert war und welcher Galgo in unser Rudel passen würde. Sie hatte sofort Namen parat, war sie doch vor kurzem erst längere Zeit vor Ort im spanischen *Refugio* gewesen. Nach dem Telefonat schaute ich mir meine Aufzeichnungen aufmerksam an, las Texte, betrachtete Videos und Fotos, dachte über Gugus Worte nach.

Einer dieser Galgos berührte mein Herz ganz besonders. Er tat es ganz sachte, nicht aufdringlich. Es schien fast so, als würde er mir mitteilen wollen, dass er ebenso viel Angst habe wie ich. Dass er durch harte Zeiten gegangen sei und wir uns auf ein neues Leben einstellen müssten, falls wir uns für ihn entscheiden. Es würde nicht immer einfach werden, aber er habe so viel Liebe zu geben, und er glaube, mit ihm würde sich in unserem Rudel alles wie selbstverständlich fügen. Mit großen Augen, verwundert über seinen eigenen Mut, klopfte er an meinem Herzen an.

Abends zeigte ich meinem Mann die Galgos und fragte, welcher Hund ihn am meisten berühre. Was soll ich sagen – es war auch YANDEL.

YANDEL hatte genau den Ausdruck in den Augen, dem ich kaum widerstehen kann. *Cuando los ojos hablan, escucha.* Gestern trug ich ein T-Shirt mit dieser Aufschrift. Es bedeutet, man soll zuhören, wenn die Augen sprechen.

YANDELs Augen erzählten Geschichten. Sie sprachen ganze Bände. Sanftmut und Güte sah ich – und eine Weisheit, wie sie nur die haben, die ein entbehrungsreiches Leben kennen; die schon viel gesehen und erlebt haben. Und die doch einfach nur geliebt und geachtet werden möchten.

Vielleicht saß YANDEL so lange im *Refugio*, weil genau wir uns erst finden mussten. Wer weiß das schon.

Anfang November 2021 füllte ich die Selbstauskunft aus. Am 26. November packte YANDEL in Andalusien sein Köfferchen und machte sich auf den Weg nach Deutschland.

Die Betreuung der beiden Vereine war und ist beispielhaft. Wir wurden engmaschig mit Informationen, Fotos und Live-Standorten versorgt, bis wir am 27. November unseren Buben abholen konnten.

Solch ein zartes Wesen erwartete uns.

YANDEL sollte mit seinem alten Leben auch seinen alten Namen hinter sich lassen. Und es war mir – wie bei all unseren Tieren – natürlich auch bei ihm wichtig, dass sein Name eine ganz besondere Bedeutung hat.

TAYO – Geboren, um glücklich zu sein

Herzlich willkommen in einem Leben, in dem Zauberwünsche doch noch in Erfüllung gehen.

TAYO ist der erste Galgo, der erste Hund, den wir nicht als Welpen, sondern als erwachsene Persönlichkeit adoptierten. Wir haben Erfahrung mit Hunden und Katzen mit Handicap (teilamputierte Pfote Hinterlauf, amputierter Vorderlauf, fast komplette Blindheit). Aber nun kam noch etwas hinzu: ein Rucksack voller schlechter Erfahrungen, Unsicherheiten und Ängste aus seinem Leben in Écija. Das war absolutes Neuland für uns.

Bis zum 27. November 2021 hatte ich gedacht, mich recht gut mit Galgos auszukennen. Heute weiß ich, dass meine Erfahrungen bis zu dem damaligen Zeitpunkt nur eine Seite der Medaille sind. Die andere ist rasch auf einen Punkt gebracht: Mit TAYO lerne ich jeden Tag neu hinzu. Wir sind auf einer gemeinsamen Reise – einer Reise durch die Untiefen seiner Vergangenheit, die Herausforderungen der Gegenwart und das gemeinsame Glück, welches uns nicht erst in der Zukunft erwartet, sondern das TAYO uns schon jetzt beschert.

Da kam also unser zartes Männlein mit seinem blauen Mäntelchen in Deutschland an und tapste vorsichtig in unser Leben.

Das erste Zusammentreffen mit unseren Hunden SHANI (windiger Retriever-Mix) und JOSHUA (Galgo) sowie ENIE, unserem fast blinden Kätzchen, verlief tiefenentspannt. Wegen JOSHUA hatte ich sowieso keine Bedenken, er ist einfach nur ein superlieber Bub. SHANI, unsere kleine, mittlerweile schon vierzehnjährige Rudelchefin, von meinem Mann auch gerne mal „Knottertante" genannt, brummelt schon ab und an mal, wobei das noch nie mehr als heiße (oder lauwarme) Luft war. Die erste Begegnung mit den Hunden im Garten verlief sowas von unspektakulär und ruhig, ich kann es gar nicht sagen. Unser neues Familienmitglied wurde neugierig und freudig begrüßt. Es war sofort so, als sei es das normalste der Welt, dass TAYO plötzlich in unserer Mitte war.

Für TAYO hingegen war es alles andere als normal. Natürlich war es das nicht. Für ihn war es wahrscheinlich so, als solle er, das erste Mal in den Bergen, gleich den Mount Everest besteigen.

Erstmals – sehr, sehr zögerlich – in seinem eigenen Garten zu laufen, war schon überwältigend für ihn, dann aber auch noch ins Haus zu gehen, das war noch mal ein ganz anderer Schnack. Gutes Zureden und Leckerlis drangen gar nicht erst zu dem Buben vor, keine Chance. Da er sowieso noch an Doppelsicherung und Bauchgurt war, nahm ich ihn dann mit sanftem Zug mit ins Haus. TAYOs Augen wurden größer und größer. Ich weiß, dass er beim Katzentest von *Galgos del Sur* in einem Haus war, aber vorher beim Galguero war das mit ziemlicher Sicherheit niemals der Fall gewesen. Reizüberflutung total. TAYOs Leben hatte sich innerhalb von etwa zwei Tagen um 180 Grad gedreht. Und nun sollte auch noch die Zusammenführung mit unserer ENIE kommen.

Das dünne Mäntelchen und das Geschirr behielt er an, die zwei Leinen wurden durch eine Hausleine ersetzt. Und was dann kam, ließ diesmal meine Augen größer werden, der Mund stand mir wahrscheinlich auch noch offen: Unser Kätzchen ENIE, das sonst vor jedem fremden Hund Angst – oder doch zumindest großen Respekt – hat, schlenderte cool und lässig direkt an TAYO vorbei. Wie jetzt? Wenn das mal kein gutes Zeichen war. ENIE hatte *null*

Angst vor TAYO! Uns fiel ein Stein vom Herzen, und zwar ein ziemlich großer!

Essen wollte TAYO nicht gemeinsam mit den anderen, sondern direkt im Nebenraum; er konnte aber alle sehen. Den hohen Napfständer fand er gruselig. TAYO begann erst zu essen, als ich den Napf auf den Fußboden stellte. Anschließend konnten wir in Ruhe zu Abend essen. Wir atmeten durch, es war alles in Ordnung. TAYO lag mittlerweile in einem der Hundebetten. Obwohl er unfassbar müde sein musste, schlief er nicht. Er machte sich klein und verfolgte alles mit seinen schönen rehbraunen Augen.

Natürlich schlief er nicht. Er kannte den Garten nicht, das Haus nicht, die Gerüche und Geräusche nicht – uns nicht. Er wusste nicht, was ihn erwartete. Es hätte in seinen Augen wahrscheinlich alles passieren können, zu tief saß das Misstrauen. Dennoch war ich froh, dass er schon mal im Hundebett lag. Das hätte auch ganz anders sein können. Irgendwie landeten wir dann im Wohnzimmer, und schwups, so schnell konnte ich kaum schauen, sprang TAYO hoch zu JOSHUA auf das Sofa. Damit hätte ich am ersten Abend nicht gerechnet. So beschloss ich auch, TAYO nicht noch mehr zu stressen. Mäntelchen und Geschirr blieben an. Als ich die Augen kaum noch offen halten konnte, ging ich mit den Hunden noch mal in den Garten, TAYO natürlich an der Leine, und dann konnte er sich erstmals auch lösen. Geschafft! Da ich ihm nicht noch ein neues Zimmer zumuten wollte, schliefen wir einfach im Wohnzimmer. Der Bub legte sich auf das kleine Sofa. Die Nacht war recht ruhig. Einmal hörte ich TAYO kurz brummeln. Als ich das Licht anschaltete, sah ich, dass JOSHUA ihn besuchen wollte und an ihm schnupperte. Das war für das Kerlchen einfach zu viel. Schließlich war nicht nur alles neu, sondern es war dann auch noch dunkel und neu.

Am nächsten Tag zog ich TAYO sein Mäntelchen aus und wusch ihn mit dem Waschlappen. Ich sah ihn erstmals *in natura* ohne

Mantel und war erstaunt, was für ein schmächtiger Bub er war, fast filigran neben JOSHUA.

Das Laufen an der Leine im Garten behagte TAYO gar nicht. Er wollte nicht, und ich musste ihn zu jedem Schritt überreden, und seine Geschäfte hat er auch nur selten erledigt. Ich war zu nah bei ihm, das war das Thema. An einen Spaziergang war noch nicht zu denken. Nach den Gartengängen wieder ins Haus zu gehen, kostete ihn große Überwindung. Einmal stand der Wäscheständer beim Reinkommen in der Nähe, und der jagte ihm ordentlich Angst ein. Wieder etwas Neues für ihn – und auch für mich – denn so etwas Alltägliches war für unsere anderen Hunde nie ein Thema. Aber genau das ist der Punkt: Für TAYO war der Wäscheständer eben nichts Alltägliches.

Bis auf Garten und Essen döste TAYO den ganzen Tag. Richtig geschlafen hat er weiterhin nicht, er war permanent auf der Hut. Waren wir in Bewegung, wich er uns aus. Mit dem Rücken zu uns legte er sich nicht, er musste uns immer im Blick haben. JOSHUA, der selbst ein wenig verhuscht ist, war von Beginn an TAYOs Rückhalt. Zu ihm lief er sofort und suchte Schutz, nicht wissend, dass wir ihm natürlich niemals etwas antun würden. Selbst wenn JOSHUA mal in einem der kleineren Hundebetten lag, quetschte sich TAYO noch dazu und lag dicht an dicht mit seinem neuen Freund.

Am Abend wollte ich dann doch gerne wieder im Bett schlafen. Vor TAYOs Ankunft hatte ich vorsichtshalber den riesigen *Soft-Kennel* direkt neben das Bett gestellt; an allen Seiten außer der Rückwand offen, damit er überall Zu- und Ausgang hatte. So verschüchtert wie er war, würde er sowieso nicht ins Bett kommen, auch wenn ich mir das wünschte. Wir kamen also nach der letzten Gartenrunde ins Haus, und JOSH lief schon ins Schlafzimmer. TAYO stand wie festgenagelt und wusste nicht, wohin mit sich. Nachdem ich noch mal kurz im Bad war, wollte ich TAYO holen und ins Schlafzimmer bringen. Das war tagsüber übrigens immer offen, damit er auch die Möglichkeit hatte, sich alles anzuschauen. Weit fehlt, keinen Schritt setzte er hinein. Ich kam also aus dem Bad und ging in das Kaminzimmer – kein TAYO. Okaaaay ... Klar, dann ist er sicher ins Wohnzimmer – kein TAYO. Sehr merkwürdig. Tja, was soll ich sagen, TAYO war nicht nur im Schlafzimmer, er lag gemeinsam mit JOSHUA im Bett. Mir ist fast die Kinnlade runtergefallen. Ich habe mich so sehr gefreut. Die Nacht war etwas unruhig, da ihn jede Bewegung erschreckt hat, aber dann kam auch TAYO etwas zur Ruhe.

Gugu gab mir am nächsten Tag den Tipp, die Schleppleine loszulassen und langsam ein Stückchen von TAYO wegzugehen. Der etwas größere Abstand würde ihm helfen, sich lösen zu können. Trotz eines zwei Meter hohen Zaunes tat ich es mit einigem Herzklopfen. Das erste Mal keinen direkten Kontakt, keine Sicherheit mehr, so empfand ich es. Und es hat funktioniert. TAYO begann, sich häufiger zu lösen, und wir beide gewannen etwas mehr Zutrauen. Nur beim ersten und letzten Gang, wenn es dunkel war, ließ ich die Leine nicht los. Prompt machte er am nächsten Morgen auch seine Geschäfte nicht. So überzeugte er mich quasi, mir einen Ruck zu geben und ihm etwas mehr Raum zu lassen. Soll heißen, auch bei Dunkelheit blieb die Schleppleine im Gras.

Ab dem vierten Tag wurden wir beide etwas lockerer. Es half mir ungemein, wie sehr sich TAYO an JOSHUA orientierte. Rief ich JOSH, kam TAYO ihm direkt hinterher. Allerdings konnte ich nie nach TAYO ins Haus, ich musste immer vorher rein, damit er mich im Blick hatte. Die Schlepp hatte ich vorab schon wieder aufgenommen, damit ich immer die Möglichkeit hatte, ihn nach drinnen zu holen, wenn er sich nicht traute. Schaute ich ihn an, kam er sowieso nicht rein. *Geduld, Geduld, Geduld – und das Atmen nicht vergessen!* Wurde ich nervös, übertrug sich das in Lichtgeschwindigkeit auf TAYO. Je gelassener ich war, desto schneller „entspannte" sich auch er. Wobei man von wirklicher Entspannung noch lange nicht reden konnte. Dennoch taute er von

Tag zu Tag ein klein wenig mehr auf. Am nächsten Tag allerdings ein wenig zu sehr. Da jagte er mir zweimal einen gehörigen Schrecken ein!

Die Nacht war super, und bis zum Nachmittag war alles in Ordnung. Dann plötzlich lief ENIE dicht an TAYO vorbei und wollte in ein anderes Zimmer. Ich sah es nur aus den Augenwinkeln, aber TAYOs Kopf schoss von einer Sekunde zur anderen hinter ihr her. Natürlich rief ich ihn gleich zur Ordnung, dennoch bedrängte er sie eine Minute danach auch am Kratzbaum. Ich rief etwas lauter „Nein!" und klatschte dabei in die Hände. Das erschreckte ihn ordentlich, und seitdem hatten wir diesbezüglich nie wieder Probleme. Gugu schlug mir am nächsten Tag vor, ein Ritual mit ENIE und den Hunden einzuführen: Alle bekommen ein Leckerli, und ENIE bekommt es immer zuerst. ENIE hat es TAYO nicht verübelt, sie hatte weiterhin keine Angst vor ihm, so dass ich davon ausgehe, dass er auch keine bösen Absichten hatte. Dennoch ist Vorsicht besser als Nachsicht!

Die nächsten Tage ließen wir weiterhin ganz entspannt angehen. TAYO sollte in aller Ruhe ankommen und sich an unseren Rhythmus zuhause gewöhnen können. Es war trotz aller Herausforderungen so, dass TAYO direkt zur Familie gehörte. Es hat sich nur neu, aber nicht fremd angefühlt.

Was mich anfangs sehr getroffen hat, war, dass TAYO sich wegduckte, sich klein machte, wenn ich ihm Halsband, Geschirr oder Mantel an- bzw. ausziehen wollte. Das kannte ich natürlich gar nicht. Das hat mir in der Seele wehgetan. Was muss TAYO wohl erlebt haben? Hände haben ihm früher gewiss nichts Gutes getan. Jetzt, nach neun Monaten, hat sich sein Verhalten in diesen Situationen sehr gebessert, es ist aber immer noch existent. Anfangs waren es in meinen Augen Unsicherheit und Misstrauen, jetzt würde ich es mit Vorsicht umschreiben. So, als könne er seinem Glück manchmal noch nicht recht trauen. Ich sehe diese Entwicklung als riesigen Fortschritt an.

Recht schnell habe ich gelernt, dass TAYO mir nicht zu leid tun darf. Mitleid führt automatisch zu Gedanken, die sich mit seiner Vergangenheit beschäftigen. Das bringt uns in unserer gemeinsamen Entwicklung aber nicht weiter. Wir sehen positiv und voller Zuversicht in die Zukunft. Wenn ich das so empfinde, strahle ich es auch aus, und das wiederum kommt auch bei TAYO entsprechend an. Zugegebenermaßen ist mir das jedoch nicht immer leicht gefallen. Tut es heute manchmal noch nicht, ein permanenter Lernprozess für alle Beteiligten.

Am zehnten Tag in seinem ersten eigenen Zuhause (ist das im Alter von sechseinhalb Jahren nicht unfassbar ...) ließ ich TAYO im Garten erstmals ohne Schleppleine laufen, und mir schlug das Herz bis zum Halse. Vollkommen unnötigerweise, wie sich umgehend herausstellte, denn TAYO klebte an meinen Hacken, als sei die Leine weiterhin am Geschirr. Meine Erleichterung war groß, und ich freute mich sehr darüber.

Mittags war Sandra, eine unserer Co-Autorinnen, bei uns zu Besuch. TAYO hatte tüchtig Angst, kauerte sich zuerst auf den Fußboden und lag dann in der hintersten Ecke des Sofas. Sandra schreibt in ihrem Text über die Adoption ihrer Galga CHILLI, und dass wir – mein Mann und ich – überlegt hatten, sie in unserer Familie aufzunehmen. Der ausschlaggebende Grund, es trotz aller Verliebtheit meinerseits nicht zu tun, war, dass sie meiner geliebten LAILA zu ähnlich war. Das hätte ich nicht ertragen, und ihr gegenüber wäre es unfair gewesen. Es war keine einfache Entscheidung, aber es war die richtige. Sandra meinte, kurz nachdem sie gekommen war, dass TAYO in puncto Unsicherheit noch mal ein ganz anderes Kaliber sei als CHILLI. Wohl wahr! Sie gab mir zwei gute Ratschläge. Zum einen solle ich in Bezug auf TAYO das Wort „Angst" in meinem Kopf streichen und durch „Unsicherheit" ersetzen, das würde in mir ganz andere Prozesse im Umgang mit ihm in Gang setzen; und zum anderen solle ich nie seine Unsicherheiten kommentieren, sondern nur seinen Mut und seine Fortschritte. Das habe ich mir zu Herzen genommen.

Nach gut drei Wochen geschah etwas Wunderbares! Wer hätte gedacht, dass ich mich so sehr über das Wedeln einer meiner Hunde mit der Rute freuen könnte, war es doch bis zum damaligen Zeitpunkt ganz selbstverständlich gewesen. Morgens, nachdem TAYO noch mal gedöst hatte, stand er auf, stellte sich in die Mitte des Wohnzimmers und wedelte mit der Rute. Nach drei Wochen das erste offensichtliche Anzeichen von Freude bei ihm, und mir schossen Tränen der Rührung in die Augen. Langsam, Schritt für Schritt, bewegte er sich auch im Haus freier.

Vielleicht habe ich dieses Zeichen von ihm gebraucht. Die Übungen im Garten, mit TAYO an der Leine zu laufen, waren bisher nicht wirklich gut gewesen. Er empfand die Nähe offensichtlich als unangenehm und musste permanent von mir ermutigt werden, mal ein paar Schritte freiwillig neben mir zu laufen. Und mit diesem schlechten Gefühl wollte ich nicht zum ersten Spaziergang aufbrechen. Auch hier der gute Tipp von Sandra: „Ihr habt so einen riesigen Garten. Mach dir keinen Kopf, geht erst, wenn du ein gutes Gefühl hast." Einen Tag nach TAYOs Wedeln, dem Gefühl, dass er langsam loslassen kann, hatte ich nicht nur ein gutes, sondern ein ganz tolles Gefühl. Worauf also noch warten?!

Ins Auto rein und später zuhause wieder raus, das war etwas schwierig, aber der Spaziergang – ganz in Ruhe bei uns an den Feldern entlang – klappte für das erste Mal recht gut. Ja, TAYO fühlte sich unwohl. Er war sehr unsicher, hatte riesige Augen und schaute nur geradeaus; Rute unten, kein Schritt zur Seite, wenn SHANI und JOSHUA mal schnüffelten. Aber er lief fast die Hälfte des Spazierganges wie eine Feder neben mir her. Toll hat er das gemacht! Schon wieder so viele neue Eindrücke, die er verarbeiten musste. Noch heute schnüffelt TAYO nicht während der Spaziergänge. Wenn wir mal an den Wegesrand müssen, sträubt er sich, so als hätte man ihm früher strikt untersagt, etwas anderes zu tun, als geradeaus zu laufen.

Bereits beim fünften Spaziergang musste ich TAYO nicht mehr ermuntern, mitzulaufen. Zwar war ihm das nach wie vor alles andere als geheuer, aber er lief ganz wunderbar neben mir. Mittags, beim Bearbeiten meiner Fotos, die ich am Morgen im Garten gemacht hatte, sah ich plötzlich ganz deutlich, wie sehr sich TAYOs Augenausdruck mittlerweile verändert hat. Nicht mehr nach innen gerichtet, sondern nun auch die Außenwelt offener wahrnehmend.

TAYO taute von Tag zu Tag mehr auf. Bei den Spaziergängen war sein Blick nicht mehr nur starr geradeaus gerichtet, sondern er schaute sich bald auch seine Umgebung an. Manches Mal blieb er urplötzlich stehen und wollte nicht mehr weiter. Ich war sicher, dass er etwas in der Nase hatte. Rehe und Hasen gibt es hier im Überfluss.

Anfang Januar machte er im Garten erstmals kleine Hüpfer und freute sich so sehr, dass ich selbst hin und weg war. Und er gab das erste Mal draußen richtig Gas. Es war eine Wonne, ihm beim Rennen zuzuschauen. Einmal kamen wir vom Garten ins Haus, und JOSHUA hatte etwas Verspätung. Als er kurz danach kam, freute TAYO sich ein Loch in den Bauch und wedelte mit der Rute: Endlich, nach ca. einer Minute, war sein großer Freund wieder bei ihm.

Die Tage wechselten wir erstmals unsere Spazierwege, und am 10. Januar war TAYOs Premiere in Bensersiel. Wir liefen am Strand, und das war so ein schönes Erlebnis. Sicherlich war er nie zuvor an einem Strand gewesen. Wir hatten Niedrigwasser und herrliches Wetter. Es hat so gut geduftet. Wir sind mit allen Sinnen gelaufen. Zwei Tage später gingen wir durch den kompletten Hafen, am Fähranleger vorbei, entlang der Mole – wieder alles neu für den Buben. Dann kamen auch noch die Seenotretter von Langeoog. Da wurden seine Augen groß, als das Boot Richtung Anleger düste.

Menschenbegegnungen waren TAYO sehr suspekt. Er bekam zwar keine Panik, aber von jetzt auf sofort legte er den Rückwärtsgang ein, wich nach hinten aus, rührte sich nicht mehr und beobachtete die Spaziergänger. Am nächsten Tag hatten wir das Pech, dass exakt in dem Moment, als wir am Fähranleger waren, etliche Leute rauskamen. Die meisten hatten es eilig, und viele zogen noch Koffer hinter sich her. Das war gar nicht gut. Wie froh ich über die doppelte Sicherung und den Bauchgurt war.

Immer alles schön in Ruhe und am Ball bleiben, die nächsten Tage liefen wir bewusst wieder in Bensersiel. Vor dem Strandportal stehen zwei stattliche Bärenfiguren. Was waren das bloß für merkwürdige Dinger? Einen großen Bogen mussten wir um sie laufen, aber auch das ging am nächsten Tag schon deutlich besser.

Überhaupt hat TAYO eine steile Lernkurve. Er ist so ein mutiger Kerl. Noch keine acht Wochen war er zu der Zeit bei uns, und was hat er schon alles erlebt. Im Garten zuhause flitzte er immer häufiger und zeigte erste Jagdsequenzen. Vögel im Rhododendron sind nach wie vor sehr spannend.

Das Gefühl, als er erstmals, während ich ihn streichelte, seinen Kopf in meine Hand schmiegte, war unbeschreiblich.

Ende Januar gab es dann in Bensersiel eine böse Überraschung. Seit 2015 leben wir hier, und in der Zeit zwischen Anfang November und Ostern wurden Hunde am Strand zumindest toleriert, wenn auch nicht gerne gesehen. So waren wir die Jahre regelmäßig dort. Wir genossen die Zeit und die wunderbare Luft am Meer, bei Ebbe und bei Flut. Tja, auch das war nun vorbei: absolutes Hundeverbot. Ich fasste es nicht, die Enttäuschung war groß.

31. Januar: *Día Mundial del Galgo*, das Ende der Jagdsaison in Spanien, und mir ging so viel durch den Kopf.

Das Wetter in Ostfriesland war wechselhaft, aber dennoch konnten wir meistens schöne lange Spaziergänge machen. Wir liefen flott, waren gut unterwegs, und auch unsere vierzehnjährige SHANI war mit Begeisterung dabei. Die Treppen im Hafen meisterte TAYO in der Zwischenzeit recht gut, auch hier machte Übung den Meister.

Meine Gedanken kreisten immer häufiger um das Elend der Galgos in Spanien. Natürlich beschäftigte mich das Thema, seit ich Galgos habe, schon immer sehr, aber mit TAYO in unserer Familie hat sich viel geändert.

LAILA und JOSHUA hatten wir als Welpchen adoptiert. Auch wenn insbesondere JOSH Schlimmes erleiden musste, so war es mit TAYO doch grundlegend anders. Er war so viele Jahre beim Galguero. Er saß in einer *Perrera*. Er wartete lange auf seine Familie. *Was* wurde diesem wundervollen Wesen angetan? *Wer* war dafür verantwortlich? *Wer* lieferte ihn kaltherzig in der Tötung ab? *Warum* macht TAYO sich immer noch klein, wenn ich ihm Halsband und Geschirr anziehe? *Wie* kann man Lebewesen so empathielos und grausam behandeln? *Warum* hat dieser Wahnsinn Methode?

Mit Hilfe einer spanischen Freundin konnte ich den Namen von TAYOs Galguero im Impfpass identifizieren. Ich wollte mehr über ihn herausfinden, wollte wissen, wie viele Galgos er jetzt hat, wo er sie rennen lässt. Ich wollte wissen, wie er aussieht. Ich wollte seine Augen sehen. Nicht, um etwas zu unternehmen. Ich wollte es einfach nur wissen und sehen. Die *Recherchen* verliefen in den sandigen Pisten von Écija …

Auf diese Gedanken war ich nicht vorbereitet gewesen. Sie ließen mich eine Zeitlang nicht mehr los, bis ich verstand, dass es nicht gut ist, auch für TAYO nicht gut ist, wenn ich mich zu sehr mit seiner Vergangenheit beschäftige. Wir leben hier und jetzt, und die Aufgabe meines Lebens ist, meine Tiere glücklich zu machen und anderen Tieren so gut zu helfen, wie ich es vermag. TAYOs

Vergangenheit kann ich leider nicht ändern, kann nichts davon ungeschehen machen, was er erdulden musste. Worauf ich sehr wohl einen Einfluss habe, ist sein künftiges Leben. Der Übergang vom Jetzt zur Zukunft ist fließend.

Panta rhei, sagte der griechische Philosoph Heraklit einst – alles fließt. *Niemand kann zweimal in denselben Fluss steigen, denn alles fließt, und nichts bleibt.*

Viele von uns wissen, wie es ist, wenn unsere Hunde zum ersten Mal über das ganze Gesicht strahlen. Nach zehn Wochen war es bei TAYO soweit. Unser Garten ist sein Paradies. Er liebt es, draußen zu sein – ohne Wände, die ihn begrenzen. Der süße Kerl wurde draußen immer ausgelassener. Es war eine Wonne, seine großartige Entwicklung zu erleben.

Natürlich gab es zwischendurch auch immer mal wieder ein paar Rückschritte. Eines Tages fiel mir beispielsweise im Wohnzimmer innerhalb weniger Minuten zweimal eine Fernbedienung runter. TAYO erschreckte sich und wich mir einige Tage lang vermehrt aus, beäugte mich mit Argusaugen, aber nur im Wohnzimmer.

TAYO liebt nicht nur Wind und Wetter, er liebt – so wie ich – sogar Stürme. Mich fasziniert diese unglaubliche Energie. Vielleicht empfindet er das ähnlich. Die Wettervorhersage Mitte Februar 2022 verhieß nichts Gutes. Donnerstag tobten schon schwere Sturmböen in Ostfriesland. Wir leben ungefähr zwölf Kilometer von der Nordsee entfernt. Die Prognosen für Freitag wurden im Laufe des Tages so bedrohlich, dass selbst ich unruhig wurde.

Freitagmorgen hatten wir die sagenumwobene *Ruhe vor dem Sturm*. Wir fuhren nach Bensersiel und machten bei Windstille unseren Hafenspaziergang. Dann, pünktlich um 15 Uhr, ging es los. Als hätte man von einer Minute zur anderen einen Schalter umgelegt. Es waren nicht nur schwere Sturmböen gemeldet, sondern schwere

Orkanböen bis etwa 165 km/h. Es wurde so heftig, dass ich frühestmöglich zu Bett gehen wollte, um die letzte Gartenrunde mit den Hunden machen zu können, bevor es womöglich vollkommen ausartete. Ein unfassbarer Lärm draußen – ich beschloss, beide Galgos an die Schleppleinen zu nehmen, um sie schnellstens wieder ins Haus zu bekommen.

Mir war schon etwas mulmig zumute, als wir gegen 20:30 Uhr kurz in den Garten gingen. So etwas hatte ich in den sieben Jahren hier noch nicht erlebt. Ging das zur Sache! Zum Glück ist uns nichts um die Ohren geflogen, und wir waren zackig wieder drinnen. Kaum, dass ich Geschirre und Leinen abgemacht hatte, knallte es draußen laut. Etwa Dachziegel? Ich musste notgedrungen alleine raus, mein Mann war auf Geschäftsreise. Nutzte ja nichts. Auf dem Weg durch die Garage der zweite Knall, lauter als zuvor. Ich steckte die Nase vorsichtig raus und sah die schwer beladene Papiertonne, die sich von ihrer Position verabschiedet hatte. Na ja, das war ja nicht so wild. Mein nächster Blick nach rechts offenbarte allerdings, dass das große Gartentor komplett herausgerissen war. Viel konnte ich nicht tun, da es schlichtweg zu gefährlich war. Wir haben ein parkähnliches Grundstück mit altem Baumbestand, und es hätte jeden Moment etwas passieren können. Ich zog nur schnell die blaue Tonne in die Garage, um nachts – so dachte ich naiv – meine Ruhe zu haben.

Alle drei Hunde und auch ENIE waren recht ruhig, das war überhaupt kein Problem. Aber ich, die normalerweise supergut schläft, wenn es stürmt, lag die halbe Nacht wach, da ich solche Geräusche in meinem ganzen Leben noch nie gehört hatte. Mir klopfte das Herz stakkatoartig, und ich rechnete jeden Moment damit, dass ein Baum durch die tosende Gewalt des Sturmes in unser Haus krachte. Was für eine Nacht!

Auch am nächsten Morgen ging ich nur an den Schleppleinen mit den Galgos in den Garten. Es war noch dunkel, und ich hatte keinen blassen Schimmer, ob unser Zaun überhaupt noch stand.

Die Sorge war nicht unberechtigt, wie sich etwas später im Hellen herausstellte. Mehrere Bäume waren umgestürzt, einer davon auch auf einen Teilbereich unseres Zaunes. Zum Glück haben wir das Grundstück in zwei Hälften unterteilt, und der größte Schaden war in dem nicht ganz so relevanten Bereich. Soll heißen, ich konnte JOSHUA und TAYO auf der einen Seite wieder ableinen und frei laufen lassen.

An diesem Tag ging es bei uns rund. Ich hatte die Feuerwehr, einen Baumdienst und noch einen Lohnbetrieb auf dem Grundstück, bis sich dann endlich jemand erbarmte, eine Notfällung vorzunehmen. Wäre dieser eine Baum auch noch umgestürzt – Sturmwarnungen hatten wir nach wie vor – wäre er in Terrassennähe auf den Zaun geflogen. Und das wäre gar nicht gut gewesen.

Ja, und dieser ganze Trubel ist dann auch nicht spurlos an TAYO vorbeigegangen. Trotz strömenden Regens kam er abends etwa eine halbe Stunde nicht ins Haus; ich konnte machen, was ich wollte. Solche Situationen hatten wir mittlerweile einige Male, ich kann sie aber zum Glück an einer Hand abzählen. Es gibt nur einen Trick, und selbst diesen muss ich mehrfach wiederholen, bis ich TAYO überlisten kann. Wir gehen morgens und abends immer durch das Kaminzimmer raus und rein. Wenn er solche Anwandlungen hat, kommt er irgendwann zwar hinterher, aber sobald ich wieder zur Tür gehe, um sie zu schließen, flitzt er wieder raus. Also gehe ich durch die Terrassentür im Wohnzimmer und schleiche mich – manchmal nur auf Socken, weil die Hausschuhe ja im Kaminzimmer auf mich warten – um das Haus, in der Hoffnung, dass TAYO schon im Haus ist und meine Aktion nicht mitbekommt. Meistens klappt es nicht auf Anhieb. Der Gauner riecht Lunte und läuft wieder weg. Wenn ich es dann irgendwann schaffe, möglichst leise, kaum zu atmen wagend, hinter TAYO ins Haus zu kommen, ist die Tür aber so was von schnell zu. Señorito, wie ich ihn gerne nenne, steht dann ziemlich perplex in der Küche oder im Flur und wundert sich, woher ich plötzlich komme. Klingt vielleicht witzig, aber wenn ich eigentlich schon halb im Land der

Träume bin und TAYO gerade dann Geister sieht, ist mir dann auch nicht mehr zum Lachen zumute. Aber was soll man machen? „Ab zu den Galgos ins Bett und endlich schlafen!", dachte ich. Dort lag TAYO mit nassem Regenmantel ...

Was bei TAYO immer wieder ein Thema ist, ist das Essen am Morgen. Nach den ersten Tagen, in welchen er nicht mit den anderen gemeinsam hatte essen wollte, war es wochenlang kein Thema mehr. Alle aßen einträchtig in einem Raum. Anfang März wollte er von einem Tag auf den anderen wieder nicht mehr. Zuerst war es nur morgens und das aus für mich unersichtlichen Gründen. Im Garten war weiterhin alles super, er begann sogar, mit dem Frisbee zu spielen. Was für eine Freude! Unsere Spaziergänge waren schön und auch bei Wildsichtung recht entspannt. Er schaute nur, ansonsten keine Reaktion.

Ende März begann TAYO, ab und an etwas Futter übrig zu lassen, und das hatte es vorher noch nie gegeben. Er hatte immer mit Appetit gegessen, mittlerweile gut zugenommen und eine tolle Figur. In den nächsten Tagen aß er noch schlechter und ließ immer mehr im Napf zurück. Anfang April kam heftiger Durchfall hinzu. Seit seiner Ankunft Ende November war sein *Output* bisher stets top gewesen. TAYOs Verhalten war vollkommen unauffällig.

Die folgende Nacht war ein Desaster. TAYO wurde unruhig, und bevor ich, noch im Halbschlaf, reagieren konnte, stand er im Bett auf, und es schoss nur so aus ihm raus. Mein Schlafzimmer hat ausgesehen – und nicht nur das, sondern ich selbst auch ...

Am Morgen sind wir gleich in die Praxis. TAYO hatte 40,2 °C Fieber! Er wurde mit V. a. einen Infekt medikamentös behandelt. Ich sollte regelmäßig Fieber messen und Schonkost füttern, mehrere kleine Portionen pro Tag. Zwei Tage später ging es ihm besser, er aß recht gut, und der Stuhlgang sah auch wieder halbwegs vernünftig aus. Weitere vier Tage später stieg seine Temperatur wieder an, und er wirkte erstmals platt.

Die Schonkost hatte ich langsam ausgeschlichen, und da er nach wie vor mit seinem eigentlichen Futter mäkelte, bot ich ihm ein anderes an. Mal aß er ganz gut, mal wenig. Mittlerweile Mitte April gefiel er mir gar nicht mehr. Er war die letzten Wochen so lebendig, so ausgelassen im Garten gerannt, mit hoch erhobener Rute – nun schlich er mit hängender Rute herum, war müde, und er misstraute mir plötzlich wieder. Er war auch zusehends genervt vom Fiebermessen, auch wenn er es immer anstandslos über sich ergehen ließ. Die in der Zwischenzeit abgegebenen Kotproben waren alle negativ.

Dennoch wurde zwei Tage später der Stuhlgang wieder schlechter. In der Nacht gab es das zweite Desaster im Schlafzimmer und am nächsten Morgen auch noch im Wohnzimmer. Nicht ganz so schlimm wie beim ersten Mal, aber heftig genug. Und unser Bub aß wieder schlechter. In Absprache mit der Praxis gab es erneut Schonkost, zusätzlich sollte ich ihn entwurmen. Obwohl TAYO das Essen nun gut annahm und viel aß, ging es ihm weiterhin schlechter. Er hatte Durchfall, war abgeschlagen, hatte schuppiges Fell und zudem deutlich abgenommen. Anfang März hatte TAYO noch 25,3 kg gehabt. Sechs Wochen später waren es nur noch 23,5 kg. Ich machte mir mehr und mehr Sorgen. Die Tage drehten sich fast ausschließlich darum, wie ich die vielen Mahlzeiten managen konnte, was ich kochen musste und wie TAYOs Kot aussah.

Es war der 23. April. Morgens bekam TAYO seine Entwurmungstablette, mittags setzten heftige Bauchkrämpfe ein. Es war Samstag. Zum Glück ist unsere Praxis rund um die Uhr erreichbar. Er hatte 40,3 °C Fieber und eine viel zu hohe Atemfrequenz. Ihm wurden Medikamente gegen die Krämpfe und Übelkeit gespritzt. Von Stunde zu Stunde ging es etwas besser, die Nacht war ruhig, und der Stuhlgang am nächsten Tag war deutlich besser. Sein Futter rührte er morgens allerdings wieder nicht an. Sein Allgemeinzustand war um Längen besser als gestern. Am nächsten Tag heftige Blähungen und Durchfall. Fleisch hat er gegessen, Kohlenhydrate nicht. Es war unglaublich rührend, dass TAYO mir, als ich vom Einkaufen kam, obwohl es ihm nicht gut ging, das erste Mal ein *besito*, ein Küsschen, an der Haustür gab. So ein Schatz!

Tja, und dann kam am 27. der Anruf der Tierärztin: TAYO hatte scheinbar tatsächlich eine der sogenannten Mittelmeerkrankheiten – Dirofilarien, auch Herzwürmer genannt. Ich war wie vor den Kopf geschlagen. Das konnte doch nicht wahr sein. In Spanien war er negativ getestet worden. Je mehr ich über diese Erkrankung las und erfuhr, desto verzweifelter wurde ich. Mein letztes Jahr war sehr hart, hatte ich doch meine geliebte LAILA und meinen wundervollen Kater NOEL verloren. Und nun sollte TAYO schwer krank sein? Eine womöglich lebensgefährliche Therapie stand an. Ich konnte es nicht fassen. Wie sehr hatte ich mir gewünscht, dass endlich wieder Ruhe im Rudel einkehrt. Und dann das.

An dieser Stelle möchte ich nicht näher auf Details dieser Erkrankung eingehen, denn ich bin keine Ärztin. Nur so viel dazu: Dirofilarien werden durch Mücken übertragen. Es gibt Mikro- und Makrofilarien. Letztere siedeln sich bevorzugt in den Lungenarterien, die zur rechten Herzhälfte führen, an. Es gibt letztlich drei verschiedene Therapieoptionen. Und natürlich stand ich nicht nur engmaschig mit meiner Tierärztin Simone, sondern auch mit Gugu in Verbindung. Sie erklärte mir, wie das Behandlungsrégime aussehen würde und bestellte das notwendige Medikament für TAYO, das gespritzt werden sollte. Diese Injektionen sind sehr schmerzhaft für die Hunde; Simone hätte es jeweils nur unter Narkose gemacht. Die Hunde bekommen zwei Injektionen im Abstand von 24 Stunden. Im Anschluss brauchen die Patienten etwa vier Wochen absolute Ruhe. Bewegung oder Stress erhöhen das Risiko einer Lungenembolie. Zudem müssen weitere Medikamente oral verabreicht werden. Insgesamt muss man von ungefähr vier Monaten Behandlungszeit ausgehen.

Wie man sich vorstellen kann, waren wir mittlerweile Stammgäste in der Praxis – mit TAYO, diesem schüchternen Kerlchen mit Angst vor fremden Menschen. Niemals zuvor hatte ich so oft mit Tierärzten telefoniert. Und das war kein einfaches Thema, mir qualmte der Kopf im Akkord.

Der Mai hielt Einzug. Die Qualität des Stuhlganges wechselte, Essen war eine Katastrophe. TAYO aß *Unmengen* an Schonkost und wurde dennoch immer weniger. Ich war verzweifelt und bin Simone, die stets die Ruhe behielt und immer für mich ansprechbar war, jetzt noch dankbar. Sie kam sogar in die Praxis, wenn sie eigentlich keinen Dienst hatte. Ich konnte immer um Rat fragen. Dann mochte TAYO auch Fleisch und Kartoffeln nicht mehr. Ich weiß nicht, wie oft ich dem Buben das Essen angeboten und hinterhergetragen habe. Bröckchen für Bröckchen, und selbst das verschmähte er irgendwann.

Am 3. Mai war TAYOs Stuhlgang ein schleimiges Etwas. Erneut fotografierte ich alles und machte den nächsten Termin in der Praxis aus. Die Ärztin schlug vor, ihm ein hypoallergenes Futter zu geben und spritzte ihm erneut Kortison (das half ihm stets über einige Tage hinweg). Ich weiß nicht, wie oft mein Mann in dieser Zeit etliche Kilometer gefahren ist, um unserem Schatz Futter zu kaufen. Er musste doch endlich wieder Gewicht zulegen!

Dem Universum sei Dank: TAYO mochte das Futter und zeigte sich bereits am nächsten Tag deutlich munterer und wacher. Er schlich nicht mehr durch seinen geliebten Garten, sondern er trabte mit erhobener Rute. Zwei Tage später war sein *Output* wieder fest. Dennoch zeigte die Waage in der Praxis nur noch 22,4 kg an. Alleine in den letzten Tagen hatte TAYO 800 g verloren.

Und dann hatte ich die Idee, Gugu zu fragen, ob ich den kompletten Krankheitsverlauf aufschreiben und ihn für die spanische Tierärztin von *Galgos del Sur* übersetzen könne.

Vielleicht würde sie sich alles in Ruhe durchlesen, incl. der Blutbefunde. Meine Übersetzung wurde nach Spanien geschickt.

Am 9. Mai rief Gugu mich an und berichtete, was Eli, die spanische Tierärztin, gesagt hatte. Ja, und das verschlug mir dann schon wieder die Sprache – dann aber im positiven Sinne! Sie war sich sicher, dass TAYO keine Herzwürmer hatte. Der Test, der bei ihm gemacht wurde, würde oft verfälscht durch einen Wurm, der ein bestimmtes Protein abgibt. Dieser Wert würde dann fälschlicherweise als Herzwurm-Befund interpretiert. Besagter Wurm säße bei TAYO im Magen, daher auch der langanhaltende Durchfall. Ich solle ihm drei Monate lang alle vier Wochen eine Entwurmungstablette geben, er würde daraufhin massenweise Eier ausscheiden; zusätzlich während der ganzen Zeit der Entwurmung ein Probiotikum und weiterhin magenschonendes Futter, keine Schonkost mehr.

Und wieder war ich fassungslos! Sollten die ganzen Sorgen und Ängste sich nun in Schall und Rauch auflösen? Nun mussten wir die Entscheidung treffen, ob wir dem deutschen Labor und dessen Befundinterpretation oder der unbekannten spanischen Tierärztin Glauben schenken. Wir entschieden uns für die spanische Ärztin, die TAYO ja auch kannte. Warum? Nun, weil sie seit etlichen Jahren Hunde mit Mittelmeerkrankheiten behandelt und somit viel Erfahrung hat. Papier ist geduldig. Eli ist vor Ort, sie kennt sich aus. Ich klärte noch ab, ob wir auch ein *Spot On* zum Entwurmen nehmen könnten, denn schließlich hatte TAYO nach der Tablette vor gut zwei Wochen mit massiven Bauchkrämpfen reagiert. Und das war ok!

Ach ja, am 28. April hatte unser JOSHUA sich abends beim letzten Gartengang noch die Wolfskralle halb abgerissen und musste am nächsten Tag unter Kurznarkose operiert werden. Jeden Tag zur Kontrolle und zum Verbandswechsel in die Praxis. Als ob es ohne langweilig gewesen wäre ...

Und TAYOs Kot wurde wieder total breiig. Es war lange nicht so gruselig wie am Anfang, aber er sah trotzdem übel aus. Nur noch 22 kg am 13. Mai, morgens wollte er auch das neue Futter nicht mehr essen. In acht Wochen hatte TAYO 3,3 kg verloren. So besprach ich mit unserer Tierärztin die Nachrichten aus Spanien, und wir legten direkt los. TAYO bekam das *Spot On*, noch mal ein Kortison-Depot, und er sollte bis auf weiteres ein Medikament bekommen, da er Protein über den Urin ausschied.

TAYO ging es von Tag zu Tag besser. Er aß gut, hatte anfangs zwar noch etwas weichen Stuhlgang, aber keinen Durchfall mehr. Er rannte wieder, wurde agiler und sogar richtig lustig. Und er verlor zusehends seine Unsicherheiten, die er wieder aufgebaut hatte, als es ihm so schlecht ging.

Nach vier Wochen bekam er sein zweites *Spot On*. Eine Woche später gab es das dritte Durchfall-Desaster im Schlafzimmer und am Morgen danach im Kaminzimmer. Und ich hatte nichts, aber auch gar nichts, geändert. Auch die Nacht danach hatte TAYO Durchfall, aber dieses Mal war ich vorbereitet und konnte rechtzeitig mit ihm raus. Mitten in der Nacht kam er dann Ewigkeiten nicht rein. Nach mehr als 45 Minuten konnte ich ihn dann überlisten. Obwohl wir bis Ende Juni ein Hin und Her mit seiner Verdauung hatten, blieb ich ruhig und änderte weder etwas am Futter noch an der Medikation. Und das war auch gut so, denn es pendelte sich langsam aber sicher ein.

TAYO bekommt nach wie vor sein hypoallergenes Futter. Sein Stuhlgang ist in Ordnung; natürlich gibt es mal Ausreißer, aber die gibt es bei JOSH und SHANI auch. Er flitzt im Garten, dass die Erde bebt, hat wieder tüchtig zugenommen und Muskulatur aufgebaut. Und er wird immer lustiger. Natürlich gibt es keine Garantie, dass *in puncto* Dirofilarien nicht doch noch etwas kommt, aber jetzt, Stand September 2022, sieht es gut aus. Der Herz-Ultraschall war super, keine Auffälligkeiten!

So sehr sich TAYO sonst an JOSHUA orientiert, so sehr schaut er im Garten, was SHANI so treibt. Die kleine Maus ist dort lustig, spielt gerne, trägt Sachen durch die Gegend und wälzt sich mit Vorliebe im Gras. TAYO ist schlau. Er merkt, dass genau das nicht wirklich JOSHUAs Ding ist und imitiert regelrecht SHANIs Verhalten. Er trabt ständig mit irgendwelchen Sachen durch den Garten und fläzt sich genussvoll im Grün. Die Rute trägt er weit oben. Er flaniert regelrecht am Zaun.

Dass bei TAYO das Frühstück immer mal wieder ein Thema ist, schrieb ich bereits. So begann es Anfang Juli, dass er morgens zuerst nur wenig essen wollte (und auch nicht mehr aus dem Napf), im Laufe des Monats morgens gar nichts mehr.

Zuerst schrillten bei mir die Alarmglocken, aber mittlerweile glaube ich, dass es TAYO schlichtweg zu früh ist. Auch JOSHUA lässt mal was übrig, nur wir Mädels essen zu dieser frühen Uhrzeit schon ordentlich. Wenn es dann richtig hell ist und TAYO mitbekommt, dass es zuerst raus in den Garten und anschließend direkt weiter zum Spaziergang geht, ist der Herr Galgo wie ausgewechselt. Wenn er merkt, dass ich Halsbänder, Geschirre und Leinen vorbereite, wedelt die Rute wie verrückt.

Da er natürlich eine gewisse Futtermenge braucht, wird das, was er morgens nicht mag, auf den Rest des Tages verteilt. Mittags und abends isst er seine kompletten Mahlzeiten auf, auch aus dem Napf natürlich – an gleicher Stelle, an der er morgens streikt. Sein Allgemeinbefinden ist sehr gut. Jetzt liebt er es, Stofftiere durch den Garten zu tragen und ausgelassen mit ihnen zu spielen.

Wunderschön ist es, wenn ich nach Hause komme und die Hunde mich an der Haustür begrüßen. Alle freuen sich. TAYO macht sogar kleine Hüpfer und bekommt sich manchmal kaum noch ein. Es ist während meiner Abwesenheit durchaus auch schon das ein oder andere Kissen oder Stofftier von ihm geschreddert worden.

Selbst dran schuld, wenn ich vergesse, die Sachen wegzuräumen, bevor ich das Haus verlasse.

Im Haus legt er sich oft auf einen der Läufer und lugt um die Ecke, um mich im Blick zu haben. Mein Mann freut sich sehr, wenn TAYO den Mut findet, auch an ihm vorbeizugehen, wenn es mal etwas enger ist. Männer sind bei TAYO ein Thema, schnelle Bewegungen auch. Er hat seine Galgo-Antennen immer auf Empfang. *Es ist so wichtig, in seiner Anwesenheit Sicherheit und Ruhe auszustrahlen. Unsicherheit und Unruhe unsererseits werden gleichermaßen von ihm quittiert. Er hält uns sofort den Spiegel vor.*

Ganz sanft und vorsichtig fordert er immer häufiger aktiv Streicheleinheiten ein. Er schaut mich dabei noch nicht direkt an, sondern wendet seinen Blick in die Ferne, aber er genießt zusehends. Sein Hals wird immer länger, wenn ich ihn liebkose, und er liebt es, wenn ich ihn dabei hinter den Ohren kraule.

Im Garten klebt er zwar nicht mehr an meinen Fersen, aber er hält sich fast immer in meiner direkten Nähe auf. Sieht er mich nicht mehr, weil ich vielleicht hinter dem Rhododendron bin, flitzt er mir hinterher.

Bei unseren Spaziergängen ist er deutlich aufmerksamer geworden und scannt durchaus auch die Umgebung. Bei Wildsichtung bleibt TAYO weiterhin ruhig, hat aber alles fest im Blick. Zur Seite gehen, um zu schnüffeln, mag er weiterhin nicht. Seine Geschäfte macht er nur zuhause.

Am 28. Juli ist TAYO sieben Jahre alt geworden. Es ist eine große Freude, seine Entwicklung mit anzusehen. *Er bringt mir stets aufs Neue ins Bewusstsein, dass es nicht die großen Ereignisse des Lebens sein müssen, die bemerkenswert sind.* Hans Christian Andersen, ein dänischer Dichter und Schriftsteller, der berühmt wurde durch seine Märchen, sagte einst: *Der große Reichtum unseres Lebens, das sind die kleinen Sonnenstrahlen, die jeden Tag auf unseren Weg fallen.*

Es war einmal ein wunderschöner schwarzer Galgo namens YANDEL, der auszog, um sein Glück zu finden.

Lieber TAYO, danke, dass Du unser Leben bereicherst. Du bist nun der, der Du schon von Beginn an hättest sein sollen. Bei uns darfst Du sein – der stolze, edle und anmutige Märchenprinz.

Myriam Wölde-Behning

Laila

Laila

Myriam Wälde-Behning

Deutschland

Es war vom ersten magischen Moment an eine Liebesgeschichte.

LAILA war wunderschön. Sie war großartig. Sie liebte das Meer und Spaghetti. Sie liebte unsere Katzen. Und LAILA liebte mich.

LAILA – Tanzende Elfe im Zauberwesenland

Wenn Herbstblätter fliegen, uns staunend umgarnen.
Vorwitzige Sonnenstrahlen durch die Bäume glitzern.
Licht uns Lebensgeister einflößt, frei und nahezu vollkommen.

Wenn Stürme toben, in den Schlaf mich wiegen.
Tanzende Elfe im Zauberwesenland.
Sterne, hoch am Firmament stehend, um die Wette strahlen.

Wenn die Sonne erwacht, uns bunte Träume hinterlässt.
Knisterndes Holz zaubert behagliche Wärme.
Winterboten mahnen, innezuhalten in friedvoller Stille.

Wenn ich Dich morgens in meinen Armen spüre.
Wundervolle Musik, inspirierende Leichtigkeit.
Schnee, kaum hörbar unsere Schritte im Märchenwald.

Wenn meine zartwilde Prinzessin Regenbogen malt.
Verrückte Wassertropfen auf Scheiben trommeln.
Schmetterlinge tanzen Ringelreihe, betören uns mit Farben.

Wenn ich unseren Joshua ansehe, vereint in Liebe und in Fragen.
Ungläubige Blicke, Dich stets in unseren Herzen findend.
Sommerdüfte nehmen uns mit auf Reisen.

Wenn ich Dich rieche, meine wunderschöne Laila.
Dankbare Erinnerungen uns grenzenlos machen.
Weisheit in meertiefen Augen.

Dann, aber nicht nur dann, denke ich an Dich, mein verrücktes Elfchen. Mein Herz und meine Seele. Nichts kann uns trennen. Wir sind vereint in allen Leben.

Danke für Dein grundgütiges Wesen.
Danke, dass ich Großes wage, Du wunderbare Lehrmeisterin.
Danke für Deine bedingungslose Liebe.

Meine Liebe Laila. Du weises zauberhaftes Wesen.

Myriam Wölde-Behning

Joshua

Laila

Epilog

Myriam Wälde-Behning

Unsere Reise ins Windhundland neigt sich an dieser Stelle, zumindest für den Moment, dem Ende zu.

Wir haben gelesen,

dass die Galga HAVANA Jahre an traumhaft schönen Abenteuern mit Eva an der Westküste Schwedens brauchte, um ihre Vergangenheit langsam loszulassen.

wie der stattliche Galgo HOLGER wie ein Känguru hüpfte, er sich so sehr nach Aufmerksamkeit sehnte und schließlich sogar der Garant für Lilianas *happy birthday* war.

dass der Galgo TEDDY bereits im Sterben lag, er Löcher im ganzen Körper hatte und Tina ihn im Kampf gegen Traditionen und Gleichgültigkeit ins süße Leben rettete.

wie die Galga STORM zuerst für einen Rüden gehalten wurde, auf 70 000 qm für Aufregung sorgte und Mele sie nie alleine lassen konnte, da das Haus sonst Schaden genommen hätte.

dass die Galga FILIPPA wie ein Profi neue Städte erkundet, mit Vorliebe Löcher im Garten buddelt und gemeinsam mit Linda erfolgreich die Therapiehunde-Prüfung absolvierte.

wie der Galgo TONY drinnen absoluter Schmusehund, aber draußen Rampensau ist und Rolf regelmäßig überaus erwähnenswerte Krater seines Tiefbauarbeiters findet.

dass die Saluki-Prinzessin GRETE aus Katar eine echte Gräte war, sie majestätisch in einer endlosen Sandwüste rannte und Gerlind dennoch stets aufmerksam im Blick hatte.

wie der Greyhound LUCAS von Tanja als heiß schimmernder Windhauch wahrgenommen wurde, er Katzen anfänglich als Dessert ansah und gerne im Hebammen-Rennei reiste.

dass der Galgo YUKINE ein vermeintlich aussichtsloses Blutbild hatte und Gugu durch ihn lernte, dass sie erst verloren hat, wenn ihr Gegenüber die Augen für immer schließt.

wie der Galgo CHESTER ganz zart an Sandra schnupperte und aus ihm ihr schwarzer Panther wurde, der lockerfüßig schweben und sogar noch zaubern kann.

dass die Galga LEENA Travis das Leben rettete, sie für Amanda und ihn eine Inspiration zur Rettung weiterer Galgos wurde und beide viel über einen ruhigen Geist und Körper lehrte.

wie die Galga SALIDA den Samen für Neues pflanzte, sie Susannes ganzes Leben veränderte und ganz besonders lange Spaziergänge in der salzigen Luft des Meeres liebte.

dass die weise Galga MYRTE all ihre Köfferchen in Spanien zurückließ, als Ziehmutter absolut klar in ihrer Körpersprache und Adriana tatsächlich ihre ganze Welt war.

wie ein Unfall dem Galgo OLIVER das Leben rettete, Gisela und er sich so tief in die Augen sahen, dass sie diesen magischen Moment nie wieder vergessen werden.

dass die Galga CHILLI Türen als Geister empfand, sie mittlerweile Landkarten zeichnen kann und Sandra mit ihren lustigen Geräuschen immer Vollspeed zum Lachen bringt.

wie die Saluki-Barsoi-Hündin MINNIE aus Dubai einem Supermodel ähnelte, sie mit ihrer Schönheit Yvette den Atem raubte und die wohl längste Nase der Welt hat.

dass die Galga ANI mit ihrer extrem verletzten Hundeseele Tinas größte Lehrerin wurde, sie ihr unbegrenzt Geduld, Ruhe sowie Selbstlosigkeit abverlangte und so viel Liebe gibt.

wie der Galgo NIKO direkt am Anfang richtig Party machte, er Kräuterbutter und Seepferdchen toll fand und nach einer ersten Blockade Marina mit unendlicher Liebe erfüllte.

dass der Galgo LEON auf schicksalhaften Umwegen zu Jana fand und der anfangs leinenpöbelnde Rambo ihr Seelenhund wurde, der von Anfang an für sie bestimmt war.

wie die Grey-Hündin BLONDIE in der ersten Nacht bei Alice Mandelsplitter stibitzte und SAL die quirlige Familie von Steph mit ihrem erstaunlichen Einfühlungsvermögen verblüfft.

dass die Galga MAYORI ihren Einzug bei Nicole mit einem Sprung auf den Esstisch feierte, sie für eine Evakuierung des Büros sorgte und andere Hunde das Fürchten lehrte.

wie der Galgo COLISEO der König in seinem Schloss war, er wie ein Hollywood-Star behandelt wurde und Michelle inspirierte, über ihre Grenzen hinauszuwachsen.

dass die ängstliche Galga AYLA mit nur 14 kg ankam, sie als „die Taschengalga" bekannt wurde, Hühner jagte und dann zusammen mit Katja die Freiheit am Meer genoss.

wie die Galga FRANI mit Mary Jane kranken Menschen große Freude schenkt, sie Eichhörnchen zum Fressen gerne mag und mit der Hauskatze eine stille Übereinkunft hat.

dass der schüchterne Galgo TAYO mutig auszog in eine Welt, in der Zauberwünsche doch noch in Erfüllung gehen und er Myriam zeigt, dass er ein wahrer Märchenprinz ist.

Myriam Wälde-Behning

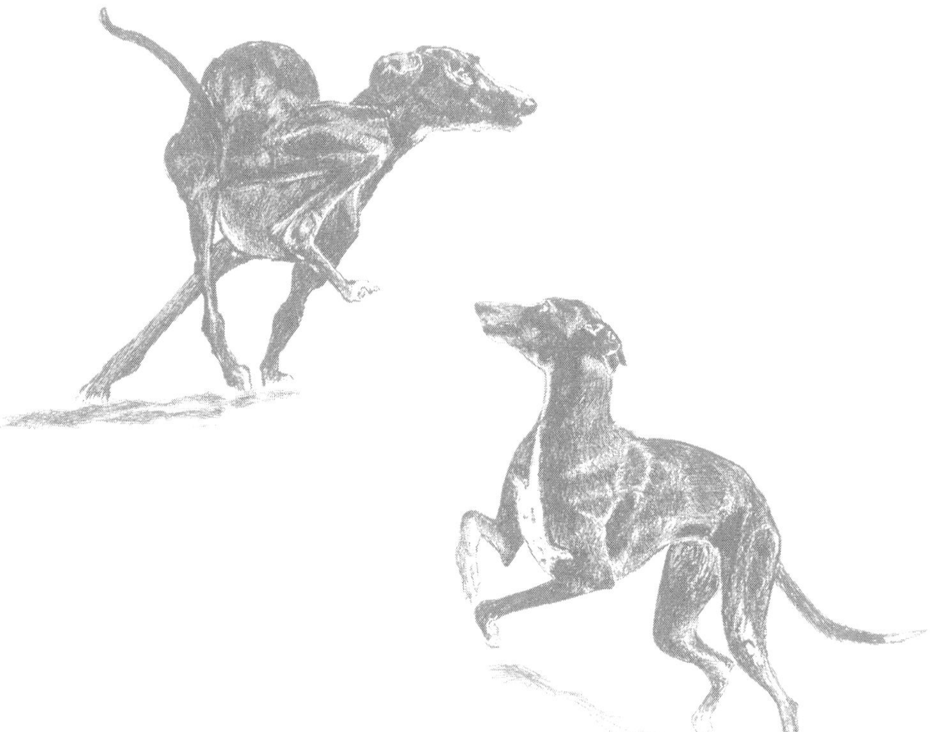

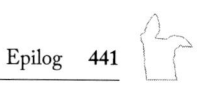

Danke

Myriam Wälde-Behning

Ein herzliches Dankeschön gilt den Menschen, die mich auf unserer *Reise durch vier Kontinente* begleitet und diesem Buch Leben eingehaucht haben:

- Linda Baumeister (Illinois, USA)
- Tina Baumgärtner (Deutschland)
- Katja Bieber (Deutschland)
- Tanja Bräuning (Deutschland)
- Madeline Burton (Australien)
- Liliana Flormann (Deutschland)
- Jana Huth (Deutschland)
- Rolf Katzorowski (Deutschland)
- Nicole Köster (Deutschland)
- Sandra Lenski (Deutschland)
- Yvette Maciolek (Dubai)
- Alice McGuinness (Australien)
- Gisela Mehnert (Spanien)
- Mary Jane O'Connor (Illinois, USA)

- Amanda Patenaude (Illinois, USA)
- Travis Patenaude (Illinois, USA)
- Adriana Pricken (Deutschland)
- Eva Quirbach (Schweden)
- Gerlind Rose (Deutschland)
- Sandra Sachse (Deutschland)
- Michelle A. Sanchez (Kalifornien, USA)
- Gugu Sauter (Deutschland)
- Marina Scheinhart (Österreich)
- Irenka Schendera (Deutschland)
- Manuela Schneider (Deutschland)
- Tina Solera (Spanien)
- Susanne Stolle (Deutschland)
- Steph Tapply (Australien)

Auch für dieses zweite Band der *Windhundgeschichten* haben alle Protagonisten ihre Werke unentgeltlich zur Verfügung gestellt.

Einige genießen große Anerkennung für ihr herausragendes *Engagement* bei der Rettung von Windhunden. Meinen allergrößten Respekt hierfür! Tausend Dank für Euer aller Bereitschaft, Eure ganz persönlichen Geschichten zu erzählen – uns Einblicke in Eure Herzen zu gewähren. Ich bin froh und stolz,

Euch mit an Bord zu haben! Unsere Zusammenarbeit war mir eine Freude und Ehre. Jeder einzelne Text, den ich erhalten habe, den ich lesen und veröffentlichen durfte, zeugt von der Liebe zu unseren Hunden. Vielen herzlichen Dank für Eure Unterstützung, für Eure Texte und Illustrationen.

Da sich manche Dinge einfach nie ändern und so wertvoll bleiben, wie sie seit jeher waren:

Ich danke meiner Großmutter Anna Katharina Wälde für die Werte, die sie mir vermittelt hat, ihre Ruhe, Ausgeglichenheit und Geduld.

Meiner Mutter Ilsemarie Leo gilt der Dank für die Stärke und Geradlinigkeit, die ich zweifelsohne von ihr habe.

Kai Behning, mein Mann, zeichnet für den Satz dieses Buches, die Landkarten und Videos verantwortlich. Vielen Dank für alles.

Ein großer Dank gilt natürlich unseren Tieren, die mich wohlwollend und geduldig beim Schreiben und Lektorieren begleitet haben.

Dieses Herzensprojekt wäre ohne meine Galga Laila niemals zustande gekommen. Sie gab mir die Inspiration und ist federführend bei den Windhundgeschichten, *jeden Tag aufs Neue. Ich danke Dir, mein wunderbares Mädchen. Ich liebe Dich.*

Myriam Wälde-Behning

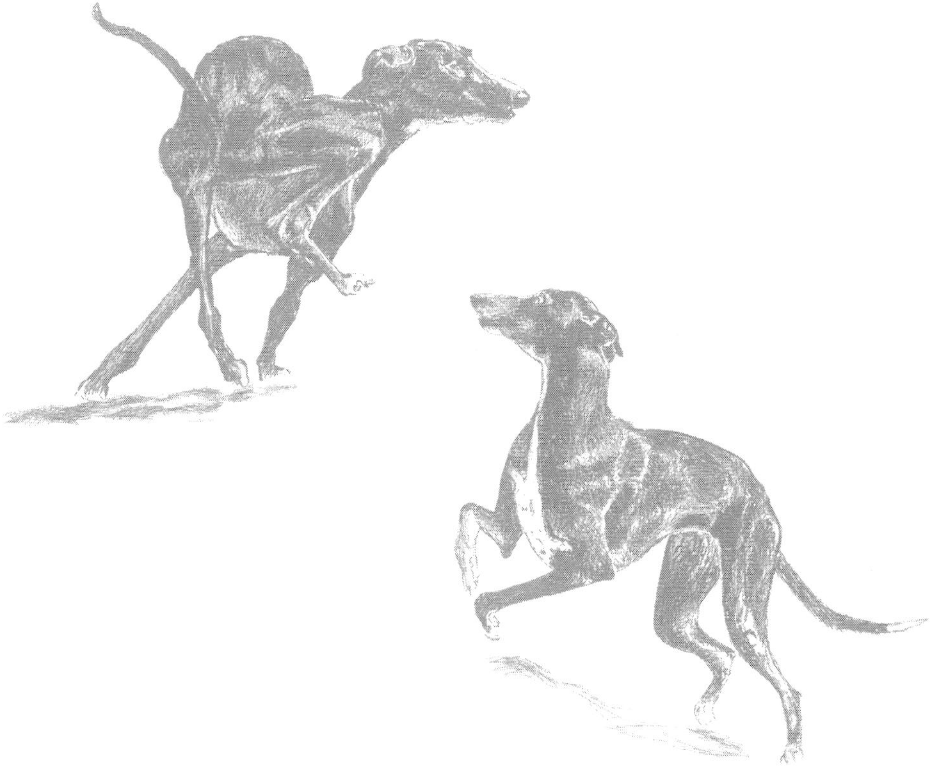

Erfahren Sie mehr über uns durch das Scannen dieses QR-Codes:

www.windhundgeschichten.com/band2/informationen

Windhundgeschichten

von

Anmut, Liebe und Sprachlosigkeit

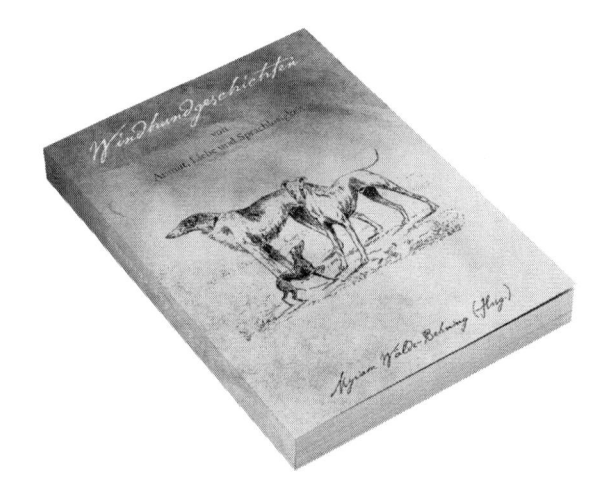

Die Geschichte der Windhunde ist Jahrtausende alt. Galten sie früher als Hunde der Aristokraten, so sind sie heutzutage die Aristokraten unter den Hunden. Bei einem Windhund bleibt es selten, zu unwiderstehlich sind diese stolzen anmutigen Wesen.

In diesem Buch erzählen Menschen von ihren ganz persönlichen Erlebnissen mit Galgo, Greyhound, Podenco, Saluki, Whippet & Co. Für uns ist die Würde dieser Tiere unantastbar, wir können uns ein Leben ohne Windhunde nicht mehr vorstellen. Auf unserer Reise durch Europa und Katar begegnen wir viel Liebe und Engagement.

Ein Buch für Windhundfreunde und solche, die es werden wollen.

www.windhundgeschichten.com

Sighthound Stories
Our Journey Through Four Continents

Band II der *Windhundgeschichten* wird auch in englischer Sprache veröffentlicht werden!

Folgen Sie uns auf:

www.facebook.com/MyriamWaeldeBehning
www.sighthound-stories.com

SIGHTHOUND STORIES

Generoso
Adorable
Libre
Grandioso
Orgulloso

JOIN MY PIX

Printed in Great Britain
by Amazon